Sua Santidade

Maharishi Mahesh Yogi Comenta a Bhagavad-Gītā

Uma redescoberta para realizar a necessidade de nosso tempo

Sua Santidade

Maharishi Mahesh Yogi

Comenta a Bhagavad-Gītā

UMA NOVA TRADUÇÃO E COMENTÁRIO
COM TEXTO EM SÂNSCRITO E
TRANSLITERAÇÃO ROMÂNICA

CAPÍTULOS 1 A 6

"Se este ensinamento for seguido, a eficiência na vida será alcançada. Os homens se realizarão em todos os níveis e a necessidade histórica da época também será realizada."
- Maharishi Mahesh Yogi

Os primeiros seis capítulos da Bhagavad-Gītā, com o texto original em sânscrito e sua transliteração românica, uma introdução, e um comentário destinado a restaurar as verdades fundamentais dos ensinamentos passados pelo Senhor Kṛishṇa a Arjuna no campo de batalha.

Tradução do original em inglês
Jayme da França Torres Junior
Márcia de Castilho

GRYPHUS

Rio de Janeiro

Título original
Maharishi Mahesh Yogi on the Bhagavad-Gita: A New Translation and Commentary With Sanskrit Text – Chapters 1 to 6

Tradução
Jayme Torres

Diagramação
Rejane Megale

As convenções de estilo foram mantidas como nas versões originais em inglês deste livro. Para a transliteração românica, uma convenção foi adotada baseada nos últimos livros de Maharishi, que permite que aqueles sem um treinamento formal possam pronunciar de forma mais correta as palavras e expressões em sânscrito.

Adequado ao novo acordo ortográfico da língua portuguesa

CIP-BRASIL. CATALOGAÇÃO-NA-FONTE
SINDICATO NACIONAL DOS EDITORES DE LIVROS, RJ

M181s

Mahesh Yogi, Maharishi, 1918-2005
Sua santidade Maharishi Mahesh Yogi comenta a bhagavad-gita : uma nova tradução e comentário com texto em sânscrito e transliteração românica : capítulos 1 a 6 / Maharishi Mahesh Yogi ; tradução do original em inglês Jayme Torres, Márcia de Castilho. - 2. ed. - Rio de Janeiro : Gryphus, 2024
550 p. ; 23 cm.

Tradução de: Maharishi Mahesh Yogi comments on Bhagavad-Gita
Apêndice
Inclui bibliografia
ISBN 978-65-86061-71-0

1. Bhagavad-Gita - Comentários. I. Torres, Jayme. II. Castilho, Márcia de. III Título.

23-86334 CDD: 294.5924
CDU: 233-265.34

GRYPHUS EDITORA
Rua Major Rubens Vaz 456 — Gávea — 22470-070
Rio de Janeiro — RJ — Tel.: + 55 21 2533-2508
www.gryphus.com.br — e-mail: gryphus@gryphus.com.br

Sumário

Prefácio à Nova Edição Brasileira 9

Transliteração Românica 15

Prefácio 17

Introdução 27

Capítulo I 31

Capítulo II 85

Capítulo III 195

Capítulo IV 271

Capítulo V 355

Capítulo VI 419

Apêndice 513
A Sagrada Tradição 513
Meditação Transcendental: O Princípio Básico 514
Lei Cósmica (Lei Natural), A Lei Básica da Criação 515
Os Seis Sistemas de Filosofia Indiana 516

Informações para Contato 541

AOS

PÉS DE LÓTUS DE SHRI GURU DEV,

SUA DIVINDADE

BRAHMANANDA SARASWATI,

JAGADGURU, BHAGWAN SHANKARACHARYA

DE JYOTIR-MATH, HIMALAIAS;

E

COMO SUAS BÊNÇÃOS

AOS AMANTES DA VIDA,

DESEJOSOS DE DESFRUTAR TODAS AS GLÓRIAS,

TERRENAS E DIVINAS

Prefácio à Nova Edição Brasileira

É com grande satisfação que recebemos a nova edição brasileira do Comentário de Sua Santidade Maharishi Mahesh Yogi sobre a Bhagavad-Gītā. Como diz Maharishi: "A Bhagavad-Gītā necessita um comentário que reafirme em palavras simples o ensinamento e a técnica essenciais dados pelo Senhor Kṛishṇa a Arjuna no campo de batalha. ... Até agora nenhum comentário mostrou que, por meio de uma única técnica simples proclamada na Bhagavad-Gītā, qualquer homem, sem ter que renunciar a seu modo de vida, pode desfrutar as bênçãos de todos os caminhos".

Maharishi Mahesh Yogi, responsável pela introdução da técnica da Meditação Transcendental em todo o mundo, é considerado o maior sábio da história moderna no campo do desenvolvimento da consciência humana. O Movimento Mundial de Maharishi de Meditação Transcendental tem o objetivo de elevar o nível de consciência dos indivíduos e da sociedade como um todo, permitindo assim, ao elevar o nível da consciência mundial e torná-la mais ordenada e coerente, criar o necessário apoio da Lei Natural para a realização das mais altas metas e aspirações de toda a humanidade.

Desde sua introdução em 1957, mais de seis milhões de pessoas já aprenderam a técnica da Meditação Transcendental e seus programas avançados em 192 países, nos seis continentes. A Meditação Transcendental é hoje um fato científico reconhecido, com mais de 650 estudos realizados em 300 universidades e institutos de pesquisa independentes em 33 países em todo o mundo. A pesquisa científica sobre o programa da Meditação Transcendental foi reunida em oito volumes, com 6.000 páginas (*Scientific Research on Maharishi's Transcendental Meditation and TM-Sidhi Program: Collected Papers*). O Movimento atua em 192 países, operando através de 1200 centros, academias, clínicas médicas e instituições educacionais, inclusive universidades acadêmicas e de pesquisa. Por intermédio da aplicação da Ciência Védica de Maharishi, diversas organizações oferecem programas para o pleno desenvolvimento do indivíduo e de todas as áreas da sociedade.

A Ciência e Tecnologia Védica de Maharishi é a antiga sabedoria Védica trazida à luz em sua totalidade por Maharishi. A Ciência e Tecnologia Védica é a ciência do Veda, e Veda significa conhecimento puro e o infinito poder organizador inerente na estrutura do conhecimento puro. Em 2001, Maharishi nomeou o Dr. Tony Nader, médico e Ph.D., com o título de Maharaja Adhiraj Rajaraam, o Primeiro Governante do País Global da Paz Mundial, organização responsável mundialmente pela difusão e aplicação dos Programas contidos em sua Ciência e Tecnologia Védica. O Dr. Tony Nader, um brilhante cientista, descobriu, sob a inspiração de Maharishi, que o Veda e a Literatura Védica estão plena e completamente expressados na fisiologia humana. Esta descoberta, juntamente com suas aplicações práticas, oferece grande confiança de que o conhecimento do nível mais fundamental da Lei Natural está agora disponível para a humanidade dentro da fisiologia humana. Portanto, a Ciência e Tecnologia Védica de Maharishi apresenta o conhecimento completo do Veda, ou Campo Unificado da Lei Natural (segundo as mais avançadas teorias da física moderna), assim como sua aplicação prática por meio da técnica da Meditação Transcendental e do programa Meditação Transcendental-Sidhis, incluindo o Voo Yôguico, oferecendo desta forma a possibilidade do pleno desenvolvimento da vida humana na Terra.

Em sua Ciência e Tecnologia Védica, na qual seu comentário sobre a Bhagavad-Gītā é peça fundamental, Maharishi traz à luz uma compreensão completa da consciência individual e coletiva, sua expressão em processos mentais e de comportamento, além de sua aplicação para o enriquecimento de todos os aspectos da vida humana. A base desta abordagem é a experiência do campo da Consciência Transcendental pura, ou Ser, que é o nível mais fundamental da consciência, a base de toda a vida. Como Maharishi explica em sua Ciência e Tecnologia Védica, este campo é a fonte unificada da existência subjetiva e objetiva, o Campo Unificado da Lei Natural, que por intermédio de sua dinâmica auto-interagente dá lugar a todas as Leis da Natureza. Por meio da Meditação Transcendental, o indivíduo experimenta, sistemática e repetidamente, a Consciência Pura ou transcendental; à medida que a Consciência Transcendental se torna mais e mais estabelecida como a base de todo o pensar e de toda a atividade, o indivíduo desenvolve naturalmente e sem esforço estados mais elevados de consciência. O programa Meditação Transcendental-Sidhis acelera este desenvolvimento ao treinar o indivíduo a pensar e agir a partir do nível da Consciência Transcendental. Com o desenvolvimento completo da consciência humana – Consciência de Unidade, ou União na Consciência de Deus – o indivíduo se torna plenamente consciente da auto-interação do campo da Consciência Transcendental na base de todo o processo criativo na Natureza. O benefício prático de se desenvolver estados superiores de consciência é que o pensamento e a ação se tornam espontaneamente de acordo com a Lei Natural, livres de erros e sofrimento, de tal forma que se desfruta mais e mais sucesso e realização na vida.

A Meditação Transcendental é a técnica apresentada na Bhagavad-Gītā e exposta por Senhor Kṛishṇa a Arjuna no campo de batalha, com o objetivo de elevá-lo acima do nível dos problemas e sofrimentos na vida. A experiência da Consciência Transcendental é aquela da instrução "esteja sem os três *Guṇas*" (II, 45) e forma a base de todo o conhecimento exposto na Bhagavad-Gītā. A Meditação Transcendental é apresentada como o meio direto de se experimentar o estado de Yoga, ou União, e também de vivê-lo no estado de Consciência Cósmica e, finalmente, em completa União na Consciência de Deus.

A Bhagavad-Gītā oferece o conhecimento do pleno alcance do desenvolvimento humano – de um estado de completa ignorância, caracterizado por erros e sofrimento, para um estado de completa iluminação, caracterizado por sucesso e realização irrestritos. A Bhagavad-Gītā afirma que todas as formas de problemas e sofrimento são causadas pela falta de plena integração da vida, que por sua vez é causada pelo fato do indivíduo não estar plenamente estabelecido no campo de Consciência Transcendental pura. E enfatiza ainda que tanto a experiência direta quanto a compreensão intelectual da Consciência Transcendental são importantes; a experiência da Consciência Pura é descrita como sendo sem esforço e plena de bem-aventurança. A Bhagavad-Gītā descreve a experiência de estados superiores de consciência – estágios de iluminação – e identifica a qualidade da experiência destes estados. Descreve ainda a dinâmica auto-interagente da consciência, e que está na base do processo criativo na Natureza. A Bhagavad-Gītā contém assim a essência da Ciência e Tecnologia Védica de Maharishi, expressa de uma forma que pode ser apreciada e aplicada por pessoas seguindo qualquer modo de vida.

A Bhagavad-Gītā se passa no campo de batalha e narra o diálogo entre Arjuna, o maior arqueiro de seu tempo, e como Maharishi diz, um homem de grande integridade, clareza de mente e compaixão, e o Senhor Kṛishṇa, que atua como o condutor de Arjuna. Este diálogo de aproximadamente duas horas é suficiente para o Senhor Kṛishṇa elevar Arjuna, que procurava sua orientação, de um estado de sofrimento para o estado de iluminação. O evento central da narrativa é o dilema no qual Arjuna se encontra à medida que a batalha se aproxima e a subsequente transformação pela qual ele passa como resultado de sua interação com o Senhor Kṛishṇa. O Senhor Kṛishṇa é chamado de "Senhor", pois é considerado na tradição Védica como a mais completa encarnação da totalidade da Lei Natural.

O diálogo do Senhor Kṛishṇa com Arjuna revela a estrutura sistemática da Ciência e Tecnologia Védica de Maharishi de maneira concreta e abrangente. A Bhagavad-Gītā expõe a causa e a eliminação do sofrimento, os níveis da mente, os mecanismos para se experimentar a Consciência Transcendental e o desenvolvimento de estados superiores de consciência, ou iluminação, nos quais a vida é vivida nos mais elevados níveis de bem-aventurança, eficiência e universalidade.

Os acontecimentos que levam à batalha, assim como sua definição, são relatados no Mahābhārat, do qual Arjuna é um herói, e do qual a Bhagavad-Gītā é a parte central. Na Ciência e Tecnologia Védica de Maharishi, o Mahābhārat é parte do Itihās, um dos 40 aspectos do Veda e da Literatura Védica, que é uma das dinâmicas estruturadoras do Ṛk Veda e que inclui os conjuntos específicos das Leis da Natureza envolvidos em promover a qualidade de Chhandas – o objeto de conhecimento. Portanto, Maharishi considera que o

Mahābhārat expressa as dinâmicas fundamentais da Lei Natural, que têm um caráter eterno e universal, independente de um momento e local particulares; ao mesmo tempo, estas dinâmicas são expressas no contexto de eventos que ocorreram há aproximadamente cinco mil anos atrás.

No contexto de uma situação especial, o relacionamento do Senhor Kṛishṇa com Arjuna, a Bhagavad-Gītā descreve a aplicação de um único princípio para resolver todos os problemas ao avivar a conexão da mente individual com o campo de inteligência cósmica, o Campo Unificado da Lei Natural. Com base no contato direto com o nível mais fundamental da inteligência da Natureza, por meio de sua Meditação Transcendental e de seu programa MT-Sidhis, incluindo o Voo Yôguico, Maharishi afirma que qualquer indivíduo pode resolver qualquer problema. Com este programa para estabelecer o indivíduo no campo do Ser, Consciência Pura Transcendental, a Ciência e Tecnologia Védica de Maharishi possibilita libertar o indivíduo do sofrimento e elevar a vida acima dos problemas, para um estado permanente de realização interior e autossuficiência.

Maharishi diz que a habilidade da Bhagavad-Gītā em identificar a consciência individual com a totalidade da Lei Natural no campo do Ser, ou Consciência Transcendental, tem por objetivo oferecer ao indivíduo o poder organizador infinito da Lei Natural para a realização de todos os seus desejos e para o benefício de todas as outras pessoas. É uma grande fortuna para todos nós, neste momento na história, que Maharishi tenha tornado a sabedoria Védica disponível a todos, de uma forma sistemática e acessível, capaz de ser avaliada cientificamente e confirmada pessoalmente por cada indivíduo. Esta é a base da iluminação da vida individual e coletiva, para que o mundo possa desfrutar, nas palavras de Maharishi, o Céu na Terra.

Jayme Torres e Márcia de Castilho
Associação Internacional de Meditação – SIM

Transliteração Românica

Para a edição brasileira Maharishi autorizou a introdução da transliteração românica dos versos em sânscrito. A seguir temos um guia para a correta pronúncia do sânscrito.

As sílabas em sânscrito não têm acentuação forte, apenas um fluir de sílabas breves e longas. O traço em cima da letra denota alongamento.

As vogais devem ser pronunciadas da seguinte forma:
a – como em cas*a*
ā – como em c*a*ma
i – como em ad*i*do
ī – como em aqu*i*
u – como em ac*u*dir
ū – como em *u*va
ṛ – como o *r* do caipira em ca*r*ta
l – como no espanhol pape*l*
e – como em p*e*na
ai – como em l*ei*te
o – como em g*o*ma
au – como em c*au*sa
ṁ – como a nasalização em be*m*
ḥ – (aspiração)
aḥ – som de *arrá*
iḥ – som de *irrí*

As consoantes devem ser pronunciadas da seguinte forma:
k – como em *c*avalo
kh – (aspiração)
g – como em anti*g*o
gh – (aspiração)

ṇ – como em â*n*gulo e *n*ada
ch – como em *tch*au
j – como em a*dj*etivo
jh – (aspiração)
t – como em *t*eto
th – (aspiração)
d – como em *d*evoto
dh – (aspiração)
n – como o *n* do caipira em car*n*eiro
p – como em *p*ura
ph – (aspiração)
b – como em *b*oi
bh – (aspiração)
m – como em *m*ãe
y – como em alfa*i*ate
r – como em ca*r*o
l – como em *l*eite
s – como em *s*ol
h – como no inglês *h*ome

Prefácio

Os Vedas são o farol da eterna sabedoria, que guia o homem à salvação e o inspira à suprema realização.

A onipresença do Ser eterno, imanifestado e absoluto; Seu status como Aquilo, mesmo na diversidade manifestada da criação; e a possibilidade da realização do Ser por qualquer homem em termos de si mesmo – estas são as grandes verdades da filosofia perene dos Vedas.

Os Vedas revelam a Unidade imutável da vida que fundamenta a multiplicidade evidente da criação, pois a Realidade é tanto manifesta como imanifesta, e somente Aquilo é. A Verdade é "eu sou Aquilo, tu és Aquilo, e tudo isto é Aquilo"; e este é o cerne do ensinamento Védico, que os *Ṛishis* exaltam como ensinamento "digno de se ouvir, contemplar e realizar".

A verdade da sabedoria Védica é por sua própria natureza independente do tempo e, portanto, jamais pode ser perdida. Contudo, quando a visão do homem se torna parcial, e a influência limitante do mundo dos fenômenos o prende a ponto de excluir a fase absoluta da Realidade, quando ele se encontra assim confinado dentro das fases sempre mutáveis da existência, sua vida perde estabilidade e ele começa a sofrer. Quando o sofrimento cresce, a força invencível da Natureza se movimenta para corrigir a visão do homem e estabelecer um modo de vida que novamente realizará o elevado propósito de sua existência. A longa história do mundo registra muitos períodos como estes, nos quais o padrão ideal de vida é primeiro esquecido e, então, restaurado ao homem.

Veda Vyāsa, o sábio de visão iluminada e o maior dos historiadores da antiguidade, registra o crescimento da iniquidade nas famílias daqueles que governavam o povo há aproximadamente cinco mil anos. Foi então que o Senhor Kṛishṇa veio para relembrar ao homem os verdadeiros valores da vida e do viver. Ele restaurou aquele contato direto com o Ser transcendental, único capaz de dar plenitude a cada aspecto da vida. Ele trouxe à luz o Ser absoluto como a Realidade fundamental da vida e O estabeleceu como a base de todo pensar, que por sua vez é a base de todo agir. Esta filosofia de Ser, pensar e agir, é a verdadeira filosofia da vida integrada. Ela não somente ajuda o agente a adquirir sucesso em seu empreendimento, mas, ao mesmo tempo, o deixa livre da escravidão da ação, trazendo realização em cada nível. Este é o ensinamento da Verdade eterna, dado a Arjuna pelo Senhor Kṛishṇa na Bhagavad-Gītā.

Gradualmente este conhecimento foi sendo esquecido, a tal ponto que dois mil anos depois, até mesmo o princípio do Ser como Realidade absoluta, fonte e base de toda a criação, foi ensombrecido por crenças mal dirigidas que glorificavam apenas os aspectos relativos da vida. "O longo lapso do tempo", diz o Senhor Kṛishṇa, é a razão por tal perda da sabedoria.

Quando a filosofia da vida integrada, restaurada pelo Senhor Kṛishṇa, foi perdida de vista, desenvolveu-se a ideia de que tudo que a vida pode oferecer encontra-se presente nos níveis aparentes da existência, e que, portanto, seria inútil aspirar a qualquer coisa que pudesse estar mais profunda do que as aparências externas. A sociedade foi dominada por esta visão superficial, o aprofundamento na Realidade se perdeu, o correto senso de valores foi esquecido e a estabilidade da vida foi destruída. Tensão, confusão, superstição, infelicidade e medo prevaleceram.

Senhor Buddha veio remediar esta situação. Encontrando o campo da ação distorcido, Ele veio com a mensagem da ação correta. Falando de Seu nível de consciência estabelecido no Ser, em liberdade eterna (*Nirvāṇa*), o Senhor Buddha ensinou a filosofia da ação em liberdade. Ele defendeu a meditação para purificar o campo do pensamento por meio do contato direto com o Ser e estabelecer o estado de ação correta na sociedade. A mensagem do Senhor Buddha foi completa, pois Ele incorporou os campos do Ser, do pensar e do agir em seu tema de reavivamento. Mas pelo fato de seus seguidores falharem em correlacionar estes diferentes campos da vida de maneira sistemática, por meio da prática da Meditação Transcendental, a realização do Ser como a base de uma vida correta foi obscurecida. Toda a estrutura do ensinamento do Senhor Buddha tornou-se não apenas distorcida, mas também às avessas. Confundiu-se o efeito com a causa. A ação correta chegou a ser entendida como um meio para alcançar *Nirvāṇa*, quando a ação correta é na realidade o resultado deste estado de consciência em liberdade.

O infortúnio de todo professor tem sido que, enquanto ele fala de seu nível de consciência, seus seguidores só podem receber sua mensagem no nível deles, e o abismo entre o ensinamento e a compreensão aumenta cada vez mais com o passar do tempo.

O ensinamento da ação correta, sem a devida ênfase na necessidade básica da realização do Ser, é como construir uma parede sem fundação. Ela balança com o vento e, em pouco tempo, desmorona. Em trezentos ou quatrocentos anos, toda verdadeira conexão entre os ensinamentos básicos do Senhor Buddha e a vida diária de Seus seguidores havia desaparecido. Novamente perdeu-se a compreensão do princípio da vida integrada. Tendo esquecido a importância primordial de realizar o Ser, a sociedade viu-se imersa, uma vez mais, nas superficialidades da vida.

A Natureza não permite que a humanidade seja privada da visão da Realidade por muito tempo. Uma onda de revivescência trouxe Shankara para restabelecer a base da vida e renovar a compreensão humana. Shankara restaurou a sabedoria do Absoluto e O estabeleceu na vida diária das pessoas, fortalecendo os campos do pensamento e da ação por meio do poder do Ser. Ele trouxe a mensagem da plenitude pela experiência direta do Ser transcendental, no estado de consciência do Ser, que é a base de todo o bem na vida.

A ênfase de Shankara na realização do Ser brota da filosofia eterna da vida integrada, que o Senhor Kṛishṇa expressa na Bhagavad-Gītā quando pede a Arjuna que em primeiro lugar "esteja sem os três *Guṇas*" e, então, desempenhe as ações ao estar assim estabelecido no Ser; que todos os homens devem, a todo momento, viver a Consciência de Bem-Aventurança do Ser absoluto; e que devem viver o estado de realização em Consciência de Deus através de cada pensamento, palavra e ação. Esta é a essência da mensagem de Shankara, assim como também do Senhor Kṛishṇa e de toda a filosofia Védica.

A maior bênção que o ensinamento de Shankara ofereceu ao mundo é o princípio da plenitude do desenvolvimento intelectual e emocional no estado de iluminação, baseado na Consciência Pura transcendental, onde o coração está tão puro que pode fluir e transbordar em ondas de amor universal e devoção a Deus, enquanto a mente está tão refinada a ponto de desfrutar a consciência da natureza divina como separada do mundo da ação.

As expressões espontâneas da mente e do coração de Shankara, neste estado de liberdade e realização, têm sido fonte de inspiração para aqueles que vivem pelo coração e também para os que vivem pela mente. Sua consciência exemplificou o estado mais elevado de desenvolvimento humano; seu coração expressou suprema devoção transcendental a Deus (*Parā Bhakti*), enquanto sua mente expressou Consciência do Ser como separado do campo da ação (*Gyān*). Foi isto que levou a palavra de Shankara a fazer as ásperas e duras verdades relativas à natureza divina como desapegada do mundo fluírem em êxtases de devoção e, ao mesmo tempo, em claras expressões de conhecimento. Estes são os dois aspectos da realidade viva de uma vida em completa realização.

Shankara não apenas reviveu a sabedoria da vida integrada e a tornou popular em seus dias, mas também estabeleceu quatro sedes principais de aprendizado nos quatro extremos da Índia, para manter seu ensinamento puro e assegurar que este seria propagado em sua totalidade, geração após geração. Por muitos séculos seu ensinamento permaneceu avivado em seus seguidores, os quais viveram o estado ideal de conhecimento com devoção (*Gyān* e *Bhakti*). Mas apesar de toda sua previdência e esforços, a mensagem de Shankara sofreu inevitavelmente, com o tempo, os mesmos infortúnios que aquelas dos outros grandes mestres.

Se os ocupantes de uma casa esquecem das fundações, é porque as fundações permanecem sob o solo, escondidas da visão. Não é surpresa que o Ser foi perdido de vista, já que Ele permanece no campo transcendental da vida.

O estado de Realidade, como descrito pelo iluminado, não pode tornar-se um caminho para o buscador, tanto quanto a descrição de um destino não pode substituir a estrada que leva a tal destino. Quando a verdade de que o Ser forma a base do estado de iluminação tornou-se obscurecida, as afirmações de Shankara sobre a natureza da meta foram confundidas com o caminho para a realização.

Este equívoco aumentou pela própria beleza da eloquência de Shankara. Suas expressões de profunda devoção, feitas no estado de completa entrega e união com Deus, e suas explicações intelectuais, feitas no estado de completa consciência da natureza divina, eram ambas tão plenas e completas em si mesmas que, vistas do nível comum de consciência, pareciam apresentar dois caminhos independentes para a iluminação: o caminho do conhecimento e o caminho da devoção.

Esta é a tragédia do conhecimento, o trágico destino de que o conhecimento deve encontrar-se nas mãos da ignorância. Isto é inevitável, porque o ensinamento vem de um nível de consciência e é recebido em um nível bem diferente. O conhecimento da Unidade deve, com o tempo, despedaçar-se nas duras rochas da ignorância. A história tem provado isto repetidamente. O ensinamento de Shankara não poderia mostrar-se uma exceção à regra.

A ideia de dois caminhos tornou-se mais predominante por causa do descuido dos guardiões do ensinamento de Shankara. Eles estavam naturalmente envolvidos com pensamentos sobre a separação do Divino em relação ao mundo, uma vez que seguiram o caminho recluso de vida. E com a continuação desta situação geração após geração, o aspecto do conhecimento começou a dominar a tradição de Shankara, enquanto que o aspecto de devoção perdeu gradualmente sua importância. O ensinamento tornou-se parcial e, privado de sua totalidade, perdeu finalmente seu apelo universal. Passou a ser visto como *Māyāvāda*, uma filosofia de ilusão, estabelecendo o mundo como sendo apenas ilusório e enfatizando o caminho desapegado de vida.

À medida que o princípio do Ser começou a desaparecer mais e mais da visão, os caminhos da devoção e do conhecimento tornaram-se mais e mais separados e, finalmente, o elo entre os dois foi perdido. O princípio do pleno desenvolvimento do coração e da mente por meio de um único processo (Meditação Transcendental) foi perdido. A natureza integral da realização foi perdida. A verdadeira sabedoria da realização da vida, que está no desenvolvimento simultâneo do coração e da mente, foi perdida. A ideia de que a devoção e o conhecimento são necessariamente separados foi o grande golpe para o ensinamento de Shankara.

Na ausência da lua, as estrelas tomam o seu lugar e oferecem tanta luz quanto podem. Quando o elevado ideal de devoção transcendental de Shankara desapareceu de vista, Rāmānuja, Madhva e outros professores apoiaram o caminho da devoção, mesmo sem sua base apropriada no Ser. As pessoas os seguiram, e surgiram assim muitas seitas devocionais, todas ao nível da emoção e mantidas sobre a confortável base da esperança de que "algum dia nossa prece será ouvida, algum dia Ele virá a nós e nos chamará a Ele". Na verdade, um conforto para o coração, mas, meu Deus, tal devoção está sobre o plano imaginário do sentimento! Está longe, muito longe da realidade do verdadeiro contato entre o devoto e seu Deus. Somente a consciência no estado do Ser torna real todo o campo da devoção.

Todas estas seitas estabelecem que a devoção transcendental é o último estágio de realização de um devoto. Mas o princípio de devoção de Shankara está baseado na Consciência Transcendental desde o início. O primeiro passo para Shankara é o último passo para estas seitas devocionais. Um passo que, de acordo com a compreensão destas seitas, está muito além do alcance do homem comum.

Quando os guardiões da sabedoria de Shankara esqueceram o princípio de que a devoção deve se iniciar a partir da Consciência Transcendental, o acesso para o campo da devoção foi fechado. Aqueles que buscavam Deus permaneceram procurando no ar, e amantes de Deus continuaram rogando por Ele, sem encontrá-Lo.

Assim como a devoção permaneceu meramente no nível do pensar e do assumir uma atitude de sentimento (um estado de espírito), o conhecimento encontrou o mesmo destino, uma vez que o caminho direto para a experiência da Consciência Transcendental foi perdido. A compreensão da Unidade da vida não pode ser significativa até que se tenha compreendido completamente, pela experiência direta, que sua própria natureza divina interior é separada do mundo da ação. Se um homem não adquire Consciência do Ser por meio da prática da Meditação Transcendental, ele continua a viver em ignorância e limitação. O pensamento da Unidade não tem uso prático para tal homem, porque ele ainda não se abriu à experiência da separação do Divino em relação ao mundo. Ele não tem nada para unir.

Tanto o conhecimento como a devoção encontram sua realização no campo fértil da Consciência Transcendental. Muitas, muitas gerações morreram sem ver a luz de Deus e sem ganhar realização pelo fato deste princípio ter sido esquecido e a técnica para desenvolver Consciência Transcendental ter sido perdida. Esta tem sido a situação por mais de mil anos. O próprio equívoco tomou a forma de uma tradição, infelizmente chamada de tradição de Shankara. Esta grande perda para a vida humana dificilmente pode ser compensada; mas este tem sido o curso da história. O tempo não pode ser recuperado. Não adianta lamentar o passado.

Em nosso retrospecto sobre o surgimento e queda da Verdade, não devemos perder de vista o grande impacto produzido por Shankara na vida indiana. Foi a perfeição de sua apresentação que levou o ensinamento de Shankara a ser aceito como a base da sabedoria Védica e a ser colocado no centro da cultura indiana. Este se tornou tão inseparável do modo de vida indiano que, quando ao longo do tempo, o ensinamento perdeu seu caráter universal e veio a ser interpretado como sendo apenas para a ordem reclusa, toda a base da cultura indiana também começou a ser considerada em termos do modo recluso de vida, baseado na renúncia e no desapego.

Quando esta visão desapegada da vida tornou-se aceita como a base da sabedoria Védica, perdeu-se a totalidade da vida e da realização. Este erro de compreensão tem dominado a cultura indiana por séculos e virado o princípio da vida às avessas. *Vida* com base no desapego! Esta é uma distorção completa da filosofia indiana, que não apenas destruiu o caminho da realização, mas manteve os buscadores da Verdade continuamente perdidos. Na verdade os deixou sem a menor possibilidade de alcançar a meta.

Perdeu-se não apenas o caminho para a iluminação, mas toda a arte de viver desapareceu nas nuvens de ignorância que obscureceram todas as fases da vida. Mesmo a religião tornou-se cega em relação a si mesma. Pregadores religiosos começaram a ensinar que a ação correta é em si mesma um caminho para purificação e, portanto, para Consciência de Deus, em vez de ajudar diretamente as pessoas a adquirir Consciência de Deus e, com esta base, agir corretamente.

Sem o Ser, a confusão sobre causa e efeito invadiu todo o campo da compreensão. Capturou até mesmo o campo mais prático da filosofia do Yoga. *Karma Yoga* (realização da União por meio da ação) começou a ser compreendida como se fosse baseada no *Karma* (ação), enquanto sua base é o Yoga, União, Consciência Transcendental. O próprio fundador da filosofia do Yoga, Patanjali, foi mal interpretado, e a ordem de seu caminho de oito estágios foi invertida. Entendeu-se que a prática do Yoga se iniciava com *Yama*, *Niyama*, e daí por diante (as virtudes seculares), quando na verdade deve-se começar com *Samādhi*. Não se pode adquirir *Samādhi* pela prática de *Yama*, *Niyama*, e assim por diante. Apenas por meio de repetidas experiências de *Samādhi* pode-se ganhar proficiência nas virtudes. Pelo fato do efeito ter sido confundido com a causa, esta grande filosofia de vida tornou-se distorcida e o caminho para *Samādhi* foi bloqueado.

Com a perda da compreensão sobre o Yoga, os outros cinco sistemas clássicos da filosofia indiana perderam sua força. Eles permaneceram no nível teórico do conhecimento, uma vez que somente por meio do Yoga este conhecimento é aplicável na vida prática.

Desta forma, percebemos que todos os campos de religião e filosofia têm sido mal compreendidos e erradamente interpretados por muitos séculos. Isto tem bloqueado o caminho para o mais pleno desenvolvimento do coração e da mente, revivido de forma tão precisa por Shankara.

Interpretações da Bhagavad-Gītā e de outras escrituras indianas estão agora tão cheias da ideia de renúncia que são vistas com desconfiança pelo homem prático em todas as partes do mundo. Por esta razão, muitas universidades ocidentais hesitam em ensinar filosofia indiana. A responsabilidade por esta perda da Verdade para todo o mundo é dos intérpretes do ensinamento de Shankara. Ao perder a essência de sua sabedoria, eles foram incapazes de salvar o mundo de afundar ainda mais profundamente na ignorância e no sofrimento.

Esta era, no entanto, tem sido muito afortunada. Ela testemunhou o exemplo vivo de um homem inspirado pela sabedoria Védica em sua totalidade e, desta forma, capaz de reviver a filosofia da vida integrada em toda sua verdade e plenitude. Sua Divindade

Brahmananda Saraswati, a inspiração e luz-guia deste comentário sobre a Bhagavad-Gītā, adornou o trono de Shankarāchārya do Norte e, brilhando em radiância divina, personificou em si mesmo a cabeça e o coração de Shankara. Ele expôs a Verdade em Sua natureza todo-abrangente. Suas palavras serenas, vindas do amor ilimitado de seu coração, penetraram os corações de todos que o ouviram e levaram iluminação às suas mentes. Sua mensagem foi a mensagem da plenitude de coração e mente. Ele se movia como a personificação da Verdade e foi chamado de Vedānt Encarnado pelo grande filósofo indiano, agora Presidente da Índia, Dr. Radhakrishnan.

Foi a intenção de Guru Dev, Sua Divindade Brahmananda Saraswati, de iluminar todo homem em toda parte, que resultou na fundação do Movimento de Regeneração Espiritual em todo mundo no ano de 1958, cinco anos após nos ter deixado.

A Índia é um país onde a Verdade é de máxima importância, e os indianos são um povo para o qual Deus é de máxima importância. O solo indiano tem testemunhado muitas vezes o reviver da verdadeira filosofia da vida. O povo da Índia nunca hesitou em, mais uma vez, retornar ao caminho correto sempre que convincentemente alertado de que seu caminho de vida tinha tomado um curso errado. Esta receptividade do povo indiano à Verdade tem sido sempre uma fonte de inspiração e um sinal de esperança para todos os movimentos que buscam o restabelecimento da verdadeira vida e do correto viver.

Possa o presente comentário sobre a Bhagavad-Gītā produzir o efeito desejado, em resposta à necessidade histórica de hoje.

O propósito deste comentário é o de restaurar as verdades fundamentais da Bhagavad-Gītā e, assim, restaurar a importância de seu ensinamento. Se este ensinamento for seguido, a eficiência na vida será alcançada, os homens se realizarão em todos os níveis e a necessidade histórica da época também será realizada.

MAHARISHI MAHESH YOGI

The Old Manor, Aldbourne,
Wiltshire, Inglaterra
12 de janeiro de 1965

Introdução

A Bhagavad-Gītā é a Luz da Vida, acesa por Deus no altar do homem, para salvar a humanidade da escuridão da ignorância e sofrimento. É uma escritura que sobrevive ao tempo e pode ser reconhecida como indispensável à vida de qualquer homem em qualquer época. É a enciclopédia da vida, e este comentário oferece um índice a ela.

Sempre haverá confusão e caos nos campos relativos da vida, e a mente do homem sempre cairá em erro e indecisão. A Bhagavad-Gītā é um guia completo para a vida prática. Sempre estará lá para socorrer o homem em qualquer situação. É como uma âncora para o barco da vida navegando nas turbulentas ondas do tempo.

Ela traz realização à vida do indivíduo. Quando a sociedade a aceitar, o resultado será bem-estar social e segurança, e quando o mundo a ouvir, a paz mundial será permanente.

A Bhagavad-Gītā apresenta a ciência da vida e a arte de viver. Ela ensina como ser, como pensar e como agir. Sua técnica de glorificar todos os aspectos da vida, por meio do contato com o Ser interior, é como regar a raiz e tornar toda a árvore verde. Ela supera todas as sabedorias práticas de vida já acalentadas pela sociedade humana.

A Bhagavad-Gītā tem um número de comentários muito maior que qualquer outra escritura conhecida. A razão de acrescentar um a mais, é que parece não haver nenhum comentário que realmente traga à luz o ponto essencial de todo o ensinamento.

Sábios comentaristas, em suas tentativas de responder à necessidade de seu tempo, revelaram a verdade do ensinamento como eles a perceberam. Ao assim fazê-lo, asseguraram um lugar na história do pensamento humano. Eles se destacam como os portadores da tocha do conhecimento no longo corredor do tempo, eles sondaram grandes profundezas do oceano da sabedoria. No entanto, mesmo com suas gloriosas realizações, eles não trouxeram à luz o ponto central da Bhagavad-Gītā. É lamentável que a própria essência desta antiga sabedoria tenha sido perdida.

A Bhagavad-Gītā precisa de um comentário que restaure, em simples palavras, o ensinamento e a técnica essenciais dados pelo Senhor Kṛishṇa a Arjuna no campo de batalha. Há comentários para exaltar a sabedoria dos caminhos do conhecimento, da devoção e da ação na Bhagavad-Gītā, mas nenhum para mostrar que ela oferece uma chave-mestra para, simultaneamente, abrir os portões de todos estes diferentes caminhos da evolução humana. Até agora, nenhum comentário mostrou que todo homem, por meio de uma única e simples técnica revelada na Bhagavad-Gītā, pode desfrutar das bênçãos de todos estes caminhos, sem ter que renunciar a seu modo de vida.

Este comentário foi escrito para apresentar esta chave à humanidade, e para preservá-la para as gerações vindouras.

A Bhagavad-Gītā é a Escritura do Yoga, a Escritura da União Divina. Seu propósito é explicar, na teoria e na prática, tudo que é necessário para elevar a consciência do homem ao mais alto nível possível. A maravilha de sua linguagem e estilo é que cada expressão traz um ensinamento aplicável a todos os níveis de evolução humana.

Fundamentalmente, há quatro níveis de consciência. Em cada um dos quais a natureza da prática muda: o estado de vigília, Consciência Transcendental, Consciência Cósmica e Consciência de Deus. Cada ensinamento da Bhagavad-Gītā tem sua aplicação em cada um destes planos de desenvolvimento. Portanto, cada expressão deve ser interpretada de quatro diferentes maneiras para explicar, tanto na teoria quanto na prática, a progressão ascendente da exposição em cada um destes quatro diferentes níveis. Assim, para que todo o caminho da realização de Deus possa ser claramente explicado, é óbvio que a Bhagavad-Gītā, como um todo, também deve ser interpretada de quatro diferentes maneiras.

Como a Bhagavad-Gītā ainda não foi interpretada desta maneira, a verdadeira mensagem da escritura permaneceu oculta. É extremamente importante que estes quatro comentários sejam escritos, não apenas para fazer justiça à escritura, mas também para apresentar um caminho direto ao buscador e levar a ele a profunda sabedoria desta filosofia prática.

O conhecimento completo sobre qualquer matéria requer que sua validade seja comprovada pelos critérios oferecidos pelos seis sistemas indianos de filosofia: Nyāya, Vaisheshik, Sāṁkhya, Yoga, Karma Mīmāṁsā e Vedānt.

Para ser completo, cada aspecto da teoria e prática de qualquer estágio de desenvolvimento deve ser simultaneamente verificado por todos estes seis sistemas. Portanto, para trazer à luz o significado completo da Bhagavad-Gītā, são necessárias seis interpretações de cada um dos quatro comentários mencionados acima.

O presente comentário deve ser visto como uma base geral para estes vinte e quatro comentários. Se o tempo permitir, estes comentários serão escritos. Mas foi necessário trazer à luz o presente comentário, sem mais perda de tempo, tal a urgente necessidade do mundo pelo princípio básico do desenvolvimento espiritual.

Será de interesse do leitor saber que este comentário está sendo apresentado somente após a técnica ter sido verificada na vida de milhares de pessoas de diferentes nacionalidades em todo o mundo. Esta técnica tem sido divulgada sob os auspícios do Movimento de Regeneração Espiritual, fundado com o propósito único de regenerar espiritualmente as vidas de todos os homens, em todas as partes do mundo. Este comentário apresenta uma verdade que é atemporal e universal, uma verdade de vida que é igualmente aplicável a todos os homens, independente de diferenças de fé, cultura ou nacionalidade.

A concepção geral deste comentário é suplementar à incomparável visão e profunda sabedoria apresentada no Gītā-Bhāshya do grande Shankara. A sabedoria é uma dádiva de Guru Dev. Toda glória a Ele! O comentário apresenta a Luz da Vida, e coloca a corrente da vida para encontrar sua realização no oceano do Ser eterno, em devoção a Deus e na bem-aventurança da Consciência de Deus.

Que cada homem possa fazer uso desta sabedoria prática dada no verso 45 do segundo capítulo e, desta forma, glorificar todos os aspectos de sua vida e adquirir liberdade eterna em Consciência Divina.

Capítulo I

Uma Visão do Ensinamento no Capítulo I

Verso 1. A abertura do capítulo se dá com uma pergunta que exige conhecimento detalhado sobre o campo de batalha da vida e sobre todo o alcance da evolução humana.

Verso 2. A resposta começa com palavras que podem ser consideradas como tendo o objetivo de explicar toda a filosofia da integração da vida: não apenas a filosofia do Yoga, ou União Divina, mas também todos os seis sistemas de filosofia indiana, dos quais o Yoga é apenas um deles. O conhecimento mais sistemático de todo o alcance da vida e da evolução encontra-se aqui apresentado em um único verso.

Verso 3. A necessidade de reconhecer que as forças opostas no campo de batalha da vida são nossa própria criação.

Versos 4-6. Um relato das forças que apoiam o bem.

Versos 7-11. Um relato das forças que apoiam o mal.

Versos 12,13. O mal se regozija em desafiar o bem.

Versos 14-19. O bem responde ao desafio do mal.

Versos 20-24. O buscador da Verdade posiciona-se entre as forças opostas do bem e do mal.

Verso 25. Sua consciência é elevada por uma onda de amor divinamente inspirada.

Versos 26-28. Ele vê a realidade do campo de batalha da vida; ele vê o conflito das forças opostas como a própria base da vida.

Versos 29-46. Ele busca profundamente e encontra dezesseis problemas fundamentais que formam a base de todos os conflitos. Ele busca uma solução para que a vida possa ser vivida livre de problemas.

Verso 47. Seu modo de ver os problemas fundamentais inerentes à vida é tão intenso que ele se torna completamente identificado com eles. Ele se mantém silencioso, profundamente absorvido, buscando uma solução no nível da impossibilidade, onde não existe nenhuma solução.

Esta é a situação mais extrema com a qual pode confrontar-se um buscador da Verdade. Ao resolver esta situação extrema, a Escritura da União Divina oferece uma solução única e simples para todos os problemas na vida.

Este capítulo prepara o terreno e monta o cenário para o glorioso diálogo da Canção do Senhor, a Bhagavad-Gītā. Apesar de não conter propriamente o discurso do Senhor, que começa de fato no segundo capítulo, ele apresenta os problemas básicos da vida e dá ao Senhor Kṛishṇa a oportunidade de propor a filosofia e prática que permitem ao homem viver sua vida livre de sofrimento. É de grande valor pela sua contribuição à ciência do viver.

Ele serve como uma petição do representante da espécie humana à Encarnação do Divino – uma petição que declara que, mesmo tentando ao máximo viver uma vida correta, o sofrimento parece não nos abandonar. A exigência é: dê-nos uma vida livre de sofrimento.

Neste capítulo há uma única frase curta falada pelo Senhor Kṛishṇa a Arjuna no campo de batalha. A primeira palavra que cai dos lábios do Senhor enche Arjuna de amor e ergue seu coração ao plano elevado de sua mente. Estabelecidos assim em um nível elevado de alerta, o coração e a mente de Arjuna adquirem um estado de autossuficiência tal, que a comunicação entre eles praticamente se perde, e com isto se perde o estímulo para a atividade. Interiormente, porém, a consciência de Arjuna é elevada a aquele alto nível de suspensão que purifica seu coração e mente de toda mácula e o permite receber, dentro de um período breve de tempo, a sabedoria do Absoluto, a mensagem atemporal da vida para o bem de todos.

Duryodhana, vendo seu próprio exército e o exército oponente em formação no campo de batalha, dá o sinal para o combate. E Arjuna, o maior arqueiro de seu tempo, ponderado e consciencioso, resolvido a opor-se ao mal, ainda que transbordando com uma onda de amor, visualiza as consequências da guerra e atinge um estado de suspensão entre os ditados de seu coração e de sua mente. Esta situação em que a consciência se encontra em um estado de suspensão, onde tanto o coração quanto a mente estão no nível mais elevado de alerta, oferece a ocasião ideal para que a inteligência divina tome conta e molde o destino do homem.

A vida é um campo de batalha de forças opostas. Aquele que, como Arjuna, pode valer-se da inteligência divina, recebe a luz e compartilha do propósito cósmico de realização, ele mesmo, assim como os demais. Mas aquele que é dominado pela tentação, como Duryodhana, torna-se um peso para a vida, atrasa sua própria evolução e também impede o progresso dos outros.

Este capítulo apresenta a mecânica da Natureza e revela os fundamentos da vida e da sociedade. Mesmo permanecendo no nível humano, ele retrata os mais altos níveis da consciência humana, por meio dos quais o Divino desce à Terra. Ele fornece uma fundação firme para o edifício do ensinamento do Senhor Kṛishṇa – a sabedoria da liberdade eterna na vida.

O capítulo começa com Dhṛitarāshtra em seu palácio real em Hastināpur pedindo a Sanjaya que lhe fale sobre a batalha.

Verso 1

धृतराष्ट्र उवाच
धर्मक्षेत्रे कु रुक्षेत्रे समवेता युयुत्सवः
मामकाः पाराडवाश्चैव किमकु र्वत संजय
Dhṛitarāshtra uvācha
Dharmakshetre Kurukshetre samavetā yuyutsavaḥ
māmakāḥ Pāṇdavāsh chaiva kim akurvata Sanjaya

Dhṛitarāshtra disse:
Reunidos no campo do *Dharma*,
ó Sanjaya, no campo dos Kurus,
ansiosos por combater,
o que fizeram meu povo e os Pāṇdavas?

O "*Dharma*" é aquele poder invencível da Natureza, que sustenta a existência. Mantém a evolução e forma a própria base da vida cósmica. Apoia tudo que é útil à evolução e desencoraja tudo que é oposto a ela.

O *Dharma* é aquilo que promove a prosperidade terrena e a liberdade espiritual. Para entender o papel do *Dharma* na vida, temos que considerar os mecanismos da evolução.

Quando a vida evolui de um estado a outro, o primeiro estado é dissolvido e o segundo é criado. Em outras palavras, o processo da evolução é posto em prática sob a influência de duas forças opostas – uma para destruir o primeiro estado e a outra para dar origem ao segundo estado. Estas forças, criativa e destrutiva, funcionando em harmonia uma com a outra, mantêm a vida e giram a roda da evolução. O *Dharma* mantém o equilíbrio entre elas. Ao manter o equilíbrio entre forças cósmicas opostas, o *Dharma* salvaguarda a existência e sustenta o caminho da evolução, o caminho da virtude.

A vida do homem é tão altamente evoluída, que ele desfruta de liberdade de ação na Natureza. Isto o capacita viver da forma como desejar, tanto para o bem como para o mal. Ele recebe de acordo com seu comportamento. Quando o bem aumenta na vida, e as forças positivas tendem a preponderar e desequilibrar o estado normal de existência, então o processo do *Dharma*, restaurando o equilíbrio, resulta em sentimentos de felicidade no coração e de satisfação na mente. Da mesma forma, quando o mal aumenta na vida e as forças negativas predominam, o poder do *Dharma*, restaurando o equilíbrio, produz sensações de dor e sofrimento.

A vida é como desejamos que seja – sofrimento ou alegria. Quando permitimos que as forças positivas e negativas se mantenham em seu estado normal de equilíbrio, vivemos através de períodos normais de vida. Auxiliar o crescimento de forças negativas resulta em sofrimento; quando ajudamos as forças positivas a aumentar, compartilhamos a alegria da vida. "Colhemos aquilo que semeamos" expressa o papel do *Dharma* na vida prática.

Calamidades, crises e catástrofes em uma comunidade ou país, são causadas pelo aumento de forças negativas resultantes das más ações da maioria de seu povo. Um alto grau de concentração de forças negativas, sem as forças positivas para equilibrá-las, termina em sofrimento e destruição da vida. Da mesma forma, um alto grau de concentração de forças positivas falha em manter a vida em seu estado normal. A vida do indivíduo sob a influência de crescentes forças positivas entra num campo de crescente felicidade, até que finalmente se transforma em Consciência de Bem-Aventurança, na qual adquire o status de existência cósmica, vida eterna.

Desta forma, vemos que o aumento de forças negativas termina em passividade ou extinção da vida, enquanto que o aumento de forças positivas resulta na vida eterna. À medida que dirigimos nossa vida individual sob a influência do *Dharma*, ela se move automaticamente para trás e para frente. À medida que as desenvolvemos, as forças positivas e negativas desempenham seu papel no campo do *Dharma* e moldam o destino da vida.

Os dois exércitos dos Kauravas e Pāṇdavas no campo de batalha de Kurukshetra, representam as forças negativas e positivas no campo do *Dharma*. É por isso que Dhṛitarāshtra diz: "Reunidos no campo do *Dharma*, no campo dos Kurus".

Dhṛitarāshtra, sendo um velho e experiente chefe da família real, sabe que o campo de batalha de Kurukshetra, encontrando-se dentro de Dharmakshetra, a terra entre os rios Yamunā e Saraswatī, sempre mantém sua santidade e traz vitória ao virtuoso.

Ele está ansioso para ouvir os detalhes dos acontecimentos e curioso para descobrir se, de alguma maneira, a influência positiva da terra tem trazido algum efeito sobre as tendências destrutivas de seus maldosos filhos; ou se esta influência estimulou a virtude dos Pāṇdavas e os encorajou a perdoarem os malfeitores.

Este é o único momento em que Dhṛitarāshtra fala no texto da Bhagavad-Gītā. Ele somente aparece para fazer esta pergunta.

Os "Kurus" são os membros da família Kuru, um importante clã naquela época.

O "campo dos Kurus" é uma vasta planície perto de Hastināpur, na vizinhança de Delhi. Como pertencia aos Kurus no momento desta batalha ela é chamada Kurukshetra.

"Meu povo e os Pāṇdavas": Dhṛitarāshtra era o rei cego da família Kuru. Seu irmão mais novo Pāṇdu estava dirigindo os negócios do reino para ele. Quando Pāṇdu morreu, Dhṛitarāshtra quis dar as rédeas do reino a Yudhishtira, o mais velho dos cinco filhos de Pāṇdu e chamado de Dharmarāj, a personificação da justiça, por causa de suas nobres qualidades. Mas Duryodhana, o mais velho dos cem maldosos filhos de Dhṛitarāshtra, assegurou para si o trono por meio de truques e traição, e começou a tentar destruir Yudhishtira e seus quatro irmãos.

O Senhor Kṛishṇa, como cabeça do clã Yādava, tentou reconciliar os primos, mas quando todas as suas tentativas falharam, e a traição de Duryodhana continuava e aumentava, a guerra entre os Kauravas e Pāṇdavas tornou-se inevitável. Isto levou reis e guerreiros do mundo inteiro a tomarem partido, de acordo com o nível de suas consciências, pelos virtuosos Pāṇdavas ou pelos maldosos Kauravas. O bem e o mal do mundo inteiro formou os dois exércitos. A principal missão do Senhor Kṛishṇa, que era destruir o mal e proteger o bem, foi simplificada.

"Sanjaya" é o cocheiro do rei cego Dhṛitarāshtra. A palavra, contudo, significa aquele que conquistou os sentidos e a mente. Foi pedido a Sanjaya que narrasse os detalhes da batalha, pois ele era clarividente e clariaudiente, e ao mesmo tempo imparcial. A Bhagavad-Gītā inteira é a resposta de Sanjaya a Dhṛitarāshtra.

Verso 2

संजय उवाच
दृष्ट्वा तु पाण्डवानीकं व्यूढं दुर्योधनस्तदा
आचार्यमुपसंगम्य राजा वचनमब्रवीत्

Sanjaya uvācha
Dṛishtwā tu Pāṇdavānīkaṁ vyūdhaṁ Duryodhanas tadā
āchāryam upasaṁgamya rājā vachanam abravīt

Sanjaya disse:
Então, Duryodhana, o príncipe,
vendo o exército dos Pāṇdavas
colocado em posição de combate,
dirigiu-se a seu mestre e falou estas palavras:

"Mestre" é aquele que entende o significado das escrituras, o ensina aos outros e pratica ele mesmo o ensinamento.[1] Aqui, o mestre é Droṇāchārya, que ensinou a arte da guerra tanto aos Kauravas como aos Pāṇdavas.

É um momento crucial, portanto é natural que Duryodhana se dirija a seu mestre, Droṇāchārya, para receber sua bênção e força.

Verso 3

पश्यैतां पाण्डुपुत्राणामाचार्य महतीं चमूम्
व्यूढां द्रुपदपुत्रेण तव शिष्येण धीमता

Pashyaitāṁ Pāṇduputrāṇām āchārya mahatīṁ chamūm
vyūdhāṁ Drupadaputreṇa tava shishyeṇa dhīmatā

Vê, ó Mestre, este grande exército
dos filhos de Pāṇdu, ordenado por teu sábio
discípulo, o filho de Drupada.

"O filho de Drupada", Dhṛishtadyumna, é o comandante-em-chefe do exército dos Pāṇdavas.

Duryodhana indica a seu mestre que o exército inimigo é certamente grande e poderoso, mas que isto não importa, já que seu próprio exército conta com a graça do mestre, enquanto que o outro é apoiado apenas pelo discípulo. Apesar de sábio, ainda assim permanece um discípulo, e por estar tão disposto a lutar contra seu mestre, seu moral se enfraquecerá e sua força lhe faltará. Ao mesmo tempo, ao dizer "seu sábio discípulo", Duryodhana cria o efeito de excitar a mente do mestre contra o discípulo que organizou a frente contra ele.

---

1 Veja Apêndice: Os Seis Sistemas de Filosofia Indiana.

Verso 4

अत्र शूरा महेष्वासा भीमार्जुनसमा युधि
युयुधानो विराटश्च द्रुपदश्च महारथः
Atra shūrā maheshwāsā Bhīmārjunasamā yudhi
Yuyudhāno Virātash cha Drupadash cha Mahārathaḥ

Aqui encontram-se homens de valor, poderosos arqueiros, iguais a Bhīma e Arjuna na batalha – Yuyudhāna, Virāta e Drupada, o *Mahārathī*.

"Bhīma" é o segundo filho de Pāṇdu, o guerreiro mais poderoso do exército dos Pāṇdavas e virtualmente em controle deste, apesar da posição de comandante-em-chefe ser mantida por Dhṛishtadyumna.

"Arjuna", o herói do Mahābhārat, é o terceiro filho de Pāṇdu. Ele é o maior arqueiro de sua época e amigo íntimo do Senhor Kṛishṇa.

"*Mahārathī*" significa um grande guerreiro, perito na ciência militar, que sozinho pode enfrentar dez mil arqueiros.

"Yuyudhāna" é o cocheiro do Senhor Kṛishṇa, também chamado de Sātyaki.

"Virāta" é o príncipe em cujo território os Pāṇdavas viveram durante algum tempo às escondidas, após perderem um jogo de dados com Duryodhana.

Verso 5

धृष्टकेतुश्चेकितानः काशिराजश्च वीर्यवान्
पुरुजित्कुन्तिभोजश्च शैब्यश्च नरपुंगवः
Dhṛishtaketush Chekitānah Kāshirājash cha vīryavān
Purujit Kuntibhojash cha Shaibyash cha narapuṁgavaḥ

Dhṛishtaketu, Chekitāna e o valente rei de Kāshī, também Purujit, Kuntibhoja, e Shaibya, chefe entre os homens.

"Dhṛishtaketu" é o rei dos Chedis.

"Chekitāna" é um famoso guerreiro do exército dos Pāṇdavas.

"Purujit" e "Kuntibhoja" são dois irmãos.

"Shaibya" é um rei da tribo Shibi.

VERSO 6

युधामन्युश्च विक्रान्त उत्तमौजाश्च वीर्यवान्
सौभद्रो द्रौपदेयाश्च सर्व एव महारथाः

Yudhāmanyush cha vikrānta Uttamaujāsh cha vīryavān
Saubhadro Draupadeyāsh cha sarva eva Mahārathāḥ

Yudhāmanyu, o bravo;
o valente Uttamaujas;
também o filho de Subhadrā e os filhos de Draupadī,
todos eles *Mahārathīs*.

Duryodhana parece cumprir vários objetivos ao nomear estes grandes guerreiros do exército oponente. Fortalece sua própria mente, desperta um profundo sentido de responsabilidade na mente de seu mestre e produz alerta em todos os que o escutam.

Tendo criado estes efeitos, esta atmosfera, Duryodhana, no verso seguinte, chama a atenção de seu mestre para os grandes heróis de seu próprio exército.

Verso 7

अस्माकंतु विशिष्टा ये तान्निबोध द्विजोत्तम
नायका मम सैन्यस्य संज्ञार्थं तान्ब्रवीमि ते

Asmākaṁ tu vishishtā ye tān nibodha Dwijottama
nāyakā mama sainyasya saṁgyārthaṁ tān bravīmi te

Conhece bem, ó mais nobre dos duplamente-nascidos,
aqueles que são preeminentes entre nós.
Eu te falo dos líderes do meu exército
para que tu possas conhecê-los.

"Duplamente-nascidos" é um termo que Duryodhana usa ao se dirigir ao mestre, Droṇāchārya. Isto é para elogiá-lo e, ao mesmo tempo, despertar nele um senso de responsabilidade, para que possa permanecer fiel à causa que ele está abraçando.

O termo "duplamente-nascido" é geralmente usado para aquele nascido na família *Brāhmaṇa*, apesar de outras castas também serem elegíveis para a cerimônia de purificação de acordo com os rituais Védicos.

Diz-se que um *Brāhmaṇa* é duplamente-nascido porque após seu nascimento, quando tem aproximadamente oito anos de idade, ele passa por uma cerimônia Védica de purificação, e isto o qualifica para o estudo dos Vedas – a função principal de um *Brāhmaṇa.* Por isso a cerimônia é apresentada como o segundo nascimento.

Este segundo nascimento é importante na vida, pois dá ao homem, nascido da carne, acesso ao campo do espírito. Este é o propósito principal do estudo dos Vedas, que abre a porta do reino interior do homem, permitindo-lhe ver a Luz de Deus.

Ao relembrar a seu mestre os nomes dos heróis de seu exército, Duryodhana passa em revista sua própria força e cria uma consciência do grande poder que pertence a ele e a todos os que estão presentes para apoiá-lo.

Verso 8

भवान्भीष्मश्च कर्णश्च कृपश्च समितिंजयः
अश्वत्थामा विकर्णश्च सौमदत्तिस्तथैव च

Bhavān Bhīshmash cha Karṇash cha Kṛipash cha samitiṁjayaḥ
Ashwatthāmā Vikarṇash cha Saumadattis tathaiva cha

Tu mesmo, Bhīshma, Karṇa
e Kṛipa, vitoriosos em batalha;
Ashwatthāmā e Vikarṇa,
e também o filho de Somadatta.

"Bhīshma" é o grande antepassado (o meio-irmão do avô) tanto dos Kauravas como dos Pāṇdavas. Ele criou Dhṛitarāshtra e Pāṇdu. Ele é o mais experiente de todos os guerreiros reunidos. É principalmente com ele que Duryodhana conta.

"Karṇa" é o meio-irmão de Arjuna.

"Kṛipa" é o cunhado de Droṇāchārya.

"Ashwatthāmā" é o filho de Droṇāchārya.

"Vikarṇa" é o terceiro dos cem filhos de Dhṛitarāshtra.

"Somadatta" é o rei dos Bāhīkas.

Verso 9

अन्ये च बहवः शूरा मदर्थे त्यक्तजीविताः
नानाशस्त्रप्रहरणाः सर्वे युद्धविशारदाः

Anye cha bahavaḥ shūrā madarthe tyaktajīvitāḥ
nānāshastrapraharaṇāḥ sarve yuddhavishāradāḥ

E existem muitos outros heróis,
armados com armas variadas,
todos habilidosos na arte guerreira,
que têm arriscado suas vidas por mim.

Tendo mencionado os nomes dos heróis de seu próprio exército, Duryodhana enfatiza o poder deles e no verso seguinte, compara a força dos dois lados.

VERSO 10

अपर्याप्तं तदस्माकं बलं भीष्माभिरक्षितम्
पर्याप्तं त्विदमेतेषां बलं भीमाभिरक्षितम्

Aparyāptaṁ tad asmākaṁ balaṁ Bhīshmābhirakshitam
paryāptaṁ twidam eteshāṁ balaṁ Bhīmābhirakshitam

Ilimitado é nosso exército,
comandado por Bhīshma,
enquanto que o exército deles,
comandado por Bhīma, é limitado.

Duryodhana tinha que incitar seu próprio comandante, Bhīshma, contra o poderoso Bhīma, chefe do exército dos Pāṇdavas. Ao mesmo tempo ele lembrou Bhīshma que, como comandante, vitória ou derrota era sua responsabilidade.

Tendo proclamado que ele é mais poderoso que seu oponente, Duryodhana, no verso seguinte, pronuncia sua ordem final de combate.

VERSO 11

अयनेषु च सर्वेषु यथाभागमवस्थिताः
भीष्ममेवाभिरक्षन्तु भवन्तः सर्व एव हि

Ayaneshu cha sarveshu yathābhāgam avasthitāḥ
Bhīshmam evābhirakshantu bhavantaḥ sarva eva hi

Portanto, estacionados em vossas
respectivas posições em todas as frentes,
apoiem apenas a Bhīshma, todos vós!

Este verso ressalta a perspicácia de Duryodhana. Ele sabe que a maioria dos guerreiros reunidos a seu lado não se encontra lá principalmente por sua causa, e sim pelo amor deles a Bhīshma. É por isso que ele fala desta maneira; e ao fazê-lo, ganha a simpatia e confiança deles, juntamente com as de Bhīshma.

VERSO 12

तस्य संजनयन्हर्षं कुरुवृद्धः पितामहः
सिंहनादं विनद्योच्चैः शङ्खं दध्मौ प्रतापवान्
Tasya saṁjanayan harshaṁ Kuruvṛiddhaḥ pitāmahaḥ
siṁhanādaṁ vinadyochchaiḥ shankhaṁ dadhmau pratāpavān

O idoso Kuru, o glorioso antepassado (Bhīshma),
deu um alto rugido qual um leão
e tocou sua concha,
alegrando o coração de Duryodhana.

Tendo ouvido as palavras de Duryodhana, Bhīshma o anima começando a dar o sinal para a batalha.

O verso seguinte descreve como o exército inteiro de Duryodhana, em alvoroço, juntou-se a Bhīshma para mostrar sua prontidão para lutar.

VERSO 13

ततः शङ्खाश्च भेर्यश्च पणवानकगोमुखाः
सहसैवाभ्यहन्यन्त स शब्दस्तुमुलोऽभवत्
Tataḥ shankhāsh cha bheryash cha paṇavānakagomukhāḥ
sahasaivābhyahanyanta sa shabdas tumulo 'bhavat

Então, repentinamente, conchas,
trompas, timbales, tamborins e
tambores soaram com estrondo,
e o som era tumultuoso.

"Repentinamente" expressa a maneira pela qual a Natureza funciona. A Natureza garante enorme flexibilidade para o crescimento do bem ou do mal na atmosfera. Porém, quando a influência cresce além dos limites elásticos, a Natureza não mais a sustentará; repentinamente o ponto de ruptura é atingido. A explosão repentina do rugido de leão de Bhīshma e o som tumultuoso produzido por todo o exército, simbolizaram o grande grito da Natureza anunciando o ponto de ruptura do mal incomensurável que Duryodhana e seus seguidores acumularam para si mesmos.

Na história, as guerras têm resultado do efeito cumulativo da agressão sobre o inocente; os indivíduos continuam a oprimir os outros, sem saber que a agressão está crescendo na atmosfera e que finalmente cairá sobre eles como seu próprio desastre. Cada um colhe as consequências de suas próprias ações.

Os versos seguintes descrevem o efeito disso sobre o exército oponente.

Verso 14

ततः श्वेतैर्हयैर्युक्ते महति स्यन्दने स्थितौ
माधवः पाण्डवश्चैव दिव्यौ शङ्खौ प्रदध्मतुः

Tataḥ shwetair hayair yukte mahati syandane sthitau
Mādhavaḥ Pāṇdavash chaiva divyau shankhau pradadhmatuḥ

Então, sentados em uma grande carruagem
atrelada a cavalos brancos,
Mādhava (Senhor Kṛishṇa) e o filho de Pāṇdu (Arjuna)
também tocaram suas gloriosas conchas.

Neste verso, a palavra "então" tem especial relevância, pois mostra que os Pāṇdavas – Arjuna e seu destacamento – não estão tomando a iniciativa na batalha, mas apenas respondendo às ações dos Kauravas.

Este é o comportamento natural das pessoas corretas – elas jamais são agressivas. Se assim o parecem, estão apenas desempenhando seu papel como instrumentos do plano divino. Os Pāṇdavas são desafiados e têm que aceitar o convite como vier; mas eles não dão o primeiro sinal para a batalha. Somente após ter recebido o sinal do outro lado é que eles são obrigados a responder. E quando respondem, sua resposta é mais poderosa, porque conta com o poder do bem em sua base.

A palavra "carruagem" tem uma conotação metafísica especial. A "carruagem" é a estrutura fisiológica, o corpo. Está no campo de batalha da vida como um veículo para o processo natural de evolução. Os sentidos são os cavalos aos quais o corpo-carruagem está atrelado.

"Atrelada a cavalos brancos": "branco" simboliza *Sattwa* ou pureza, significando portanto que a carruagem estava sendo dirigida sob a influência da pureza ou do bem. Quando o Ser guia, o corpo se move sob a influência de *Sattwa*. O Senhor Kṛishṇa simboliza o Ser, e a carruagem que Ele dirige tem que estar atrelada a cavalos brancos. A própria aparência da carruagem expressa seu propósito. Ela se posiciona e se move para salvaguardar e proteger a pureza e o bem.

"Mādhava" significa Senhor da fortuna e também matador do demônio Madhu. O uso deste nome indica o poder do Senhor Kṛishṇa sobre a Natureza. Indica que Ele provará ser o Senhor da fortuna para aqueles que estão apoiando as forças positivas, e o matador de demônios para aqueles que estão promovendo o mal. O Senhor Kṛishṇa permanece neutro entre os dois exércitos, tocando Sua concha para proclamar que Ele está ali para quem quiser tirar proveito de Sua presença.

Verso 15

पाञ्चजन्यं हृषीकेशो देवदत्तं धनंजयः
पौण्ड्रं दध्मौ महाशङ्खं भीमकर्मा वृकोदरः
Pānchajanyaṁ Hṛishīkesho Devadattaṁ Dhananjayaḥ
Pauṇḍraṁ dadhmau mahāshankhaṁ Bhīmakarmā vṛikodaraḥ

Hṛishīkesha (Senhor Kṛishṇa) tocou Pānchajanya,
Dhananjaya (Arjuna) tocou Devadatta,
Bhīma, de poderosas ações,
tocou sua grande concha Pauṇḍra.

"Hṛishīkesha" tem dois significados, dependendo das duas formas diferentes em que a palavra pode ser derivada da raiz. Significa o Senhor dos sentidos e também pessoa com cabelos longos. Ambos os significados são relevantes. O cabelo longo está relacionado com o controle dos sentidos. Cortar o cabelo produz um tipo de energia sutil que tende a colocar os sentidos fora de controle. Então, a palavra revela não apenas a aparência do Senhor Kṛishṇa no campo de batalha como também a força interior do cocheiro, que sendo o Senhor dos sentidos, pode controlar qualquer situação.

"Pānchajanya" é a concha feita do osso do demônio Pānchajana.

"Devadatta" significa dado por Deus – esta concha foi recebida por Arjuna de seu Pai divino, Indra.

"Dhananjaya" significa ganhador de riqueza, Arjuna.

As palavras "Hṛishīkesha tocou Pānchajanya" revelam muitos pontos importantes. Em primeiro lugar, elas exprimem que o sopro do Senhor Kṛishṇa foi absorvido pelo elemento demoníaco na concha que produziu o som. Isto deixou o Senhor Kṛishṇa neutro na batalha, como Ele havia prometido.

O Senhor Kṛishṇa era reverenciado tanto pelos Kauravas como pelos Pāṇḍavas. Quando estavam se preparando para a guerra, tanto Arjuna como Duryodhana abordaram-No pedindo ajuda ao mesmo tempo. Já que o Senhor Kṛishṇa não podia dizer sim a nenhum deles na presença do outro, Ele resolveu a situação pedindo-lhes que decidissem entre eles.

O Senhor Kṛishṇa disse: "Eu estarei de um lado e meu exército do outro, porém não devo lutar, ainda que o meu exército o faça. Agora decidam entre vocês quem gostaria de me ter e quem gostaria de ter meu exército".

A primeira escolha foi dada a Duryodhana, que preferiu ficar com o exército. O Senhor Kṛishṇa veio então ajudar Arjuna, mas como havia prometido não lutar, tornou-Se o cocheiro de Arjuna e guiou o destino da batalha.

O Senhor dos sentidos tocando o sinal para a guerra por meio da concha do demônio tem ainda outro significado. Indica que o Senhor Kṛishṇa criou uma poderosa força demoníaca contra os diabólicos Kauravas. A razão é que a força do bem é sempre positiva. É sempre criativa e construtiva; não pode destruir. A destruição só pode ser alcançada por meio de forças negativas. Por possuírem a força do bem, era difícil para os Pāṇdavas destruir os Kauravas. Então o Senhor Kṛishṇa, por meio do som de Pānchajanya, excitou as forças negativas em todos os presentes nos dois exércitos. A excitação das forças negativas no exército dos Pāṇdavas deu a este exército muito mais poder para destruir o mal, por causa do apoio do grande poder do bem, enquanto que a excitação das forças negativas no exército dos Kauravas apressou sua destruição, levando a uma grande concentração do elemento negativo sem o apoio de qualquer força positiva.

Há ainda outra implicação. O Senhor Kṛishṇa tocou Pānchajanya para declarar bem alto que a resposta dos Pāṇdavas ao sinal de guerra não foi causada pela virtude destes. Foi apenas a ressonância do troar diabólico dos Kauravas ecoando a partir de Pānchajanya. Era um demônio ecoando a voz do demônio, e se havia algo de original no som, era o suspiro de Pānchajanya pela dor e iniquidades que os Pāṇdavas haviam sofrido por longos anos sob a opressão dos Kauravas.

O Senhor dos sentidos não utilizou Seus sentidos: Ele apenas soprou por meio de Pānchajanya. A ocasião se encontrava muito aquém da divindade do Senhor Kṛishṇa para que Ele respondesse. O Senhor dos sentidos é neutro, sempre estabelecido em Seu eterno estado do Ser, enquanto que todas as coisas à Sua volta reagem à atmosfera prevalecente. Como Senhor dos sentidos, Seu status transcende o bem mais elevado, e os Kauravas se encontravam no nível mais baixo do mal.

Foi devido à enorme diferença entre o status do Senhor Kṛishṇa e o nível de consciência dos Kauravas que Ele prometeu no início que não lutaria na batalha.

Todas estas implicações estão contidas na primeira frase deste verso. As implicações de cada palavra nesta obra são inesgotáveis, esta é a glória de Vyāsa, o sábio de visão iluminada que escreveu a Bhagavad-Gītā.

O relato dos nomes de guerreiros e das conchas que eles tocaram continua nos três versos seguintes.

Verso 16

अनन्तविजयं राजा कुन्तीपुत्रो युधिष्ठिरः
नकुलः सहदेवश्च सुघोषमणिपुष्पकौ

Anantavijayaṁ Rājā Kuntīputro Yudhishthiraḥ
Nakulaḥ Sahadevash cha Sughoshamaṇipushpakau

Príncipe Yudhishtira, o filho de Kuntī,
tocou sua concha Anantavijaya;
Nakula e Sahadeva tocaram
Sughosha e Maṇipushpaka.

"Kuntī" é a mãe dos cinco Pāṇdavas, os filhos de Pāṇdu.

"Yudhishtira" é o mais velho dos cinco Pāṇdavas.

"Nakula" é o quarto, habilidoso na arte de treinar cavalos.

"Sahadeva" é o quinto e mais novo, habilidoso na criação de gado.

"Anantavijaya" significa vitória eterna.

"Sughosha" significa de tom doce.

"Maṇipushpaka" significa ornado de gemas.

VERSO 17

काश्यश्च परमेष्वासः शिखण्डी च महारथः
धृष्टद्युम्नो विराटश्च सात्यकिश्चापराजितः
Kāshyash cha parameshwāsaḥ Shikhandī cha Mahārathaḥ
Dhṛishtadyumno Virātash cha Sātyakish chāparājitaḥ

O Rei de Kāshī, o grande arqueiro,
e Shikhandī, o *Mahārathī*,
Dhṛishtadyumna, Virāta
e Sātyaki, os não-subjugados.

VERSO 18

द्रुपदो द्रौपदेयाश्च सर्वशः पृथिवीपते
सौभद्रश्च महाबाहुः शङ्खान्दध्मुः पृथक्पृथक्
Drupado Draupadeyāsh cha sarvashaḥ Pṛithivīpate
Saubhadrash cha mahābāhuḥ shankhān dadhmuḥ pṛithak pṛithak

Drupada, assim como os filhos de Draupadi,
e o filho de Subhadra, de poderosos braços,
ó Senhor da Terra, todos tocaram suas diferentes conchas.

"Ó Senhor da Terra": Sanjaya se dirige a Dhṛitarāshtra, o rei.

VERSO 19

स घोषो धार्तराष्ट्राणां हृदयानि व्यदारयत्
नभश्च पृथिवीं चैव तुमुलो व्यनुनादयन्
Sa ghosho Dhārtarāshtrāṇāṁ hṛidayāni vyadārayat
nabhash cha pṛithivīṁ chaiva tumulo vyanunādayan

Aquele troar tumultuoso,
reverberando através da Terra e do Céu,
lacerou os corações dos homens de Dhṛitarāshtra.

Os Pāṇdavas anunciaram sua prontidão para a guerra pelo tocar das conchas, que estremeceram o ar e vibraram através de tudo na Terra e no Céu. Criou-se uma agitação no universo.

Aqui encontra-se revelado um processo cósmico. As más ações dos Kauravas haviam saturado a atmosfera e, por assim dizer, permeado tudo com uma influência maléfica. Esta má influência foi sacudida quando o bem, tendo adquirido força, elevou-se para aceitar seu desafio. A força da destruição no mundo seria destruída pela crescente onda de vida.

Verso 20

अथ व्यवस्थितान्दृष्ट्वा धार्तराष्ट्रान्कपिध्वजः
प्रवृत्ते शस्त्रसंपाते धनुरुद्यम्य पाण्डवः

Atha vyavasthitān dṛishtwā Dhārtarāshtrān kapidhwajaḥ
pravṛitte shastrasaṁpāte dhanur udyamya Pāṇdavaḥ

Então, vendo os filhos de Dhṛitarāshtra
alinhados em formação de combate,
como mísseis prontos para voar,
o filho de Pāṇdu (Arjuna), cujo estandarte
portava a imagem de Hanumān, ergueu seu arco.

"Os filhos de Dhṛitarāshtra alinhados em formação de combate" representa o mal preparado para aniquilar o bem.

Quando Arjuna "ergueu seu arco", ele expressou a prontidão do bem em resistir ao mal e restaurar a harmonia na Terra.

Este é um processo cósmico. Sempre que o mal surge e ameaça dominar a vida, a Natureza se move para equilibrá-la. Uma onda de bem se eleva para neutralizar o mal. Aqueles que são os meios pelos quais o vício entra no mundo perecem com o elevar desta onda; e aqueles que suportaram o sofrimento sob a influência do mal, tornando-se o instrumento do bem, começam a desfrutar.

"Estandarte portava a imagem de Hanumān": Hanumān simboliza devoção e serviço ao Senhor supremo. A vida de Arjuna era dedicada à causa divina. Sua habilidade e arte no arco e flecha foram úteis para a causa do bem. Portanto, sua carruagem tinha um sinal que portava a imagem de Hanumān.

Verso 21

हृषीकेशं तदा वाक्यमिदमाह महीपते
सेनयोरुभयोर्मध्ये रथं स्थापय मेऽच्युत
Hṛishīkeshaṁ tadā vākyam idam āha Mahīpate
senayor ubhayor madhye rathaṁ sthāpaya me 'chyuta

Então, ó Senhor da Terra, ele falou estas palavras a Hṛishīkesha (Senhor Kṛishṇa): Alinhe minha carruagem entre os dois exércitos, ó Achyuta.

"Senhor da Terra": com esta expressão Sanjaya chama a atenção de Dhṛitarāshtra para o fato de que ele tinha o poder de intervir e evitar que os dois exércitos se envolvessem na destruição. No verso 18, Sanjaya já havia se dirigido a Dhṛitarāshtra como "Senhor da Terra". Esta expressão repetida indica que ele quer fazer com que Dhṛitarāshtra veja a seriedade da situação – ambos os exércitos declararam sua prontidão para lutar, e agora Arjuna está se dirigindo para a linha de frente. Cada momento é vital e relevante. A destruição parece ser inevitável.

"Achyuta" significa imóvel. Arjuna chama o Senhor Kṛishṇa de "Achyuta". Ele quer que o imóvel comece a se mover para ele! Achyuta também significa aquele que nunca tombou. Desta forma, Arjuna quer sugerir ao Senhor Kṛishṇa que Ele nunca lhe falhará.

Arjuna pede que a carruagem seja colocada entre os dois exércitos, para que tanto ele como o Senhor Kṛishṇa estejam lá. Ao colocar o Senhor Kṛishṇa entre os exércitos, Arjuna deseja apresentar um retrato na tela do tempo – o Ser absoluto presente entre as forças opostas – um retrato que expressa as mecânicas internas da Natureza e que explicará os fundamentos da vida e esclarecerá os princípios básicos da guerra e da paz para as gerações vindouras.

O Senhor Kṛishṇa simboliza o Ser absoluto, que é o campo do *Dharma* e que, ao permanecer entre as forças positivas e negativas na Natureza, as equilibra. Apesar de permanecer neutro, o Ser sempre apoia o bem. Apesar do Senhor Kṛishṇa ser neutro, Ele está com Arjuna, que desfruta de Seu apoio.

No verso seguinte Arjuna explica porque ele próprio deseja ser colocado entre os dois exércitos.

Verso 22

यावदेतान्निरीक्षेऽहं योद्धुकामानवस्थितान्
कैर्मया सह योद्धव्यमस्मिन्रणसमुद्यमे

Yāvad etān nirīkshe 'haṁ yoddhukāmān avasthitān
kair mayā saha yoddhavyam asmin raṇasamudyame

Para que eu possa observar aqueles
que se encontram aqui ansiosos pela batalha,
e possa saber com quem devo lutar
neste árduo trabalho de guerra.

A habilidade na batalha está primeiramente em localizar os pontos estratégicos da linha do inimigo.

O poder de concentração de Arjuna era tão grande que se ele localizasse corretamente as posições dos líderes inimigos, suas flechas seriam lançadas diretamente neles.

"Ansiosos pela batalha" mostra que Arjuna queria escolher cuidadosamente apenas aqueles que estavam ansiosos pela batalha. Ele não iria se preocupar com aqueles que não estavam ansiosos por lutar. Isto ilustra a bravura e autoconfiança de Arjuna, e também expressa sua prontidão para a batalha.

VERSO 23

योत्स्यमानानवेक्षेऽहं य एतेऽत्र समागताः
धार्तराष्ट्रस्य दुर्बुद्धेर्युद्धे प्रियचिकीर्षवः

Yotsyamānān avekshe 'haṁ ya ete 'tra samāgatāḥ
Dhārtarāshtrasya durbuddher yuddhe priyachikīrshavaḥ

Deixai-me ver aqueles que estão
reunidos aqui prontos para lutar,
ansiosos por conseguir na batalha aquilo que é caro
ao mal-intencionado filho de Dhṛitarāshtra.

O tom deste verso denota a força da indignação de Arjuna contra o mal que os apoiadores de Duryodhana desejam alcançar pela luta. Este desdém é tão grande que Arjuna nem sequer menciona o nome de Duryodhana – e ao mencionar o pai de Duryodhana, Dhṛitarāshtra, traz vergonha a este também.

Arjuna está certo de sua posição, certo de que está tomando posição para salvaguardar a virtude e resistir à corrupção. Ele não considera que todos aqueles reunidos no exército adversário sejam maus em si mesmos, mas sim apoiadores do mal.

No verso 21, Sanjaya se dirige a Dhṛitarāshtra como o "Senhor da Terra", porém aqui, relata a insinuação de Arjuna de que Dhṛitarāshtra está sendo levado à vergonha por causa das ações de seus filhos. Isto mostra que, como pai de seus mal-intencionados filhos, Dhṛitarāshtra é em última instância responsável pela ameaçadora destruição de toda a comunidade.

Quando o *Karma* (ação) coletivo traz a ameaça da destruição nacional, está além do poder do indivíduo freiá-la. Isto é mais verdadeiro ainda quando alcançou o limite máximo e está a ponto de estourar em uma catástrofe. Portanto, é sábio que as pessoas de cada geração sejam cautelosas e não tolerem um aumento de ações incorretas à sua volta, mas sim, arranque-as pela raiz. Pois é a influência cumulativa destas pequenas más ações feitas por indivíduos em suas próprias reduzidas áreas de atividade que produzem as tensões nacionais e internacionais, e levam à catástrofe.

Existe uma forma de Meditação Transcendental,[2] ensinada pelo Senhor Kṛishṇa, para ser praticada por cada indivíduo diariamente, com o objetivo de infundir a Consciência Divina Transcendental em sua própria mente. Desta forma, o homem pode, por natureza, tornar-se livre de tendências incorretas e tornar-se a fonte de influências benéficas em todas as esferas da vida.

Se Dhṛitarāshtra, como rei, houvesse educado seus filhos na arte de transcender e adquirir Consciência Divina, a família real dos Kauravas não teria sido a causa desta grande guerra, que trouxe desastre à civilização da época.

Esta é uma mensagem que deve ser seguida em cada geração. É o dever dos que governam o mundo, e daqueles que exercem vida pública, que têm no coração o bem-estar da humanidade, organizar a educação de maneira que todos tenham a oportunidade de aprender como cultivar Consciência Divina. Não se deve permitir a nenhuma geração deixar atrás de si uma influência maléfica, pois suas consequências acumuladas serão colhidas pelas gerações futuras.

Verso 24

संजय उवाच
एवमुक्तो हृषीकेशो गुडाकेशेन भारत
सेनयोरुभयोर्मध्ये स्थापयित्वा रथोत्तमम्

Sanjaya uvācha
Evam ukto Hṛishīkesho Gudākeshena Bhārata
senayor ubhayor madhye sthāpayitwā rathottamam

Sanjaya disse:
Ó Bhārata, assim invocado por Gudākesha (Arjuna), Hṛishīkesha (Senhor Kṛishṇa), havendo colocado a magnífica carruagem entre os dois exércitos,

---

2 Veja II, 45 e Apêndice.

Sanjaya está relatando a Dhṛitarāshtra o que ocorre no campo de batalha. Aqui se dirige a ele como "Bhārata", descendente do grande rei de Bhārata – a grande Índia.

Arjuna, o herói do Mahābhārat, se posiciona entre os dois exércitos para ver contra quem deve combater. Aqui Sanjaya utiliza o nome Gudākesha para se referir a ele. Isto é para simbolizar uma qualidade essencial de Arjuna, pois Gudākesha significa o Senhor do sono, aquele que tem o domínio sobre o sono, sobre a letargia da mente. Assim é expressa a agudeza da mente de Arjuna. Como arqueiro infalível, Arjuna tem uma mente completamente avivada, Sanjaya usa a palavra Gudākesha para descrever o caráter e a qualidade do herói.

Esta é a habilidade narrativa de Vyāsa. Para narrar a história, ele utiliza expressões exatas e concisas, plenas de significado. E necessita apenas de uma mente que as entenda para poder desfrutar de seus escritos e deles obter o máximo.

Vyāsa usou o adjetivo "magnífica" para descrever a carruagem de Arjuna. Esta única palavra, que no texto sânscrito aparece como "*uttamam*", transmite a ideia de um mundo de glória. Indica magnificência, conforto, estabilidade, leveza e força; de fato, todas as qualidades de uma carruagem projetada para ir de encontro ao mais feroz dos inimigos. Novamente a carruagem é magnífica não apenas por sua qualidade, mas também por seu cocheiro e o herói que vai nela. Hṛishīkesha, o Senhor dos sentidos, é o cocheiro; e Gudākesha, o conquistador do sono, é o herói.

Verso 25

भीष्मद्रोणप्रमुखत: सर्वेषां च महीक्षिताम्
उवाच पार्थ पश्यैतान्समवेतान्कुरूनिति

Bhīshmadroṇapramukhataḥ sarveshāṁ cha mahīkshitām
uvācha Pārtha pashyaitān samavetān Kurūn iti

Ante Bhīshma e Droṇa,
e todos os soberanos da Terra, disse:
Pārtha (Arjuna)! Observe estes Kurus reunidos.

O Senhor Kṛishṇa viu que Arjuna estava furioso.[3] A ira é uma grande inimiga,[4] ela reduz a força do homem. E seu cocheiro não gosta de ver a força de Arjuna desvanecendo-se. É necessário que o Senhor Kṛishṇa faça algo para restaurar em Arjuna sua condição normal. Mas somente isto não será suficiente, algo mais faz-se necessário para tornar Arjuna realmente forte. A sua ira indica que ele não está realmente forte, pois a ira é um sinal de fraqueza. O Senhor Kṛishṇa sabe que Arjuna, apesar de ser o maior arqueiro de seu tempo, ainda não havia recebido o verdadeiro segredo da arte da guerra. A arte do arco e flecha lhe fora ensinada, porém não havia sido treinado para disparar suas flechas permanecendo firme em si mesmo. Se um arqueiro dispara estando irado, sua ira o enfraquecerá.

Arjuna chamou Senhor Kṛishṇa de "Achyuta",[5] que significa firme e impassível. É isto que o Senhor Kṛishṇa deve ensinar Arjuna a ser. Mas a sabedoria não pode ser dada a um homem a não ser que ele a solicite e demonstre sua disposição para recebê-la. Portanto, é necessário que o Senhor Kṛishṇa desperte em Arjuna a necessidade e o desejo de aprender.[6] Teria sido desmoralizante se fosse dito a Arjuna, no campo de batalha, que ele precisava conhecer a arte de ser firme. Ele teria que reconhecer isso por si próprio; só então o Senhor Kṛishṇa poderia ajudá-lo. Para produzir em Arjuna o resultado desejado o Senhor fala uma única e curta frase:

"Pārtha! Observe estes Kurus reunidos". Esta é a primeira exclamação do Senhor Kṛishṇa na Bhagavad-Gītā, o primeiro conselho para Arjuna no campo de batalha.

O milagre que produziu em Arjuna escapou durante séculos da atenção de praticamente todos os comentaristas, e em consequência Arjuna é retratado como uma mente arruinada e confusa. Um estudo detalhado do comentário nos próximos versos revelará a verdadeira natureza da condição de Arjuna.

---

3 Veja verso 23.

4 Veja III, 37, comentário.

5 Veja verso 21.

6 Veja II, 7.

O Senhor Kṛishṇa se dirige a Arjuna como "Pārtha", o filho de Pṛithā. Com esta expressão Ele lembra a Arjuna de sua mãe, e assim cria uma cálida onda de amor em seu coração, o calor do amor que une mãe e filho. É este terno elo de amor que se desenvolve em todos os relacionamentos familiares e sociais, que preserva uma família, uma sociedade, uma nação, e um mundo.

Tendo criado esta onda de amor no coração de Arjuna, o Senhor Kṛishṇa deseja fortalecê-la. Com este fim Ele diz: "observe estes Kurus reunidos". Isto acelera todos os caminhos do coração, onde os diferentes relacionamentos existem em diferentes graduações de amor. Vendo num só relance, todos os seus entes queridos "reunidos", seu coração inteiro se enche de amor.

Verso 26

तत्रापश्यत्स्थितान्पार्थः पितृनथ पितामहान्
आचार्यान्मातुलान्भ्रातृन्पुत्रान्पौत्रान्सखींस्तथा

Tatrāpashyat sthitān Pārthaḥ pitṛīn atha pitāmahān
āchāryān mātulān bhrātṛīn putrān pautrān sakhīṁs tathā

O filho de Pṛithā (Arjuna) viu ali
diante dele, tios e avós, professores,
tios maternos, irmãos, filhos e netos,
e também muitos amigos.

"O filho de Pṛithā viu" indica que quando Arjuna olhou atentamente o exército adversário, sua visão foi colorida pelo amor, e não pela inimizade ou valentia. Se ele tivesse olhado com a visão do "arrasador de inimigos", assim ele seria chamado.

Isto mostra o poder de controle que o Senhor Kṛishṇa possui. Ele disse: "Pārtha, observe", e Arjuna tornou-se como um filho diante de sua mãe, pleno de amor e reverência.

VERSO 27

श्वशुरान्सुहृदश्चैव सेनयोरुभयोरपि
तान्समीक्ष्य स कौन्तेयः सर्वान्बन्धूनवस्थितान्

Shwashurān suhṛidash chaiva senayor ubhayor api
tān samīkshya sa Kaunteyaḥ sarvān bandhūn avasthitān

Também sogros e amantes do bem,
em ambos os exércitos.
Então, aquele filho de Kuntī (Arjuna),
vendo todos estes parentes assim presentes,

Arjuna se levanta para observar seus adversários, mas não consegue ver adversários; em vez disso vê seus entes queridos. Isto porque sua visão foi colorida com amor quando o Senhor Kṛishṇa o chamou de Pārtha. Com isto todo o panorama muda completamente. Arjuna, que estava prestes a entrar em combate, se vê dominado pela compaixão, como indica o verso seguinte.

VERSO 28

कृपया परयाविष्टो विषीदन्निदमब्रवीत्
दृष्ट्वेमं स्वजनं कृष्णा युयुत्सुं समुपस्थितम्

Kṛipayā parayāvishto vishīdann idam abravīt
dṛishtwemaṁ swajanaṁ Kṛishṇa yuyutsuṁ samupasthitam

Possuído por extrema compaixão,
falou assim em sua dor:
Vendo estes meus parentes, ó Kṛishṇa,
reunidos, ansiosos por combater,

Este verso apresenta a base dos problemas que Arjuna exporá ao Senhor Kṛishṇa.

Ele expressa seus pensamentos em voz alta ao Senhor Kṛishṇa, que está perto dele. O homem pensa em voz alta junto daquele que está próximo de seu coração e mente, e é sábio o suficiente para acompanhar o pensamento. O Senhor Kṛishṇa é assim para Arjuna. Ele pode compartilhar seus pensamentos e sentimentos, e pensar intimamente com Ele.

"Possuído por extrema compaixão" e "parentes" indicam o princípio básico de "dor", que nasce da condição do indivíduo e de seu relacionamento com os outros.

Este verso não somente descreve a condição de Arjuna, mas também expõe o princípio fundamental do sofrimento na sociedade humana e busca sua solução.

A compaixão está entre as mais gloriosas qualidades do coração. "Extrema compaixão" expressa plenitude de coração. Porém, uma vez desvinculado das qualidades da mente, o coração como tal deixa de ser eficaz em apoiar a ação na vida. Até mesmo as qualidades positivas do coração e da mente não conseguem apoiar a vida na ausência de coordenação entre eles. Este verso proclama a "extrema compaixão" como fonte de todos os problemas com os quais se defronta Arjuna, um homem altamente equilibrado e de caráter nobre.

Todo o discurso do Senhor Kṛishṇa na Bhagavad-Gītā está estruturado para dar a sabedoria da vida e a técnica de viver que permitam ao homem viver todas as boas qualidades da vida com total coordenação entre coração e mente. Por meio desta sabedoria e desta técnica o indivíduo é elevado a um alto nível de consciência onde alcança satisfação eterna dentro de si mesmo. Vive uma vida em plenitude, útil para si e para a sociedade. Uma vida assim apoia a Natureza que o cerca; tudo se torna harmonioso, resultando em relacionamentos ideais com os demais.

Eis a glória da Bhagavad-Gītā: registra para sempre, e para o uso de todos os homens, a sabedoria da vida e a técnica do viver. Para que todos possam viver uma vida livre de sofrimento, seleciona o caráter mais nobre, Arjuna, seguindo a mais equilibrada vida, e coloca esta vida totalmente sob a influência das mais acalentadas qualidades de coração e mente. Neste nível elevado de glória e graça, onde o coração e a mente se encontram em seu auge, situa a causa básica de todo sofrimento em um ponto entre o coração e a mente. O coração está pleno de sentimento, saturado com amor; a mente está completamente alerta, cheia do sentido de justiça e do chamado do dever. Ambos estão em seu pleno valor. Sofrimento algum poderia possivelmente tocar qualquer um deles em separado, mas como diz a Upanishad: "*Dwitīyād vai bhayaṁ bhavati*: Certamente o medo nasce da dualidade". Aonde e quando houver um sentido de dois, medo e sofrimento podem existir.

Dentro do homem há mente e há coração. Estes, por suas próprias existências como dois, mantêm a possibilidade de sofrimento. Quando estão unidos, quando há harmonia entre um coração e mente plenos de justiça e inspiração nobre, o sofrimento não pode surgir. Mas quando há uma falta de coordenação, ou um conflito entre eles, automaticamente aparece o sofrimento. A "dor" de Arjuna nasce da diferença básica entre o coração e a mente.

As escrituras religiosas prescrevem um modo de conduta para salvar o homem de incorrer em erros e sofrimento. Induzem o homem a fazer o bem e a rejeitar o mal.

A Bhagavad-Gītā, a escritura da eterna religião da realização, em seu diagnóstico do sofrimento, não se satisfaz apenas pela rejeição do mal ou aceitação da virtude, mostra que o sofrimento pode resultar até mesmo de duas boas qualidades. Para que a vida seja livre de sofrimento, não é suficiente que o coração e a mente estejam livres da mácula do pecado e estabelecidos no bem.

A Bhagavad-Gītā se compromete a resolver completamente o problema do sofrimento. Situa a causa definitiva do sofrimento e fornece um meio para eliminá-la. A semente do sofrimento na vida encontra-se na dualidade inerente na diferença característica entre as qualidades do coração e da mente. A Bhagavad-Gītā, portanto, toma Arjuna, já o mais nobre, livre de pecado e extremamente desenvolvido em coração e mente, e o coloca em um ambiente que estimula ainda mais seu coração[7] e mente.[8] Uma vez que ambos continuam a tornar-se mais e mais ativos em seus respectivos domínios, a diferença básica em sua estrutura aumenta. Quando o coração e a mente encontram-se em seu nível mais sublime, cada um pleno em

7 Veja versos 26-35.

8 Veja versos 36-46.

si mesmo, e um não se preocupa mais com o outro; deixa de existir qualquer elo entre eles. O coração, plenamente saturado com amor, naturalmente torna-se autossuficiente e independente das decisões da mente. Da mesma forma, a mente torna-se insensível ao grito do coração. Cada um, separadamente, está em estado de plenitude. Mas por não haver comunicação entre eles, ambos deixam de contribuir para a atividade na vida. É por isso que Arjuna está em um estado de suspensão, sem atividade.

A atividade tem início com o fluxo do desejo. Quando o coração sente falta de algo e a mente reage a esta falta, ou quando a mente sente a falta e o coração responde, uma corrente de desejo surge então entre ambos e flui em direção ao objeto em vista, envolvendo diferentes faculdades do coração, mente e corpo, assim como o material disponível no ambiente. Com isto fica claro que deve haver comunicação entre coração e mente para que o desejo surja. E se o fluxo do desejo está na direção da corrente natural de evolução, será ainda apoiado pela influência invisível da Natureza e encontrará a realização.

Arjuna encontra-se em um estado em que a mente e o coração mantêm-se elevados na plenitude de suas respectivas qualidades, sem elo entre eles. Na plenitude de coração e mente, onde ambos estão satisfeitos em si mesmos, nenhum sente falta de coisa alguma, e assim, não há espaço para o desejo surgir. A ausência de desejo deixa Arjuna em um estado de suspensão, no qual toda a personalidade perde sua estrutura dinâmica e enfrenta problemas aparentemente insuperáveis sempre que a necessidade da ação surge em qualquer esfera da vida.

Desta maneira, a Bhagavad-Gītā retrata a situação na qual a vida pode ser cheia de problemas, mesmo estando estabelecida na plenitude de coração e mente. Ao resolver uma situação assim extrema, ele traz à luz a sabedoria e a técnica de viver a vida sem sofrimento em qualquer nível. Estabelece que a vida deve ser sem sofrimento. Ninguém jamais deve sofrer na vida: este é o ensinamento da Bhagavad-Gītā.

A dualidade é a causa fundamental do sofrimento. Mas quando todo o campo da vida é dual por natureza, como pode a vida ser livre de sofrimento? Este tem sido sempre um problema sério, tanto da metafísica como da vida prática. A solução está em infundir no campo da dualidade um elemento não-dual que abençoe a vida do homem com um status não afetado pelo sofrimento, mesmo que permaneça no campo onde o sofrimento é possível. Isto será apreciado à medida que o discurso avança.

Arjuna começa a colocar seus problemas diante do Senhor Kṛishṇa.

Verso 29

सीदन्ति मम गात्राणि मुखं च परिशुष्यति
वेपथुश्च शरीरे मे रोमहर्षश्च जायते

Sīdanti mama gātrāṇi mukhaṁ cha parishushyati
vepathush cha sharīre me romaharshash cha jāyate

Meus membros falham e minha boca está seca,
meu corpo treme e meu cabelo se arrepia.

Uma das grandes forças dos guerreiros famosos é sua preocupação pelos seus semelhantes, o que os levou a serem os salvadores de suas sociedades. Arjuna estava muito preocupado pelos outros, o que o permitiu aceitar o desafio de seu tempo quando o mal ameaçou. Como esta preocupação pelos outros formou a base de sua aceitação da batalha, não é surpresa que o poder do amor inunde seu coração e leve este à plenitude. Neste estado de autossatisfação o coração se esquece da necessidade da mente – o chamado do dever. Arjuna encontra-se preso entre o poder do amor e o chamado do dever. Ele descobre que não pode ceder a nenhum dos dois.

O apelo do bem e a corrente do amor surgindo no coração – ambos lhe são queridos, pois a vida, como ele a entende, é total amor no bem.

Mas na situação em que se encontra, indeciso entre o coração e a mente, não está em posição de empreender a atividade. Mesmo que, por algum milagre, ele tente dar início à ação, ele irá se deparar com uma situação terrível. Se segue o apelo do bem, deve se rebelar contra o amor e matar todos os seus entes queridos reunidos para a batalha. E se seguir o chamado do amor, terá de sacrificar a causa do bem e ceder ao mal. Deste ponto de vista, vemos que Arjuna está dividido entre duas forças que até o momento constituíam os componentes essenciais de sua vida. Ele está como uma criança chamada com amor por sua mãe e ao mesmo tempo sendo convocada pelo pai do outro lado. Se for na direção de um, o outro o puxa. Ele balança nas duas direções. É por isso que começa a sentir o corpo e a mente sacudidos.

Quando se está profundamente absorvido no pensar, a atenção não permanece mais do lado de fora, no nível dos sentidos, e a coordenação entre mente e corpo se enfraquece. Se neste momento o coração não é apoiado pela mente, esta coordenação se enfraquece ainda mais. Se este processo avança ainda mais, o corpo não funciona adequadamente. É por isso que Arjuna sentiu seus membros falharem, sua boca secar e seu corpo tremer. Seu estado físico indica que o poder do amor está dominando Arjuna e desafiando o chamado do dever ao tirar seu corpo do equilíbrio. As consequências de um aumento ainda maior deste poder do amor são descritas nos versos seguintes.

VERSO 30

गाण्डीवं स्रंसते हस्तात्त्वक्चैव परिदह्यते
न च शक्नोम्यवस्थातुं भ्रमतीव च मे मनः

Gāṇḍīvaṁ sraṁsate hastāt twak chaiva paridahyate
na cha shaknomyavasthātuṁ bhramatīva cha me manaḥ

Gāṇḍīva (o arco) escorrega de minha mão
e mesmo minha pele arde toda;
sou incapaz de ficar de pé
e minha mente parece girar.

"Gāṇḍīva escorrega de minha mão": a força com que Arjuna segura Gāṇḍīva é em resposta à chamada do bem. Sua mente estava completamente dominada pelo chamado do dever, e foi isto que fez com que segurasse Gāṇḍīva com firmeza. Mas agora, após a onda de amor criada pelo Senhor Kṛishṇa, o poder do amor encheu seu coração e, em sua plenitude, ganha o mesmo poder de sua mente. Eles se contrabalançam e, portanto, o poder da mente não mais domina. Consequentemente seu pulso se enfraquece e Gāṇḍīva escorrega de sua mão. Nunca antes o arco escorregou da mão de Arjuna. Foi a onda de amor que fez com que isto acontecesse.

"Minha pele arde": Arjuna foi dominado pelo poder do amor. O calor do amor é tranquilizante e reconfortante. O que então queima sua pele? Vimos que o poder do *Dharma* apoia a existência e a evolução. Enquanto o amor está no nível do *Dharma* ou no caminho do bem, ele ajuda a evolução, apoia a vida e é tranquilizante e reconfortante. Mas quando o poder inocente do amor mantém-se sem apoiar o caminho do bem, é influenciado pelas forças negativas e se torna um meio de destruição, miséria e sofrimento. Ao pensar que pode evitar lutar, Arjuna está desertando da causa do bem e, então, sente sua pele queimar no calor do amor.

"Incapaz de ficar de pé": o amor, com o poder do bem, faz o homem forte; mas sem ele, o enfraquece. Arjuna foi dominado pelo amor, que ameaça depor a causa do bem. Portanto, não surpreende que ele se sinta fraco, "incapaz de ficar de pé".

"Mente parece girar": Arjuna está dominado pelas qualidades do coração. Mas sua mente é forte, tem as qualidades essenciais de um homem corajoso. Mesmo com o coração dominado pela força do amor, sua mente está ativa e alerta. A mente alerta faz uma força enorme para mudar o curso do coração. É como se o carro da vida de Arjuna estivesse sendo guiado com grande velocidade na estrada do amor, e viesse uma grande força da mente para reverter a direção. Esta tentativa de reverter o fluxo da corrente da vida produz a impressão de que sua mente está girando.

VERSO 31

निमित्तानि च पश्यामि विपरीतानि केशव
न च श्रेयोऽनुपश्यामि हत्वा स्वजनमाहवे

Nimittāni cha pashyāmi viparītāni Keshava
na cha shreyo 'nupashyāmi hatwā swajanam āhave

E vejo presságios adversos, ó Keshava (Senhor Kṛishṇa), assim como não vejo bem em matar meus parentes na batalha.

Neste verso, Arjuna dá expressão ao sentimento de toda a Natureza, naquele perigoso momento de guerra.

"Matar meus parentes" é uma expressão que contém o grito tanto da mente como do coração de Arjuna. "Matar" vem da mente, pois está dedicada à Verdade e ao bem, e à destruição do mal. "Meus parentes" é o grito do coração. O coração de Arjuna, pleno de amor, permite que veja seus adversários apenas como seus "parentes", e não como o agressor ou o inimigo. Vendo-os assim, ele tem razão em dizer: "assim como não vejo bem em matar meus parentes na batalha".

Em seu atual estado de profunda preocupação, Arjuna sente amor por todos os parentes que estão à sua frente e, ao mesmo tempo, mágoa pela destruição deles na batalha. Seu coração está dividido entre estes dois sentimentos. Profundamente dentro de si, mergulhado em sentir a situação e suas consequências, ele visualiza "presságios adversos". Os gritos de angústia e os terríveis sofrimentos que vêm após a destruição na guerra passam pela sua mente. A visão de presságios de Arjuna revela a pureza de seu coração e o profundo estado de concentração de sua mente.

O futuro lança sua imagem nos santuários dos corações puros.

"Bem" aqui significa conforto espiritual. A palavra sânscrita utilizada é "*shreyas*", que significa evolução ou plenitude – a segurança e a realização que se encontram na liberdade espiritual. Arjuna vê que o conforto espiritual não está em matar seus parentes. Mas esta é a ação que o aguarda. Sob estas circunstâncias ele descobre que não pode fazer nada além de rejeitar tudo o que fosse possível ser desejado.

Verso 32

न कांक्षे विजयं कृष्ण न च राज्यं सुखानि च
किं नो राज्येन गोविन्द किंभोगैर्जीवितेन वा

Na kāṁkshe vijayaṁ Kṛishṇa na cha rājyaṁ sukhāni cha
kiṁ no rājyena Govinda kiṁ bhogair jīvitena vā

Não desejo vitória, ó Kṛishṇa, nem um reino, nem prazeres.
De que nos servirá um reino, ou prazeres,
ou mesmo a vida, ó Govinda?

O desejo não apresenta problemas se lhe é permitido fluir livremente. Os problemas surgem quando um desejo é refreado ou encontra resistência. As palavras de Arjuna expressam este fato. Ele desafia a validade da vitória, dos prazeres, do reino, e até da vida, na qual o desejo não tem chance de realização.

O desejo de um grande homem surge para apoiar os outros e se regozija na felicidade que eles obtêm deste apoio.

Tendo compreendido que a causa da batalha é prejudicial ao corpo,[9] mente[10] e meio ambiente,[11] Arjuna agora observa a situação do ponto de vista da utilidade da batalha para suas próprias metas na vida. Ele sente que nada no mundo externo é de seu interesse pessoal, pois da forma como ele vê a vida, esta é para os outros. Portanto, também deste ponto de vista, ele não vê razão para lutar.

Arjuna levanta a sua voz contra as influências corruptíveis de um reino, prazeres e poder. Ele viu no caso de Duryodhana como elas podem cegar a visão de um homem e causar a destruição de toda uma civilização.

No verso anterior Arjuna disse que não via o bem em matar seus familiares. Aqui ele expressa as possíveis vantagens que poderiam advir da batalha e as pondera em termos de sua validade na vida. Isto demonstra sua presença de espírito e a maneira imparcial com

9 Veja verso 29.
10 Veja verso 30.
11 Veja verso 31.

que analisa a situação. Ele rejeita a validade da vitória, de um reino e de prazeres quando são para fins egoístas. Ele expressa não somente indiferença, mas verdadeira aversão por eles. Ele deixa claro que "mesmo a vida" não tem importância para ele.

Arjuna utiliza a palavra "nos", que pode sugerir que ele quer verificar seus pontos de vista com Senhor Kṛishṇa, ou que ele está certo de que os pontos de vista do Senhor Kṛishṇa estão de acordo com os seus próprios.

"Govinda" significa mestre dos sentidos. Ao usar esta palavra, Arjuna está sugerindo discretamente que o Senhor Kṛishṇa, como mestre dos sentidos, naturalmente também tem pouco uso para os objetos dos sentidos e para os prazeres obtidos deles.

Em seu atual estado de profunda contemplação, o que Arjuna considera importante é um modo devotado de vida. No próximo verso ele diz claramente que toda sua vida é dedicada aos outros.

Verso 33

येषामर्थे कांक्षितं नो राज्यं भोगाः सुखानि च
त इमेऽवस्थिता युद्धे प्राणांस्त्यक्त्वा धनानि च

Yeshām arthe kāṁkshitaṁ no rājyaṁ bhogāḥ sukhāni cha
ta ime 'vasthitā yuddhe prāṇāṁs tyaktwā dhanāni cha

Aqueles pelos quais desejamos um reino,
prazeres e confortos,
estão aqui no campo de batalha,
havendo renunciado às suas vidas e riquezas.

Isto traz à luz a grandeza do coração e mente de Arjuna. Sua visão é clara: ele observa a situação com um sereno e profundo discernimento. Sua lógica é profunda. Seu pensamento é equilibrado e nobre. Seu sentimento é para com os outros: quando ele pensa, é em termos dos outros; se ele quer lutar e adquirir soberania, é por causa dos outros; se ele quer acumular alegrias e prazeres, é por causa dos outros; se ele quer viver, é para os outros. Assim é sua consciência desenvolvida, desprovida de qualquer pensamento em interesse próprio. Este é o status de verdadeiros grandes homens – vivendo, eles vivem para os outros; morrendo, eles morrem para os outros.

A pergunta pode ser feita: se o caráter de Arjuna apresenta tal grandeza de coração e mente, porque veio ele ao campo de batalha preparado para lutar? Um estudo rigoroso das declarações de Arjuna revela que ele está decidido a resistir ao mal; ele não está interessado em matar as pessoas. Ele quer destruir o mal sem destruir o autor do mal. É um ideal nobre. Seu propósito é o de destruir o mal na Terra, se possível sem abater sobre a sociedade o sofrimento e destruição incontáveis da guerra. Somente um homem com tal caráter ideal pode falar como o faz Arjuna nos próximos dois versos.

VERSO 34

आचार्याः पितरः पुत्रास्तथैव च पितामहाः
मातुलाः श्वशुराः पौत्राः श्यालाः संबन्धिनस्तथा

Āchāryāḥ pitaraḥ putrās tathaiva cha pitāmahāḥ
mātulāḥ shwashurāḥ pautrāḥ shyālāḥ saṁbandhinas tathā

Professores, tios, filhos e também avós, tios maternos, sogros, netos, cunhados e outros parentes.

Isto mostra o estado do coração de Arjuna. Está pleno de amor, pleno de vida. De todos os lados ele encontra diferentes canais de amor vertendo vida em seu coração e deixando este pleno. Quando o amor é pleno, a vida é plena como um oceano. É plena como um oceano silencioso, porque para de fluir em qualquer direção. Ela apenas é. Ela é livre de qualquer desejo. É por isso que Arjuna pode apenas mencionar o nome dos parentescos para apresentar os diferentes campos de amor e expressar o estado de seu coração.

Este verso, surgindo em meio a versos que expressam muitos problemas, apresenta um vasto campo de vida em amor e, silenciosamente, proclama que não há problemas neste campo. O campo do amor é um campo inocente de vida. Os problemas surgem quando o apego[12] ou o desapego[13] obscurecem o amor puro.

Verso 35

एतान्न हन्तुमिच्छामि घ्नतोऽपि मधुसूदन
अपि त्रैलोक्यराज्यस्य हेतोः किंनु महीकृते

Etān na hantum ichchhāmi ghnato 'pi Madhusūdana
api trailokyarājyasya hetoḥ kiṁ nu mahīkṛite

Ó Madhusūdana (Senhor Kṛishṇa),
estes eu não desejo matar,
mesmo que eu próprio seja morto,
nem pela soberania dos três mundos,
muito menos por este mundo.

"Madhusūdana" significa o matador do demônio Madhu. Ao usar este nome, Arjuna sugere ao Senhor Kṛishṇa que, como matador do demônio, Ele pode se levantar para matar os Kauravas se Ele achar que são demoníacos; no entanto, no que se refere a ele próprio, ele considera que são parentes queridos e nobres anciãos, e fará o que for necessário para protegê-los. Seja qual for o custo para mantê-los vivos, ele não pode pensar em matá-los. Arjuna fala apenas como o faria um homem consciencioso, profundamente ponderado e corajoso. Este é seu caráter. Ele se mantém em seus princípios. Nada pode tentá-lo a negar os elevados ideais de vida. É por isso que seu pensamento está tão longe de fazer concessões.

As palavras "nem pela soberania dos três mundos" indicam que a visão de Arjuna não estava restrita ao campo da vida do homem na Terra. Somente um homem como ele poderia desafiar o valor da soberania sobre os três mundos. Tal é a elevação da consciência humana que sustenta Arjuna mesmo nesta hora de grande preocupação.

---

12 Veja verso 33.
13 Veja verso 35.

Verso 36

निहत्य धार्तराष्ट्रान्नः का प्रीतिः स्याज्जनार्दन
पापमेवाश्रयेदस्मान्हत्वैतानाततायिनः
Nihatya Dhārtarāshtrān naḥ kā prītiḥ syāj Janārdana
pāpam evāshrayed asmān hatwaitān ātatāyinaḥ

Que felicidade poderíamos ter em matar os filhos de Dhṛitarāshtra, ó Janārdana (Senhor Kṛishṇa)? Somente pecado cairia sobre nós ao matar estes agressores.

Este verso apresenta outra mudança na visão de Arjuna. No exército adversário, ele estava vendo apenas seus próprios parentes; agora, uma vez mais, eles são os "filhos de Dhṛitarāshtra", "estes agressores". Até agora Arjuna havia olhado a situação do ponto de vista do amor, mas não chegou a solução alguma para seu problema. Portanto, ele decide considerá-lo do ponto de vista da mente – com discriminação e intuição – mesmo não podendo abandonar repentinamente a plenitude de amor em seu coração. Mantendo esta plenitude de coração, ele começa a fazer mais uso de sua mente.

À medida que ele se entrega à razão, o chamado do dever começa a ganhar terreno. Com isto sua visão muda. Ele começa a ver seus parentes como "agressores"; a realidade começa a despertar. Vendo-os sob esta luz, Arjuna pergunta: "Que felicidade poderíamos ter em matar os filhos de Dhṛitarāshtra?" E quando começa a pensar nestes termos ele percebe que matar é pecado.

O ato de matar não produz influências de apoio à vida para ninguém em momento algum. Matar é sempre um pecado. Não importa quem é morto, matar é pecado. A dor e o sofrimento causados no ato de matar produzem influências negativas na criação, e a reação recai naquele que matou. Por isso Arjuna diz: "Somente pecado cairia sobre nós".

Matar os agressores é considerado uma ação correta. A vida do agressor é destruída e assim se evita que ele produza mais influências negativas para si mesmo e para os outros. Porém esta justificativa de matar surge de uma consideração completamente diferente. O ato de matar por si só é pecaminoso. E esta é a principal preocupação de Arjuna aqui.

Arjuna consegue ver o matar como sendo pecado até mesmo quando se encontra no campo de batalha. Isto indica que sua mente está clara e sua visão não está obstruída nem pelos sentimentos do coração nem pelo chamado do dever. Ele está profundamente absorvido em seus pensamentos, avaliando a situação a partir de todos os ângulos. Arjuna encontra-se no auge da atividade mental e emocional. Tanto seu alerta mental como sua plenitude de coração são apresentados na inocente expressão da verdade: "Somente pecado cairia sobre nós ao matar estes agressores".

As expressões: "Que felicidade poderíamos ter" e "Somente pecado cairia sobre nós" indicam que a felicidade e o sofrimento são considerados tanto quanto o pecado e a virtude. Pois o sofrimento resulta do pecado, e a felicidade da virtude.

Verso 37

तस्मान्नार्हा वयं हन्तुं धार्तराष्ट्रान्स्वबान्धवान्
स्वजनं हि कथं हत्वा सुखिनः स्याम माधव

Tasmān nārhā vayaṁ hantuṁ Dhārtarāshtrān swabāndhavān
swajanaṁ hi kathaṁ hatwā sukhinaḥ syāma Mādhava

Portanto, não seria correto matarmos os filhos
de Dhṛitarāshtra, nossos próprios parentes.
Como poderíamos ser felizes após
matarmos nossa própria gente, ó Mādhava?

Os argumentos de Arjuna foram mais além. Anteriormente, era apenas seu "desejo" não matar, mas agora ele considera que não é "correto" para ele engajar-se em matar.[14]

Neste verso Arjuna parece pesar a matança de seus parentes em termos da felicidade que poderia resultar dela: restaria alguma

---

14 Veja verso 31, comentário.

felicidade após matá-los? Isto não significa que felicidade é o critério de ação para Arjuna. Ele quer apenas enfatizar que não vê nem mesmo alguma felicidade para justificá-la.

A felicidade deve certamente ser levada em conta quando consideramos o desempenho de qualquer ação, porque o objetivo de toda ação é o aumento de felicidade – o verdadeiro propósito da criação e evolução é a expansão da felicidade. Assim, se uma ação não resultar em felicidade, então esta ação frustra o próprio objetivo da ação, e sua execução não pode ser justificada. É por isso que Arjuna diz que "não seria correto matarmos".

VERSO 38

यद्यप्येते न पश्यन्ति लोभोपहतचेतस:
कुलक्षयकृतं दोषं मित्रद्रोहे च पातकम्
Yadyapyete na pashyanti lobhopahatachetasaḥ
kulakshayakṛitaṁ doshaṁ mitradrohe cha pātakam

Ainda que, com suas mentes nubladas pela cobiça,
eles não vejam erro em trazer destruição à família,
nem pecado na traição aos amigos,

VERSO 39

कथं न ज्ञेयमस्माभि: पापादस्मान्निवर्तितुम्
कुल क्षयकृतं दोषं प्रपश्यद्भिर्जनार्दन
Kathaṁ na gyeyam asmābhiḥ pāpād asmān nivartitum
kulakshayakṛitaṁ doshaṁ prapashyadbhir Janārdana

Como poderíamos não saber nos afastar deste pecado,
nós que claramente vemos o erro em trazer
destruição à família, ó Janārdana?

"Saber" mostra a preocupação principal de Arjuna neste momento. Ele tenta entender porque é incapaz de tomar um curso correto de ação quando vê a verdade da situação e, mais ainda, quando sabe o que é correto.

Arjuna expressa sua preocupação com a influência da cobiça que cegou a visão de seus parentes e que os impede de ver "o erro". Novamente isto mostra que a visão de Arjuna é clara.

O tom do verso indica que ele não dá tanta importância à "destruição" em si, quanto dá ao "erro" que dela resultará. Porém, apesar de toda sua pureza e clareza de visão, Arjuna não consegue ver a saída correta para este pecado de matar que o aguarda. Ele se volta ao Senhor para receber a luz.

São tais momentos na vida que fazem com que o homem caia aos pés de Deus. Momentos em que ele vê, porém não vê; momentos em que quer agir, porém é incapaz de agir.

Quando investigamos as mecânicas invisíveis da Natureza encontramos que tudo no universo está diretamente relacionado com tudo mais. Tudo está sendo constantemente influenciado por tudo mais. Nenhuma onda do oceano é independente de qualquer outra. Cada uma certamente tem sua individualidade, mas não está isolada da influência de outras ondas. Cada onda tem seu próprio curso a seguir, mas este curso depende do curso de todas as outras ondas. A vida de qualquer indivíduo é uma onda no oceano da vida cósmica, onde cada onda influencia constantemente o curso de cada uma das outras.

Certamente o homem é o mestre de seu próprio destino. Ele tem livre arbítrio – a maior das dádivas de Deus ao homem – pelo qual ele tem completa liberdade de ação. Porém, havendo executado uma ação, ele deve assumir suas consequências, pois a reação é sempre igual à ação.

Quando as pessoas se comportam de modo correto, uma atmosfera correspondente é naturalmente produzida, e quando uma tal influência é dominante, as tendências do indivíduo são afetadas por ela. Se dentro de uma tal atmosfera de graça e glória um indivíduo se vê tentado a seguir um caminho incorreto, ele é protegido pela influência invisível do bem que o cerca. Da mesma forma, quando um homem fracassa em seus esforços, o trabalho invisível da Natureza está por trás desse fracasso. Nenhum grau de análise intelectual pode revelar-lhe porque o fracasso ocorre. Ele deve se elevar a outro nível e perceber o trabalho da Natureza e o poder que está por trás dela. Ele deve vir a compreender as Leis da Natureza e a Lei Cósmica (Lei Natural) que está na base de todas elas.

Arjuna não consegue entender porque sua decisão de se abster da batalha não produz resultado algum, e ele continua sendo levado à batalha. Não é por estar em um estado de confusão, mas porque nenhuma clareza intelectual pode fornecer a qualquer um a compreensão do complexo funcionamento da Natureza diversificada.

Arjuna, apesar de sua consciência ser pura, ainda não penetrou o Ser absoluto que é o campo da Lei Cósmica (Lei Natural). É por isso que não consegue ver que ele está vivendo em um ambiente saturado de má influência, no qual não é possível a sobrevivência da virtude por muito tempo. Arjuna está tentando abster-se de lutar em consideração aos *Dharmas* de família e de casta; ele não está consciente do estado absoluto do *Dharma*, cujo poder o está levando a lutar. Consequentemente, ele não vê porque é incapaz de agir de acordo com seus sentimentos.

O verso seguinte apresenta o argumento de Arjuna sobre como o caminho da evolução se extingue e testemunha sua preocupação pela sociedade.

Verso 40

कुलक्षये प्रणश्यन्ति कुलधर्माः सनातनाः
धर्मे नष्टे कुलं कृत्स्नमधर्मोऽभिभवत्युत

Kulakshaye praṇashyanti kuladharmāḥ sanātanāḥ
dharme nashte kulaṁ kṛitsnam adharmo 'bhibhavatyuta

Os antiquíssimos *Dharmas* de família
se perdem na destruição de uma família.
Perdido seu *Dharma*, *Adharma* se
apodera da família inteira.

"*Dharmas*", o plural de *Dharma*, significa os diferentes poderes da Natureza sustentando as diferentes avenidas do caminho da evolução. Eles adquirem expressão como modos de atividade específicos ou formas diferentes do bem, que mantêm toda a corrente da vida em harmonia – cada aspecto da vida estando adequadamente equilibrado com os outros aspectos – e movendo-se na direção da evolução. À medida que estes modos específicos de atividade são passados adiante de geração em geração, eles formam o que chamamos de tradições. São estas tradições que são mencionadas aqui como *Dharmas* de família.

"*Adharma*" significa ausência de *Dharma*. Quando *Adharma* prevalece, o grande poder da Natureza, que mantém o equilíbrio entre as forças positivas e negativas, é perdido e o processo da evolução é assim obstruído.

Arjuna utiliza a palavra "antiquíssimos" porque os ideais de vida que têm resistido à prova do tempo representam o genuíno caminho da evolução, a corrente elevadora da Natureza. Nada que é contra a evolução dura muito. Portanto, a tradição que sobreviveu às eras certamente provou ser a correta, a mais próxima à Verdade, que é a Vida Eterna. É por isso que Arjuna tem medo de romper este caminho da evolução para as gerações vindouras.

No processo de analisar a qualidade do ato de lutar, Arjuna mostra grande prudência e uma mente altamente desenvolvida. Está claro que sua forma de pensar é extremamente lógica e correta, e que certamente não provém do nível superficial da consciência. Sua base é o *Dharma*, a força básica da evolução. A visão de Arjuna não está restrita; os limites de sua previdência estão muito distantes no futuro.

Arjuna, como grande homem de sua época, antes de se lançar em um empreendimento, mede sua influência nas gerações subsequentes. Somente um estado tão elevado de consciência poderia inspirar o despertar da grande sabedoria na Terra.

A preocupação principal de Arjuna é a preservação do caminho da evolução. Com isto em vista, ele coloca grande ênfase no *Dharma* e na conduta da sociedade, que sustenta o *Dharma* e é apoiada pelo *Dharma*.

Arjuna continua seu argumento no verso seguinte.

Verso 41

अधर्माभिभवात्कृष्ण प्रदुष्यन्ति कुलस्त्रियः
स्त्रीषु दुष्टासु वार्ष्णेय जायते वर्णसंकरः
Adharmābhibhavāt Kṛishṇa pradushyanti kulastriyaḥ
strīshu dushtāsu Vārshṇeya jāyate varṇasaṁkaraḥ

Quando *Adharma* prevalece, ó Kṛishṇa,
as mulheres da família se tornam corruptas,
e com a corrupção das mulheres, ó Vārshṇeya,
surge a mistura das castas.

A vida de uma mãe é a expressão do poder criativo da Natureza. A Inteligência Criativa deve ser pura para ser eficaz. A impureza traz falta de eficiência, e quando a ineficiência aumenta, o resultado é a destruição. Para a criação de pessoas mais eficientes, a pureza da vida da mãe é muito importante.

"A mistura das castas" é uma preocupação de Arjuna, pois ele entende quão difícil e perigoso é mudar de um barco para outro no meio de uma rápida correnteza. Todos os seres, sob a tremenda influência da força poderosa da Natureza, estão presos firmemente na correnteza da evolução. Cada um tem seu curso específico a seguir. Se um homem desvia-se de seu próprio curso natural, seu próprio *Dharma*, então é como mudar de barco em uma correnteza rápida. Ele deve lutar duro para manter a vida – uma luta que é experimentada como tristeza e sofrimento, e que dá origem a todos os problemas no caminho da evolução.

A resposta a todo problema é que não há problema. Basta que um homem perceba esta verdade e ele então não terá problemas. Esta é a força do conhecimento – a força de Sāṁkhya – a força da sabedoria que oferece realização instantânea. Este é o conhecimento que o Senhor Kṛishṇa irá revelar a Arjuna em resposta a todos os problemas básicos de vida que ele está colocando do verso 28 ao 46.

VERSO 42

संकरो नरकायैव कुलघ्नानां कुलस्य च
पतन्ति पितरो ह्येषां लुप्तपिण्डोदकक्रिया:

Saṁkaro narakāyaiva kulaghnānāṁ kulasya cha
patanti pitaro hyeshāṁ luptapiṇdodakakriyāḥ

Esta mistura só leva ao inferno,
tanto para a família como para seus destruidores.
Seus antepassados caem da mesma forma,
quando cessam as oferendas do Piṇdodaka.

A pureza do sangue está na base da longa vida para uma família e uma sociedade. E esta pureza depende da preservação das antigas tradições familiares. A destruição da ordem social é a maior perda para uma nação. Arjuna está analisando a batalha com esta consideração vital em mente, levando em conta a vida de muitas gerações futuras. Sua visão é perfeita e sua preocupação é genuína. A profundidade de seu pensamento, sua previdência e amor pela vida humana e pela sociedade, inspiram o Senhor Kṛishṇa a fortalecê-lo com a sabedoria da libertação eterna. O Senhor Kṛishṇa escuta em silêncio o que ele diz, para prepará-lo mais profundamente para esta grande bênção.

Cada sentimento expressado por Arjuna, cada dúvida levantada por ele e cada questionamento no campo do conhecimento está sendo recebido com compreensão pelo Senhor Kṛishṇa, e por Ele serão respondidos, para a satisfação de Arjuna.

"Piṇdodaka": de acordo com o *Karma Kāṇda* Védico, a exposição do *Karma* ou ação, espera-se que filhos e netos executem certos rituais e cerimônias em nome de seus pais e avós que partiram. A execução destes rituais por parentes consanguíneos diretos, de acordo com a lei da afinidade, traz boa vontade, paz e satisfação aos antepassados que se foram, onde quer que se encontrem no campo da evolução. Não apenas isto, mas assim como uma criança recebe bênçãos e conforto de seus pais, os que partiram também abençoam suas crianças. A execução Védica do Piṇdodaka conecta os pais que se foram com suas crianças na Terra, e serve como um canal, por meio do qual as bênçãos fluem.

Havendo mostrado sua preocupação pela vida dos indivíduos, Arjuna, no verso seguinte, expressa novamente sua preocupação com o caminho da evolução e com toda a sociedade.

VERSO 43

दोषैरेतैः कुलघ्नानां वर्णसंकरकारकैः
उत्साद्यन्ते जातिधर्माः कुलधर्माश्च शाश्वताः
Doshair etaiḥ kulaghnānāṁ varṇasaṁkarakārakaiḥ
utsādyante jātidharmāḥ kuladharmāsh cha shāshwatāḥ

Por meio dos erros cometidos pelos destruidores
da família ao causar a mistura de castas,
os *Dharmas* imemoriais de casta e
família tornam-se extintos.

As leis que mantêm o bem estar do corpo inteiro consistem do conjunto das leis que mantêm todas as suas diferentes partes, e de outras adicionadas para coordenar seus diferentes membros. As leis da evolução do corpo são, da mesma maneira, a soma total daquelas que governam a evolução dos diferentes membros, juntamente com as leis que os coordenam.

De forma similar, há *Dharmas* governando a evolução do indivíduo e há *Dharmas* que conectam e coordenam diferentes indivíduos. Considera-se que estes últimos governam principalmente a evolução da sociedade ou casta. No verso 40, Arjuna estava pensando em termos do *Dharma* da família. Neste verso, ele considera o *Dharma* da casta, ou seja, um grupo de famílias que mantêm *Dharmas* similares.

A mistura de castas destrói os ideais preservados pelas tradições imemoriais e tem o resultado direto de perturbar o equilíbrio social. O verso seguinte mostra o que ocorre com uma vida que não está baseada em tradições antigas.

VERSO 44

उत्सन्नकुलधर्माणां मनुष्याणां जनार्दन
नरके नियतं वासो भवतीत्यनुशुश्रुम

Utsannakuladharmāṇāṁ manushyāṇāṁ Janārdana
narake niyataṁ vāso bhavatītyanushushruma

Homens cujos *Dharmas* de família decaíram,
como ouvimos dizer, ó Janārdana (Senhor Kṛishṇa),
vivem necessariamente no inferno.

"*Dharmas* de família" são as forças de diferentes princípios que preservam a coordenação entre diferentes membros de uma família, permitindo ao mesmo tempo que cada membro, consciente ou inconscientemente, ajude cada outro membro em seu caminho de evolução. Estes *Dharmas* de família são, por exemplo, os que formam a relação de uma mãe com seu filho ou filha, ou de um irmão com seu irmão ou irmã, e daí por diante. Os *Dharmas* de família são mantidos nas tradições familiares. Se as tradições familiares são quebradas, as pessoas que vivem juntas não sabem viver de maneira que seu modo de vida naturalmente ajude cada um deles a evoluir. O resultado é a perda do caminho da evolução e o aumento de desordem e caos na família. A vida em uma família assim é uma vida no inferno, e aqueles que caem em um tal padrão degenerado de vida ficam fora do caminho da evolução e continuam a modelar seus destinos em desgraça. É isso que Arjuna quer dizer com "vivem necessariamente no inferno".

Aqui está um grande ensinamento de vital importância que foi perdido de vista durante séculos. Ele estabelece um padrão para qualquer sociedade.

"*Dharma* de família" é uma tradição estabelecida, onde as pessoas nascidas em uma família específica envolvem-se na profissão daquela família. Por causa de sua herança familiar eles trabalham eficientemente, produzem um material melhor para a sociedade e se aperfeiçoam em sua profissão. Trabalhando com facilidade e conforto em sua profissão, eles não ficam exaustos com o trabalho e encontram tempo para serem regulares em suas práticas para o desenvolvimento espiritual, que é a base de todo sucesso na vida. É assim que os *Dharmas* e tradições de família ajudam tanto o indivíduo como a sociedade.

Arjuna dirige-se ao Senhor Kṛishṇa como "Janārdana", que é uma lembrança de que Ele estabeleceu a lei e a ordem ao destruir o demônio Jana. Agora, como resultado da batalha, um caos ainda maior prevalecerá, porque os *Dharmas* de família se perderão – o mundo se tornará um inferno.

A preocupação de Arjuna com a destruição dos *Dharmas* indica que ele está analisando toda a situação do ponto de vista do funcionamento da Natureza.

Este verso estabelece um princípio fundamental da ação: a ação deve ser tal que não se distancie da força invisível do *Dharma.*

O verso seguinte indica como a sabedoria pode levar alguém a fracassar e ter como resultado decisões erradas.

Verso 45

अहो बत महत्पापं कर्तुं व्यवसिता वयम्
यद्राज्यसुखलोभेन हन्तुं स्वजनमुद्यताः
Aho bata mahat pāpaṁ kartuṁ vyavasitā vayam
yad rājyasukhalobhena hantuṁ swajanam udyatāḥ

Oh! Estamos decididos a cometer um grande pecado
por estarmos preparados para matar nossos parentes
por cobiça, pelos prazeres de um reino.

Arjuna sente-se triste, pois vai sacrificar um fim maior por um ganho menor – os *Dharmas* de casta e família vão ser sacrificados por causa de seu *Dharma* individual.

Arjuna chama isso de grande pecado, pois está consciente de que o estabelecimento do bem, o Reino de Deus na Terra, é um empreendimento cooperativo. Todos os homens devem ter nele seu papel, e isto somente pode ocorrer quando os *Dharmas* de casta e família são adequadamente mantidos pelos indivíduos firmemente estabelecidos em seus *Dharmas* individuais. A perda dos *Dharmas* de família e de casta é uma calamidade para a ordem social, uma destruição do bem, é um pecado contra Deus. Eis porque Arjuna se refere a isso como "grande pecado".

No verso seguinte Arjuna começa a expressar a linha de ação que gostaria de seguir.

Verso 46

यदि मामप्रतीकारमशस्त्रं शस्त्रपाणय:
धार्तराष्ट्रा रणे हन्युस्तन्मे क्षेमतरं भवेत्

Yadi mām apratīkāram ashastraṁ shastrapāṇayaḥ
Dhārtarāshtrā raṇe hanyus tan me kshemataraṁ bhavet

Seria melhor para mim se os filhos de Dhṛitarāshtra,
armas nas mãos, me matassem em combate,
sem resistir e desarmado.

Arjuna vê que estará cometendo grande pecado ao lutar. Como guerreiro, uma vez tendo se apresentado ao campo de batalha, não pode deixar de lutar, nem pode fugir; mas se luta, resta o medo do grande pecado. Ele não encontra forma de escapar desta situação, então diz que seria melhor que fosse morto em combate. E porque não pode ser morto estando armado e alerta, ele deseja estar desarmado e sem resistência. Desta maneira ele não cometerá grande pecado contra Deus. Esta é a mente impecável do maior arqueiro de todos os tempos, isto é valentia e nobreza de caráter. Arjuna considera ser melhor morrer do que cometer pecado.

Verso 47

संजय उवाच
एवमुक्त्वार्जुनः संख्ये रथोपस्थ उपाविशत्
विसृज्य सशरं चापं शोकसंविग्नमानसः

Sanjaya uvācha
Evam uktwārjunaḥ saṁkhye rathopastha upāvishat
visṛijya sasharaṁ chāpaṁ sokasaṁvignamānasaḥ

Sanjaya disse:
Havendo assim falado no momento da batalha,
abandonando o arco e a flecha,
Arjuna sentou-se no banco da carruagem,
sua mente dominada pela tristeza.

"Havendo assim falado": nos versos anteriores Arjuna descreveu as consequências da batalha como elas se apresentaram ao seu coração e mente desenvolvidos. Agora, ainda incapaz de decidir seu curso de ação, ele se torna consciente de que está de pé com arco e flecha na carruagem, aparentemente preparado para a guerra. Arjuna pode ter pensado que ao estar de pé, armado para a batalha, ele não poderia se permitir ser imparcial na sua avaliação, e então decidiu abandonar o arco e a flecha, abandonar sua postura de combate e sentar-se para refletir mais profundamente, para poder encontrar uma resposta que pudesse satisfazer os dois lados do seu problema – o amor pelos entes queridos e a exigência do dever.

A mente de Arjuna estava "dominada pela tristeza": a hora do dever se aproximava, mas seu coração não lhe deixava reagir. Com sua mente clara, visualizava os efeitos a longo prazo da destruição que a batalha acarretaria. Isto dominou seus pensamentos com tristeza. Afortunados são aqueles cujas mentes estão tristes por causa das desventuras dos outros. Mais afortunados ainda são aqueles que conseguem aliviar a desgraça alheia, mantendo-se impassíveis.
No capítulo seguinte Arjuna receberá a luz que lhe permitirá, sem traço de tristeza e estabelecido na liberdade em bem-aventurança da Consciência de Deus, aliviar o mal que ensombrece o mundo.

ॐ तत्सदिति श्रीमद्भगवद्गीतासूपनिषत्सु ब्रह्मविद्यायां योगशास्त्रे
श्रीकृष्णार्जुनसंवादे ऋर्जुनविषादयोगो नाम प्रथमोऽध्याय:
Oṁ tat sad iti Shrīmad Bhagavadgītāsūpanishatsu
Brahmavidyāyāṁ Yogashāstre Shrīkṛishṇārjunasaṁvāde
Arjunavishādayogo nāma prathamo 'dhyāyaḥ

Assim, na Upanishad da gloriosa Bhagavad-Gītā,
na Ciência do Absoluto, na Escritura do Yoga,
no diálogo entre Senhor Kṛishṇa e Arjuna,
termina o primeiro capítulo, intitulado:
O Yoga do Desalento de Arjuna.

Capítulo II

Uma Visão do Ensinamento no Capítulo II

Verso 1. O buscador da Verdade é mantido em um estado de suspensão, uma vez que não vê solução para os problemas básicos da vida.

Versos 2, 3. Do ponto de vista do Divino, os problemas não existem. A impureza obscurece a dignidade que naturalmente pertence à vida.

Versos 4-9. Esta afirmação sobre a natureza da vida parece sem sentido para aquele que sabe claramente que existem problemas na base da vida individual e social. Como um homem prático, ele não quer fingir que não os vê.

Versos 10-38. Para ele vem o ensinamento, dando uma visão profunda da vida. Há dois aspectos da vida, o corpo mutável e o ser imutável, cuja verdadeira natureza é o Ser absoluto. Até que o Ser seja conhecido como realidade, a vida fica sem uma fundação estável e permanece baseada apenas nos problemas fundamentais da existência, ainda que possa estar de acordo com a Natureza todo-poderosa e com a força da evolução. O conhecimento do ser e do Ser traz equanimidade à mente.

Versos 39-44. A equanimidade torna-se permanente ao adquirir-se consciência absoluta: a mente adquire consciência absoluta natural e facilmente, mas o homem que está imerso nos prazeres sensoriais a perde.

Versos 45-48. A técnica está em permitir à mente alcançar naturalmente a consciência absoluta e, então, tendo se familiarizado com a plenitude da vida, engajar-se na ação.

Versos 49-52. As vantagens são: maior eficiência e sucesso em todos os campos da vida, alívio dos problemas e completa liberação das limitações.

Versos 53-72. Uma descrição da vida estabelecida em equanimidade, e precauções para salvaguardar aquele estado abençoado de liberdade em Consciência Divina.

Este capítulo é a alma da Bhagavad-Gītā, enquanto todos aqueles que se seguem formam o corpo. Esperança e realização são as bênçãos deste glorioso capítulo. Ele fornece um caminho direto para uma vida pacífica, energética e bem-sucedida no mundo, junto com conforto espiritual e liberdade das limitações.

O capítulo expõe *Brahma Vidyā* em sua totalidade – a sabedoria do Absoluto tanto em seu aspecto teórico quanto prático – e apresenta a ideia central de todo o tema da Bhagavad-Gītā. Ele contém ideias básicas que são desenvolvidas em todos os capítulos seguintes.

Ao mesmo tempo este capítulo é autossuficiente, ele é em si mesmo poderoso o suficiente para elevar qualquer mente, não importando quão baixo seja seu nível. Ele apresenta uma filosofia completa de vida, começando do estado de um buscador e terminando no estado de realização.

A reflexão do primeiro capítulo continua a fluir na parte inicial deste segundo. A força potencial na base do estado de suspensão de Arjuna encontra um escoadouro no oceano da eterna sabedoria do Senhor Kṛishṇa.

A condição de Arjuna, que inspirou Senhor Kṛishṇa a revelar a sabedoria secreta da vida integrada, é apresentada no início do capítulo, e a chave para esta sabedoria é revelada no verso 45.

VERSO 1

संजय उवाच
तं तथा कृपयाविष्टमश्रुपूर्णाकुलेक्षणाम्
विषीदन्तमिदं वाक्यमुवाच मधुसूदनः

Sanjaya uvācha
Taṁ tathā kṛipayāvishtam ashrupūrṇākulekshaṇam
vishīdantam idaṁ vākyam uvācha Madhusūdanaḥ

Sanjaya disse:
A ele, assim sobrepujado pela compaixão,
cheio de tristeza, seus olhos afligidos e repletos de lágrimas,
Madhusūdana (Senhor Kṛishṇa) falou estas palavras:

"Madhusūdana": o matador do demônio Madhu. O uso desta palavra indica que uma poderosa força está surgindo para por fim ao paralisante estado de suspensão de Arjuna.

Mesmo uma mente altamente alerta e inteligente como a de Arjuna, ficou presa em uma situação fora de controle. Seu coração não conseguia se conciliar com sua mente – seu amor pelos parentes com a exigência do dever para destruir o mal. No nível prático, é como querer continuar na escuridão mesmo estando na luz. Arjuna assumiu para si uma tarefa impossível, a não ser que alcance um estado de consciência que justifique qualquer ação sua e lhe permita inclusive matar por amor, em apoio ao propósito da evolução.

Arjuna não conseguia reconciliar o matar com o amar. Isto não constitui fraqueza de sua parte nem diminui sua grandeza. Qualquer homem altamente desenvolvido como ele chegaria a este estado de suspensão, ou indecisão entre coração e mente.

Arjuna era um homem de natureza dinâmica. Seu coração estava cheio de amor, porém nesse momento não podia amar seus entes queridos. Sua mente estava clara, alerta e cheia de determinação, ainda assim neste momento ele não podia agir de acordo com seus ditados. No estado de indecisão em que se encontrava, ele não podia lutar e satisfazer sua mente, nem podia amar seus entes queridos e satisfazer seu coração. Por esta razão estava "cheio de tristeza".

Arjuna não estava confuso, como os comentaristas em geral o retratam. Seu coração e mente estavam alertas ao máximo, mas não podiam lhe indicar uma linha de ação para realizar suas contraditórias aspirações. Mas nem isso conseguiu desequilibrar Arjuna, pois Sanjaya diz: "olhos afligidos e repletos de lágrimas". Se ele estivesse desequilibrado, seus olhos estariam vazios. No entanto, eles tinham vida: vê-se aflição neles, e eles expressam o coração por meio de lágrimas. A "aflição" vista nos olhos dá expressão à sua grande preocupação, e isto mostra alerta mental.

A sequência das expressões utilizadas neste verso é de grande importância para se chegar à verdade da condição de Arjuna. "Sobrepujado pela compaixão" indica que seu coração está repleto somente de compaixão. A expressão que se segue é "cheio de tristeza". Se o coração está cheio de compaixão, então não há nele lugar para uma emoção de qualidade tão diferente como a tristeza. Fica claro então que a frase "cheio de tristeza" não se refere ao coração de Arjuna. Ela não descreve uma emoção, mas apenas o estado de sua mente.

Portanto, o coração de Arjuna estava cheio de compaixão e sua mente cheia de tristeza. Seu estado não deve ser mal entendido como indicador de fraqueza ou confusão. Este verso mostra Arjuna em sua estatura plena, no ápice de sua inteligência, sensibilidade e alerta, e ao mesmo tempo sem qualquer linha de ação a seguir.

Esta condição de paralisação é de valia, pois oferece uma ótima base para a inteligência divina. À primeira vista parece ser o resultado das circunstâncias, mas na verdade é produzida pela primeira palavra do Senhor Kṛishṇa no campo de batalha.[15] A pureza da vida de Arjuna, recebendo uma onda de amor do Senhor Kṛishṇa, desenvolveu-se em um estado de paralisação e preparou o terreno para o despertar da sabedoria divina.

Eis o retrato de um homem do mundo que está por receber a maior sabedoria divina jamais revelada ao homem. Para encontrarmos o verdadeiro Arjuna, sobre o qual caiu a bênção, devemos

---

15 Veja I, 25, comentário.

enxergar além da aparência de lágrimas e aflição. A estrutura exterior de lágrimas e aflição serve para proteger a glória interior da consciência em um estado de suspensão. É como a casca amarga de uma laranja, que contém dentro de si o sumo doce. A fase fenomenal e aparente do mundo não é tão atraente, porém dentro dela se encontra o altar de Deus, cuja luz sustenta nossa vida.

Senhor Kṛishṇa não permitirá que mesmo o aspecto externo da vida de Arjuna pareça "triste". Ele também melhorará a aparência. E com isto em vista, Ele abala Arjuna quando começa Seu discurso.

Verso 2

श्रीभगवानुवाच
कुतस्त्वा कश्मलमिदं विषमे समुपस्थितम्
अनार्यजुष्टमस्वर्ग्यमकीर्तिकरमर्जुन

Shrī Bhagavān uvācha
Kutas twā kashmalam idaṁ vishame samupasthitam
anāryajushtam aswargyam akīrtikaram Arjuna

O Abençoado Senhor disse:
De onde caiu sobre ti esta mácula, Arjuna,
alheia a homens honrados,
causando desgraça e contrária aos céus,
nesta hora inoportuna?

Os problemas não são resolvidos no nível dos problemas. Analisar um problema para encontrar sua solução é como tentar restaurar o frescor de uma folha tratando a própria folha, quando a solução está em regar a raiz.

Arjuna, nos vinte e um versos anteriores, trouxe à tona, basicamente, todos os problemas com os quais qualquer vida pode confrontar-se em qualquer momento. Quando o Senhor começa a responder, Ele não dedica um momento sequer aos argumentos de Arjuna. Ele simplesmente ignora tudo que Arjuna falou sem o analisar, pois pela análise de cada afirmação não seria possível solucionar a situação.

Todos os problemas da vida surgem de alguma fraqueza da mente. Toda fraqueza da mente se deve à ignorância da mente quanto a sua própria natureza essencial, que é universal e a fonte de energia e inteligência infinitas. Esta ignorância do nosso próprio ser é a base de todos os problemas, sofrimentos e imperfeições na vida. Para arrancar pela raiz qualquer problema da vida é necessário apenas sermos retirados da ignorância, levados ao conhecimento.

Para levar qualquer pessoa ao conhecimento, é necessário primeiro levá-la a um estado mental onde ela escutará. Encontrando-se Arjuna em um estado de paralisação, Senhor Kṛishṇa disse-lhe algo que sacudiria sua mente e permitiria que ele fosse capaz de escutar e entender.

Neste verso o Senhor avalia a situação de Arjuna com palavras que sugerem sua solução. A primeira palavra dita pelo Senhor Kṛishṇa neste discurso expressa toda a filosofia da vida, o Vedānt inteiro: o mundo das formas e fenômenos em sua natureza sempre mutável, e a Realidade absoluta imutável de natureza transcendental, ambas são plenas – *Pūrṇam adaḥ pūrṇam idaṁ*. De onde então surgiu esta mácula de ignorância, que causa pesar? Novamente, como o presente está composto das duas "plenitudes", a mácula não pertence a nenhum tempo presente; por isso é "inoportuna" em qualquer "hora".

Arjuna apresentou seus problemas do verso 28 ao 46 no primeiro capítulo; fica claro, pelas expressões deste verso, a forma como o Senhor Kṛishṇa vê a situação e a desaprova.

"De onde" indica a falta de base de todo o argumento. Esta expressão refere-se ao verso 28, que oferece uma base ao argumento de Arjuna.

"Mácula" refere-se ao conteúdo dos versos 29 a 31.

"Alheia a homens honrados" expressa a natureza dos versos 32 a 35.

"Causando desgraça" refere-se aos versos 36 a 39.

"Contrária aos céus" refere-se aos versos 40 a 46.

O Senhor exclama a Arjuna: "De onde caiu sobre ti esta mácula?". Ele fala com surpresa e utiliza a palavra "mácula" para resumir a forma de pensar e o estado geral de Arjuna. A palavra "mácula", acompanhada de "alheia a homens honrados, causando desgraça e contrária aos céus" e "nesta hora inoportuna", bateu forte em Arjuna. Sua mente alerta e seu coração receberam um severo choque, que o retirou do estado de paralisação. Imediatamente ele perdeu confiança na forma como pensava. Isto o fez olhar para o Senhor.

O verso seguinte traz ainda outro choque para Arjuna e fortalece o efeito produzido por este verso. O Senhor subentende que, sejam os ambientes e as circunstâncias favoráveis ou desfavoráveis, homens de honra e virtude sempre agem de maneira que sejam levados à glória aqui na Terra e no Céu.

Verso 3

क्लैब्यं मा स्म गमः पार्थ नैतत्त्वय्युपपद्यते
क्षुद्रं हृदयदौर्बल्यं त्यक्त्वोत्तिष्ठ परंतप

Klaibyaṁ mā sma gamaḥ Pārtha naitat twayyupapadyate
kshudraṁ hṛidayadaur balyaṁ tyaktwottishtha Paraṁtapa

Pārtha! Não te entregues à covardia. Não é digno de ti.
Livra-te desta vil fraqueza de coração.
Levanta-te, ó arrasador de inimigos!

Este verso novamente mostra habilidade psicológica em tratar de um problema. Aqui o Senhor utiliza a palavra "covardia", simultaneamente lembrando a Arjuna de sua honrada descendência, ao chamá-lo de Pārtha, o filho de Pṛithā. Isto é para neutralizar em Arjuna o que o Senhor Kṛishṇa chama de "fraqueza de coração".

Senhor Kṛishṇa percebeu que, quando pela primeira vez dirigiu-Se a Arjuna como Pārtha, pedindo que observasse os Kurus reunidos na batalha,[16] despertou em Arjuna o amor de sua mãe Pṛithā, e soube que a enorme onda de amor infundida por Ele no coração de Arjuna era responsável por seu atual estado de paralisação. Portanto, para trazer Arjuna de volta à sua disposição inicial de lutar, foi

16 Veja I, 25.

necessário expandir a natureza unilateral do amor produzido pela palavra Pārtha. Esta é a razão pela qual Senhor Kṛishṇa utiliza novamente "Pārtha" e a associa com "fraqueza de coração".

Tendo produzido este efeito no coração, foi necessário imediatamente dirigir o fluxo da mente de Arjuna para longe do estado de paralisação, em direção à ação; assim o Senhor diz a ele para "levantar-se". Desta forma, o Senhor cria um impulso em sua mente no sentido de lutar, e imediatamente suplementa este impulso ao lembrar-lhe de seu status como "arrasador de inimigos".

O Senhor deseja que Arjuna pare imediatamente de pensar de uma maneira que não o levará a lugar algum. Ele diz a Arjuna que este modo de pensar não pertence a ele, pois ele tem sido sempre uma personalidade dinâmica – "não é digno de ti".

Esta afirmação do Senhor também tem um significado mais profundo. "Não é digno de ti" lembra Arjuna de sua natureza essencial. "Vós sois Aquilo", declaram as Upanishads – Ser eterno e ilimitado. Você deve respirar vida universal e não se tornar vítima da "fraqueza de coração", pois isso pertence ao campo da ignorância.

Pedindo a Arjuna que se livre da "fraqueza de coração", o Senhor a qualifica de "vil". Com isto Ele quer encorajá-lo: a fraqueza que Arjuna deve superar não é grande, mas sim uma falha do coração. Senhor Kṛishṇa deseja transmitir a Arjuna que quando o amor cresce no coração do homem, sua perspectiva torna-se mais universal, e que ele deveria tornar-se mais forte e dinâmico, mas que em seu caso isto não ocorreu. Arjuna não adquiriu uma perspectiva universal.

Isto expressa uma grande verdade metafísica: a ignorância não tem consistência material. É apenas uma ilusão, da qual deveria ser fácil livrar-se. Infelizmente esta ignorância privou Arjuna da força que a onda de amor naturalmente deveria trazer.

Certamente, como um grande guerreiro, Arjuna é valente por natureza. É por isso que o Senhor parece apenas lembrá-lo do que ele é: ilimitado e eterno em sua natureza absoluta, e o "arrasador de inimigos" em sua natureza relativa, em sua forma humana.

Um estudo detalhado destes dois versos, que constituem a primeira exortação do Senhor, indica que eles contêm, em essência, o ensinamento completo da Bhagavad-Gītā.

VERSO 4

अर्जुन उवाच
कथं भीष्ममहं संख्ये द्रोणं च मधुसूदन
इषुभिः प्रतियोत्स्यामि पूजार्हावरिसूदन
Arjuna uvācha
Kathaṁ Bhīshmam ahaṁ saṁkhye Droṇaṁ cha Madhusūdana
ishubhiḥ pratiyotsyāmi pūjārhāvarisūdana

Arjuna disse:
Como devo enfrentar Bhīshma e Droṇa com flechas no campo de batalha, ó Madhusūdana?
Eles são dignos de reverência, ó destruidor de inimigos!

Arjuna se dirige ao Senhor Kṛishṇa como Madhusūdana, destruidor do demônio Madhu, enquanto menciona os nomes de Bhīshma e Droṇa. Assim, ele silenciosamente sugere ao Senhor Kṛishṇa: Vós sois o destruidor de demônios; como podeis me pedir para destruir estes nobres anciãos? Vós sois o destruidor de inimigos; como podeis me pedir para matar aqueles que são dignos de reverência?

Isto mostra o alerta da mente de Arjuna, mesmo estando neste estado de suspensão. Se se tem o coração e a mente alertas e despertos, sempre há esperança de se elevar acima de qualquer momento de provação.

No verso seguinte Arjuna se aprofunda em sua argumentação.

VERSO 5

गुरूनहत्वा हि महानुभावान्
श्रेयो भोक्तुं भैक्ष्यमपीह लोके
हत्वार्थकामांस्तु गुरूनिहैव
भुञ्जीय भोगान् रुधिरप्रदिग्धान्

Gurūn ahatwā hi mahānubhāvān
shreyo bhoktuṁ bhaikshyam apīha loke
hatwārthakāmāṁs tu gurūn ihaiva
bhunjīya bhogān rudhirapradigdhān

Certamente é melhor viver até mesmo de esmolas
neste mundo do que matar estes mestres de mente nobre;
pois apesar de estarem desejosos de ganhos,
havendo-os matado, somente desfrutarei neste mundo
prazeres manchados de sangue.

Isto mostra a grandeza de Arjuna, sua nobreza de caráter e sua previdência. Salienta a qualidade de seu coração humano. Arjuna, como grande arqueiro, estava consciente dos trágicos registros de conquistas manchadas de sangue ao longo da história. Ele podia prever enormes danos à civilização de seu tempo. Ele tinha a capacidade de visualizar em sua mente ruínas de guerra em todas as partes; podia ouvir dentro de si o choro das crianças e as lamúrias das mulheres, histórias de calamidade e opressão. Arjuna, um herói com um bom coração humano, faria tudo para reverter a situação que parecia iminente. Ele chega ao ponto de dizer que "é melhor viver até mesmo de esmolas neste mundo do que matar estes mestres de mente nobre" e "somente desfrutarei... prazeres manchados de sangue".

No verso seguinte, ele prossegue com seu argumento.

VERSO 6

न चैतद्विद्मः कतरन्नो गरीयो
यद्वा जयेम यदि वा नो जयेयुः
यानेव हत्वा न जिजीविषामस्
तेऽवस्थिताः प्रमुखे धार्तराष्ट्राः

Na chaitad vidmaḥ kataran no garīyo
yad vā jayema yadi vā no jayeyuḥ
yān eva hatwā na jijīvishāmas
te 'vasthitāh pramukhe Dhārtarāshtrāḥ

Não sabemos o que é melhor para nós:
se deveríamos conquistá-los ou eles nos conquistar.
Os filhos de Dhṛitarāshtra estão face a face conosco.
Se nós os matássemos, não deveríamos desejar viver.

Isto mostra a visão altruísta de vida de Arjuna. Se é para ele desfrutar do reino, ele quer que esta alegria seja compartilhada por todos aqueles que lhe são queridos; e se ele não pode compartilhar isto com eles, ele prefere renunciar ao reino junto com todos os outros. O verso traz à luz o modo de pensar de um homem de consciência evoluída. Arjuna, percebendo a gravidade da situação, está preocupado com a responsabilidade que pesa sobre ele. Ele pensa sobre as consequências da vitória ou derrota, e não encontra justificativa nem mesmo para uma vitória de seu lado, se esta o privar de seus entes queridos.

Colocado numa situação de impotência, Arjuna decide que esta não pode ser resolvida em nenhum nível de pensamento ou sentimento humano. Então, ele se vira para o Senhor à procura de orientação divina.

O verso seguinte registra o desamparo do maior arqueiro de todos os tempos, os sentimentos mais inocentes e sinceros de entrega de um homem ilustre e sábio.

VERSO 7

कार्पण्यदोषोपहतस्वभाव:
पृच्छामि त्वां धर्मसंमूढचेता:
यच्छ्रेय: स्यान्निश्चितं ब्रूहि तन्मे
शिष्यस्तेऽहं शाधि मां त्वां प्रपन्नम्

Kārpanyadoshopahataswabhāvaḥ
pṛichchhāmi twāṁ dharmasaṁmūdhachetāḥ
yach chhreyaḥ syān nishchitaṁ brūhi tan me
shishyas te 'haṁ shādhi māṁ twāṁ prapannam

Minha natureza atingida pela mácula da fraqueza,
minha mente confusa sobre o *Dharma*, eu Vos rogo,
dizei-me decisivamente o que é bom para mim.
Eu sou Vosso discípulo; ensinai-me, pois eu me refugiei em Vós.

Arjuna persistiu em sua atitude, e quando chegou até onde podia nessa direção, se sentiu repentinamente incapaz de pensar. Ele para, seu intelecto se retrai, e ele cai aos pés do Senhor.

Geralmente ocorre que, enquanto o homem sente que é capaz de pensar e agir por si mesmo, não sente nenhuma necessidade de ouvir os outros. Quando não sabe mais o que pensar, busca refúgio. Se encontra um refúgio, se aproxima com toda humildade e deposita nele toda sua confiança. Quando ele se entregou completamente, este refúgio tem todo o cuidado com ele. Esta é a natureza divina imparcial: Eu sou para eles como eles são para Mim.

"Dizei-me decisivamente" revela o caráter de Arjuna. Ele é um homem prático que não deseja permanecer no nível da conversa idealista. Ele pede uma linha de ação clara, que possa seguir sem dúvidas e que comprove ser correta para ele, já que seu objetivo é o bem de todos. Se um homem dedicou sua vida ao serviço dos outros, e é consciente de suas responsabilidades, ele tem uma necessidade ainda maior de estar certo na linha de ação que adota.

Esta situação de nenhuma forma lança dúvidas sobre o caráter de Arjuna. É a integridade de sua vida interior que faz com que veja fraqueza em si mesmo. Sua grandeza se revela quando diz: "minha mente confusa sobre o *Dharma*". Por um lado, ele tem seu *Dharma* de família (o dever de um chefe de família), que o impulsiona a proteger e amar seus parentes, e por outro está seu *Dharma* de casta (o dever de um *Kshatriya*, protetor da sociedade), exigindo que mate os agressores. Por si só, ele não é capaz de decidir qual *Dharma* seguir, e considera isto como sua fraqueza. Na realidade, as circunstâncias é que são responsáveis. Nenhum homem de sentimento e razão consideraria isto uma fraqueza de Arjuna; mas ele a considera sua fraqueza. Sua nobreza de caráter o torna humilde demais ao analisar sua condição perante o Senhor Kṛishṇa.

Quando Arjuna se entrega para adquirir sabedoria como discípulo, o Senhor o aceita, e é a partir deste ponto que começa o ensinamento do Senhor Kṛishṇa. Este é o verdadeiro início da Bhagavad-Gītā.

É uma lei natural estabelecida que a ação e a reação são equivalentes uma à outra. Para que a reação possa ocorrer, a ação tem que começar primeiro. Da mesma forma, para que o ensinamento possa começar, o aluno deve primeiro dirigir-se ao professor. Uma vez que ele fez isto, o aluno é considerado sério, e o professor sente a responsabilidade de ensinar-lhe.

Enquanto Arjuna conversou com o Senhor Kṛishṇa no nível da amizade, Ele respondeu da mesma maneira. Mas quando Arjuna ficou sério e disse: eu me submeto a ti como discípulo, indique-me o caminho, guie-me para a luz, pois sou incapaz de enxergar por mim mesmo – quando Arjuna se cala e se volta completamente para o Senhor Kṛishṇa, então o Senhor o leva a sério, e começa a iluminá-lo com a sabedoria prática da vida.

Enquanto o paciente não ficar quieto, o cirurgião não pode começar a operação; somente quando o paciente se submete ao cirurgião, para que faça da forma como quer fazer, é que o cirurgião se sente à vontade para operar.

Este é o grande segredo do sucesso quando se procura orientação de outros, em qualquer área da vida. E a sabedoria da paz e felicidade na vida, a sabedoria do sucesso no mundo e a liberdade da escravidão é o maior segredo da vida. É *Brahma Vidyā*, o conhecimento do Supremo. Naturalmente só pode ser dado a aqueles que estão, no mínimo, desejosos de recebê-lo. A disposição deles é julgada pela presteza em receber, que por sua vez é julgada pela total atenção deles em sincera devoção ao mestre.

A fé torna o estudante um bom assimilador de conhecimento. A devoção o deixa livre de resistência e, ao mesmo tempo, influencia o coração do mestre, de onde jorra o fluxo da sabedoria. A devoção por parte do discípulo cria afeição no coração do mestre. Quando o bezerro se aproxima de sua mãe, o leite começa a fluir de sua teta, pronto para que o bezerro beba sem esforço. Esta é a glória da devoção e da fé no discípulo. Ele se entrega aos pés do mestre e encurta o longo caminho da evolução.

O resultado da entrega sincera de Arjuna ao Senhor Kṛishṇa foi visto sem demora. Por meio do Seu ensinamento, tanto teórico como prático, Ele ajudou Arjuna a se libertar do seu estado de paralisação. Ao final do breve diálogo no campo de batalha, Arjuna tornou-se um *Yogī*,[17] um *Bhakta*[18] e um *Gyānī*.[19] Estabeleceu-se na plenitude do intelecto resoluto, em grande habilidade na ação e na liberdade eterna de existência.

Para chegar a este estado, Arjuna teve apenas que se entregar aos pés do Senhor. Entrega não significa passividade cega. Em toda a Bhagavad-Gītā, Arjuna continua a fazer perguntas, pois quando o estudante impressiona o mestre com sua sinceridade, adquire total liberdade para perguntar qualquer coisa. Em um relacionamento desta qualidade entre quem ensina e quem aprende, a tarefa de ambos se torna fácil e livre de resistência. A sabedoria flui espontaneamente de um para o outro.

Tendo se entregado, Arjuna, no próximo verso, mostra claramente o atual estado de sua mente. O caminho da entrega não permite nenhuma reserva.

---

17 Um homem integrado.
18 Um devoto de Deus.
19 Um homem iluminado.

Verso 8

न हि प्रपश्यामि ममापनुद्याद्
यच्छोकमुच्छोषणमिन्द्रियाणाम्
अवाप्य भूमावसपत्नमृद्धं
राज्यं सुराणामपि चाधिपत्यम्

Na hi prapashyāmi mamāpanudyād
yach chhokam uchchhoshaṇam indriyāṇām
avāpya bhūmāvasapatnam ṛiddhaṁ
rājyaṁ surāṇām api chādhipatyam

Na verdade não vejo o que possa dissipar
a dor que murcha meus sentidos,
ainda que deva obter um próspero
e incomparável reino na Terra,
e até mesmo autoridade sobre os deuses.

"Murcha meus sentidos": por causa do estado de suspensão de Arjuna, a coordenação entre mente e sentidos se perde. Uma planta se torna murcha porque não recebe nutrição da raiz, e não há forma de nutrir a planta de fora. Sem coordenação com a mente, os sentidos não têm como permanecer alertas e não podem desfrutar nem mesmo dos maiores prazeres na Terra.

Se a entrega descrita no verso anterior tivesse sido completa, Arjuna já teria silenciado sobre sua dor desde aquele momento. Contudo, ele a expressa mesmo depois de declarar que se entregou. Isto indica que nem mesmo o senso de entrega consegue libertá-lo imediatamente. Pode ocorrer que nem mesmo o oceano consiga apagar a erupção de um vulcão. Nada no mundo exterior consegue dissipar a dor na mente de Arjuna, pois ele está dominado por uma paralisação tão profunda que o mantém incapaz de agir.

O estudo deste verso traz à luz um princípio fundamental da vida espiritual. O verdadeiro estado de entrega não deixa a pessoa sofrer; ela deixa de lado todas as dificuldades, e o alívio leva-a ao silêncio.

Este verso e os quatro anteriores resumem os problemas básicos da vida que Arjuna colocou diante do Senhor Kṛishṇa nos versos 28 a 46 do capítulo I.

VERSO 9

संजय उवाच
एवमुक्त्वा हृषीकेशं गुडाकेशः परंतपः
न योत्स्य इति गोविन्दमुक्त्वा तूष्णीं बभूव ह
Sanjaya uvācha
Evam uktwā Hṛishīkeshaṁ Gudākeshaḥ paraṁtapaḥ
na yotsya iti Govindam uktwā tūshṇīṁ babhūva ha

Sanjaya disse:
Gudākesha, opressor do inimigo,
havendo assim falado a Hṛishīkesha,
disse a Govinda (Senhor Kṛishṇa):
"eu não lutarei" e caiu em silêncio.

Arjuna foi chamado de "Gudākesha" (o conquistador do sono) e "opressor do inimigo". Estas expressões indicam que a esta altura, quando Arjuna diz: "eu não lutarei", ele está livre da letargia e sua força não lhe falha.

O uso de "Hṛishīkesha" ou "Govinda", o senhor e mestre dos sentidos, expressa a posição do Senhor Kṛishṇa com relação a Arjuna. Com toda sua força e alerta mental, Arjuna parece uma criança diante da grandeza do Senhor Kṛishṇa. Suas palavras: "eu não lutarei", são como palavras de uma criança que diz: "eu não vou aí", porém olha para o pai para descobrir suas intenções. Uma vez que Arjuna se entregou[20] aos pés do Senhor, fica como uma criança diante Dele.

Justifica-se Arjuna dizer que não lutará, porque já se entregou. Arjuna é um guerreiro; quando diz que se entregou, o diz a sério, e

20 Veja verso 7.

começa a agir de acordo. Agora, seu coração, corpo e mente pertencem ao Senhor Kṛishṇa; portanto, ele não pode lutar ou fazer coisa alguma a não ser que receba ordens. Ele sabe que o problema deve ser exposto com clareza, e então a solução virá facilmente. Arjuna teve sua oportunidade de falar; agora o Senhor Kṛishṇa falará.

Verso 10

तमुवाच हृषीकेशः प्रहसन्निव भारत
सेनयोरुभयोर्मध्ये विषीदन्तमिदं वचः

Tam uvācha Hṛishīkeshaḥ prahasann iva Bhārata
senayor ubhayor madhye vishīdantam idaṁ vachaḥ

A ele, ó Bhārata (Dhṛitarāshtra),
que lamentava-se entre
os dois exércitos, Hṛishīkesha, sorrindo,
falou estas palavras:

"Hṛishīkesha, sorrindo, falou": esta expressão é utilizada para indicar que tirar Arjuna de seu estado de silêncio e hesitação, e libertá-lo da paralisante condição dos sentidos, não é tarefa difícil para aquele que é o Senhor dos sentidos. "Sorrindo" também pode ser entendido como indicativo da técnica de iluminar o discípulo encorajando-o desde o início.

O buscador desesperançoso é encorajado ao primeiro sinal do sorriso do mestre, que lhe indica, sem palavras, que seus problemas não são nem tão sérios quanto ele achava, nem tão difíceis ao ponto de serem insuperáveis. O contraste revelado é significativo. Mostra Arjuna em desespero, enquanto o Senhor Kṛishṇa sorri, em Seu estado de espírito divino usual, alegre e bem-aventurado. Os dois aspectos da existência estão representados aqui: por um lado, Consciência de Bem-Aventurança absoluta e imanifestada, simbolizada pelo Senhor Kṛishṇa; por outro lado, o nível mais elevado de consciência humana, representado por Arjuna. A escuridão está prestes a ser iluminada pela luz celestial; o silêncio de Arjuna está prestes a ser quebrado e tornado melodioso pela canção celestial, à medida que sua dor é transformada no sorriso do Senhor.

A palavra "sorrindo" também se refere à natureza inabalável do Senhor Kṛishṇa. Qualquer um, exceto o Senhor, teria ficado estarrecido ao ver que, com os dois exércitos formados e prontos para lutar, seu herói estava se afundando em desespero.

No verso seguinte, o Senhor Kṛishṇa inicia sua gloriosa exposição. Contudo, deve-se notar novamente[21] que Ele não entra nos argumentos de Arjuna; Ele descarta todos eles com a primeira palavra que diz.

Verso 11

श्रीभगवानुवाच
अशोच्यानन्वशोचस्त्वं प्रज्ञावादांश्च भाषसे
गतासूनगतासूंश्च नानुशोचन्ति पण्डिताः
Shrī Bhagavān uvācha
Ashochyām anvashochas twaṁ pragyāvādāṁsh cha bhāshase
gatāsūn agatāsūṁsh cha nānushochanti paṇḍitāḥ

O Abençoado Senhor disse:
Tu te afliges por aqueles para os quais
não deveria haver aflição,
porém falas como os sábios.
Homens sábios não se afligem
nem pelos mortos, nem pelos vivos.

O Senhor diz a Arjuna que ele fala na linguagem dos sábios, e ao dizer isto Ele também mostra a Arjuna como pensam os homens sábios. A primeira característica desses homens é que não se afligem por nada, pois sabem que tudo é eterno em sua essência. Do ponto de vista da existência real, Bhīshma e Droṇa, e todos aqueles por quem Arjuna se preocupa, têm vida infinita. É errado que Arjuna se aflija por eles. Pode haver aflição, pelos vivos ou pelos mortos, na mente de um homem

21 Veja verso 2, comentário.

sábio? Ele não sofre pelo passado, e nada do presente pode fazê-lo infeliz, pois está estabelecido na Verdade, na Realidade imutável.

Este verso revela a sabedoria do mestre: ele torna o aspirante consciente de sua própria posição e, ao mesmo tempo, torna claro para ele sua meta. Senhor Kṛishṇa faz com que Arjuna veja tanto seu estado mental atual, no qual ele está se afligindo sem motivo, como sua meta, o estado de sabedoria, no qual não se afligiria por nada.

Isto também ilustra o princípio do relacionamento entre mestre e discípulo: o mestre se preocupa apenas em levar o discípulo de seu estado atual até a meta. Aqui o Senhor não Se inclui na cena; apenas descreve a situação atual de Arjuna, e o estado ao qual Ele deseja guiá-lo. Ele apenas deu uma indicação da meta, mas fez com que Arjuna ficasse claramente consciente de sua condição, pois Seu propósito é o de levar Arjuna àquela completa dependência que permitirá que receba Sua habilidosa orientação com máximo proveito. Não se exige que o discípulo esteja alerta e ouça, porém este efeito se produz em sua mente no início da exposição ao fazê-lo consciente de sua posição.

Este verso dá início à primeira parte do discurso do Senhor Kṛishṇa, conhecido como "Sāṁkhya". Daqui até o verso 38, o Senhor Kṛishṇa dá a Arjuna esta sabedoria da vida plena, a sabedoria dos aspectos absoluto e relativo da existência, que Ele chama Sāṁkhya.

Um estudo detalhado sugere que as perguntas levantadas por Arjuna em cinco versos[22] são respondidas pelas cinco expressões contidas neste verso:

1. Tu te afliges por aqueles para os quais não deveria haver aflição.
2. Porém falas como os sábios.
3. Nem pelos vivos, nem pelos mortos.
4. Não te aflijas.
5. Homens sábios.

22 Veja II, 4-8. Estes versos, por sua vez, contêm em essência todas as questões colocadas por Arjuna em I, 28-46.

VERSO 12

न त्वेवाहं जातु नासं न त्वं नेमे जनाधिपाः
न चैव न भविष्यामः सर्वे वयमतः परम्
Na twevāhaṁ jātu nāsaṁ na twaṁ neme janādhipāḥ
na chaiva na bhavishyāmaḥ sarve vayam ataḥ param

Jamais houve um tempo em que Eu não existisse,
nem você, nem estes líderes de homens.
Nem jamais haverá um tempo em que
todos nós deixaremos de existir.

Aqui o Senhor apresenta a Arjuna a natureza permanente do homem interior, a Realidade interna da vida individual. A natureza deste espírito dentro do homem é imperecível. Permanece sempre a mesma, apesar da contínua mudança de corpos no passado, presente e futuro. A natureza permanente do aspecto interior da vida, o Ser, é uma concepção abstrata, e, portanto, para torná-la o mais concreta possível, o Senhor se refere a ela em termos de Si mesmo, Arjuna e aqueles presentes. Isto ilustra um aspecto importante do ensinamento: teorias abstratas são explicadas por meio de ilustrações concretas.

O Senhor diz que todos nós continuaremos a existir mesmo após a morte destes corpos, pois o Ser é eterno – a vida continua a ser, é eterna. Aqui segue uma ilustração que ilumina a sabedoria de Sāṁkhya.

VERSO 13

देहिनोऽस्मिन्यथा देहे कौमारं यौवनं जरा
तथा देहान्तरप्राप्तिर्धीरस्तत्र न मुह्यति
Dehino 'smin yathā dehe kaumāraṁ yauvanaṁ jarā
tathā dehāntaraprāptir dhīras tatra na muhyati

Assim como o residente neste corpo passa pela
infância, juventude e velhice, da mesma forma
ele também passa para outro corpo.
Isto não confunde os sábios.

Os sábios não se surpreendem pelas mudanças do corpo; a morte do corpo é como a mudança que ocorre quando crianças tornam-se crescidas, ou quando os jovens envelhecem. As mudanças fenomenais continuam a acontecer, enquanto que a Realidade imutável da vida, o residente no corpo, permanece sempre a mesma.

Para um homem que sabe disto não é possível sentir grande preocupação com a morte do corpo, mas mesmo com este conhecimento, ele ainda sente calor e frio, prazer e dor. O próximo verso explica como enfrentar essa situação.

Estes versos expressam o conteúdo vital da sabedoria de Sāṁkhya.

Verso 14

मात्रास्पर्शास्तु कौन्तेय शीतोष्णसुखदु:खदा:
आगमापायिनोऽनित्यास्तांस्तितिक्षस्व भारत

Mātrāsparshās tu Kaunteya shītoshṇasukhaduḥkhadāḥ
āgamāpāyino 'nityās tāṁs titikshaswa Bhārata

Os contatos (dos sentidos) com seus objetos,
ó filho de Kuntī, dão origem a (a experiência de)
frio e calor, prazer e dor. Transientes, eles vêm e vão.
Lida com eles pacientemente, ó Bhārata!

Firmemente estabelecidos na compreensão do imutável, os sábios jamais se afetam com as condições mutáveis do corpo durante a vida ou após a morte. A experiência dos objetos dos sentidos e de seus efeitos, a experiência de prazer e dor, são apenas fenômenos que vêm e vão. Aqui o Senhor quer mostrar a Arjuna que as coisas que não são de natureza permanente não devem pesar muito. É como se Ele estivesse dizendo: Leva com calma, pois as coisas irão naturalmente assim como vieram. Tua vida deve se basear em algo que seja de natureza permanente, Arjuna! Não dá importância à consideração das fases efêmeras e impermanentes da vida. Eleva-te à compreensão de que a Realidade permanente da existência continuará a existir, enquanto que aquilo que for temporário continuará mudando. Então, aceita a vida como vier. Só isto é digno de ti, pois és chamado de Bhārata, o descendente do grande Bhārata, que era estabelecido na luz, na Realidade da vida.

O próximo verso mostra o resultado de manter-se equânime em meio ao prazer e à dor.

Verso 15

यं हि न व्यथयन्त्येते पुरुषं पुरुषर्षभ
समदु:खसुखं धीरं सोऽमृतत्वाय कल्पते

Yaṁ hi na vyathayantyete purushaṁ Purusharshabha
samaduḥkhasukhaṁ dhīraṁ so 'mritatwāya kalpate

De fato, aquele homem a quem estes (contatos)
não perturbam, que é equânime no prazer e na dor,
firme, está pronto para a imortalidade,
ó melhor dos homens!

O Senhor enfatiza a Arjuna que, uma vez que um homem se estabeleceu na compreensão da Realidade permanente da vida, como explicado no verso 13, sua mente eleva-se acima da influência do prazer e da dor. Um tal homem inabalável vai além da influência da morte e vive na fase permanente da vida; ele alcança vida eterna. O objetivo do Senhor é que Arjuna adquira este estado, onde estará acima de todas as considerações no campo relativo, inclusive da morte, e de todos os problemas da vida e da morte.

O estado ilimitado do oceano não é afetado pelo desaguar dos rios ou pelo processo de evaporação. Da mesma forma, o homem estabelecido na compreensão da abundância ilimitada da existência absoluta, está naturalmente livre da influência de ordem relativa. É isto que lhe dá o status de vida imortal.

Atualmente é comum ver que as pessoas tentam criar uma disposição de equanimidade no prazer e na dor, na perda e no ganho. Elas tentam criar um estado de comportamento uniforme e inalterável, enquanto se ocupam da diversidade de atividades do mundo.

Mas tentar criar um estado de espírito com base na compreensão é simplesmente hipocrisia. Muitos buscadores caem na armadilha desta atitude. Isto ficará mais claro à medida que prosseguirmos.

A compreensão não amadurece como resultado da criação de estados de espírito. É necessário apenas entender o significado deste e dos três versos anteriores de uma vez, para poder viver a Realidade do relacionamento entre a vida eterna interior e as fases externas sempre mutáveis da existência. Uma vez que o homem compreende que é um rei e que o estado lhe pertence, imediatamente começa a usar seu relacionamento com o estado, começa a se comportar como um rei. Não é necessário cultivar a arte de ser rei pela prática ou por pensamentos constantes sobre sua posição, assim como não se exige que uma criança se lembre constantemente que sua mãe é sua mãe. Ela o sabe uma vez e vive o relacionamento para sempre. É tão simples o caminho da compreensão que resulta na liberdade da escravidão.

Toda a verdade da vida é que não há nada substancial que una o imutável à esfera mutável da vida, e nada que os mantenha unidos. É apenas a ignorância do estado natural de liberdade que existe entre estas esferas que leva a colocá-las juntas. Esta ignorância, e a escravidão que nasce dela, mantém a vida em movimento – o aspecto interior permanecendo imutável, e o exterior sempre mutável. O aspecto exterior, sempre-mutável, continua eternamente em virtude do aspecto interior. Assim flui a vida no estado natural de liberdade eterna – com base na ignorância!

O conhecimento contido nestes versos – a sabedoria de Sāṁkhya – corta completamente os elos de ignorância e permite que a vida permaneça em seu estado natural de liberdade eterna.

O próximo verso detalha ainda mais esta sabedoria.

Verso 16

नासतो विद्यते भावो नाभावो विद्यते सतः
उभयोरपि दृष्टोऽन्तस्त्वनयोस्तत्त्वदर्शिभिः
Nāsato vidyate bhāvo nābhāvo vidyate sataḥ
ubhayor api dṛishto 'ntas twanayos tattwadarshibhiḥ

O irreal não tem existência; o real nunca deixa de existir.
A verdade final sobre ambos foi assim percebida
pelos conhecedores da Realidade suprema.

A indestrutibilidade da essência humana é explicada aqui. A Realidade suprema foi definida como aquilo que nunca muda. Em contraposição a ela está o irreal, que está em eterna mudança; pois obviamente aquilo que sempre muda não tem substância, existência real.

Aqui, neste verso, o Senhor faz Arjuna ver a Realidade que está na base da multiplicidade da criação. Este é o passo seguinte, que logicamente dá sequência àquele do verso anterior. Aqui, o conhecedor da Verdade percebe claramente a diferença entre o estado permanente, imutável e absoluto da vida, e seus estados sempre-mutáveis da existência fenomenal diversificada. É isto que lhe dá aquela estabilidade e o estado elevado de consciência pelo qual ele se ergue acima da influência escravizante da atividade no mundo dos fenômenos.

Passo a passo, Arjuna está sendo guiado em direção à visão de um homem realizado.

Verso 17

अविनाशि तु तद्विद्धि येन सर्वमिदं ततम्
विनाशमव्ययस्यास्य न कश्चित्कर्तुमर्हति
Avināshi tu tad viddhi yena sarvam idaṁ tatam
vināsham avyayasyāsya na kashchit kartum arhati

Saiba que Aquilo é na verdade indestrutível,
e pelo qual tudo isto é permeado.
Ninguém pode causar a destruição deste Ser imutável.

O Senhor apresenta a Arjuna a indestrutibilidade da Realidade interior, o Ser do mundo objetivo dos fenômenos, que tudo permeia.

Pode-se esclarecer aqui que o Ser onipresente e o espírito dentro do homem não são duas entidades diferentes. Parecem diferentes por causa dos diferentes sistemas nervosos individuais. Assim como o mesmo sol parece diferente quando brilha em meios diferentes, como a água e o óleo, também o mesmo Ser onipresente, brilhando através de diferentes sistemas nervosos, parece diferente e forma o espírito, o aspecto subjetivo da personalidade do homem. Quando o sistema nervoso é puro, o Ser se reflete mais e o espírito é mais poderoso, a mente é mais eficaz. Quando o sistema nervoso está em seu estado mais puro, então o Ser se reflete em toda sua plenitude, e a individualidade interior do espírito adquire o nível do Ser eterno ilimitado. Está claro, então, que em sua natureza essencial o espírito é imortal e onipresente. Isto explica a universalidade da individualidade.

Nos versos anteriores, passo a passo, e sendo cada passo de profunda sabedoria, a natureza eterna do espírito foi explicada a Arjuna. Neste verso enfatiza-se a sua natureza indestrutível. Nos versos seguintes, a impermanência da vida fenomenal será enfatizada, e com ela o princípio de que o mundo dos fenômenos é apenas a fase manifestada do Ser eterno imanifestado. A conclusão é que, a partir de ambos os pontos de vista – o da permanência do Ser e o do nível impermanente da vida – o dever de Arjuna é o de não se preocupar com nada, e sim levantar-se e fazer o que tem que fazer.

Verso 18

अन्तवन्त इमे देहा नित्यस्योक्ताः शरीरिणः
अनाशिनोऽप्रमेयस्य तस्माद्युध्यस्व भारत

Antavanta ime dehā nityasyoktāḥ sharīriṇaḥ
anāshino 'prameyasya tasmād yudhyaswa Bhārata

Sabe-se que estes corpos terão um fim; o residente no corpo é eterno, imperecível e infinito. Portanto, ó Bhārata, luta!

É óbvio que o corpo está mudando a cada momento. O corpo de uma criança não é o mesmo de um jovem; e o corpo de um jovem não é o corpo de um velho. Assim, se a morte está inevitavelmente ocorrendo, mesmo durante o que se considera vida, nada novo parece ocorrer quando um corpo morre e outro é assumido. Não há motivo, portanto, para se lamentar a morte do corpo – e menos ainda lamentá-la antecipadamente.

"Residente no corpo": este verso revela a distinção entre o corpo e o espírito que nele reside. Não há intenção aqui de classificar os diferentes aspectos do espírito interior, mas apenas de traçar uma linha entre o conteúdo interior e imutável da vida e a natureza destrutível do corpo exterior.

Porém, pode-se explicar que o espírito interior pode ser compreendido de duas maneiras: primeiro, como o ego, juntamente com a mente e os sentidos, que constitui aquele que age e experimenta, que desfruta e sofre; segundo, como o "residente no corpo", que é o aspecto individual da existência cósmica, do Ser eterno, e que é conhecido na terminologia sânscrita como *Jīva.*

Jīva, portanto, é existência cósmica individualizada; é o espírito individual dentro do corpo. Removidas suas limitações, *Jīva* é *Ātmā*, o Ser transcendente.

Quando a individualidade do *Jīva* e a universalidade do Ser transcendente, *Ātmā*, são unidos e encontrados juntos no mesmo nível da vida, então temos *Brahman*, a vida cósmica todo-abrangente.

Já que o *Jīva* individual é em sua essência *Ātmā*,[23] este é chamado aqui de "eterno, imperecível e infinito".

VERSO 19

य एनं वेत्ति हन्तारं यश्चैनं मन्यते हतम्
उभौ तौ न विजानीतो नायं हन्ति न हन्यते

Ya enaṁ vetti hantāraṁ yash chainaṁ manyate hatam
ubhau tau na vijānīto nāyaṁ hanti na hanyate

Aquele que o considera como sendo o matador, e aquele que o toma como vítima, ambos falham em perceber a verdade. Ele não mata, nem é morto.

Ficou claro que o ser, ou espírito, em sua natureza essencial, não conhece mudança ou variação, é livre de quaisquer atributos, não é o agente nem o agir. Todos os atributos pertencem ao relativo, o campo manifestado da vida; portanto, o espírito não pode ser considerado nem como sujeito nem como objeto de qualquer ação. A atividade que o homem ignorante assume como sendo sua – da personalidade subjetiva que ele se considera – não pertence a seu verdadeiro Ser, pois este, em sua natureza essencial, está além da atividade. O Ser, em sua verdadeira natureza, é apenas a testemunha silenciosa de tudo. É por isso que o Senhor diz: "Aquele que o considera como sendo o matador, e aquele que o toma como vítima, ambos falham em perceber a verdade".

---

23 Veja verso 17, comentário.

VERSO 20

न जायते म्रियते वा कदाचि-
न्नायं भूत्वा भविता वा न भूयः
अजो नित्यः शाश्वतोऽयं पुराणो
न हन्यते हन्यमाने शरीरे

Na jāyate mriyate vā kadāchin
nāyaṁ bhūtwā bhavitā vā na bhūyaḥ
ajo nityaḥ shāshwato'yaṁ purāṇo
na hanyate hanyamāne sharīre

Ele nunca nasce, nem jamais morre; nem por já ter existido, deixa ele de existir. Não-nascido, eterno, duradouro, antigo, ele não é morto quando o corpo é morto.

A natureza absoluta, eterna e imanifesta do espírito, ou ser, nunca se afeta pelos acontecimentos do campo relativo. É sempre a mesma, além dos limites de tempo, espaço e causação. Sem princípio ou fim, ela não conhece nascimento ou morte. Seja neste ou naquele corpo, o ser continua a existir. A vida eterna e imutável permanece através das fases sempre mutáveis dos corpos que assume.

VERSO 21

वेदाविनाशिनं नित्यं य एनमजमव्ययम्
कथं स पुरुषः पार्थ कं घातयति हन्ति कम्

Vedāvināshinaṁ nityaṁ ya enam ajam avyayam
kathaṁ sa purushaḥ Pārtha kaṁ ghātayati hanti kam

Aquele que sabe que ele é indestrutível, eterno, não-nascido e imortal, como pode este homem, ó Pārtha, matar ou fazer com que alguém mate?

Nestes versos Senhor Kṛishṇa oferece a concepção intelectual do estado ao qual quer que Arjuna se eleve – o estado no qual estará estabelecido em seu verdadeiro e eterno Ser. Uma vez Nele estabelecido, Arjuna alcançará a Realidade da existência, e assim se elevará acima da influência da ação de lutar e, na verdade, de todas as ações na vida. Pois a ação está no campo da existência sempre mutável, e sua consciência estará estabelecida na existência imutável do Ser. Portanto, de forma muito natural, ele estará acima da influência da ação.

Esta exposição é apresentada com uma habilidade maravilhosa. Uma vez que o Senhor quer dar a Arjuna a concepção intelectual da Realidade, Ele continua não somente a descrever aquilo que não tem atributos, como também questiona Arjuna, para atrair sua atenção e despertar seu raciocínio, de tal forma que a descrição seja entendida com maior clareza. O Senhor diz a ele que é obvio que qualquer um que sabe que a Realidade da vida é o Ser eterno e imutável não atribuiria a Ela nada de ordem perecível. Como poderia?

Verso 22

वासांसि जीर्णानि यथा विहाय
नवानि गृह्णाति नरोऽपराणि
तथा शरीराणि विहाय जीर्णा-
न्यन्यानि संयाति नवानि देही

Vāsāṁsi jīrṇāni yathā vihāya
navāni gṛihṇāti naro 'parāṇi
tathā sharīrāṇi vihāya jīrṇā-
nyanyāni saṁyāti navāni dehī

Assim como um homem que dispensa as vestimentas gastas, adota outras novas, também o residente no corpo, dispensando os corpos gastos, adota outros novos.

Esta é uma ilustração para esclarecer a ideia contida no verso anterior, ela apresenta uma visão da natureza imutável do residente no corpo, o espírito ou *Jīva*. O verso seguinte amplia esta visão.

VERSO 23

नैनं छिन्दन्ति शस्त्राणि नैनं दहति पावकः
न चैनं क्लेदयन्त्यापो न शोषयति मारुतः
Nainaṁ chhindanti shastrāṇi nainaṁ dahati pāvakaḥ
na chainaṁ kledayantyāpo na shoshayati mārutaḥ

As armas não podem penetrá-lo,
nem pode o fogo queimá-lo;
a água não pode molhá-lo,
nem pode o vento secá-lo.

A intenção aqui é explicar a Arjuna a imortalidade, a natureza imutável do ser, e fazer com que entenda claramente que nada pode afetá-la, de nenhuma maneira. Havia algo profundamente enraizado na mente de Arjuna: o sentimento de que suas flechas afiadas iriam ferir e mutilar os corpos daqueles que ele amava, suas flechas iriam matá-los. É por isso que o Senhor começa fazendo-o entender que a existência deles não seria realmente destruída por suas armas. A Realidade é uma só, onipresente, desprovida de qualquer dualidade, sem componentes – é por isso que Ela não pode ser morta. O corpo é composto de diferentes partes, por isso pode ser morto.

Para tornar esta ideia ainda mais clara, o Senhor explica que até mesmo os elementos ar, água e fogo, que são muito mais refinados e poderosos do que as armas de Arjuna, são incapazes de perturbar o Ser. O Senhor menciona armas, fogo, ar e água para simbolizar toda a criação. Seu objetivo é mostrar a Arjuna que o Ser, sendo transcendental, permanece sempre intocado por qualquer coisa do campo relativo. Esta ideia é desenvolvida nos versos seguintes, para que Arjuna não fique com nenhuma dúvida sobre a natureza permanente do Ser.

Verso 24

अच्छेद्योऽयमदाह्योऽयमक्लेद्योऽशोष्य एव च
नित्यः सर्वगतः स्थाणुरचलोऽयं सनातनः
Achchhedyo 'yamadāhyo 'yam akledyo 'shoshya eva cha
nityaḥ sarvagataḥ sthāṇur achalo 'yaṁ sanātanaḥ

Ele é impenetrável; não pode ser queimado;
não pode ser molhado, nem pode ser secado.
Ele é eterno, todo-permeante, estável,
imutável, e sempre o mesmo.

O professor pode começar, como neste verso, explicando a Realidade em termos da negação da experiência comum. Quando a mente do aluno começa a se elevar em direção a algo abstrato, além da esfera de sua experiência atual, então o professor lhe fala sobre aquilo que poderia ser chamado de atributos concretos da Realidade. É verdade que a Realidade absoluta não tem atributos, mas ainda assim as expressões têm que ser utilizadas para transmitir alguma noção Dela.

Aqui o Senhor utiliza de uma só vez, e de forma muito bonita, os dois meios de iluminação, a negação e a afirmação. O professor deve estar alerta o suficiente para não perder nenhuma reação da mente do aluno a cada palavra que fala. Somente se obtém os resultados desejados quando os lances são feitos no momento correto.

A sequência das palavras é importante: sendo eterna, a Realidade é todo-permeante; sendo todo-permeante, é estável; sendo estável, é imutável; e sendo imutável, é sempre a mesma.

Verso 25

अव्यक्तोऽयमचिन्त्योऽयमविकार्योऽयमुच्यते
तस्मादेवं विदित्वैनं नानुशोचितुमर्हसि

Avyakto'yam achintyo 'yam avikāryo 'yam uchyate
tasmād evaṁ viditwainaṁ nānushochitum arhasi

Ele é considerado imanifesto, inconcebível, inalterável;
portanto, conhecendo-o assim, não deves afligir-te.

Era essencial para o Senhor Kṛishṇa transmitir a Arjuna uma concepção intelectual vívida da alma, o verdadeiro Ser, transcendental e sem atributos, e Ele teve que fazê-lo enquanto a mente de Arjuna estava "cheia de tristeza". Por isso era ainda mais necessário apresentar a concepção do inconcebível através de atributos do mundo já conhecido.

Arjuna teve que receber esta concepção intelectual clara da Realidade para estar preparado para o estado de iluminação. Não se poderia dar a ele uma visão direta, mas sim fazê-lo primeiro entender a concepção intelectual e, então, guiá-lo à experiência passo a passo. Caso contrário, Arjuna poderia não entender que por trás da existência fenomenal aparente encontra-se o Ser eterno, e que ele próprio é Aquilo, e tudo é Aquilo.

Verso 26

अथ चैनं नित्यजातं नित्यं वा मन्यसे मृतम्
तथापि त्वं महाबाहो नैवं शोचितुमर्हसि

Atha chainaṁ nityajātaṁ nityaṁ vā manyase mṛitam
tathāpi twaṁ Mahābāho nainaṁ shochitum arhasi

Mesmo que penses que ele está constantemente nascendo
e constantemente morrendo, ainda assim,
ó de braços poderosos, não deves afligir-te desta forma.

Até este momento do diálogo, o Senhor explicou a vida do ponto de vista da indestrutibilidade do ser. Neste verso Ele inicia um argumento diferente.

Mesmo que Arjuna não se convença da imortalidade do residente no corpo, isto não justifica sua aflição; mesmo que se veja o residente no corpo repetidamente morrer com a morte do corpo e repetidamente nascer com o nascimento do corpo, ainda assim não há necessidade de Arjuna se afligir.

A lógica do Senhor é tão perfeita que um único argumento é apresentado, e uma premissa é estabelecida. E então, mesmo quando raciocínios totalmente contraditórios são aplicados, chega-se à mesma conclusão. Esta é a glória do ensinamento do Absoluto: qualquer que seja o ângulo de visão, Ele é considerado o mesmo. Somente o Absoluto pode ser conhecido desta forma.

Ao mesmo tempo que esta é a glória do Absoluto, também é a glória da mente do mestre, que pode deduzir a mesma conclusão a partir de linhas de raciocínio diametralmente opostas. Se Arjuna não se convence com uma linha de raciocínio, o Senhor não o deixa à própria sorte, mas tenta convencê-lo por meio de outra. Esta é a situação entre Arjuna e o Senhor, criada pela entrega[24] de Arjuna aos pés do Senhor.

VERSO 27

जातस्य हि ध्रुवो मृत्युर्ध्रुवं जन्म मृतस्य च
तस्मादपरिहार्येऽर्थे न त्वं शोचितुमर्हसि

Jātasya hi dhruvo mṛityur dhruvaṁ janma mṛitasya cha
tasmād aparihārye 'rthe na twaṁ shochitum arhasi

Certa, na verdade, é a morte para os que nascem,
e certo é o nascimento para os que morrem;
portanto, não deves afligir-te com o inevitável.

---

24 Veja verso 7.

A mudança é inevitável no campo da existência relativa; ocorre mesmo no presente, assim como ocorreu no passado e ocorrerá no futuro. Portanto, o nascimento e a morte são acontecimentos naturais sobre os quais não devemos nos preocupar em demasia.

O fenômeno do nascimento e morte é a expressão do eterno processo da evolução, que por sua vez é a expressão do propósito da criação. A vida evolui com vistas à realização da perfeição. O desenvolvimento através da mudança é o curso natural deste processo cósmico. Cada mudança é significativa, pois constitui um passo na direção da perfeição. A maneira pela qual a mudança ocorre também está alinhada com o propósito cósmico da evolução, pois esta também está governada pelas eternas leis de causa e efeito. É assim que, por meio do nascimento e morte, o plano da vida encontra sua realização.

O homem tem liberdade de ação; portanto, pode adotar o canal por meio do qual ele quer que sua vida flua, seja este bom ou mau. Isto está em suas mãos. Mas a mudança é inevitável, e é assim para o bem da vida: "portanto, não deves afligir-te com o inevitável". Pelo contrário, a mudança deve ser bem-vinda, pois abre novas perspectivas de vida em direção à realização.

Verso 28

अव्यक्तादीनि भूतानि व्यक्तमध्यानि भारत
अव्यक्त निधनान्येव तत्र का परिदेवना

Avyaktādīni bhūtāni vyaktamadhyāni Bhārata
avyaktanidhanānyeva tatra kā paridevanā

As criaturas são imanifestas no começo,
manifestas no estado intermediário,
e novamente imanifestas no fim, ó Bhārata!
O que há de doloroso nisto?

Aqui novamente, e a partir de um ângulo diferente, se chega à mesma conclusão: o fenomenal apresenta o estado manifestado da vida, enquanto que o Ser é de natureza imanifestada, transcendental.

De acordo com as descobertas da física moderna, toda matéria tem apenas existência fenomenal e, na realidade, é energia sem forma. Tanto em seu estado anterior como em sua forma atual evidente, a matéria nada mais é do que energia pura, e, com a dissolução de sua forma atual, continuará sendo a mesma energia. Da mesma forma, a atual fase fenomenal da existência parece não ter significado permanente, e é disto que o Senhor está convencendo Arjuna.

VERSO 29

आश्चर्यवत्पश्यति कश्चिदेनम्
आश्चर्यवद्वदति तथैव चान्यः
आश्चर्यवच्चैनमन्यः शृणोति
श्रुत्वाप्येनं वेद न चैव कश्चित्

Āshcharyavat pashyati kashchid enam
āshcharyavad vadati tathaiva chānyaḥ
āshcharyavach chainam anyaḥ shṛiṇoti
shrutwāpyenaṁ veda na chaiva kashchit

Um o vê como surpreendente;
da mesma maneira, outro fala dele
como surpreendente; e ainda outro
houve falar dele como surpreendente.
E ainda assim, mesmo ao ver, falar e ouvir,
alguns não o entendem.

Uma vez que o ser é de natureza imanifestada, e porque a vida do homem é sempre no campo do manifestado, não é de surpreender se algumas pessoas ouvem falar dele com grande surpresa e outros são totalmente incapazes de entendê-lo. O propósito deste verso é simplesmente o de dar uma ideia da natureza dissimilar dos aspectos efêmero e eterno da vida. Apesar de Arjuna não estar evidentemente familiarizado com a Realidade eterna, o Senhor não tem o objetivo de enfatizar a dificuldade de entendê-La. Ela é algo surpreendente para alguns, pois apesar de onipresente, é percebida como o ser individual, e apesar de eterna, está sempre morrendo e nascendo. Por isso é difícil compreender Sua natureza completa meramente pelo processo intelectual. É necessária a experiência direta para que a Realidade abstrata seja compreendida de forma apropriada.

Há ainda outra implicação. Até este verso, o Senhor vem tentando, de diversas maneiras, fazer com que Arjuna entenda que não deve afligir-se. Mas ele não está livre da aflição, e, portanto, como um passo adicional na tarefa de iluminá-lo, o Senhor mostra que sua reação ao que ouviu é um sentimento de estranheza. Para encorajá-lo, o Senhor parece estar dizendo que este sentimento de estranheza não importa, pois é natural quando se trata do conhecimento da vida eterna. Muitos se maravilham com este conhecimento, e o consideram algo surpreendente.

Pode-se adotar um ponto de vista diferente e concluir que o Senhor deseja mostrar que a Realidade é difícil de ser alcançada, pois muitos, tendo ouvido falar Dela, e tendo Dela falado, não são capazes de entendê-La. Contudo, é mais sábio considerar que o propósito do verso não é convencer Arjuna da dificuldade em alcançá-La, e sim dar-lhe esperança de que, apesar de muitos considerarem difícil, vai ser fácil para ele.

Este verso fala da Realidade eterna, que é estranha para muitos, de muitas formas diferentes, pois todos A olham de seu próprio nível de consciência. Por esta razão, muitos que A buscam, acham impossível alcançá-La no nível dos sentidos e do intelecto, já que estes estão envolvidos apenas com as fases temporárias e fenomenais da vida.

O próximo verso conclui a descrição intelectual dos dois aspectos da vida, o mutável e o imutável.

VERSO 30

देही नित्यमवध्योऽयं देहे सर्वस्य भारत
तस्मात्सर्वाणि भूतानि न त्वं शोचितुमर्हसि

Dehī nityaṁ avadhyo 'yaṁ dehe sarvasya Bhārata
tasmāt sarvāṇi bhūtāni na twaṁ shochitum arhasi

Aquele que reside no corpo de todos
é eterno e invulnerável, ó Bhārata;
portanto, não deves afligir-te
por nenhuma criatura, seja qual for.

Esta é a conclusão de tudo que foi dito pelo Senhor a partir do décimo primeiro verso. Toda criatura está no caminho da perfeição. Através de nascimentos e mortes dos corpos, cada um está progredindo em direção à realização. Ninguém deve lamentar a morte de ninguém mais. Arjuna, tendo adquirido a compreensão sobre a natureza permanente do residente no corpo e sobre a impermanência do corpo, deve responder ao chamado do dever, pois somente isto ajudará sua própria evolução e a dos outros.

O verso seguinte começa a argumentação no nível do dever. Isto é para aprofundar a compreensão da vida, uma vez que os aspectos absoluto e relativo da existência já tenham sido esclarecidos.

VERSO 31

स्वधर्ममपि चावेक्ष्य न विकम्पितुमर्हसि
धर्म्याद्धि युद्धाच्छ्रेयोऽन्यत्क्षत्रियस्य न विद्यते

Swadharmam api chāvekshya na vikampitum arhasi
dharmyād dhi yuddhāch chheryo 'nyat kshatriyasya na vidyate

Mesmo que consideres teu próprio *Dharma*,
não deves hesitar, pois não há nada melhor
para um *Kshatriya* do que
uma batalha de acordo com o *Dharma*.

O advento da guerra é um fenômeno natural. É um processo de restauração do equilíbrio entre as forças negativas e positivas da Natureza. Responder ao chamado da guerra para estabelecer o bem é responder ao propósito cósmico, à vontade de Deus. Viver e morrer para manter a lei e a ordem na sociedade, sendo assim um instrumento fiel na mão de Deus, é o privilégio daquele que nasce em uma família *Kshatriya*.

O propósito do Senhor é convencer Arjuna que, do ponto de vista de seu dever, a única saída que vale a pena é se desvencilhar de sua relutância em lutar e enfrentar a ação para a qual nasceu. Tendo explicado a Arjuna no verso anterior que, do ponto de vista da existência eterna da vida, ele não deve se afligir nem pelos vivos nem pelos mortos, agora Ele quer que Arjuna entenda que para ele, tendo nascido um *Kshatriya*, lutar é natural; é seu dever natural na vida. Lutar na "batalha de acordo com o *Dharma*" e estabelecer a retidão para o bem do mundo é a maneira mais gloriosa e justificável de realizar a vida de um *Kshatriya*, que nasce para proteger o *Dharma* a qualquer custo.

O *Dharma*[25] mantém a corrente da evolução na vida. O *Kshatriya* que não aceita uma luta justa, se afasta desta corrente natural da evolução.

Verso 32

यदृच्छया चोपपन्नं स्वर्गद्वारमपावृतम्
सुखिनः क्षत्रियाः पार्थ लभन्ते युद्धमीदृशम्

Yadṛichchhayā chopapannaṁ swargadwāram apāvṛitam
sukhinaḥ kshatriyāḥ Pārtha labhante yuddham īdṛisham

Felizes são os *Kshatriyas*, ó Pārtha, que encontram,
sem buscar, uma batalha assim –
uma porta aberta para o Céu.

---

25 Veja I, 1, comentário.

"Uma porta aberta para o Céu": ao seguir seu *Dharma*, um *Kshatriya* serve para manter a lei e a ordem na sociedade e mantém a corrente de sua própria evolução. Se morre ao lutar por esta causa, é um herói da vida cósmica e adquire a maior felicidade no Céu.

Este verso apresenta uma declaração pública, proclamando a boa fortuna de um *Kshatriya* que adquire a oportunidade de tal batalha. Ao mesmo tempo, chamando-o de "Pārtha", o filho de Pṛithā, Senhor Kṛishṇa lembra Arjuna que ele é um *Kshatriya*.

Quando um *Kshatriya* tem a oportunidade da batalha, ele se sente feliz, porque ele ganha quer vença ou perca:[26] vitorioso, ele alcança a glória na Terra; morrendo na batalha, ganha o Céu.

O que acontecerá se Arjuna não participar da batalha?

VERSO 33

अथ चेत्त्वमिमं धर्म्यं संग्रामं न करिष्यसि
ततः स्वधर्मं कीर्तिं च हित्वा पापमवाप्स्यसि

Atha chet twam imaṁ dharmyaṁ saṁgrāmaṁ na karishyasi
tataḥ swadharmaṁ kīrtiṁ cha hitwā pāpam avāpsyasi

Agora, caso não te envolvas nesta batalha,
que está de acordo com o *Dharma*, então,
deixando de lado teu próprio *Dharma* e
tua reputação, incorrerás em pecado.

"Deixando de lado teu próprio *Dharma*" significa sair do caminho da evolução, que por si só é definitivamente um pecado.

"Pecado" é aquilo através do qual o homem se afasta do caminho da evolução. Ele leva ao sofrimento.

Tendo lembrado Arjuna de sua boa fortuna ao ter recebido esta oportunidade de lutar, o Senhor imediatamente enfatiza o perigo de não aceitá-la. Abster-se da luta, e assim negligenciar seu *Dharma*, traria a perda da reputação e seria claramente um pecado.

---

26 Veja verso 37.

O *Dharma* e a reputação são colocados juntos neste verso. A conexão entre os dois está explicada no comentário do próximo verso.

No verso 31, o Senhor iniciou o argumento com base no dever. Tendo elucidado Arjuna sobre seu dever, seu *Dharma*, que mantém o fluxo natural da evolução, Ele agora também quer esclarecer a natureza do dever no nível da consideração social.

Pode-se dizer que o código moral de conduta em qualquer sociedade tem o *Dharma* em sua base, estejam as pessoas desta sociedade conscientes ou não do funcionamento da Natureza guiada pela força invencível do *Dharma*. Os fundamentos do comportamento social em toda sociedade na Terra estão baseados neste princípio que governa as leis da evolução. Portanto, o Senhor quer analisar a natureza do dever à luz de sua influência na sociedade. A preocupação principal aqui é como os outros pensam de nossas vidas, como são afetados pelas nossas ações e como falam de nós. A palavra "reputação" cobre todos estes pontos.

Os três versos seguintes são dedicados a esta consideração, que completará a sabedoria de Sāṁkhya.

Verso 34

अकीर्तिं चापि भूतानि कथयिष्यन्ति तेऽव्ययाम्
संभावितस्य चाकीर्तिर्मरणादतिरिच्यते

Akīrtiṁ chāpi bhūtāni kathayishyanti te 'vyayām
saṁbhāvitasya chākīrtir maraṇād atirichyate

Além do mais, os homens sempre
falarão de tua desgraça;
e para um homem honrado,
má reputação é pior que a morte.

Aqueles que são estimados são aqueles que, vivendo para si, vivem para os outros, e morrendo, morrem para os outros. Suas vidas se justificam pelo grau em que os outros os reconhecem. A felicidade deles na vida é proporcional ao respeito que lhes é dispensado.

Portanto, se aqueles que desfrutam de respeito e reputação na sociedade os perdem, sofrem vergonha e infelicidade, o que é pior que a morte. A perda de renome, para aquele que já foi famoso, é mais do que a morte para ele. Arjuna era o arqueiro mais famoso de seu tempo; é por isso que o Senhor Kṛishṇa enfatiza este ponto esclarecedor sobre a natureza de um homem famoso.

O princípio subjacente à boa reputação na sociedade é que, quando um homem faz constantemente o bem, ele se torna um centro de vibrações harmoniosas que, desfrutadas por aqueles à sua volta, naturalmente criam calor e amor em seus corações. É por isso que todos o descrevem em termos calorosos. Assim, a boa fama de um homem é o critério de sua bondade, e a má fama o critério de sua maldade. Ninguém que é bom pode jamais adquirir má reputação. São as vibrações que emanam das ações de um homem que induzem as pessoas a falarem bem ou mal dele. O Senhor deseja esclarecer especificamente esta verdade a Arjuna.

A forma de elevar um homem é relembrar-lhe primeiro os aspectos gloriosos de seu caráter, e assim receber uma resposta cordial. O segundo passo é chamar imediatamente a atenção para alguma característica delicada na situação. O Senhor faz isto no próximo verso ao dizer que os valentes atribuirão covardia a Arjuna. Um estudo minucioso deste verso com relação aos anteriores e subsequentes esclarecerá este ponto.

O Senhor dá ênfase à importância da reputação, não pela reputação em si, mas para chamar a atenção de Arjuna para um princípio de vida: se ele se comporta de forma que lhe traga má reputação, será o centro de algo incorreto, e isto prejudicará sua evolução pessoal. O princípio da evolução pessoal é a matéria mais importante desta reflexão sobre a vida a partir do ponto de vista de Sāṁkhya.

VERSO 35

भयाद्रणादुपरतं मंस्यन्ते त्वां महारथाः
येषां च त्वं बहुमतो भूत्वा यास्यसि लाघवम्

Bhayād raṇād uparataṁ maṁsyante twaṁ mahārathāḥ
yeshāṁ cha twaṁ bahumato bhūtwā yāsyasi lāghavam

Os grandes guerreiros pensarão que
fugistes da batalha por medo,
e aqueles que te estimavam te menosprezarão.

O Senhor fala agora a Arjuna sobre a grande humilhação que o espera caso ele não lute. Para um homem honrado e de reputação, este é um ponto muito revelador. Arjuna está sendo relembrado das diferentes implicações da má reputação. Senhor Kṛishṇa está ajudando-o a romper com o estado de paralisação ao levantar pontos que tocarão seu coração e mente e o induzirão a lutar.

VERSO 36

अवाच्यवादांश्च बहून्वदिष्यन्ति तवाहिताः
निन्दन्तस्तव सामर्थ्यं ततो दुःखतरं नु किम्

Avāchyavādāṁsh cha bahūn vadishyanti tavāhitāḥ
nindantas tava sāmarthyaṁ tato duhkhataraṁ nu kim

Teus inimigos falarão muito mal de ti,
e zombarão de tua força.
Que dor maior do que esta!

O Senhor mostra a Arjuna exatamente como ele será envergonhado aos olhos do mundo.[27]

Nos versos anteriores, o Senhor demonstrou a validade de lutar do ponto de vista de suas implicações sociais. Neste verso, deixou

---

27 Veja verso 34, comentário.

bem claro que a dor o espera caso ele não lute. No seguinte, Ele mostra a Arjuna as recompensas que o lutar lhe trará, tanto nesta vida como no futuro.

VERSO 37

हतो वा प्राप्स्यसि स्वर्गं जित्वा वा भोक्ष्यसे महीम्
तस्मादुत्तिष्ठ कौन्तेय युद्धाय कृतनिश्चयः
Hato vā prāpsyasi swargaṁ jitwā vā bhokshyase mahīm
tasmād uttishtha Kaunteya yuddhāya kṛitanishchayaḥ

Se te matarem, alcançarás o Céu;
vitorioso, desfrutarás a Terra.
Portanto, ó filho de Kuntī,
levanta-te, decidido a lutar!

Este verso considera o desempenho do dever do ponto de vista do proveito.

O Senhor diz a Arjuna: Deves te dar conta que, morrendo no campo de batalha ou sobrevivendo, permaneces ganhando,[28] porque lutar está de acordo com o curso natural de tua evolução. E se estás estabelecido neste curso, então estarás automaticamente no caminho de crescente fortuna nesta vida e no futuro. Portanto, sem perder mais tempo, vem, decida-te a lutar.

Isto coloca o ensinamento de Sāṁkhya no nível mais prático da vida. Não é correto associar este ensinamento apenas com a vida do recluso.

---

28 Veja verso 32.

VERSO 38

सुखदु:खे समे कृत्वा लाभालाभौ जयाजयौ
ततो युद्धाय युज्यस्व नैवं पापमवाप्स्यसि

Sukhaduḥkhe same kṛitwā lābhālābhau jayājayau
tato yuddhāya yujyaswa naivaṁ pāpam avāpsyasi

Havendo adquirido equanimidade
no prazer e na dor, no ganho e na perda,
na vitória e na derrota, então sai em campo para lutar.
Assim, não cometerás pecado.

No último verso, o Senhor esclareceu a Arjuna que ele permanece ganhando, quer morra ou vença a batalha. Agora, o Senhor deseja convencê-lo que não deve perder mais tempo na consideração da vitória ou da derrota. Quaisquer que sejam as consequências, ele deve estar preparado para lutar, pois pelo menos uma coisa é certa: ao lutar, não cometerá pecado. Se, por outro lado, ele se recusar a lutar, certamente incorrerá em pecado.

Arjuna estava convencido de que, ganhando ou perdendo a batalha, ao matar, estaria de fato cometendo grande pecado. É por isso que, neste verso, finalizando o aspecto intelectual de Seu discurso, o Senhor lhe diz: Não estou te pedindo que lutes com vistas a esta ou aquela perda ou ganho, mas porque ao lutar não cometerás pecado.

Infelizmente, nos últimos séculos esta parte do ensinamento do Senhor Kṛishṇa foi interpretada como se indicasse que se devesse cultivar um estado de equanimidade durante a experiência de perda ou ganho. De fato, o Senhor quer dizer que o certo ou o errado, a virtude ou o pecado, devem ser as considerações principais quando decidimos a validade de uma ação. Ela não deve ser decidida com base na perda ou ganho. Ao julgar a validade de uma ação, a primeira consideração deve ser sua natureza – se ela será ou não de alguma forma pecaminosa.

É o propósito da ação que cria sua necessidade. Uma vez que a necessidade da ação se faz sentir, o primeiro passo é assegurar-se de que ela não seja de nenhuma forma pecaminosa. Considerar a perda ou ganho é apenas o segundo passo. Se é uma ação que leva à realização de nossa missão na vida, ou uma ação que seria pecado não levar adiante, então sua execução se torna uma necessidade. Neste caso, a consideração de ganho ou perda temporários se torna ainda menos importante.

Neste verso, o Senhor está claramente dizendo a Arjuna: Primeiro, eleva-te à sabedoria da vida dada até agora (11-37). Estabelecido nesta sabedoria, sai em campo para lutar. Assim, não cometerás pecado.

"Não cometerás pecado": esta é a garantia que o Senhor oferece. O homem deixa de se envolver em pecado como resultado de "haver adquirido equanimidade no prazer e na dor, no ganho e na perda, na vitória e na derrota". Este estado de equanimidade nasce da sabedoria dada a Arjuna, do verso 11 até aqui – a sabedoria de Sāṁkhya, conforme o Senhor a chama no verso seguinte.

Recapitulando, esta sabedoria de Sāṁkhya compreende:

1. Compreensão das fases perecível e imperecível da vida (11-30).
2. Compreensão do *Dharma* (31-33).
3. Compreensão de nosso relacionamento com os outros (33-36).
4. Compreensão dos resultados das ações (36-37).
5. Compreensão da natureza do agente como não envolvido com a ação, dando origem à equanimidade na perda e no ganho.

O conhecimento dos aspectos perecível e imperecível da vida amplia a visão e permite que o homem veja além da esfera mundana e limitada da vida diária. Este, quando suplementado com o conhecimento do *Dharma*, induz nele uma tendência natural de agir corretamente. Sua vida se torna mais útil para si mesmo e para os outros. Por meio da compreensão de seu relacionamento com os outros, ele se eleva acima dos fins egoístas, em direção a aspectos mais e mais universais da vida. Esta crescente visão universal, enriquecida pela compreensão adequada dos resultados da ação, ajuda o homem a desenvolver-se e progredir em todos os níveis da vida. E finalmente, com a compreensão da natureza não-envolvida do agente, ele adquire equanimidade,[29] se eleva acima da influência das dualidades, vive uma vida livre de pecado e sofrimento, e desfruta de liberdade eterna.

O verso seguinte dá início ao ensinamento do Yoga, pelo qual a mente vai se elevar acima da influência escravizante da ação – o ensinamento pelo qual o intelecto, cultivado pela sabedoria de Sāṁkhya, estará eternamente estabelecido na unidade da vida, na unidade do Ser absoluto, a liberação eterna em Consciência Divina, aqui e agora.

Verso 39

एषा तेऽभिहिता सांख्ये बुद्धिर्योगे त्विमां शृणु
बुद्ध्या युक्तो यया पार्थ कर्मबन्धं प्रहास्यसि

Eshā te 'bhihitā sāṁkhye buddhir yoge twimāṁ shṛiṇu
buddhyā yukto yayā Pārtha karmabandhaṁ prahāsyasi

Isto que te foi exposto é a compreensão em termos de Sāṁkhya;
ouve-o agora em termos de Yoga.
Com teu intelecto estabelecido por meio deste, ó Pārtha,
tu te libertarás da influência escravizante da ação.

Yoga, o caminho da União, é um meio direto de experimentar a natureza essencial da Realidade. Esta Realidade é descrita e compreendida intelectualmente por um sistema que o Senhor chama Sāṁkhya, exposto nos versos anteriores.

O Sāṁkhya da Bhagavad-Gītā apresenta os princípios de todos os seis sistemas de filosofia indiana, enquanto que o Yoga da Bhagavad-Gītā apresenta seus aspectos práticos.

Este verso ilustra a técnica do ensinamento inteligente. De uma só vez, a matéria é apresentada e seu resultado esclarecido, de tal forma que, vendo tanto o alcance da matéria quanto a possibilidade de realizar a meta desejada, o discípulo fica ansioso para começar a prática. Pois o Senhor lhe assegura que, como resultado de seu

---

29 Veja verso 15.

intelecto tornar-se estabelecido em Yoga, ele se "libertará da influência escravizante da ação".[30]

A compreensão intelectual da Realidade convence o homem da existência de um campo de vida mais nobre e permanente, que está além e é subjacente ao nível comum de existência fenomenal. Este foi o propósito do discurso até aqui. Agora Senhor Kṛishṇa quer apresentar a Arjuna a prática por intermédio da qual seu intelecto se tornará estabelecido na Realidade. Isto é para lhe dar aquela experiência absoluta da verdade da existência, que o levará a um estado no qual ele não será afetado pela influência escravizante da ação.

A experiência direta da bem-aventurança transcendental dá tanta satisfação ao homem, que as alegrias do mundo relativo não criam nele uma impressão profunda, e ele se eleva acima da influência escravizante da ação, assim como um homem de negócios bem-sucedido, tendo acumulado grande riqueza, não se afeta com pequenas perdas ou ganhos.

Ao utilizar a palavra "intelecto", o Senhor deixa claro que a mente, purificada ou aquietada pela sabedoria de Sāṁkhya, torna-se estabelecida no Ser por meio da prática do Yoga.

Como já foi mostrado no comentário do verso 15, nenhuma prática é envolvida na obtenção da compreensão da vida por intermédio de Sāṁkhya. Se se deseja praticar, deve-se procurar o Yoga. O uso das palavras "intelecto estabelecido" indica que é o intelecto que realiza Yoga, e não a mente divagante. A sugestão é que a mente deve ser elevada ao estado do intelecto por meio da sabedoria de Sāṁkhya, e então levada ao Yoga para tornar-se estabelecida no Ser. Isto apresenta Sāṁkhya e Yoga como complementares, e este ponto é desenvolvido no Capítulo V.

É interessante notar que a essência da sabedoria de Sāṁkhya foi dada em quatro versos (12-15), e que a essência do Yoga também é dada em quatro versos (45-48). Estes dois grupos de quatro versos expõem a sabedoria essencial da Bhagavad-Gītā. Todos os outros versos são simplesmente uma extensão destes.

---

30 Veja verso 50, comentário.

No verso seguinte, o Senhor transmite a Arjuna a simplicidade e eficácia da técnica que Ele está para lhe dar, e que o estabelecerá em completa satisfação, o estado de liberdade eterna da escravidão da ação.

VERSO 40

नेहाभिक्रमनाशोऽस्ति प्रत्यवायो न विद्यते
स्वल्पमप्यस्य धर्मस्य त्रायते महतो भयात्

Nehābhikramanāsho 'sti pratyavāyo na vidyate
swalpam apyasya dharmasya trāyate mahato bhayāt

Neste (Yoga) nenhum esforço se perde
e não existe nenhum obstáculo.
Até mesmo um pouco deste *Dharma*
liberta de grande medo.

"Obstáculo": a palavra sânscrita "*pratyavāya*" também significa qualquer reversão do progresso ou qualquer efeito adverso.

"*Dharma*" significa o caminho da evolução. A prática do Yoga é um meio direto de evolução. Por seu intermédio, a mente individual adquire o estado de inteligência cósmica – aquele estado ilimitado do Ser universal que é o auge da evolução. O *Dharma* é natural ao homem, e também esta prática do Yoga, pois está de acordo com a própria natureza da mente e traz realização à vida. É por isso que este Yoga é o *Dharma* de todos.

O maravilhoso ensinamento do Senhor Kṛishṇa neste verso traz grande esperança à humanidade. No caminho da liberdade eterna "nenhum esforço se perde". Qualquer esforço neste caminho resulta na meta; o processo, uma vez começado, não pode parar até chegar à sua meta. Isto é assim, em primeiro lugar, porque o fluir da mente em direção a este estado é natural, pois é um estado de bem-aventurança absoluta, e a mente está sempre buscando maior felicidade. Portanto, assim como a água corre ladeira abaixo de forma natural, a mente flui naturalmente na direção da bem-aventurança.

Em segundo lugar, "nenhum esforço se perde" porque, para que a mente fique plena de bem-aventurança, não é necessário esforço algum! Se fosse necessário algum esforço, então a questão do esforço se perder surgiria. Quando uma ação é desempenhada, um estágio do processo leva ao outro, que por sua vez leva a um estágio seguinte, de maneira que quando um estágio é atingido, o estágio anterior é coisa do passado. No desempenho de cada ação, portanto, se perde algum estágio, alguma energia, algum esforço. Quando o Senhor diz aqui que nenhum esforço se perde, somente pode ser porque nenhum esforço é necessário. Isto significa que a técnica do Senhor Kṛishṇa de estabelecer o intelecto no Absoluto está baseada na própria natureza da mente.[31] Devemos, portanto, indagar de que maneira a mente, motivada por sua própria natureza, consegue adquirir Consciência Divina sem esforço.

Quando um homem está ouvindo música e uma melodia mais bonita começa a vir de outro lugar, toda sua mente se volta para desfrutá-la. Nenhum esforço é necessário para mudar a atenção para a melodia mais atraente; o processo é automático. Não há perda de energia entre começar a ouvir e desfrutar da música com toda atenção. É isto que o Senhor quer dizer: uma vez que o campo de liberdade eterna é bem-aventurança absoluta, o processo de unir a mente a ele, uma vez começado, se completa sem perda de energia ou esforço. Ele não para até que a experiência seja completa, pois "não existe nenhum obstáculo".

Visto deste ângulo, o próprio início do processo é sua realização, pois é o movimento da mente em direção à bem-aventurança. O fim é encontrado no início. O próprio início do processo leva a mente à meta, pois, de acordo com o Senhor, não há resistência no caminho, "não existe nenhum obstáculo" a transpor. É um caminho sem resistências, um caminho sem caminho, um caminho cuja meta é onipresente. É por isso que "mesmo um pouco" disto "liberta de grande medo".

Seguir o caminho de não resistência significa que a técnica de estabelecer a mente no Absoluto precisa apenas ser começada, e

31 Veja verso 45, comentário.

deste ponto em diante vem a libertação do sofrimento. O próprio começo nesta direção alivia o homem "de grande medo" na vida.

Para estabelecer a mente no Absoluto, diz o Senhor, muito pouco – quando nada – tem que ser feito. Isto porque nem mesmo a direção natural da mente tem que ser mudada. A mente vaga de objeto em objeto, e vaga, não por causa do objeto em si, mas pela possibilidade de felicidade que o objeto oferece. Assim, ela não vaga de objeto em objeto, e sim se movimenta de um ponto de menor felicidade a um ponto de maior felicidade. Uma vez que a máxima felicidade é sua meta, e o fluxo da mente já é na direção de maior felicidade, a direção não precisa ser mudada. E já que não é preciso nem mesmo mudar a direção da mente, parece ser que nada precisa ser feito para realizar a meta.

Mas o Senhor diz "um pouco desta" prática. Isto indica que algo deve ser feito. O que é necessário é apenas começar a experimentar o encanto crescente no caminho da bem-aventurança absoluta transcendental. Como no caso do mergulho, se deve apenas tomar o ângulo correto e deixar-se ir – o processo inteiro se realiza de forma automática. É isto que o Senhor quer dizer com "um pouco disto".

Da mesma forma como o primeiro raio de sol dispersa a escuridão da noite, o primeiro passo nesta prática dispersa a escuridão da ignorância e do medo. Mas apesar de que o primeiro raio do sol nascente é capaz de dispersar a escuridão da noite, o sol ainda continua a se elevar, pois sua natureza não é somente a de remover a escuridão, deixando a atmosfera levemente iluminada, mas também brilhar em seu esplendor e iluminar toda a Terra. A glória do sol está em sua plena luz do meio-dia.

O Senhor diz claramente que o caminho da revelação divina é tão simples e natural que o processo, uma vez tendo começado conscientemente, não encontra obstáculos. Produz rapidamente um efeito forte o suficiente para iluminar a mente e libertar o homem de toda a negatividade na vida, do medo do ciclo de nascimento e morte.

Esta é uma maneira nobre de iluminar o aspirante. Há uma segurança confiante nos resultados desde o começo do ensinamento prático. Arjuna é informado da natureza da técnica e dos resultados que virão de sua prática, para que ele possa saber de antemão o que ela envolve. A realização não é algo que vem de fora: é a revelação do Ser, no Ser, pelo Ser.

Esta revelação não pode ocorrer a não ser que o homem se entregue completamente a ela, e então ela ocorre por si mesma. Mas para que possa se entregar completamente a ela, ele tem que saber pelo menos duas coisas: primeiro, que é capaz de realizá-la, e segundo, que sua realização será de utilidade para ele. É por isso que o Senhor Kṛishṇa fala as palavras deste verso. Arjuna está sendo preparado para a experiência direta da Realidade, que elimina todas as incertezas e traz estabilidade à vida. O Senhor revela a Arjuna a simplicidade da abordagem ao Divino, e ao mesmo tempo descreve seu resultado.

Por que razão, no mundo moderno, esta prática espiritual desapareceu na obscuridade da vida? A resposta está na interpretação incorreta de versos como este, e na consequente disseminação de uma visão errada da Realidade que tem persistido por muitos séculos.

Tendo explicado a simplicidade e eficácia do princípio de estabelecer o intelecto no Divino, o Senhor, nos versos seguintes, introduz a técnica para sua realização.

Verso 41

व्यवसायात्मिका बुद्धिरेकेह कुरुनन्दन
बहुशाखा ह्यनन्ताश्च बुद्धयोऽव्यवसायिनाम्

Vyavasāyātmikā buddhir ekeha Kurunandana
bahushākhā hyanantāsh cha buddhayo 'vyavasāyinām

Neste Yoga, ó alegria dos Kurus, o intelecto resoluto mantém seu enfoque, mas os intelectos dos irresolutos são muito ramificados e infinitamente diversificados.

"Neste Yoga": neste caminho para a bem-aventurança. Quando a mente se move em direção à bem-aventurança, ela experimenta encanto crescente a cada passo; assim como quando vamos em direção à luz, a intensidade aumenta continuamente. Quando a mente experimenta crescente felicidade, então ela não divaga; ela permanece focalizada em uma única direção, sem hesitar e resoluta. Este é o estado da mente quando se move em direção à bem-aventurança. E quando chega à experiência direta da bem-aventurança, perde todo contato com o exterior, e fica satisfeita no estado de Consciência de Bem-Aventurança transcendental. Quando a mente sai deste estado e entra novamente no campo da ação, ela continua satisfeita e, portanto, mantém seu estado resoluto em um grau maior ou menor. Com a prática, este estado se estabelece. É isto que o Senhor quer indicar quando diz que "Neste Yoga... o intelecto resoluto mantém seu enfoque".

A mente daqueles que não praticam este Yoga está constantemente no campo da experiência sensorial. Isto não dá à mente aquela grande alegria que é a única forma de satisfazer sua sede por felicidade. É por isso que a mente destas pessoas continua num buscar e vagar sem fim.

Aqui o Senhor esclarece ainda mais o verso 38. Arjuna é aconselhado a se elevar ao estado de intelecto resoluto. Pois somente neste estado ele será capaz de ganhar uma uniformidade da mente, no prazer e na dor, na perda e no ganho, na vitória e na derrota, o que o Senhor considera o requisito para lutar.

Pode parecer que há algo de negativo nesta abordagem à Realidade, pois apesar de que o propósito seja estabelecer Arjuna no estado resoluto da mente, neste verso são enfatizadas as características da mente irresoluta. Isto é significativo. Se um homem no pico de uma montanha, desejando guiar outro que está a meio caminho, fica gritando direções sobre sua própria localização, isto não ajudará o outro a chegar ao topo. A forma direta de guiá-lo é primeiro lhe dizer onde ele está, e descrever a região à sua volta, tornando-o assim consciente de sua própria posição, e então guiá-lo até o pico. Arjuna está em um estado de indecisão, e a intenção do Senhor é trazê-lo ao estado resoluto, mostrando-lhe primeiro tudo sobre o estado irresoluto de sua mente, e depois guiá-lo ao estado resoluto.

Tendo indicado estes dois estados da mente, o Senhor explica nos três versos seguintes as condições sob as quais a mente continua a ficar irresoluta. Depois disto, Ele orientará Arjuna a elevar-se deste estado e tornar-se resoluto, para que sua mente possa se estabelecer na Realidade.

VERSO 42

यामिमां पुष्पितां वाचं प्रवदन्त्यविपश्चित:
वेदवादरता: पार्थ नान्यदस्तीति वादिन:

Yām imāṁ pushpitāṁ vāchaṁ pravadantyavipashchitaḥ
Vedavādaratāḥ Pārtha nānyad astīti vādinaḥ

Os ignorantes, que estão absorvidos
nas palavras do Veda, ó Pārtha,
e declaram que não há nada mais,
falam palavras floreadas.

Os Vedas são exposições autênticas do caminho da evolução. Eles elucidam, passo a passo, o processo gradual da integração da vida e ensinam o conhecimento pelo qual o homem pode se elevar rapidamente através de todos os níveis de evolução e atingir liberação final.

Para permitir ao homem tirar proveito desta grande sabedoria da vida, os Vedas defendem um caminho de pensamento e ação disciplinados. A disciplina da ação é tratada nos capítulos chamados coletivamente de *Karma Kāṇda*, que significa pertinente à ação, enquanto que a disciplina da mente é exposta nos capítulos chamados *Upāsana Kāṇda*, que significa pertinente à mente com relação à Realidade.

A natureza da Realidade suprema e da realização da vida é o tema dos capítulos chamados coletivamente de *Gyān Kāṇda*, que significa pertinente ao conhecimento.

O propósito do *Karma Kāṇda* Védico é estabelecer um código de ação que trará sucesso e prosperidade nesta vida e no futuro. Ele trata dos ritos e cerimônias necessários para estabelecer coordenação entre os diferentes aspectos da vida individual: coordenação entre o homem e outras criaturas, entre o homem e as diferentes forças na Natureza, entre o homem e os anjos, e entre o homem e Deus no Céu.

É uma grande sabedoria prática da mais elevada ordem; trata de inúmeros tipos de ação e da natureza insondável de suas influências. Quando aqueles que têm conhecimento neste campo começam a iluminar os outros, seus discursos são ao mesmo tempo fascinantes e incontestáveis. Suas exposições da teoria e prática dos ritos e cerimônias são tão completas em si mesmas, e tão conclusivas e precisas em sua natureza, ao ponto de terem completa autoridade.

O *Karma Kāṇda* dos Vedas estabelece condições específicas para se adquirir resultados específicos. É uma exposição clara e prática das Leis da Natureza que governam a causa e efeito na criação.

As aspirações do homem são inúmeras, e inúmeros os objetivos a serem alcançados. Também são inúmeras as formas e meios de agir para atingir estes fins. O propósito do *Karma Kāṇda* é estabelecer a coordenação da mente com o corpo e com as forças da Natureza, de tal forma que resulte em progresso em direção a um nível mais elevado e uma melhor qualidade de vida.

O propósito do *Upāsana Kāṇda* é estabelecer a coordenação da mente com as forças interiores da Natureza e com o Ser transcendental supremo, de tal forma que resulte na integração da vida.

Neste verso, e nos dois versos seguintes, o Senhor se refere ao *Karma Kāṇda*. E então, no verso 45, Ele revela o glorioso aspecto prático do *Upāsana Kāṇda* – que é levar a mente difusa a um estado resoluto, para que esta possa ser estabelecida na Realidade, e possa vivê-La, realizando assim o propósito do *Gyān Kāṇda* dos Vedas. É isto que torna a Bhagavad-Gītā a essência dos Vedas e o caminho direto para a realização do modo Védico de vida.

Verso 43

कामात्मानः स्वर्गपरा जन्मकर्मफलप्रदाम्
क्रियाविशेषबहुलां भोगैश्वर्यगतिं प्रति

Kāmātmānaḥ swargaparā janmakarmaphalapradām
kriyāvisheshabahulāṁ bhogaishwaryagatiṁ prati

Cheios de desejos, com o Céu como meta,
(suas palavras) proclamam o nascimento
como a recompensa da ação, e prescrevem
muitos ritos especiais para adquirir prazer e poder.

Este verso fala da tendência do homem em recorrer aos ritos Védicos com o objetivo de obter uma vida melhor e maiores alegrias materiais. O resultado de estar envolvido nos desejos mundanos é que se permanece no ciclo de nascimento e morte. Pois as alegrias dos sentidos nunca podem satisfazê-lo; elas envolvem o homem mais e mais, e assim o mantém escravizado. Não havendo oportunidade de uma satisfação duradoura, o ciclo de nascimento e morte continua.

O verso seguinte revela a perda que ocorre quando a mente se emaranha nestas alegrias que somente enriquecem a vida com ganhos materiais.

Verso 44

भोगैश्वर्यप्रसक्तानां तयापहृतचेतसाम्
व्यवसायात्मिका बुद्धिः समाधौ न विधीयते

Bhogaishwaryaprasaktānāṁ tayāpahṛitachetasām
vyavasāyātmikā buddhiḥ samādhau na vidhīyate

O estado resoluto do intelecto não se estabelece na mente daqueles que estão profundamente apegados ao prazer e poder, e cujo pensamento é cativado por aquelas (palavras floreadas).

O fato de um homem ter um grande conhecimento da relatividade não significa que não possa ter também a sabedoria do Absoluto. Se até mesmo um homem iletrado é capaz de desfrutar a bem-aventurança absoluta, que é seu próprio Ser, porque não um homem de conhecimento? O verso não faz objeção ao prazer e poder mundanos, nem à sabedoria Védica da ação, que é uma forma de adquirir este prazer e poder, mas sim ao estado mental de se estar envolvido neles, e que é produzido ao ouvir-se a glória dos ritos Védicos proclamada em palavras floreadas.

Não é surpresa que aqueles que estão sempre ocupados no campo da ação proclamem que qualquer realização é possível por meio da ação – e especificamente por meio do modo Védico de ação, que sem dúvida oferece um caminho direto para a realização de qualquer coisa que seja. Este ponto de vista, apesar de bastante válido no campo relativo da vida, evidentemente não se coaduna com o Ser do Absoluto. Os campos manifestado e imanifestado da vida formam juntos a totalidade da Realidade. Mas aqueles que somente possuem a sabedoria do *Karma Kāṇda* Védico têm aspirações apenas dentro do campo manifestado. Sua sabedoria de ação não lhes dá diretamente a sabedoria do campo imanifestado da Realidade.

Por causa da falta de conhecimento do Absoluto imanifestado, estas pessoas são vistas proclamando em linguagem floreada que não há nada além do campo Védico da ação (verso 42).

No verso 43, o Senhor apresentou a mente firmemente presa na garra da ação. Fascinada pela linguagem floreada que proclama a glória da ação, ela se envolve em atividades variadas e vigorosas. Esta mente sempre ativa naturalmente permanece fora da esfera do intelecto resoluto.

As alegrias mundanas, juntamente com uma noção de progresso por intermédio de ação e esforço, mantêm a mente engajada em atividades externas. É difícil para uma mente assim convergir por si mesma em direção ao estado resoluto; a atividade prende a mente na diversidade, e ao fazê-lo, é claramente contrária ao processo de convergência que leva ao estado resoluto. A mente só pode adquirir completa focalização, e isto mesmo em meio ao "prazer e poder", se houver a intenção, e se a orientação for recebida.

No verso seguinte, o Senhor dá o princípio da técnica para trazer esta mente difusa a um estado resoluto.

Verso 45

त्रैगुण्यविषया वेदा निस्त्रैगुण्यो भवार्जुन
निर्द्वन्द्वो नित्यसत्त्वस्थो निर्योगक्षेम आत्मवान्

Traiguṇyavishayā vedā nistraiguṇyo bhavārjuna
nirdwandwo nityasattwastho niryogakshema Ātmavān

O interesse dos Vedas é com os três *Guṇas*.
Esteja sem os três *Guṇas*, ó Arjuna,
livre da dualidade, sempre firme na pureza,
independente de posses, possuído pelo Ser.

Esta é a técnica de realização instantânea. O Senhor mostra a Arjuna um meio prático de convergir a mente ramificada na focalização do intelecto resoluto. Aqui está uma técnica eficaz para levar a mente a um estado onde todas as diferenças se dissolvem e deixar o indivíduo no estado de realização.

Tudo que foi dito até agora pelo Senhor Kṛishṇa foi para preparar Arjuna para entender esta prática de levar sua mente do campo da multiplicidade ao campo da Unidade eterna. Esta prática é para dar brilho a todos os aspectos de sua vida, ao levar sua mente à Consciência Transcendental, a fonte ilimitada de vida, energia, sabedoria, paz e felicidade. É para elevá-lo àquele status cósmico que harmoniza todas as forças opostas da vida.

As teorias psicológicas modernas investigam as causas para poder influenciar os efeitos. Elas tateiam no escuro para encontrar a causa da escuridão, e com isso poder removê-la. Em contraposição, temos aqui a ideia de trazer a luz para remover a escuridão. Este é "o princípio do segundo elemento". Se você deseja produzir um efeito no primeiro elemento, ignore este elemento, não busque sua causa; influencie-o diretamente ao introduzir um segundo elemento. Remova a escuridão introduzindo a luz. Leve a mente a um campo de felicidade para aliviá-la do sofrimento.

No entanto, mesmo se aceitamos que ao investigar a causa fica fácil influenciar o efeito, veremos que este verso servirá ao nosso propósito, pois ele oferece uma técnica pela qual a causa fundamental de toda vida humana pode ser investigada. Se o conhecimento da causa pode ajudar a influenciar o efeito, então o conhecimento da causa fundamental da vida trará efetivamente fim a todo sofrimento.

A grandeza do ensinamento do Senhor Kṛishṇa está em sua abordagem prática direta e sua perfeição a partir de todos os pontos de vista. A ideia de introduzir um segundo elemento e a ideia de investigar a causa para influenciar seu efeito representam dois princípios distintamente opostos um ao outro, porém ambos são realizados em uma única técnica. Esta é a perfeição da sabedoria prática que tornou a Bhagavad-Gītā imortal.

Senhor Kṛishṇa ordena a Arjuna: "Esteja sem os três *Guṇas*"; esteja sem atividade, seja seu Ser. Isto é consciência resoluta, o estado do Ser absoluto, que é a causa fundamental de todas as causas. Este estado de consciência traz harmonia a todo o campo de causa e efeito e glorifica toda a vida.

O problema principal de Arjuna era conciliar o amor pelos parentes com a necessidade de erradicar o mal. Ele buscava desesperadamente uma fórmula de conciliação entre o bem e o mal. Mas em qualquer plano da vida relativa estes são irreconciliáveis. É por isso que, tendo explorado todas as avenidas de seu coração e mente, Arjuna não pode encontrar nenhuma solução prática, não pode se decidir por nenhuma linha de ação. Senhor Kṛishṇa, no entanto, lhe mostra o campo onde a retidão e o amor se encontram em harmonia eterna, a vida eterna do Ser absoluto.

O Senhor deixa claro a Arjuna que todas as influências do mundo exterior, e também suas consequências, prender-se-ão a ele, afetando-o, enquanto ele estiver fora de si mesmo, enquanto se permitir continuar na esfera da relatividade e sob sua influência. Uma vez fora desta esfera, ele encontrará plenitude em seu próprio Ser.

É difícil para um homem melhorar seus negócios enquanto está constantemente imerso em todos os seus detalhes. Se os deixa de lado por um momento, ele se torna capaz de ver o negócio como um todo e então poderá decidir mais facilmente o que é necessário. Arjuna acredita profundamente no *Dharma*; sua mente está clara quanto a considerações acerca do bem e do mal. Mas o Senhor pede a ele que abandone todo o campo do bem e do mal em troca do campo do Transcendente. Ali, estabelecido em um estado além de toda dualidade, além da influência do certo e errado, ele desfrutará a sabedoria absoluta da vida, de onde surge todo o conhecimento do mundo relativo. E o Senhor diz a Arjuna: O campo desta sabedoria absoluta não está fora de ti. Não precisas ir a lugar algum para adquiri-la. Está dentro de ti. Tens apenas que estar dentro de ti, "possuído pelo Ser", sempre firme na pureza do teu Ser.

Aqui está na verdade a habilidade de trazer a luz para remover a escuridão. Não se pede a Arjuna que venha ou vá a lugar algum; se pede a ele apenas que "esteja sem os três *Guṇas*". Esta instrução serve como um meio direto de levar o homem ao estado absoluto de sua consciência. É suficiente para o Senhor dizer: "Esteja sem os três *Guṇas*, ó Arjuna, livre da dualidade".

Toda a criação consiste da interação dos três *Guṇas* – *Sattwa*, *Rajas* e *Tamas* – nascidos de *Prakṛiti*, ou Natureza. O processo da evolução é conduzido por estes três *Guṇas*. Evolução significa criação e seu desenvolvimento progressivo, e em sua base está a atividade. A atividade necessita de *Rajo-guṇa* para criar um impulso, e de *Sato-guṇa* e *Tamo-guṇa* para manter a direção do movimento.

A natureza de *Tamo-guṇa* é frear ou retardar, mas não se deve pensar que quando o movimento é para cima, *Tamo-guṇa* está ausente. Para que qualquer processo continue, devem haver estágios no processo, e cada estágio, mesmo que pequeno em espaço e tempo, precisa de uma força para mantê-lo e outra força para fazê-lo evoluir a um novo estágio. A força que o faz evoluir a um novo estágio é *Sato-guṇa*, enquanto que *Tamo-guṇa* é a que freia ou retarda o processo para manter o estado já produzido, para que este seja a base do próximo estágio.

Isto explica porque os três *Guṇas* têm inevitavelmente que estar juntos. Nenhum *Guṇa* pode existir isoladamente sem a presença dos outros dois. É por esta razão que o Senhor pede a Arjuna que esteja fora de todos os três *Guṇas*, inteiramente fora da influência das forças que constituem a vida no campo relativo.

Enquanto lhe dava a sabedoria de Sāṁkhya, o Senhor disse a Arjuna que há dois aspectos na vida, o perecível e o imperecível. O perecível é a existência relativa, e o imperecível é o Ser absoluto. Toda a vida no campo relativo está sob a influência dos *Guṇas*. Portanto, para dar a Arjuna a experiência direta do estado absoluto da vida, Ele pede que "esteja sem os três *Guṇas*".

Existem planos superficiais da criação, e existem planos sutis. Quando o Senhor diz: "Esteja sem os três *Guṇas*", Ele quer dizer que Arjuna deve levar sua atenção dos planos superficiais da experiência, através dos planos sutis, e desta forma ao plano mais sutil da experiência; transcendendo até mesmo este plano mais sutil, ele estará completamente fora do campo relativo da vida, fora dos três *Guṇas*. Assim, as palavras do Senhor: "Esteja sem os três *Guṇas*", revelam o segredo de como chegar ao estado de Consciência Pura.[32]

Quando você diz a alguém: "Venha cá", você indica por meio destas duas palavras que a pessoa deve levantar e começar a colocar um pé diante do outro, e que este caminhar com os dois pés fará com que a pessoa chegue a você. Quando o Senhor diz: "Esteja sem os três *Guṇas*", Ele evidentemente quer dizer que, independentemente do campo dos três *Guṇas* em que você se encontra, daí você deve começar a se mover em direção a planos mais sutis dos *Guṇas* e, chegando ao plano mais sutil, sair dele, transcendê-lo, estar por si mesmo, "possuído pelo Ser" – "livre da dualidade", "sempre firme na pureza", "independente de posses".

Neste verso, Senhor Kṛishṇa deu realmente a técnica da Realização do Ser. Arjuna ficou preso na indecisão entre os ditados de seu coração e sua mente. O Senhor sugere que ele se retire do conflito, e então ele verá seu caminho claramente. É por isso que, tendo dito: "Esteja sem os três *Guṇas*", Ele imediatamente acrescenta: "livre da dualidade", livre do campo dos conflitos. O campo relativo da vida está cheio de elementos conflitantes: calor e frio, prazer e dor, ganho e perda, e todos os outros pares de opostos que constituem a vida. Sob sua influência, a vida é agitada como um barco no mar revolto, de uma onda à outra. Estar livre da dualidade é estar no campo da não-dualidade, o estado absoluto do Ser. Isto oferece suavidade e segurança à vida no campo relativo. É como

32 Veja Apêndice: Meditação Transcendental.

uma âncora para o barco da vida, no oceano dos três *Guṇas*. Adquire-se estabilidade e conforto.

Arjuna era extremamente sensível ao certo e errado. Por isso o Senhor, após dizer: "livre da dualidade", imediatamente acrescenta: "sempre firme na pureza". Ele quer assegurar a Arjuna que este estado sempre se revelará correto, de acordo com o *Dharma*, sempre promovendo o processo de evolução para o bem de todos. Nada de errado pode resultar dele, porque este é o estado de realização.

Para transmitir esta ideia de realização o Senhor diz: "independente de posses". A palavra sânscrita utilizada no texto é "*Niryogakshema*", que contém o significado de que neste estado não se precisa pensar em adquirir o que não se tem, ou preservar o que se tem. O desejo de Duryodhana de possuir e preservar posses é a causa da batalha. Mesmo na vida comum do homem, é esta tendência de possuir que o tenta a ir pelo caminho errado. Assim o Senhor diz a Arjuna que ele vai transcender essa causa de transgressão na vida. Desta forma Ele também relembra Arjuna que Duryodhana tomou o caminho incorreto porque adquiriu um reino, prazeres e poder, mas não adquiriu a sabedoria de permanecer "independente de posses". É por isso que as posses o mantiveram preso a elas e ele perdeu seu senso de proporção.

Utilizando a expressão: "independente de posses", o Senhor está dando a resposta às próprias palavras de Arjuna no verso 32 do Capítulo I: "Não desejo vitória, ó Kṛishṇa, nem um reino, nem prazeres". Arjuna havia percebido como o prazer e o poder podem arruinar a vida de um homem, tornando-o cego à causa do bem. Aqui Senhor Kṛishṇa está educando Arjuna na arte da independência em meio às posses, pois após a batalha Arjuna vai ser colocado em uma posição de grande riqueza e poder.

Tendo dito: "livre da dualidade, sempre firme na pureza, independente de posses", o Senhor então acrescenta: "possuído pelo Ser". Isto é para indicar a Arjuna que este estado abençoado de vida não está muito distante dele. Está dentro dele mesmo e, portanto, sempre a seu alcance. Mais ainda, é seu próprio Ser, nada mais do que seu próprio Ser.

Há uma grande presença de espírito, grande habilidade em iluminar o ignorante, e o auge da perfeição no estilo deste discurso.

Se alguém lhe falasse: "Eu o levarei ao campo de grande sabedoria e abundância de vida", sem uma indicação de onde este campo se encontra, você poderia ficar intrigado com muitas coisas – com a distância, as dificuldades no caminho, sua própria habilidade de chegar lá. É por isso que o Senhor utiliza as palavras: "possuído pelo Ser". Deixe que seu próprio ser seja possuído pelo seu Ser. Uma vez que você estiver possuído pelo seu próprio Ser, o propósito de toda sabedoria foi alcançado. É aqui que os Vedas terminam. Este é o final da jornada da vida, este é o estado de realização. Por esta razão, "possuído pelo Ser" está no final do verso.

Aqui está uma técnica que permite a todo homem chegar ao grande tesouro dentro de si mesmo, e então se elevar acima de todos os sofrimentos e incertezas da vida. Deste verso em diante, todo o ensinamento da Bhagavad-Gītā proclama a glória de atingir o estado do Transcendente.

É este estado transcendental do Ser que permite que um homem se torne um *Karma Yogī*, alguém que é bem-sucedido no caminho da ação. É este estado que permite que um homem se torne um *Bhakta*, alguém que tem sucesso no campo da devoção, e que permite que um homem se torne um *Gyānī*, aquele que tem sucesso no caminho do conhecimento. Este é o caminho direto para a realização do propósito da vida.

Se um homem deseja ser um verdadeiro devoto de Deus, ele tem que se tornar seu Ser puro; ele tem que se libertar daqueles atributos que não lhe pertencem, e somente então ele poderá ter completa devoção. Se ele está envolvido por aquilo que ele não é, então sua devoção será encoberta por este elemento estranho. Sua devoção não alcançará Deus, e o amor e as bênçãos de Deus não o alcançarão. Para sua devoção alcançar Deus, é necessário que primeiro ele se torne completamente puro, não encoberto por nada. Então o processo da devoção o conectará diretamente com o Senhor, outorgando-lhe assim o status de um devoto. Somente depois de se tornar ele mesmo é que ele poderá se entregar corretamente ao Grande Ser do Senhor. Se ele permanece no campo dos três *Guṇas*, nos vários envoltórios de natureza superficial e sutil, então são estes envoltórios que impedem o contato direto com o Senhor.

Portanto, o primeiro passo em direção à União por meio da devoção é ser o que se é. Da mesma forma, este é o primeiro passo no caminho de *Gyān Yoga*, o caminho da União por meio do conhecimento, e também do caminho da União por intermédio da ação, *Karma Yoga*; pois é o estado de Consciência Transcendental que é o estado de *Gyān*, ou conhecimento, e que liberta da escravidão do *Karma*. Este estado também é a base do sucesso em qualquer campo da vida. O campo dos três *Guṇas* é avivado pela luz do Ser absoluto que está além dos *Guṇas*.

O verso seguinte mostra que o propósito de toda atividade é realizado neste estado do Ser.

Verso 46

यावानर्थ उदपाने सर्वत: संप्लुतोदके
तावान्सर्वेषु वेदेषु ब्राह्मणस्य विजानत:

Yāvān artha udapāne sarvataḥ saṁplutodake
tāvān sarveshu Vedeshu brāhmaṇasya vijānataḥ

Para o *Brāhmaṇa* iluminado,
todos os Vedas deixam de ter utilidade,
tanto quanto um pequeno poço em um
lugar inundado de água por todos os lados.

"*Brāhmaṇa* iluminado": aquele que completou o estudo e prática do *Karma Kāṇda, Upāsana Kāṇda* e *Gyān Kāṇda* dos Vedas. Isto é, aquele que conhece o segredo da ação, dedicação e conhecimento.

Enquanto toda ação tem como objetivo a felicidade, as ações prescritas pelos Vedas ao mesmo tempo ajudam o homem a evoluir além de seu nível atual. Mas um *Jīvan-mukta*, um homem de Consciência Cósmica, encontra-se na realização suprema de todos os deveres que lhe foram prescritos. Ele conhece a Realidade com tanta profundidade que se torna estabelecido Naquilo, no estado de Consciência de Bem-Aventurança absoluta. É assim que, tendo alcançado o objetivo final de todo o modo de vida Védico, tal homem se eleva acima do campo das injunções Védicas sobre o bem e o mal, e também acima da necessidade dos rituais Védicos; ele se eleva acima da necessidade de orientação Védica.

O estado de realização é como um reservatório cheio d'água, de onde as pessoas naturalmente retiram o necessário para satisfazer todas as suas necessidades, ao invés de obter sua água de várias poças pequenas. Por isso o Senhor pede a Arjuna que "esteja sem os três *Guṇas*", e não desperdice sua vida no planejamento e realização de pequenos ganhos no campo sempre-mutável dos três *Guṇas*; que seja uma totalidade autossuficiente, em vez de tentar realizar um pouco aqui e ali.

O estado de realização não apenas traz plenitude ao propósito geral do desejo do homem por mais e mais felicidade, como também leva a mente naturalmente ao mais elevado grau de desenvolvimento mental. Leva o homem realizado a um estado onde, em virtude de um grande desenvolvimento de força mental e harmonia com as Leis da Natureza, ele percebe que seus pensamentos naturalmente se realizam, sem muito esforço de sua parte. Um homem neste estado proporcionou um padrão tão natural à sua existência, que ele desfruta em sua vida do apoio total da Natureza todo-poderosa. Ele está em sintonia direta com a Lei Cósmica (Lei Natural), o campo do Ser, que forma a base de todas as Leis da Natureza.[33]

Verso 47

कर्मण्येवाधिकारस्ते मा फलेषु कदाचन
मा कर्मफलहेतुर्भूर्मा ते सङ्गोऽस्त्वकर्मणि

Karmaṇyevādhikāras te mā phaleshu kadāchana
mā karmaphalahetur bhūr mā te sango 'stwakarmaṇi

Tu tens controle somente sobre a ação,
nunca sobre seus frutos.
Não vivas para os frutos da ação,
nem te apegues à inação.

---

33 Veja Apêndice: Lei Cósmica (Lei Natural).

Aqui há uma sequência maravilhosa de instrução. Este verso demonstra mais uma vez a consciência do Senhor Kṛishṇa e Sua visão clara e profunda da mente de Arjuna.

Como Arjuna foi instruído a "estar sem os três *Guṇas*" no verso 45, e no verso seguinte que como resultado disto ele realizaria todas as suas aspirações no campo relativo, ele poderia muito bem deduzir que não seria necessário fazer mais nada. Portanto, para que Arjuna não possa desenvolver uma aversão à ação, o Senhor diz neste verso: "Tu tens controle somente sobre a ação". Isto deve fazer Arjuna sentir que ele não deve se preocupar com nada além da ação. Ele deve se absorver tão completamente na própria ação, a ponto de esquecer de todo o resto, até mesmo de seus frutos. Por esta razão o Senhor acrescenta: "nunca sobre seus frutos".

Isto não significa que Arjuna não deva lutar com o propósito de vencer a batalha; não significa que a ação deva ser desempenhada sem que haja interesse por seus resultados. Isto seria hipocrisia.

É o fruto antecipado da ação que induz o homem a agir. É o desejo pelo resultado que faz com que ele comece a agir e que permite que persista no processo da ação. O Senhor quer mostrar que o resultado da ação será maior se o agente colocar toda sua atenção e energia na própria ação, se não permitir que sua atenção e energia sejam distraídas por pensar nos resultados. O resultado será de acordo com a ação, não há dúvida quanto a isto.

Se um estudante pensa o tempo inteiro em passar nos exames, o progresso de seus estudos será prejudicado, e colocará em risco o resultado. É para assegurar o máximo sucesso de uma ação que se pede ao agente que não se preocupe com os resultados durante o curso da ação. Mas isto não implica que ele deva ser indiferente aos resultados. Se ele se tornar conscientemente indiferente aos resultados, o processo da ação certamente se enfraquecerá, e isto também enfraquecerá os resultados.

Seria absurdo deduzir deste verso que o homem não tem direito aos frutos de sua ação. Aqui é dada apenas a técnica para alcançar o resultado máximo de uma ação. O agente tem todo direito de desfrutar dos frutos de sua ação; o Senhor diz que ele não tem controle sobre os frutos porque os frutos inevitavelmente serão de acordo com a ação. Uma vez fixado o objetivo, tendo começado a agir e tendo se envolvido profundamente no processo da ação, ele deve realizar a ação com completa devoção e atenção total, de forma que esqueça até mesmo dos seus frutos. Somente desta forma ele alcançará os máximos resultados provenientes daquilo que faz.

O ensinamento da não antecipação do fruto da ação tem uma importância ainda mais profunda, cósmica, já que é apoiado pelo próprio processo da evolução. Se o homem está apegado pelo fruto da ação, então sua única preocupação está centrada no plano horizontal da vida. Não vendo nada mais elevado do que a ação e seu fruto, ele perde de vista o Divino, que permeia a ação e é a força todo-poderosa que está na sua base e que leva à realização suprema. Assim, ele perde o contato direto com o plano vertical da vida, no qual está baseado o processo da evolução.

Fica claro, então, que o ensinamento do Senhor, por um lado apoia a atividade, e por outro mantém a evolução e a liberdade.

O verso seguinte indica que é possível para qualquer um viver os valores do Divino neste mundo.

Verso 48

योगस्थः कुरुकर्माणि सङ्गं त्यक्त्वा धनंजय
सिद्ध्यसिद्ध्योः समो भूत्वा समत्वं योग उच्यते

Yogasthaḥ kuru karmāṇi sangaṁ tyaktwā Dhananjaya
siddhyasiddhyoḥ samo bhūtwā samatwaṁ yoga uchyate

Estabelecido em Yoga, ó conquistador de riquezas,
desempenhe as ações havendo abandonado o apego
e tendo adquirido equilíbrio no sucesso e no fracasso,
pois o equilíbrio da mente é chamado Yoga.

"Estabelecido em Yoga" significa estabelecido em Consciência Cósmica.[34]

---

34 Veja verso 51, comentário.

Yoga, ou União da mente com a inteligência divina, começa quando a mente adquire Consciência Transcendental; o Yoga alcança maturidade quando esta Consciência de Bem-Aventurança transcendental, ou Ser Divino, se estabeleceu na mente a tal ponto que, não importa em que estado a mente se encontra, seja na vigília ou no sono, ela permanece estabelecida no estado do Ser. É a este estado de perfeita iluminação que o Senhor se refere no princípio do verso, quando diz: "Estabelecido em Yoga". Mais para o fim do verso Ele define "Yoga" com referência à ação como "equilíbrio da mente". Este estado equilibrado da mente é o resultado da satisfação eterna que advém com a Consciência de Bem-Aventurança. Ele não pode ser adquirido criando-se uma disposição de equanimidade na perda e no ganho, como os comentaristas têm geralmente pensado.

O Yoga é a base de uma vida integrada, um meio de colocar em harmonia o silêncio criativo interior e a atividade exterior da vida, e uma forma de agir com precisão e sucesso. Estabelecido em Yoga, Arjuna estará estabelecido na Realidade suprema da vida, que é a fonte da eterna sabedoria, poder e criatividade.

Parte do treinamento daquele que quer ser um bom nadador, é a arte de mergulhar. Quando se é capaz de se manter no fundo da água com sucesso, então fica fácil nadar na superfície. Toda ação é o resultado da atividade da mente consciente. Se a mente for forte, a ação também será forte e bem-sucedida. A mente consciente se torna poderosa quando os níveis profundos do oceano da mente são ativados durante o processo da Meditação Transcendental,[35] que leva a atenção da superfície da mente consciente ao campo transcendental do Ser. O processo do mergulhar interiormente é o caminho de se tornar estabelecido em Yoga.

Quando o Senhor diz que uma vez tendo passado por este processo Arjuna deve sair e agir, Ele lhe transmite o mecanismo da ação bem-sucedida. Para atirar uma flecha com sucesso, primeiro é necessário puxá-la para trás no arco, dando-lhe assim grande energia potencial. Quando ela é puxada para trás ao máximo, ela então possui máxima força dinâmica.

---

35 Veja Apêndice.

Infelizmente, a arte da ação, que o Senhor Kṛishṇa expôs a Arjuna neste discurso, parece haver desaparecido da vida prática de hoje. Isto porque, por muitos séculos, com a falta de uma interpretação correta destes versos, se considerou difícil levar a mente ao Ser, e tornar-se estabelecido em Yoga. Na verdade, é perfeitamente fácil levar a atenção ao campo do Ser: deve-se apenas permitir que a mente se mova espontaneamente do campo grosseiro da experiência objetiva, através dos campos sutis do processo de pensar até a Realidade transcendental suprema da existência. À medida que a mente se move nesta direção, ela começa a experimentar crescente encanto a cada passo, até que alcança o estado de Consciência de Bem-Aventurança transcendental.

A recompensa de se levar a mente a este estado é que a pequena mente individual cresce ao status da mente cósmica, elevando-se acima de todas as suas imperfeições e limitações individuais. É como um pequeno homem de negócios tornando-se rico e adquirindo o status de um multimilionário. As perdas e ganhos do mercado, que antes costumavam influenciá-lo, agora não o atingem, e ele se eleva muito naturalmente acima de sua influência.

O Senhor quer que Arjuna aja, mas quer que ele, antes de começar a ação, adquira o status da mente cósmica. Esta é Sua bondade. Quando um homem rico quer que seu filho comece um negócio, normalmente ele não quer que o filho comece de maneira pequena, porque sabe que assim pequenas perdas e ganhos irão influenciar seu filho querido, e entristecê-lo ou alegrá-lo com trivialidades. Portanto, ele dá ao filho o status de um homem rico e, então, pede que comece o negócio a partir deste nível. O Senhor Kṛishṇa, agindo como um pai bom e habilidoso, aconselha Arjuna a atingir o estado de inteligência cósmica e, depois, agir a partir deste elevado estado de liberdade na vida.

Um homem não pode permanecer equilibrado na perda e no ganho, a não ser que esteja em um estado de satisfação duradoura. Aqui o Senhor está pedindo a Arjuna que chegue a este estado de satisfação duradoura por meio da experiência direta da bem-aventurança transcendental eterna. Ele não está sugerindo um mero espírito de equanimidade.

O estado de bem-aventurança transcendental no Ser eterno é tão autossuficiente que, em sua estrutura, é absoluto. É plenitude de vida, perfeição de existência e, portanto, completamente desapegado de qualquer coisa no campo do relativo, completamente livre da influência da ação. Quando o Senhor diz: "havendo abandonado o apego", significa tendo adquirido este estado do Ser eterno, que é completamente separado e desapegado da atividade. E quando diz: "tendo adquirido equilíbrio no sucesso e no fracasso", Ele quer dizer tendo alcançado a estabilidade neste estado do Ser eterno.

A prática regular da Meditação Transcendental é o meio direto de elevar-se ao estado do Ser transcendental, e de estabilizá-lo na própria natureza da mente. Assim, apesar dos envolvimentos da mente nos conflitos inerentes à diversidade da vida, a estrutura da Unidade em liberdade eterna é mantida naturalmente e a vida não é deixada por si mesma.

Aqui temos a definição de Yoga, para a qual se preparou o terreno com as palavras "Esteja sem os três *Guṇas*", no verso 45: Yoga é aquele estado de Consciência Transcendental eternamente equilibrado e imutável que, permanecendo transcendental mesmo ao estar estabelecido na própria natureza da mente, deixa a mente livre para participar na atividade sem nela se envolver.

Os versos seguintes exaltam a glória deste Yoga, o estado equilibrado da mente, e deixam claro a sua utilidade em elevar a dignidade da ação e trazer liberdade eterna ao agente.

Verso 49

दूरेण ह्यवरं कर्म बुद्धियोगाद्धनंजय
बुद्धौ शरणमन्विच्छ कृपणाः फलहेतवः

Dūreṇa hyavaraṁ karma buddhiyogād Dhananjaya
buddhau sharaṇam anvichchha kṛipaṇāḥ phalahetavaḥ

Muito longe do intelecto equilibrado,
na verdade, está a ação desprovida de grandeza,
ó conquistador de riquezas. Refugia-te no intelecto.
Dignos de pena são aqueles que vivem para os frutos (da ação).

"Intelecto equilibrado" (*Buddhi Yoga*): o estado equilibrado da mente, como explicado no último verso.

Aqui o Senhor deixa claro a distinção entre a ação na qual o intelecto se envolve, e a ação onde ele permanece não-envolvido. Ele diz que a ação realizada sem adquirir-se o equilíbrio da mente, ou Yoga, é de natureza inferior – é ineficaz e fraca, "desprovida de grandeza". Ele pede que Arjuna se eleve ao estado não-envolvido do intelecto, para que sua ação possa adquirir grandeza e ele possa, ao mesmo tempo, alcançar o estado de liberdade.

O Senhor escarnece o destino daqueles que são incapazes de se elevar a este estado de ação no desapego. Ele diz que são "dignos de pena" aqueles que buscam apenas desfrutar do campo exterior da vida, que não vivem a plenitude das glórias internas e externas da vida ao desenvolverem o estado equilibrado da mente descrito no verso anterior.

O Senhor diz: "Refugia-te no intelecto", pedindo que Arjuna primeiro se volte para o interior e "esteja sem os três *Guṇas*" ("*Nistraiguṇyo bhavārjuna*", verso 45), e então, estando estabelecido no estado de Yoga, no Ser, desempenhe as ações ("*Yogasthaḥ kuru karmāṇi*", verso 48).

O Senhor quer que Arjuna se estabeleça em Yoga antes de começar a agir. Ele definiu Yoga como "equilíbrio da mente", um estado de plenitude que é um estado de equanimidade natural. Neste estado, o homem não é afetado pelo sucesso ou fracasso. Não é que ele tente conscientemente tratar perdas e ganhos de igual maneira, mas que ele naturalmente não se afete por eles – um estado verdadeiramente bom e desejável, que se alcança com a prática da Meditação Transcendental, mencionada no verso 45. A tentativa de preservar a equanimidade da mente sem alcançar este estado, meramente tentando ver todas as coisas de maneira uniforme, pode ser chamada de hipocrisia ou ilusão.

O Senhor certamente não está dizendo a Arjuna para cultivar um estado de espírito de equanimidade ou manter uma indiferença consciente com relação aos resultados durante o processo da ação. Qualquer tentativa destas de manter equanimidade no nível do pensar somente levará à tensão e letargia da mente. Aqui, como no verso anterior, a ênfase está em se adquirir inteligência pura, ou Ser. É o estado do Ser que cultiva a mente e lhe dá concentração, melhorando assim sua eficácia durante a ação.

É uma pena que, por muitos séculos passados, este verso e outros similares em que o Senhor Kṛishṇa falou do Yoga da ação foram mal interpretados, pois isto fez com que as pessoas perdessem seu vigor e sua perseverança na ação em nome do desapego. O resultado foi preguiça, impotência e o enfraquecimento da própria estrutura, tanto da vida individual como social.

Esta é uma filosofia dinâmica que tem como objetivo inspirar um homem desanimado e fortalecer uma mente normal. Em lugar disso, e por causa de uma má interpretação geral, tornou-se um meio de incapacitar o homem em todos os campos da atividade; tornou-se uma influência retardante para o progresso humano.

Toda a filosofia do *Karma*, ou ação, é claramente explicada a Arjuna, para que ele possa se tornar uma pessoa integrada e dinâmica.

O Senhor diz: "Dignos de pena são aqueles que vivem para os frutos" da ação – aqueles que aguardam ansiosamente os resultados de suas ações são dignos de pena. Esta afirmação em particular tem sido muito mal interpretada pelos comentaristas. Eles aconselharam as pessoas a trabalhar, mas sem almejar um resultado. No entanto, é certo que uma ação deve ser feita para atingir algum resultado. Nenhuma ação pode ser executada sem se ter em vista um resultado claro. Aqui, o Senhor quer simplesmente mostrar a Arjuna o princípio de elevar o valor da ação elevando o nível da mente e permitindo que esta se eleve ao estado de consciência ilimitada em liberdade eterna.

Quando uma flecha vai ser disparada, o primeiro passo é puxá-la para trás no arco. Se, no entanto, na precipitação do momento, a flecha é lançada à frente sem antes ter sido puxada para trás na corda do arco, então o objetivo não será alcançado, o alvo não será atingido, a ação não terá força e o agente permanecerá irrealizado.

O Senhor diz que dignos de pena são aqueles que estão tão apressados para alcançar o fruto da ação que começam a agir sem a preparação adequada para tornar a ação eficaz. Eles não são dignos de pena porque almejam o fruto da ação, como muitos comentaristas incorretamente declaram, mas porque não conseguem realizar o fruto completo de sua ação. São dignos de pena porque não sabem fazer com que suas ações revertam em máximo resultado e tragam realização às suas aspirações.

São dignos de pena porque não se preocupam com a causa, somente com o efeito. Desta forma, perdem oportunidades de melhora e maiores ganhos. O intelecto é a origem ou causa da ação. Portanto, o Senhor diz: "Refugia-te no intelecto" e "muito longe do intelecto equilibrado, na verdade, está a ação desprovida de grandeza".

A não ser que sua mente seja recolhida e levada de volta ao estado absoluto do intelecto, os feitos do homem no mundo serão fracos, e é por isso que ele é considerado digno de pena. Digno de pena é aquele, diz a Bṛihadāraṇyaka Upanishad, que falha em comungar com a Consciência Divina interior. É digno de pena porque não é capaz de desfrutar do resultado pleno de suas ações, nem de superar a influência escravizante destas.

A ação é desempenhada no nível dos sentidos, mas tem sua origem no início do processo do pensar. O pensamento começa no nível mais profundo da mente; é apreciado no nível pensante, onde toma forma de um desejo; o desejo, por sua vez, se expressa na forma de ação. É por isso que o Senhor diz que o "intelecto equilibrado" e o campo da ação estão muito separados. Um está no nível da energia vital absoluta; o outro está em um nível de energia fraco e difuso, porque, à medida que o processo de manifestação de um pensamento se desenvolve em ação, a concentração de energia se torna mais fraca. Por isso o Senhor declara que são dignos de pena aqueles que se inclinam somente em direção à ação, em lugar de primeiro inclinar-se para um estado resoluto de intelecto, e depois à ação.

Aquele que pratica a Meditação Transcendental e se torna familiarizado com a Consciência Divina interior, verdadeiramente desfruta do melhor fruto da ação no mundo. Ao mesmo tempo, ele cresce mais e mais livre da escravidão e, finalmente, alcança a integração da vida.

Este é o propósito do ensinamento do Senhor Kṛishṇa: "Refugia-te no intelecto". Introduz o princípio ideal para a integração da vida e fornece uma técnica simples para sua realização.

O Senhor quer que Arjuna tenha uma convicção profunda e uma compreensão clara do relacionamento entre o estado de Yoga e a ação, e também entre o Yoga e o agente.

Verso 50

बुद्धियुक्तो जहातीह उभे सुकृतदुष्कृते
तस्माद्योगाय युज्यस्व योगः कर्मसु कौशलम्
Buddhiyukto jahātīha ubhe sukṛitadushkṛite
tasmād yogāya yujyaswa yogaḥ karmasu kaushalam

Aquele cujo intelecto está unido (com o Ser),
abandona tanto o bem quanto o mal mesmo aqui.
Portanto, devota-te ao Yoga. Yoga é habilidade na ação.

Aqui o Senhor põe em contraste as características opostas de Yoga e *Karma* (ação). Yoga é puxar a flecha para trás; *Karma* é lançá-la para a frente.

Aquele que tenta lançar a flecha sem antes puxá-la para trás no arco é conhecido como tendo um pobre senso de ação. Seu lançamento não será forte, e sua flecha não irá longe, porque não será lançada à frente com força. Sábios na habilidade da ação são aqueles que primeiro puxam a flecha para trás antes de lançá-la à frente.

À medida que a mente se torna estabelecida em Consciência Transcendental, o estado do Ser se torna infundido na própria natureza da mente, que assim adquire o status de inteligência cósmica. Saindo do estado transcendental de consciência, o homem readquire individualidade, em virtude da qual ele é capaz de agir no campo relativo da vida, só que agora ele age infundido com o Ser. Uma tal pessoa está tão naturalmente acima da influência do certo e errado quanto um rico homem de negócios está acima de perda e ganho.

Neste verso, o Senhor enfatiza que o efeito do Yoga é o de elevar o homem à sua verdadeira estatura de liberdade eterna em Consciência Divina, onde ele permanecerá sempre intocado pela influência da ação, seja ela boa ou má. Isto não significa que ele deveria ser privado dos bons e maus frutos de sua ação, mas porque é seu direito, ao desfrutar os frutos de sua ação, também desfrutar o estado de liberdade eterna.

Não é a ação ou seus frutos que escravizam um homem, pelo contrário, é a inabilidade em manter a liberdade que se torna um meio de escravidão. O Yoga remove esta inabilidade. É a glória do Yoga aumentar o poder tanto da ação quanto do agente, levando dignidade à vida em todos os seus aspectos.

A escravidão está certamente no campo da ação, mas ela não nasce da ação; ela nasce da fraqueza do agente. Quando um pequeno homem de negócios tem uma perda, sua mente é profundamente afetada por ela. Isto cria uma profunda impressão que, ao surgirem condições favoráveis, vem à superfície novamente como um desejo de ganhar. Uma impressão na mente é a semente do desejo que leva à ação. A ação por sua vez produz uma impressão na mente, e assim o ciclo de impressão, desejo e ação continua, mantendo o homem preso ao ciclo de causa e efeito, o ciclo de nascimento e morte. Isto é comumente chamado de influência escravizante da ação, a escravidão do *Karma*.

Quando o Senhor diz que Arjuna vai transcender a influência escravizante do certo e errado, Ele imediatamente torna claro que isto não será o resultado de inação, mas de "habilidade na ação".

O que é "habilidade na ação"? É a técnica de desempenhar uma ação de tal forma que todo o processo se torne fácil. A ação é completada com o mínimo esforço, deixando o autor descansado o bastante para desfrutar os frutos de sua ação, ao mesmo tempo que permanece intocado por sua influência escravizante. E não apenas isto, a ação é desempenhada rapidamente, de tal forma que o autor começa a desfrutar dos resultados imediatamente. A "habilidade na ação" não permite que nenhuma influência negativa externa impeça o desempenho da ação, nem que ela produza qualquer influência negativa sobre o autor ou sobre qualquer pessoa em qualquer parte; pelo contrário, a influência que ela cria é totalmente positiva.

O processo da ação, se é posto em prática com o que aqui é chamado "habilidade na ação", produz bons resultados em todas as direções, e permite ao autor retirar dela o máximo benefício. Ao mesmo tempo, ela não é capaz de produzir uma influência escravizante sobre ele. Isto porque a ação influencia o autor de tal maneira que seus frutos não deixam na mente uma impressão profunda o suficiente para formar a semente de uma ação futura. O autor permanece estabelecido no Ser, o Ser eterno, e para sempre desligado do campo da atividade.

VERSO 51

कर्मजं बुद्धियुक्ता हि फलं त्यक्त्वा मनीषिण:
जन्मबन्धविनिर्मुक्ता: पदं गच्छन्त्यनामयम्

Karmajaṁ buddhiyuktā hi phalaṁ tyaktwā manīshiṇaḥ
janmabandhavinirmuktāḥ padaṁ gachchhantyanāmayam

Os sábios, com seus intelectos verdadeiramente unidos com o Ser,
havendo renunciado aos frutos nascidos de suas ações
e estando liberados dos laços do nascimento,
alcançam um estado livre de sofrimento.

"Liberados dos laços do nascimento": o nascimento marca um estágio na longa estrada da evolução. Os nascimentos continuam, um após o outro, até que a meta da evolução é alcançada. A vida individual alcança seu mais alto estado de evolução quando se encontra estabelecida no nível da vida cósmica, no nível do Ser eterno e ilimitado.

Neste verso, Arjuna é levado a descobrir que ao estabelecer sua mente no Ser transcendental, ele se elevará a um estado separado e desligado da esfera da ação. O Senhor diz a ele que os sábios vivem em liberdade eterna e não são capturados pelo fruto da ação porque estão estabelecidos no Ser, que é naturalmente desligado da atividade. Plenamente estabelecidos na inteligência divina, eles quebram os grilhões da escravidão e são livres mesmo quando estão no campo da ação, porque eles estão sempre no estado de existência eterna e imutável do Ser absoluto.

Este é um maravilhoso caminho de iluminação. O Senhor pede a Arjuna para sair completamente do campo da ação: "Esteja sem os três *Guṇas*, ó Arjuna" (verso 45). Logo a seguir ordena que ele aja com plena força (verso 47). Então, combinando estes dois comandos, o Senhor diz para Arjuna agir permanecendo estabelecido na Consciência do Ser (versos 48-50). E neste verso, Ele demonstra que a ação deste tipo leva à Consciência Cósmica – liberação de todo sofrimento e escravidão durante o tempo de vida aqui na Terra. Arjuna recebe um caminho direto e sistemático para o mais alto estado de evolução humana.

O primeiro passo é levar a mente para o Transcendente. Por meio da Meditação Transcendental,[36] a atenção é levada da experiência grosseira para campos mais sutis de experiência até que a experiência mais sutil é transcendida, e adquire-se o estado de Consciência Transcendental. A marcha da mente nesta direção é tão simples ao ponto de ser automática; à medida que entra em uma experiência de natureza mais sutil, a mente sente cada vez mais encantamento, uma vez que ela está prosseguindo em direção à bem-aventurança absoluta. Quando a mente alcança Consciência Transcendental ela não continua mais a ser uma mente consciente; ela adquire o status de Ser absoluto. Este estado de Consciência Pura transcendental, também conhecido como Consciência do Ser, Autoconsciência, *Samādhi*, representa a completa infusão do Ser cósmico na mente individual.

Quando, após esta infusão, a mente retorna novamente ao campo da relatividade, então, sendo uma vez mais a mente individual, ela age ao estar estabelecida no Ser. Tal ação é chamada *Karma Yoga*; é por causa de *Karma Yoga* que o Ser transcendente é vivido no campo da atividade. E quando a plenitude completa do Ser começou a ser vivida no campo da atividade, o campo relativo da vida, então se adquire vida eterna, todo-abrangente, em liberdade absoluta. Isto é Consciência Cósmica, *Jīvan-mukti*. Este é o estado do qual o Senhor diz: "seus intelectos verdadeiramente unidos com o Ser".

Podemos dizer que há apenas um passo no caminho para este estado de Consciência Cósmica: um passo para fora do campo da ação, para o Transcendente, e de volta à ação novamente. Assim, vemos que o homem alcança sua máxima evolução permanecendo no plano onde ele já se encontra. Ele deve apenas ir a um campo que está fora da ação e novamente retornar a seu campo normal de

---

36 Veja Apêndice.

atividade. Mergulha-se no oceano, alcança-se o fundo, recolhe-se as pérolas, e sai-se da água para desfrutar o valor delas – toda a ação é realizada em um só mergulho. A técnica de mergulhar está apenas em tomar o ângulo correto e, então, seguir; alcançar o fundo e subir com as pérolas se segue automaticamente.

O que um buscador da Verdade deve fazer é apenas aprender como tomar o ângulo correto para o mergulho para o interior. Isto resultará muito naturalmente na Consciência do Ser, que por sua vez evolui para Consciência Cósmica da maneira mais natural; todo o processo vai por si mesmo.

O estado de Consciência Cósmica inclui a Consciência Transcendental assim como a consciência de ordem relativa; ele traz status cósmico à vida individual. Quando a consciência individual alcança o status de existência cósmica, então, apesar de todas as limitações superficiais da individualidade, o homem é sempre livre, não é limitado por qualquer aspecto de tempo, espaço ou causação, está sempre fora das limitações. Este estado de liberdade eterna, cujo princípio foi descrito aqui, é o resultado de se estabelecer a mente no estado de Consciência Transcendental.

O Senhor diz a Arjuna que quando ele se estabelecer na liberdade eterna da inteligência divina, sua vida se tornará naturalmente plena de significado. É por isso que ele não precisa mais procurar o significado de todas as palavras de sabedoria que ele possa ouvir ou já possa ter ouvido. O verso seguinte deixa isto claro.

Verso 52

यदा ते मोहकलिलं बुद्धिर्व्यतितरिष्यति
तदा गन्तासि निर्वेदं श्रोतव्यस्य श्रुतस्य च

Yadā te mohakalilaṁ buddhir vyatitarishyati
tadā gantāsi nirvedaṁ shrotavyasya shrutasya cha

Quando teu intelecto atravessar o lamaçal da ilusão,
então vais adquirir indiferença por aquilo que foi ouvido e
por aquilo que ainda está para ser ouvido.

Arjuna está amarrado naquilo que aprendeu sobre o certo e errado. Todo seu conhecimento das escrituras não foi suficiente para evitar que caísse em um estado de paralisação, ou de evitar que se tornasse inativo. Ele ainda é mantido em um estado de suspensão. E ele somente superará esta situação quando seu intelecto se elevar acima da dualidade e alcançar o campo da Consciência Transcendental Pura.

O estado de realização está além das limitações do pensamento, palavra e ação; uma vez alcançado, o indivíduo realmente se eleva acima das dúvidas e ilusões.

O Senhor está resumindo aqui tudo que ele disse a Arjuna até agora. Ele descreveu-lhe o verdadeiro estado de Yoga, um estado que satisfaz tanto o intelecto como o coração, pois, trazendo realização a ambos, não deixa lugar para dúvida ou insatisfação em seus domínios. Neste verso, a ênfase está na prática de se chegar à Consciência Transcendental e permitir que o intelecto adquira pureza. Isto significará a realização de toda a sabedoria da vida, daquilo que se ouviu no passado e do que vale a pena ser ouvido no futuro. "Aquilo que foi ouvido e ... aquilo que ainda está para ser ouvido" será suplantado pela experiência da Realidade, pois tudo que se ouve sobre a Verdade adquire realização em Sua experiência direta.

Este verso leva o homem a um nível de vida que é livre de problemas. Ele torna claro o estado no qual se vai "adquirir indiferença", e assim mostra o caminho para "abandonar o apego", como requerido no verso 48.

Verso 53

श्रुतिविप्रतिपन्ना ते यदा स्थास्यति निश्चला
समाधावचला बुद्धिस्तदा योगमवाप्स्यसि

Shrutivipratipannā te yadā sthāsyati nishchalā
samādhāvachalā buddhis tadā yogam avāpsyasi

Quando teu intelecto,
confuso com os textos Védicos,
permanecer inabalável,
firme no Ser, então alcançarás Yoga.

"Textos Védicos": se refere aos versos 42 a 44.

Os Vedas expõem a sabedoria do certo e errado em vários níveis de evolução. Eles revelam todo o campo da vida, deixando que o homem faça sua escolha em como proceder no caminho de sua evolução. Portanto, é bem possível que a mente influenciada pelo ensinamento Védico, encontrando um vasto campo de conhecimento à sua disposição, possa se tornar confusa. Mas, uma vez tendo recorrido à sua própria natureza, a mente permanece "inabalável". Neste estado resoluto, quando a mente transcende todo o campo da vida relativa, ela adquire Consciência do Ser, ou Consciência Pura; e quando este estado puro de consciência não mais se perde sob qualquer influência, então se alcança Yoga, ou habilidade na ação.

A sabedoria Védica abrange várias expressões da Realidade, vistas de diferentes ângulos e ensinadas por diferentes escolas de pensamento. Estas várias teorias existem para satisfazer os diferentes níveis de compreensão humana, sendo o propósito dos Vedas iluminar pessoas de todos os tipos.

Quando se vê as diferentes perspectivas na Literatura Védica, pode-se ficar confuso pelas diferenças de opinião acerca do caminho da realização. Mas quando a mente vem a *Samādhi*, ou Consciência Transcendental, se atinge a meta de todos os caminhos. Este estado resoluto da mente em realização é completamente claro, livre de qualquer confusão sobre o caminho que leva a ele.

Vista do centro da Realidade, toda a circunferência da vida é completamente harmoniosa, pois quando o centro é encontrado, se torna claro que todos os inúmeros raios partem da circunferência e convergem para um único ponto. Se o centro não é encontrado, então os vários raios serão vistos como separados uns dos outros, sem nenhum ponto de encontro comum. É por isso que o Senhor enfatiza a importância da experiência direta de *Samādhi*, Consciência Pura. Somente ela pode dispersar as incertezas da mente.

O propósito deste verso é fortalecer o ensinamento dado pelo Senhor no verso 45; de forma alguma visa refutar a validade do conhecimento contido nos textos Védicos, sem o qual a satisfação intelectual não seria possível. O conhecimento das escrituras se torna significativo quando a Realidade foi diretamente experimentada.

Aqui, Yoga significa "habilidade na ação", como foi definido no verso 50. O Senhor deixa muito claro a Arjuna, que a não ser que sua mente chegue primeiro à Consciência Transcendental, e que seu intelecto esteja inabalavelmente estabelecido neste estado de Consciência Pura, isto é, a não ser que a Consciência Cósmica seja alcançada, ele não pode obter Yoga, ou habilidade na ação.

No próximo verso, Arjuna faz uma pergunta muito prática para melhor entender como a Consciência Transcendental é compatível com a ação e como dá lugar à habilidade na ação.

Verso 54

अर्जुन उवाच
स्थितप्रज्ञस्य का भाषा समाधिस्थस्य केशव
स्थितधीः किं प्रभाषेत किमासीत व्रजेत किम्

Arjuna uvācha
Sthitapragyasya kā bhāshā samādhisthasya Keshava
sthitadhīḥ kiṁ prabhāsheta kim āsīta vrajeta kim

Arjuna disse:
Quais são os sinais de um homem cujo intelecto é estável,
que está absorvido no Ser, ó Keshava?
Como fala o homem de intelecto estável,
como ele se senta, como caminha?

A pergunta de Arjuna mostra que até agora a exposição foi claramente entendida por ele, e que sua mente está sintonizada com o pensamento do Senhor Kṛishṇa.

"Keshava": aquele que tem cabelos longos, Senhor Kṛishṇa. Quando Arjuna pergunta sobre o "sinal" externo de um homem de intelecto estável, ele se dirige ao Senhor Kṛishṇa chamando-O por um nome que se refere à Sua aparência externa. Arjuna quer conhecer as características que distinguem um homem de intelecto estável, tanto quando está profundamente dentro de si mesmo, retirado da atividade, como quando está ativo.

Há dois modos de vida: o de um chefe de família e o de um recluso. *Karma Yoga* é o caminho do chefe de família; enquanto Sāṁkhya, o caminho do conhecimento, é para o recluso. Os dois tipos de homem alcançam o estado do intelecto estável, e tendo-o atingido, se elevam acima das limitações da vida e da sociedade. Suas vidas apresentam uma síntese das existências individual e cósmica. A liberdade que eles vivem e a visão universal que eles têm inspiram a sociedade a qual pertencem. Suas vidas são uma expressão daqueles valores mais elevados que são a fundação dos valores sociais de todos os tempos. Onde quer que estejam, ocupados no campo dos negócios, ou silenciosos em uma caverna dos Himalaias, eles são a luz guia da raça humana. Arjuna pede por alguns sinais, algumas marcas características destas almas. Sendo um homem prático, ele quer saber quais os sinais externos de uma vida em realização interior.

A pergunta mostra que sua mente está agora mais clara do que estava no início deste capítulo, quando ele não conseguia pensar de forma decisiva. Ela também é indicadora do poder do ensinamento de Sāṁkhya e Yoga em esclarecer a mente do homem e elevar sua consciência.

Arjuna estava ouvindo Senhor Kṛishṇa silenciosamente. Um discurso de quarenta e três versos (11 a 53) transformou seu estado de suspensão em pensamentos de natureza concreta. Sua mente, não mais ocupada com pensamentos tristes, se eleva agora para perguntar sobre o aspecto prático do estado integrado de vida. E esta transformação ocorreu em um período de 5 a 10 minutos, o tempo necessário para expressar estes versos.

Sua pergunta é respondida nos dezoito versos seguintes, que apresentam as características dos homens realizados, que adquiriram um intelecto estável, seja por renunciar à ação pelo conhecimento de Sāṁkhya, ou por meio de *Karma Yoga*.

VERSO 55

श्रीभगवानुवाच
प्रजहाति यदा कामान्सर्वान्पार्थ मनोगतान्
आत्मन्येवात्मना तुष्टः स्थितप्रज्ञस्तदोच्यते

Shrī Bhagavān uvācha
Prajahāti yadā kāmān sarvān Pārtha manogatān
Ātmanyevātmanā tushtaḥ sthitapragyas tadochyate

O Abençoado Senhor disse:
Quando um homem abandona completamente todos
os desejos que penetraram (profundo) na mente,
ó Pārtha, quando ele está satisfeito no Ser,
por meio do Ser somente,
então ele é considerado de intelecto estável.

Aqui Senhor Kṛishṇa se dirige a Arjuna como "Pārtha". Isto é para manter a onda de amor criada pelo uso da mesma palavra quando Ele se dirigiu a Arjuna pela primeira vez no campo de batalha. Agora que o Senhor percebe que a mente de Arjuna está pensando em um nível mais prático, Ele continua querendo que as qualidades do coração de Arjuna permaneçam no seu mais elevado nível, e não sejam ensombrecidas pelas qualidades da mente.

Este verso apresenta o "intelecto estável" no estado de *Samādhi*, ou Consciência Transcendental, e também no estado de *Nitya-samādhi*, ou Consciência Cósmica; em ambos os casos, a mente adquire aquele estado no qual ela "abandona completamente todos os desejos que penetraram (profundo) na mente".

Quando, por meio da prática da Meditação Transcendental, a mente adquire Consciência Transcendental, ela está completamente fora do campo dos desejos. Este é o "intelecto estável" no estado de *Samādhi*.

Então, como o "intelecto estável" é mantido em *Nitya-samādhi*, quando a mente, estabelecida em Consciência Pura, continua ocupada no campo da ação? Uma vez que neste estado a mente foi transformada em Consciência de Bem-Aventurança, o Ser é permanentemente vivido como separado da atividade. Então, o homem descobre que seu Ser é diferente da mente que está envolvida em pensamentos e desejos. A sua experiência agora é que a mente, que tinha estado identificada com os desejos, está identificada principalmente com o Ser. Ele experimenta os desejos da mente como uma coisa fora dele, enquanto antes ele estava acostumado a se experimentar como completamente envolvido com os desejos. Na superfície da mente os desejos certamente continuam, mas profundamente dentro dela eles não existem mais, pois os níveis mais profundos da mente são transformados na natureza do Ser. Todos os desejos que estavam presentes na mente foram como que jogados para cima – foram para a superfície, e dentro da mente o intelecto mais refinado adquire um status inabalável, imóvel. "*Pragyā*"[37] está ancorado a "*Kūtastha*".[38] Este é o "intelecto estável" no estado de *Nitya-samādhi*, Consciência Cósmica.

Assim, o intelecto indeciso adquire uma base muito estável, e como resultado, o campo da atividade é conduzido com grande eficiência. É completamente errado pensar que alguém que adquiriu este estado permanece mergulhado na inércia e não se envolve na ação. Este estado de vida é tal que mantém a liberdade do Ser interior, mantendo-O não-envolvido com a atividade, e ao mesmo tempo lidando com todas as ações de forma eficiente e bem-sucedida.

A palavra "quando" é muito importante. Ela indica que o indivíduo é considerado de "intelecto estável" somente quando adquiriu Consciência Transcendental, o estado de separação da atividade; ou quando adquiriu Consciência Cósmica, o estado onde naturalmente se mantém a Consciência do Ser, mesmo junto com a consciência dos estados de vigília, sonho ou sono, e onde o Ser permanece não-ensombrecido por qualquer que seja a experiência.

É errado concluir que este estado de "intelecto estável" somente pode ser atingido por um recluso, que deixou de lado todos os desejos terrenos. Ele pode ser adquirido por qualquer pessoa por meio da prática da Meditação Transcendental.[39]

---

37 *Pragyā*: intelecto.

38 *Kūtastha*: o Imutável, firme como uma rocha. Veja VI, 8.

39 Veja Apêndice.

O modo de vida recluso não produz necessariamente uma condição em que "um homem abandona completamente todos os desejos que penetraram (profundo) na mente". O estado descrito por esta frase não tem nada a ver com qualquer modo particular de vida. O Senhor Kṛishṇa está claramente se referindo a um estado no qual o indivíduo está livre de desejos e "satisfeito no Ser". E ele é facilmente alcançado por qualquer um que saiba como meditar e transcender a relatividade, seja ele recluso ou chefe de família, medite em um palácio ou em uma caverna.

Shankara, o grande expoente da filosofia da vida integrada, diz em seu comentário deste verso: "Pela experiência direta do néctar de bem-aventurança da Realidade transcendental, o intelecto estável se mantém absolutamente sem nada além de si mesmo".[40] E novamente, ele define o homem de intelecto estável com as seguintes palavras: "Aquele, cujo intelecto, nascido da percepção da distinção entre o fundamental e o não-fundamental, está estabelecido; ele é um homem de intelecto estável".[41] A compreensão intelectual adquirida pela análise dos aspectos "fundamental" e "não-fundamental", assim como pela discriminação entre eles, não produz o estado de intelecto estável. Estas práticas, permanecendo no nível do pensamento, podem no máximo criar disposições mentais; elas certamente não produzem o estado mental chamado "intelecto estável". Este só surge como resultado da experiência direta da Consciência Pura, em um nível de clareza tal, que a diferença entre o "fundamental" e o "não-fundamental" é claramente cognizada e também apreciada no nível intelectual.

Assim, Shankara afirma claramente que este estado de intelecto estável é produzido pela prática de transcender a relatividade, como expressado no verso 45, e não por meramente alimentar palavras sobre ele, ou por meramente tentar entendê-lo. O processo da

---

40 *"Paramārtha-darshana-amṛita-rasa-lābhena anyāsmād alaṁ-pratyayavān sthitapragyaḥ".*

41 *"Sthitā pratishthitā ātmānātma-vivekajā pragyā yasya saḥ sthitapragyaḥ".*

experiência é muito diferente da discriminação intelectual da Realidade e da não-Realidade.[42]

Isto deveria ser suficiente para remover o erro de compreensão criado pelos comentaristas ou tradutores da Bhagavad-Gītā que sustentam que o estado de intelecto estável somente pode ser alcançado pelos reclusos, uma visão responsável pela decadência espiritual na sociedade moderna. Infelizmente, a própria visão de Shankara foi deturpada por comentaristas que se encarregaram de propagar sua filosofia. Eles parecem ter perdido a parte principal da vida espiritual – a Consciência Transcendental e o caminho direto para sua realização. Como resultado, tudo aquilo que tinha como objetivo esclarecer o processo de transcender passou a ser visto como parte do caminho da renúncia e atribuído ao modo de vida recluso. Esta falta de visão do princípio situou o centro da vida espiritual na ordem dos reclusos, privando assim os chefes de família dos benefícios da espiritualidade, e deixando a humanidade inteira deslocada.

Este verso não registra nenhum sinal exterior do homem cujo intelecto é estável e que está estabelecido no Ser, pois não pode haver nenhum sinal externo para mostrar que um homem está profundamente absorvido em si mesmo. Não se pode julgar o estado interior de tal homem por sinais externos. Não se pode dizer que ele se senta desta ou daquela maneira, ou que fecha os olhos de uma maneira específica. Nenhum destes sinais externos pode servir como critérios deste estado.

Um homem pode se sentar em qualquer postura e mergulhar profundamente em si mesmo e estar em Consciência de Bem-Aventurança. Pode-se dizer que quando alguém entra em *Samādhi*, seu rosto fica sereno e mais brilhante, mas isto não é algo que pode ser medido por qualquer padrão fixo. Por esta razão o Senhor não entra em nenhuma descrição assim. Os sinais aqui relatados são apenas subjetivos. Eles se referem à condição interna da mente, como indicado por "abandona... todos os desejos" e "está satisfeito no Ser".

Este verso traz à luz a base do intelecto estável: a percepção do Ser como realidade em Consciência Transcendental ou em

42 Veja verso 40, comentário.

Consciência Cósmica. O verso seguinte apresenta a natureza do homem que adquiriu intelecto estável. O verso 57 descreve a natureza dos meios pelos quais ele age no estado de intelecto estável: desapego. O verso 58 explica a natureza de sua atividade neste estado: seus sentidos encontram-se retirados de seus objetos. Finalmente, o verso 59 indica a influência do Invisível no intelecto estável.[43] Ele mostra que os sentidos são não apenas retirados de seus objetos, mas mesmo o gosto pelos objetos desaparece quando o Supremo Se revela a eles em Sua ilimitada grandeza – quando o Supremo vem a ser vivido no nível sensorial da existência. Tomados juntos, estes cinco versos revelam as características essenciais do "intelecto estável".

Verso 56

दुः खेष्वनुद्विग्नमनाः सुखेषु विगतस्पृहः
वीतरागभयक्रोधः स्थितधीर्मुनिरुच्यते

Duḥkheshwanudwignamanāḥ sukheshu vigataspṛihaḥ
vītarāgabhayakrodhaḥ sthitadhīr muniruchyate

Aquele cuja mente é inabalável em meio a pesares,
que entre prazeres permanece livre de desejo,
para quem apego, medo e ira partiram,
ele é considerado um sábio de intelecto estável.

"Um sábio" (*Muni*) é definido neste verso.

O Senhor começa a responder a pergunta de Arjuna sobre o homem de intelecto estável que mantém naturalmente o equilíbrio da mente enquanto continua a agir no campo da existência relativa. O verso não apresenta nenhum sinal de natureza objetiva, mas descreve o aspecto subjetivo de um homem de intelecto estável.

Assim como um milionário que tem uma grande fortuna permanece não-afetado pela subida ou descida do mercado, da mesma

---

43 A base, o agente, o meio, a atividade e a Providência são os cinco fatores para a realização de qualquer ação, assim é apresentado em XVIII, 14.

forma a mente que adquiriu o estado de Consciência de Bem-Aventurança por meio da Meditação Transcendental permanece naturalmente satisfeita ao sair do estado transcendental para o campo da atividade. Esta satisfação, estando estabelecida na própria natureza da mente, não permite que ela vacile e seja afetada por prazer ou dor, nem por apego ou medo no mundo. Esta equanimidade natural da mente, mesmo quando ela está ativamente engajada, é o estado de intelecto estável.

"Pesares" surgem na mente por meio do desejo de compreender. Quando se compreende apenas um pouco sobre a vida, e não tudo, sem a visão da extensão total da vida, então se sente pesar. Mas o homem que compreende tanto a fase eterna e imutável da vida, quanto a natureza sem fim do ciclo sempre-mutável da vida e morte, reconhecerá a natureza efêmera do pesar e não será sobrepujado por ele.

O sentimento de pesar no coração, diferentemente daquele na mente, é devido à falta de realização, falta de amor, falta de felicidade. Aquele que pratica a Meditação Transcendental experimenta a bem-aventurança que preenche o coração e traz satisfação eterna, o que não deixa lugar para nenhuma emoção negativa, para pesar, depressão, medo ou coisas assim. Tampouco deixa lugar para ondas de alegria ou outras emoções positivas, porque o coração é pleno e satisfeito por natureza. É como o coração de um homem adulto, que não se afeta com os brinquedos que criam grandes emoções nos corações das crianças.

A experiência da Consciência Transcendental eleva a consciência do homem a um nível onde ele encontra seu Ser completamente separado de toda atividade, e naturalmente seus valores mudarão. Os valores da vida são diferentes em diferentes níveis de evolução. É por isso que, quando o comportamento normal de um homem de intelecto estável, estabelecido no nível da Consciência Divina, é visto do nível comum de consciência humana, parece ser diferente e mais que normal – inabalável por prazer e dor, medo e ira.

A base deste estado desapegado de vida é explicado no verso seguinte.

Verso 57

यः सर्वत्रानभिस्नेहस्तत्तत्प्राप्य शुभाशुभम्
नाभिनन्दति न द्वेष्टि तस्य प्रज्ञा प्रतिष्ठिता

Yaḥ sarvatrānabhisnehas tat tat prāpya shubhāshubham
nābhinandati na dweshti tasya pragyā pratishthitā

Aquele que não tem apego excessivo por nada,
que não exulta nem se retrai em obter
o que é bom ou mau, seu intelecto está estabelecido.

O homem cuja mente está estabelecida na Unidade da Consciência de Bem-Aventurança sabe, por experiência, que seu Ser é separado de toda atividade. Ele age no campo da relatividade, mas a experiência não é capaz de criar qualquer impressão profunda. É por isso que ele é naturalmente coerente na sua postura e no seu comportamento com os outros, mesmo quando experimenta a natureza diversificada do mundo.

Muitos comentaristas destes versos têm introduzido a ideia de que para alcançar o estado de intelecto estabelecido, deve-se tentar ser indiferente e desapegado. Mas no campo do comportamento e da experiência, o esforço em tentar ser indiferente e desapegado, ou em tentar manter uma atitude de equanimidade no prazer e na dor, somente introduz tensão desnecessária e não-natural na mente, o que resulta no desenvolvimento de um estado não-natural e deformado da personalidade interior. Este tipo de prática, em nome do crescimento espiritual, tem ajudado a trazer letargia, artificialidade e tensão à vida; tem roubado o brilho de muitos gênios em cada geração por séculos no passado. Como consequência, desenvolveu-se uma espécie de receio da vida espiritual nos níveis inteligentes da sociedade no mundo inteiro, a ponto das pessoas jovens e energéticas de hoje acharem embaraçoso até mesmo falar sobre práticas espirituais.

Em sua resposta à pergunta de Arjuna, o Senhor quer fazê-lo compreender que, por meio da prática da Meditação Transcendental, a mente se torna infundida de inteligência divina e bem-aventurança. Daí em diante, mesmo quando se age no mundo, o estado de equanimidade é mantido naturalmente.

Este verso nunca pode ser interpretado em termos de criação de um estado de espírito, ou de controle da mente em uma tentativa de se viver estabilidade intelectualmente. Ele revela que um homem de intelecto estável é não-apegado por natureza.

Infelizmente, alguns intérpretes apresentaram a verdade deste verso de forma tão errada ao ponto de desaprovarem até mesmo desfrutar de uma flor em pleno desabrochar ou rejeitar uma flor murcha. E essa forma de tornar a vida fria e sem coração tem sido recomendada como um caminho para adquirir intelecto estabelecido. Que crueldade para a vida!

É um erro copiar o comportamento de um homem realizado, enquanto se está no estado irrealizado. Se um homem pobre se apresenta com as características de um homem rico e tenta se comportar como ele, isso só pode resultar em tensão. Ao copiar superficialmente o comportamento de um homem rico, ele não se torna rico. Da mesma forma, o comportamento de um homem de intelecto estável não oferece nenhum padrão para aquele cujo intelecto não é estável. Se ele tentar tomar esse caminho, sua vida ficará fria, privada das qualidades do coração e da mente. Este tem sido o destino de muitos sinceros buscadores da Verdade através dos tempos. Interpretações erradas de versos como este, encontrados em quase todas as escrituras, são responsáveis pelo pouco desenvolvimento espiritual de inúmeras gerações.

Não se deve esquecer que existem dois caminhos de vida, o do chefe de família e o do recluso. Homens de ambos os caminhos, que meditam e chegam ao estado de intelecto estável, continuarão vivendo em seus respectivos estilos de vida. O chefe de família continua a agir no mundo, habituado por natureza ao campo da atividade, com toda a diversidade da existência fenomenal. Já o recluso continua no seu desligamento das atividades mundanas. O estado de intelecto estável simplesmente traz realização a eles. Eles se elevam acima do apego e desapego, encontrando suas vidas no nível da eternidade, irrestritas por qualquer limitação de tempo, espaço e causação, muito além dos limites de qualquer obrigação ou vínculo social. A vida deles é uma vida de Consciência Cósmica. Eles estão além das distinções de dia e noite: acordados ou dormindo, eles estão estabelecidos na unidade da inteligência e bem-aventurança divinas. Este mundo de alegrias e tristezas, de grandes empreendimentos e ambições humanas, é para eles como um mundo de bonecas e brinquedos, com os quais as crianças brincam e se entretêm. Os brinquedos são uma fonte de grande excitação para as crianças, mas os adultos permanecem indiferentes a eles. O homem de intelecto estabelecido permanece estável e não se entusiasma nem se retrai em "obter o que é bom ou mau".

"Não tem apego excessivo" significa que não está muito apegado emocionalmente. Mas isto não implica que o homem de intelecto estabelecido é frio e sem calor no coração. Muito pelo contrário, somente ele é um homem de coração pleno. Ele é um oceano ilimitado de amor e felicidade. Seu amor e sua felicidade fluem e transbordam para todos de igual maneira; é por isso que ele não tem "apego excessivo por nada".

Pode-se afirmar que a natureza inabalável e imparcial de um homem de intelecto estabelecido, descrita no verso anterior, está baseada no princípio do desapego, como ensinado neste verso. Este desapego se desenvolve naturalmente com o crescimento da percepção do Ser como separado da atividade. Este mesmo estado natural de desapego está na base da atividade no estado de intelecto estável, mesmo quando os sentidos permanecem "retirados" de seus objetos, como visto no verso seguinte.

Verso 58

यदा संहरते चायं कूर्मोऽङ्गानीव सर्वशः
इन्द्रियाणीन्द्रियार्थेभ्यस्तस्य प्रज्ञा प्रतिष्ठिता

Yadā saṁharate chāyaṁ kūrmo 'ngānīva sarvashaḥ
indriyāṇīndriyārthebhyas tasya pragyā pratishthitā

E quando um tal homem
retira seus sentidos de seus objetos,
como uma tartaruga recolhe
seus membros de todos os lados,
seu intelecto está estabelecido.

Este verso retrata o estado dos sentidos daquele que tem intelecto estabelecido, fazendo uma comparação com os membros recolhidos da tartaruga, que vista de fora, não parece ter mais membros. Com este exemplo, o Senhor também mostra que não é possível expressar corretamente os sinais externos ou as marcas características do homem de intelecto estabelecido. Mas pelo menos uma coisa está clara – seus sentidos são recolhidos, eles não se voltam para fora.

Pode parecer que o homem de intelecto estável, ao qual este verso se refere, pode ser apenas aquele que está no estado de Consciência Transcendental, pois somente neste estado os sentidos se retiram completamente de seus objetos. Mas "retira seus sentidos" não significa necessariamente que os sentidos não experimentam os objetos externos, como no estado de Consciência Transcendental. Os sentidos podem estar envolvidos com experiências externas e, ainda assim, não estarem completamente mergulhados nelas a ponto de transferirem à mente impressões suficientemente profundas para se tornarem a semente de desejos futuros. É muito importante entender o verso desta forma; caso contrário, o homem de intelecto estável ficaria para sempre fora do campo da atividade sensorial, o que é fisicamente impossível. O intelecto estabelecido tem de fato pouco a ver com a atividade ou não-atividade dos sentidos; sua base está no estado natural de desapego descrito no verso anterior. Está claro, portanto, que este verso não se refere apenas à Consciência Transcendental, mas também à Consciência Cósmica, onde é possível que os sentidos estejam em um estado de desapego mesmo enquanto estão ativos.

Aqui, o Senhor está enfatizando que no estado de intelecto estabelecido os sentidos, estando livres da atração pelos seus objetos, ficam como que retirados dos objetos. Quando a mente está identificada principalmente com o Ser interior, os sentidos não se identificam com seus objetos. Além disso, o verso seguinte mostra que quando os sentidos ficam expostos à grandeza ilimitada do Supremo, perdem até mesmo o gosto pelos seus objetos. Assim fica claro que, quando o Ser transcendental preenche a mente e começa a ser vivido no nível sensorial, o intelecto está estabelecido.

Este é um estado muito diferente da mera não-indulgência dos sentidos, o que certamente não é um critério perfeito do intelecto estabelecido. Um homem que, por alguma circunstância, não desfruta os objetos dos sentidos, pode parecer como uma tartaruga com os membros recolhidos, apesar da mente poder estar ativa internamente, silenciosamente absorvida no pensamento das alegrias dos sentidos. Tal estado da mente não é obviamente o estado resoluto; não é o intelecto estabelecido.

O princípio apresentado aqui independe do fato dos sentidos estarem ou não ativos. Ele revela a condição interna de desapego, no nível sensorial, no estado de intelecto estabelecido.

VERSO 59

विषया विनिवर्तन्ते निराहारस्य देहिन:
रसवर्जं रसोऽप्यस्य परं दृष्ट्वा निवर्तते

Vishayā vinivartante nirāhārasya dehinaḥ
rasavarjaṁ raso 'pyasya paraṁ dṛishtwā nivartate

Os objetos dos sentidos afastam-se
daquele que não se alimenta deles,
mas o gosto por eles persiste.
Ao ver o Supremo,
até mesmo este gosto deixa de existir.

"O gosto por eles persiste" significa que a mente continua a experimentar os objetos por meio dos níveis mais refinados dos sentidos. Distinguindo assim entre os campos superficiais e sutis da percepção sensorial, o Senhor quer dizer que no estado de intelecto estável até mesmo as faculdades mais refinadas dos sentidos permanecem desapegadas dos objetos.

Este verso apresenta um desafio a toda a filosofia do controle dos sentidos. Ele indica claramente que os sentidos não podem ser controlados do seu próprio nível.

No campo dos sentidos, os sentidos predominam. Eles puxam a mente em direção aos objetos dos sentidos, em direção às alegrias do mundo. Nenhum objeto dos sentidos, no entanto, é capaz de satisfazer a ânsia da mente por felicidade. Portanto, a mente está sempre vagueando no campo dos sentidos. Os sentidos só podem ser controlados quando o estado de intelecto estabelecido é adquirido e a mente deixa de vaguear.

É errado presumir que não se pode descobrir a Verdade a não ser que os sentidos sejam controlados. Aliás, o contrário é verdadeiro: de acordo com este verso, os sentidos só são completamente controlados com a luz da realização – somente quando o Ser transcendental vem a ser apreciado no nível dos sentidos.

As interpretações erradas deste e de outros versos têm levado muitos genuínos buscadores da Verdade a empreender práticas rigorosas e não-naturais para poder controlar os sentidos, desperdiçando assim suas vidas e não trazendo benefícios a si próprios nem aos outros. A maestria sobre os sentidos somente é adquirida por meio do estado de intelecto estabelecido, pois neste estado, onde o homem está estabelecido na percepção do Ser como separado da atividade, seu comportamento naturalmente não é afetado pela influência anteriormente dominadora dos sentidos. No final deste capítulo, o Senhor conclui que quando o comportamento no campo sensorial não perturba de nenhuma forma o estado de intelecto estabelecido, e o intelecto estabelecido se comporta como o mestre dos sentidos, o estado mais elevado da evolução humana foi atingido.

"Ao ver o Supremo": quando o intelecto vai além do campo dos três *Guṇas* e cogniza a Realidade transcendental, isto é, adquire Consciência Transcendental. Quando este estado de Consciência Transcendental é mantido mesmo enquanto os sentidos estão ativos, então se cria uma situação onde o Transcendente passa a ser vivido naturalmente no nível da percepção sensorial. E quando o Transcendente vem a ser apreciado no nível sensorial, então se pode dizer que o homem verdadeiramente adquiriu intelecto estabelecido.

VERSO 60

यततो ह्यपि कौन्तेय पुरुषस्य विपश्चित:
इन्द्रियाणि प्रमाथीनि हरन्ति प्रसभं मन:
Yatato hyapi Kaunteya purushasya vipashchitaḥ
indriyāṇi pramāthīni haranti prasabhaṁ manaḥ

Os turbulentos sentidos, ó filho de Kuntī,
arrebatam à força até mesmo
a mente de um homem perspicaz,
que se esforça (em controlá-los).

Aqui o Senhor descreve para Arjuna a natureza dos sentidos. Sendo os instrumentos que permitem que a mente desfrute da glória da diversidade da criação, eles são por dever obrigados a atraí-la na direção de objetos de prazer. O propósito principal deles é o de trazer a maior felicidade possível à mente. E continuarão a fazê-lo enquanto a mente não se tornar eternamente satisfeita na bem-aventurança do Absoluto.

No verso seguinte é descrito como fazer o melhor uso dos sentidos para poder chegar à experiência da bem-aventurança eterna.

VERSO 61

तानि सर्वाणि संयम्य युक्तआसीत मत्पर:
वशे हि यस्येन्द्रियाणि तस्य प्रज्ञा प्रतिष्ठिता
Tāni sarvāṇi saṁyamya yukta āsīta matparaḥ
vashe hi yasyendriyāṇi tasya pragyā pratishthitā

Havendo colocado todos eles sob controle,
que ele permaneça unido, vendo-Me como Supremo;
pois aquele cujos sentidos estão subjugados
tem seu intelecto estabelecido.

O verso anterior explicou a natureza dos sentidos e sua influência dominadora na mente, enquanto que os versos que se seguem retratam os perigos que resultam da entrega a eles quando o nível do Transcendente não é mantido. Neste verso, o Senhor mantém a esperança, ao mostrar que é possível controlar os sentidos e que "aquele cujos sentidos estão subjugados tem seu intelecto estabelecido".

O Senhor diz: "Havendo colocado todos eles sob controle, que ele permaneça unido, vendo-Me como Supremo". Isto abre um caminho, pois quando a atenção foi levada ao Transcendente, cessa a atividade dos sentidos, e eles automaticamente são controlados. Neste estado de vida, diz o Senhor, "que ele permaneça unido, vendo-Me como Supremo".

A técnica de colocá-los "todos" sob controle, é a de engajar qualquer um dos sentidos em trazer crescente felicidade para a mente no caminho da transcendência – isto é, começar a prática da Meditação Transcendental. Neste processo, a mente, utilizando um sentido específico para passar através dos níveis mais refinados da experiência e, transcendendo a experiência mais sutil, também transcende o campo deste sentido e os campos de todos os sentidos. Ganhando Consciência de Bem-Aventurança desta forma, a mente automaticamente adquire controle sobre todos os sentidos.

"Que ele permaneça unido, vendo-Me como Supremo": o homem que permanece unido é aquele cujo ser está unido com o Ser, apesar de estar envolvido na ação. Por meio da prática repetida da Meditação Transcendental, ele realizou o Ser em tal plenitude que nenhuma atividade pode ensombrecê-Lo; isto é, ele realizou o Ser como separado da atividade. Tendo adquirido este estado, diz o Senhor, que ele o mantenha, e neste estado se devote a Mim, o Senhor de toda a criação, que preside sobre as fases absoluta e relativa da existência.

O ensinamento é que, tendo adquirido Consciência Cósmica, e tendo assim criado uma situação onde a mente e os sentidos naturalmente permanecem organizados, utilizando seu pleno potencial para realizar desejos que promovem o bem do mundo, o homem deve se devotar a Deus e deixar que o coração flua e transborde em amor por Ele, o grande Senhor de tudo. Somente para Ele pode uma vida em Consciência Cósmica se voltar; pois, sendo onipotente e onisciente, Ele ocupa uma posição mais elevada do que a vida em Consciência Cósmica. O propósito deste ensinamento de devoção a Deus naquele alto nível no qual o homem alcançou sua plena potencialidade é o de permitir que ele experimente as grandes ondas de bem-aventurança no oceano de Consciência Cósmica – que ele experimente esta plenitude de alegria de vida eterna que traz completa realização à sua existência.

Verso 62

ध्यायतो विषयान्पुंसः सङ्गस्तेषूपजायते
सङ्गात्संजायते कामः कामात्क्रोधोऽभिजायते

Dhyāyato vishayān puṁsaḥ sangas teshūpajāyate
sangāt saṁjāyate kāmaḥ kāmāt krodho 'bhijāyate

Pensando nos objetos dos sentidos,
o homem desenvolve apego por eles;
do apego surge o desejo, e o desejo dá lugar à ira.

Este verso retrata aquele que não se volta em direção ao Divino, mas em direção aos objetos dos sentidos. O Senhor mostra como um homem assim gradualmente se afunda mais e mais no lamaçal da ilusão até que ele perece.

O pensamento é uma grande força no homem. Ele se desenvolve em desejo, que por sua vez se traduz em ação, trazendo glória ou desgraça. A "ira" surge da fraqueza ou da falta de habilidade em satisfazer os próprios desejos, apesar de geralmente se atribuir a culpa aos obstáculos no caminho desta realização. E assim o desejo é considerado a causa direta da ira.[44]

---

44 Veja III, 37, comentário.

Verso 63

क्रोधाद्भवति संमोहः संमोहात्स्मृतिविभ्रमः
स्मृतिभ्रंशाद्बुद्धिनाशो बुद्धिनाशात्प्रणश्यति

Krodhād bhavati saṁmohaḥ saṁmohāt smṛitivibhramaḥ
smṛitibhraṁshād buddhināsho buddhināshāt praṇashyati

Da ira surge a ilusão; da ilusão a instabilidade da memória;
da instabilidade da memória a destruição do intelecto;
por meio da destruição do intelecto ele perece.

A ira excita a mente, que perde seu equilíbrio e seu poder de discriminação; perde a visão adequada e a previdência, e um correto senso de valores. Este estado de "ilusão" obscurece a sequência da memória, e assim o homem se sente como que desconectado do ritmo harmonioso da vida. A sabedoria falha, e o intelecto deixa de funcionar. O barco da vida é deixado sem ninguém no controle; e encontra o desastre como consequência lógica.

O intelecto é o aspecto mais refinado da natureza subjetiva do homem. Enquanto o intelecto estiver intacto, existe toda esperança do avanço e realização da vida. É por isso que o Senhor diz que a destruição do intelecto resulta na ruína do homem.

Verso 64

रागद्वेषवियुक्तैस्तु विषयानिन्द्रियैश्चरन्
आत्मवश्यैर्विधेयात्मा प्रसादमधिगच्छति

Rāgadweshaviyuktais tu vishayān indriyaish charan
ātmavashyair vidheyātmā prasādam adhigachchhati

Mas aquele que é autodisciplinado,
que se move entre os objetos dos sentidos
com os sentidos livres de apego e aversão,
e sob seu próprio controle, ele alcança a "graça".

"Graça" aqui significa deleite e totalidade, resultantes do estado de Consciência Pura.

Este verso contrasta com os dois anteriores. Tendo explicado a Arjuna o apuro daqueles que se entregam ao chamado do desejo sem possuir controle dos sentidos, o Senhor, neste verso, mostra a ele a recompensa adquirida pelo homem que se disciplina antes de se lançar na vida do mundo.

O Senhor explica aqui o status do homem integrado. Ele está estabelecido no Ser, e em virtude disto, mesmo quando age no campo dos sentidos e experimenta seus objetos, ele não se perde neles; mantendo seu status no Ser, de forma muito natural ele mantém a estabilidade da mente. Seu senso de valores é equilibrado. Agindo no mundo, ele não se perde nele. Está acima de apego e desapego, satisfeito em si mesmo, sem nada que o amarre.

Os resultados de se alcançar este estado de liberdade em bem-aventurança são descritos nos versos seguintes.

Verso 65

प्रसादे सर्वदुःखानां हानिरस्योपजायते
प्रसन्नचेतसो ह्याशु बुद्धिः पर्यवतिष्ठते

Prasāde sarvaduḥkhānāṁ hānir asyopajāyate
prasannachetaso hyāshu buddhiḥ paryavatishthate

Na "graça" nasce o fim de todos os seus pesares.
Na verdade, o intelecto do homem
de consciência elevada
logo se torna firmemente estabelecido.

A experiência da Consciência de Bem-Aventurança pura acaba com todo sofrimento. Preenchendo o coração com felicidade, ela traz tranquilidade perfeita à mente.

O princípio é que, se a liberdade do sofrimento, paz duradoura, saúde e plenitude são desejados, é necessário adquirir-se Consciência de Bem-Aventurança.

VERSO 66

नास्ति बुद्धिरयुक्तस्य न चायुक्तस्य भावना
न चाभावयतः शान्तिरशान्तस्य कुतः सुखम्
Nāsti buddhir ayuktasya na chāyuktasya bhāvanā
na chābhāvayataḥ shāntir ashāntasya kutaḥ sukham

Aquele que não está estabelecido não tem intelecto,
nem tem nenhum pensamento estável.
O homem sem pensamento estável não tem paz;
e para alguém sem paz,
como pode haver felicidade?

Aqui é revelada a glória do intelecto estabelecido. Quando a mente está estabelecida no Ser, então ela está sintonizada com a inteligência cósmica, e somente então ela tem o que o Senhor chama de "intelecto", a faculdade de discriminação. A não ser que se esteja em sintonia com a inteligência cósmica, não há sabedoria, estabilidade, paz ou felicidade no sentido real.

O verso também pode ser interpretado como indicador dos estágios através dos quais passa a mente mundana no caminho para a Consciência de Bem-Aventurança. Do jeito como a mente fica confusa no mundo, ela deve se tornar pacífica para poder ter um pensamento estável, que então se converge em um estado de total focalização chamado "intelecto", que então se torna estabelecido no Ser.

Quando, durante a meditação, a mente entra na experiência dos níveis mais sutis do pensamento, a cada passo ela fica mais recolhida, mais estável, e portanto se sente entrando em um campo de crescente encanto. Este processo culmina na felicidade absoluta do Transcendente.

Se a mente está mais estável, ela está em melhores condições de experimentar uma maior felicidade. Assim como o sol se reflete mais claramente numa superfície de água mais calma, uma mente mais calma recebe um reflexo mais claro da bem-aventurança onipresente do Ser absoluto. À medida que a mente sonda os campos mais refinados do pensar durante a meditação, simultaneamente o metabolismo se reduz. Isto estabelece o sistema nervoso em graus sempre crescentes de paz. Finalmente, quando todo o sistema nervoso chega a um estado de completa paz, ele reflete o Ser, e dá lugar à Consciência de Bem-Aventurança.

O estado de Consciência Transcendental não pode ser alcançado a não ser que o sistema nervoso esteja completamente em paz. Esta é a verdade revelada pelas palavras "para alguém sem paz, como pode haver felicidade?" A bem-aventurança já está lá; é necessário apenas acalmar o vaguear da mente.

Aqui surge uma questão. Se o vaguear da mente é devido à sua procura por felicidade, não se poderia dizer: a não ser que haja felicidade, como pode haver paz? Mas não; a expressão "a não ser que haja felicidade" é completamente errada; ela não poderia ter sido proferida pelo Senhor Kṛishṇa, pois não é verdadeira. Pois a bem-aventurança é onipresente e eterna, enquanto que a felicidade é a expressão do reflexo da bem-aventurança onipresente na mente. Estando a bem-aventurança absoluta sempre lá, a experiência da felicidade depende assim do grau de estabilidade da mente. Se a mente é mais recolhida, se está mais em paz, ela experimenta mais felicidade.

Durante a meditação, a mente, entrando nas fases mais sutis de um pensamento, se torna mais recolhida e mais em paz,[45] e é por esta razão que ela segue este caminho automaticamente. Esta verdade é expressada pelas Upanishads quando elas declaram que a felicidade varia em diferentes estados da criação, em diferentes níveis de evolução. À medida que a mente evolui para níveis mais elevados de consciência durante a meditação, ela experimenta graus crescentes de felicidade, até que chega à bem-aventurança absoluta no estado mais altamente evoluído de Consciência Transcendental Pura.

45 Veja verso 70.

Verso 67

इन्द्रियाणां हि चरतां यन्मनोऽनुविधीयते
तदस्य हरति प्रज्ञां वायुर्नावमिवाम्भसि

Indriyāṇāṁ hi charatāṁ yan mano 'nuvidhīyate
tad asya harati pragyāṁ vāyur nāvam ivāmbhasi

Quando a mente do homem é governada
por qualquer um dos vagueantes sentidos,
seu intelecto é carregado por ele,
como um barco é carregado pelo vento na água.

A mente por natureza anseia por maior felicidade. Vamos supor que ela está desfrutando uma experiência por meio de um sentido específico. Em sua ânsia por desfrutar o máximo que aquele sentido pode oferecer, ela se torna absorvida no processo de desfrutar, e nesta absorção localizada, ela perde o poder de discriminação, que é a principal faculdade do intelecto. É isto que o Senhor quer dizer quando fala que os sentidos roubam o intelecto do homem.

A mente está preparada para aceitar qualquer coisa que a possa tentar com a promessa de felicidade. Qualquer objeto dos sentidos que prometa felicidade é capaz de tomar posse da mente. Isto não é nenhum descrédito para a mente, pois sua natureza é desfrutar.

Se os sentidos atraem a mente para as alegrias dos seus objetos, isto da mesma forma não é nenhum descrédito para os sentidos. Eles são a maquinaria por meio da qual a mente desfruta e, como serventes prestativos, estão esperando para servir a mente.

Da mesma maneira como um barco é carregado pelo vento, a mente é completamente carregada pelos sentidos na direção exterior da criação superficial, a direção dos objetos dos sentidos. Ela perde o poder de concentração, pois viaja como num feixe de luz divergente, que é um caminho naturalmente oposto ao estado concentrado do intelecto.

O verso seguinte aconselha o controle sobre os sentidos por questão de segurança.

Verso 68

तस्माद्यस्य महाबाहो निगृहीतानि सर्वशः
इन्द्रियाणीन्द्रियार्थेभ्यस्तस्य प्रज्ञा प्रतिष्ठिता

Tasmād yasya Mahābāho nigṛihītāni sarvashaḥ
indriyāṇīndriyārthebhyas tasya pragyā pratishthitā

Portanto, aquele no qual todos os sentidos
estão retirados de seus objetos,
ó de braços poderosos,
seu intelecto está estabelecido.

Este verso, que é praticamente uma repetição do verso 58, apresenta a conclusão dos últimos seis versos. Ele dá a quintessência de todo o esquema de realização na vida, que é o de canalizar a mente para as regiões de experiência de mais bem-aventurança do que os campos superficiais normais da vida sensorial.

"Portanto" se refere novamente às palavras do verso 66: "para alguém sem paz, como pode haver felicidade?" Isto indica que caso se busque a felicidade, a paz deve ser criada, o sistema nervoso deve ser levado a um estado de alerta em repouso. Para que isto ocorra, a atividade dos sentidos deve cessar. É por isso que o Senhor diz: "no qual todos os sentidos estão retirados de seus objetos".

Este verso estabelece que os sentidos perdem seus relacionamentos com seus objetos quando o intelecto é resoluto, quando está estabelecido no Ser.

Os sentidos funcionam em diferentes níveis. No nível superficial, permitem que a mente desfrute dos aspectos exteriores de seus objetos. Funcionando em níveis sutis, eles permitem que a mente experimente os aspectos mais sutis dos objetos; e as alegrias que surgem desta experiência dos estados mais sutis dos objetos, são maiores do que aquelas que surgem de seus estados superficiais.

Quando, durante a meditação, a mente começa a experimentar os aspectos mais sutis de um pensamento, ela experimenta crescente encanto e, assim, é naturalmente atraída para a experiência do aspecto mais sutil do pensamento. A experiência deste estado mais refinado de todos do pensamento, que está no nível mais sutil da criação, oferece à mente a maior alegria possível no campo da relatividade, mas mesmo esta alegria não é permanente, não é de natureza absoluta.

Arjuna está sendo dirigido a levar sua mente a um estado além da maior alegria da relatividade, para que possa se libertar da dependência das alegrias transitórias e relativas da vida e se torne estabelecido na bem-aventurança do Absoluto. Para atingir esta bem-aventurança eterna, o Senhor pede que ele abandone completamente o campo da percepção sensorial, tanto o superficial quanto o sutil. Assim ele chegará ao intelecto estabelecido, ao intelecto estabelecido no Transcendente. Viver este princípio na vida diária é simples, pois se precisa apenas saber como permitir que a mente naturalmente saia do campo dos sentidos e alcance o estado do intelecto estabelecido.[46]

Assim, neste verso, o princípio que já foi explicado do ponto de vista da mente é apresentado do ângulo da percepção sensorial relativa.

O verso seguinte faz a distinção entre os campos da vida do iluminado e do ignorante.

Verso 69

या निशा सर्वभूतानां तस्यां जागर्ति संयमी
यस्यां जाग्रति भूतानि सा निशा पश्यतो मुने:

Yā nishā sarvabhūtānāṁ tasyāṁ jāgarti saṁyamī
yasyāṁ jāgrati bhūtāni sā nishā pashyato muneḥ

Aquilo que é noite para todos os seres, lá dentro
o autocontrolado está desperto.
Aquilo onde os seres estão despertos,
é noite para o sábio que vê.

"Sábio" (*Muni*): não necessariamente um recluso, mas sim um homem de calma, grande prudência e sabedoria.

---

46 Veja II, 45, comentário.

"Vê": significa vê a Verdade.

Aqui o Senhor mostra a Arjuna a diferença entre o estado do homem ignorante e a do homem realizado: um existe na escuridão, o outro na luz. Ou a noite de um é o dia do outro, pois o homem realizado está desperto na luz do Ser, enquanto o ignorante está desperto na luz dos sentidos. O homem realizado está desperto na luz da bem-aventurança absoluta, o ignorante na luz das alegrias relativas de natureza perecível.

O Senhor diz que a luz na qual o intelecto estabelecido se comporta não é percebida pelo ignorante, e a luz na qual o ignorante se comporta é vista como escuridão pelo iluminado.

Verso 70

आपूर्यमाणमचलप्रतिष्ठं
समुद्रमापः प्रविशन्ति यद्वत्
तद्वत्कामा यं प्रविशन्ति सर्वे
स शान्तिमाप्नोति न कामकामी

Āpūryamāṇam achalapratishthaṁ
samudram āpaḥ pravishanti yadvat
tadvat kāmā yaṁ pravishanti sarve
sa shāntim āpnoti na kāmakāmī

Aquele, no qual todos os desejos penetram
como as águas penetram o oceano sempre cheio e calmo,
ele atinge a paz; e não aquele que acalenta desejos.

Quando um homem se elevou a este estado duradouro de consciência, o estado onde seu Ser está desapegado e não é ensombrecido pelos estados relativos da vida – vigília, sonho e sono profundo, então seu estado é como o de um oceano sempre cheio e calmo. Sendo este o estado de bem-aventurança absoluta, é a meta de todos os desejos na vida.

Os desejos surgem de uma necessidade específica, de uma falta de felicidade; a mente está sempre buscando um campo de maior felicidade. Assim, os desejos estão sempre fluindo em direção à

Consciência de Bem-Aventurança eterna, como os rios fluem em direção ao oceano.

Uma vez que a Consciência de Bem-Aventurança é permanentemente adquirida, os desejos serviram seu propósito e, portanto, não surgem mais. Este é um estado de verdadeira satisfação, um estado de paz duradoura.

O Senhor diz que a paz duradoura nunca é alcançada por aquele que não está completo em si mesmo e que ainda deseja coisas do mundo. No entanto, isto não significa que para conseguir paz na vida o homem tenha que deixar de desejar e aspirar. São os desejos que levam o homem à maior felicidade e à realização – não o controle e aniquilação dos desejos, como tem sido amplamente defendido através dos tempos.

Este verso também tem sido erroneamente interpretado, resultando em um aumento de letargia e ineficiência, principalmente na vida dos jovens na Índia. A ênfase indevida posta no fatalismo se mostrou desastrosa para o bem-estar físico deles e para o progresso material da sociedade. Pensando que os desejos e as aspirações não levam à paz, as pessoas deixam de empreender e de abrir as portas do progresso. Isto é simplesmente uma compreensão incorreta do ensinamento do Senhor.

O verso mostra claramente a Arjuna que a Consciência do Ser do realizado é como um oceano, que aceitará qualquer fluxo de desejos e os satisfará sem ser afetado.

O oceano aceita o rio como ele vem e não se fecha para nenhuma corrente que nele entra, e ainda assim seu status não é afetado. Este é o estado do intelecto estabelecido, que não pode ser afetado por nada. É um estado de paz eterna.

O verso seguinte apresenta a técnica para manter este permanente estado de paz em meio à atividade.

Verso 71

विहाय कामान्यः सर्वान्पुमांश्चरति निःस्पृहः
निर्ममो निरहंकारः स शान्तिमधिगच्छति

Vihāya kāmān yaḥ sarvān pumāṁsh charati niḥspṛihaḥ
nirmamo nirahaṁkāraḥ sa shāntim adhigachchhati

Quando um homem age sem anseios,
havendo abandonado todos os desejos,
livre do sentido de "eu" e "meu", ele atinge a paz.

"Havendo abandonado todos os desejos" não significa que a mente não mais entretém quaisquer desejos, pois isto não seria possível para um ser vivo. Isto significa que o Ser foi percebido como desconectado da atividade, como foi esclarecido no comentário do verso 55. É muito natural que o estado de intelecto estabelecido não seja de nenhuma forma perturbado pela atividade, pois o homem neste estado age estando "livre do sentido de 'eu' e 'meu'". Ele adquiriu esta liberdade eterna na vida, onde o status de seu Ser não é afetado por nenhuma atividade. O verso seguinte traz mais luz a este ponto.

Ter "abandonado todos os desejos" significa ter adquirido Consciência Transcendental divina permanentemente. Isto acontece por meio da meditação.

Após a meditação, quando a mente volta infundida com a natureza transcendental divina, e o indivíduo age no mundo, esta ação é naturalmente livre da estreiteza da pequena individualidade, livre do acanhamento do apego egoísta que anteriormente o mantinha aprisionado. Tudo se move de acordo com o plano cósmico,[47] e apesar do ego individual continuar a funcionar, a ação é na verdade a inteligência divina trabalhando por intermédio do indivíduo que está vivendo uma existência cósmica.

Uma vida assim é uma expressão muito natural da inteligência cósmica no mundo. Ela representa o estado de liberdade eterna aqui

---

47 Veja Apêndice: Lei Cósmica (Lei Natural).

na Terra. Nada no mundo é capaz de ensombrecer ou perturbar este estado, porque ele inclui tudo que existe entre os dois extremos da vida – a natureza transcendental divina do Absoluto e a natureza humana na existência relativa.

VERSO 72

एषा ब्राह्मी स्थितिः पार्थ नैनां प्राप्य विमुह्यति
स्थित्वास्यामन्तकालेऽपि ब्रह्मनिर्वाणमृच्छति

Eshā brāhmī sthitiḥ Pārtha nāināṁ prāpya vimuhyati
sthitwāsyām antakāle 'pi Brahmanirvāṇam ṛichchhati

Este é o estado de *Brahman*, ó Pārtha.
Havendo-o alcançado, um homem não se ilude.
Estabelecido naquilo, mesmo no último momento,
ele alcança liberdade eterna em Consciência Divina.

O estado de vida descrito no verso anterior, diz o Senhor, é o estado de Consciência Cósmica. Para que um homem atinja este estado, é necessário que ele adquira estabilidade na Consciência do Ser em meio à atividade. Isto requer cultivar o sistema nervoso, a sede da consciência, de tal forma que ele se torne capaz de manter a Consciência do Ser, que é transcendental em sua natureza, juntamente com os estados de consciência de vigília, sonho e sono. O processo de refinar o sistema nervoso é um processo delicado, e leva seu tempo, dependendo de vários fatores da vida individual.

Quando a mente transcende durante a Meditação Transcendental, o metabolismo atinge seu ponto mais baixo; assim também ocorre com a respiração, e o sistema nervoso adquire um estado de alerta em repouso, que é o correspondente, no nível físico, ao estado de Consciência de Bem-Aventurança, ou Ser transcendental. Para que a consciência do estado de vigília possa ser mantida juntamente com a Consciência de Bem-Aventurança transcendental, é essencial que o sistema nervoso não perca este estado de alerta em repouso, que corresponde à Consciência de Bem-Aventurança. Ao mesmo tempo, o sistema nervoso deve manter uma taxa metabólica correspondente à atividade que está ocorrendo no estado de vigília.

Para que isto aconteça, é necessária a prática regular e contínua desta meditação que leva à Consciência Transcendental. Ela deve ser seguida de atividade, porque a atividade após a meditação traz uma infusão do Ser transcendental na natureza da mente, e por intermédio dela a todos os aspectos da vida do indivíduo no campo relativo. Com a prática constante da meditação, esta infusão continua a crescer, e quando ela está plenamente realizada, a Consciência Cósmica terá sido alcançada.

Uma vez que este estado é atingido, é impossível sair dele. Ele mantém a Consciência Transcendental intacta no campo de todos os estados relativos: vigília, sonho e sono profundo. Assim, no "estado de *Brahman*", o estado de vida eterna, a atividade ou o silêncio da existência relativa pertencem ao Ser absoluto.

Tendo alcançado este estado, a vida do homem é realmente a expressão da vida divina. A vida divina é encontrada na vida individual, o Ser absoluto no nível humano, liberdade eterna dentro das limitações da individualidade: tempo, espaço e causação. Seria errado estimar o estado de Consciência Cósmica em um homem por qualquer coisa que ele apresente no campo da ação, pois este estado aceita toda atividade, grande ou pequena, e ao mesmo tempo mantém completa quietude. Seu estado não pode, por princípio, ser julgado pelo que ele faz. Não existem sinais exteriores em um homem que se elevou a este estado de *Brahman*.

Aqueles buscadores da Verdade que aceitaram uma vida de renúncia, naturalmente continuam a se abster de todas as atividades da vida, mesmo quando alcançam Consciência Cósmica. Isto se deve ao hábito longamente estabelecido deles de não-indulgência na atividade. Da mesma forma, quando os homens do mundo, ativamente envolvidos em muitas fases da vida, atingem o estado de Consciência Cósmica por meio do Yoga, eles continuam a agir, principalmente pela força do hábito. Mas, envolvida na atividade, ou levando uma vida quieta, a alma evoluída a este estado cósmico está eternamente satisfeita.

Este estado é sempre o mesmo, esteja a mente ativa no estado de vigília ou de sonho, ou inativa em sono profundo. É um estado de liberação eterna durante a vida aqui na Terra. As palavras do Senhor "mesmo no último momento" oferecem uma firme garantia de que a realização do propósito da vida será alcançada por meio do ensinamento deste capítulo. Arjuna recebeu tudo o que precisava para ser capaz de se elevar à "liberdade eterna em Consciência Divina".

ॐ तत्सदिति श्रीमद्भगवद्गीतासूपनिषत्सु ब्रह्मविद्यायां योगशास्त्रे
श्रीकृष्णार्जुनसंवादे सांख्ययोगो नाम द्वितीयोऽध्यायः

Oṁ tat sad iti Shrīmad Bhagavadgītāsūpanishatsu
Brahmavidyāyāṁ Yogashāstre Shrīkṛishṇārjunasaṁvāde
Sāṁkhyayogo nāma dwitīyo 'dhyāyaḥ

Assim, na Upanishad da gloriosa Bhagavad-Gītā,
na Ciência do Absoluto, na Escritura do Yoga,
no diálogo entre Senhor Kṛishṇa e Arjuna,
termina o segundo capítulo, intitulado:
O Yoga do Conhecimento, Sāṁkhya Yoga.

Capítulo III

Uma Visão do Ensinamento no Capítulo III

Versos 1-4. A equanimidade, a base de todo o sucesso e salvação na vida, é adquirida e se torna permanente de duas formas: pelo caminho do conhecimento e pelo caminho da ação.

Versos 5-16. Ambos os caminhos cultivam a mente e reorientam o funcionamento dos sentidos. Pela prática de adquirir Consciência Transcendental e depois engajar-se na ação, a infusão do Ser na natureza da mente permite que ela mantenha equanimidade, e faz com que os sentidos espontaneamente desempenhem ações que são naturais e úteis para a evolução.

Versos 17-20. Quando, por meio da prática, a Consciência Transcendental se torna permanente, o propósito de toda ação é realizado. Neste estado de realização, a ação que é correta deve ser executada, porque ela traz perfeição à vida e o bem para o mundo.

Verso 21. Deve-se ter cuidado com as próprias ações, porque os outros seguem seu exemplo.

Versos 22-26. O Senhor da Criação, permanecendo Ele mesmo não-envolvido, está empenhado em constante atividade. Um homem que vive na Luz de Deus deve se engajar assim na ação, permanecendo ele mesmo não-envolvido, inspirando os outros a desempenhar seus deveres naturais.

Versos 27-29. Todas as ações são desempenhadas pelas forças da Natureza. Porém, por causa da ignorância, o homem toma para si a autoria das ações e se torna preso por elas. O homem iluminado conhece a verdade e desfruta a liberdade mesmo quando está engajado na atividade.

Versos 30-35. O homem iluminado deve ajudar a elevar a consciência do ignorante. A técnica para elevar a consciência é entregar toda a ação a Deus. O controle não realiza nada, porque tudo é elaborado de acordo com a Natureza. O critério da ação correta não é gostar ou desgostar, mas sim o dever natural.

Versos 36-43. A excitação que nasce do desejo e da ira é contrária à prática de adquirir equanimidade. A sede do desejo e da ira está nos sentidos, na mente, e no intelecto. Ao elevar sua consciência acima deles, e tornando-se estabelecido na Consciência Transcendental, o indivíduo torna-se capaz de espontaneamente desempenhar a ação correta no estado de liberdade. Quando a Consciência Transcendental se desenvolve até coexistir com o estado de consciência de vigília, então o estado interior sem problemas coexiste com o mundo exterior de problemas. O homem vive em liberdade, enquanto age no campo das limitações. Esta é a glória do caminho da ação.

O SEGUNDO CAPÍTULO apresentou *Brahma Vidyā* – a sabedoria da vida plena, a sabedoria do Absoluto e do relativo – em ambos os seus aspectos, teórico e prático. O aspecto teórico é chamado de sabedoria de Sāṁkhya; ele nos traz a *compreensão* dos campos relativo e absoluto da vida como separados um do outro. O aspecto prático se chama Yoga, e traz a *experiência direta* destes dois campos de vida separadamente.

A natureza desta experiência, adquirida por meio da prática do Yoga, e sua aplicação à vida no mundo, são reveladas neste terceiro capítulo. O objetivo é tornar permanente o estado de Consciência de Bem-Aventurança Absoluta, para que não se perca mesmo quando a mente está engajada na atividade do campo relativo. Somente isso pode dar experiência completa de vida, pois a vida é simultaneamente relativa e absoluta.

Este terceiro capítulo apresenta uma aplicação prática do segundo. Descreve detalhadamente o papel do "intelecto estabelecido" na vida prática, para que aqueles ocupados nas atividades do mundo tenham um caminho direto de evolução e libertação eterna. Seu ensinamento se aplica a todos, qualquer que seja sua vocação.

Este capítulo desenvolve o pensamento-semente contido nas três primeiras palavras do verso 48 do segundo capítulo: "*Yogasthaḥ kuru karmāṇi* – estabelecido em Yoga, desempenhe as ações". Esta doutrina de *Karma Yoga*, o Yoga da ação, é o tema principal do capítulo.

O *Karma* está no campo da diversidade, e Yoga é Unidade. Portanto, para entender *Karma Yoga*, deve-se estar familiarizado tanto com a Unidade da vida como com o campo da diversidade; somente estando familiarizado com ambos os campos pode-se compreender o elo entre eles. O ensinamento do terceiro capítulo é estruturado para alcançar isto. Mas é importante que o estudante de *Karma Yoga* se lembre que a compreensão intelectual do ensinamento deste capítulo, sem a experiência pessoal da verdadeira natureza da Unidade, nunca poderá oferecer os frutos de *Karma Yoga*. A técnica para contatar diretamente a Consciência Transcendental divina, como revelada no verso 45 do segundo capítulo, tem que ser praticada; somente com base nesta experiência pessoal é possível alcançar realização na vida por meio de *Karma Yoga*. Se é para se colocar em uso prático a sabedoria deste capítulo, a prática da Meditação Transcendental é essencial.

Verso 1

अर्जुन उवाच
ज्यायसी चेत्कर्मणस्ते मता बुद्धिर्जनार्दन
तत्किं कर्मणि घोरे मां नियोजयसि केशव

Arjuna uvācha
Jyāyasī chet karmaṇas te matā buddhir Janārdana
tat kiṁ karmaṇi ghore māṁ niyojayasi Keshava

Arjuna disse:
Se Vós considerais o conhecimento superior à ação,
ó Janārdana, porque me incitais
a esta terrível ação, ó Keshava?

A pergunta de Arjuna, que abre este capítulo, não indica que ele está confuso e que não tenha compreendido o conteúdo do discurso do Senhor Kṛishṇa, como muitos comentários frequentemente sugerem. Essas interpretações mostram a própria inabilidade dos comentaristas em seguir a sequência das palavras do Senhor. É evidente que eles não entenderam a adequação das perguntas de Arjuna em ajudar a elaborar o tema do Senhor. Suas perguntas representam os magníficos elos entre os ensinamentos que as precedem e aqueles que se seguem a elas na ordem ascendente do discurso do Senhor.

Uma análise detalhada do contexto revelará que as perguntas de Arjuna se apresentam de forma natural. Isto se deve não apenas à habilidade do ensinamento do Senhor e da presteza de Arjuna em segui-los, mas também à natureza do tema considerado. O ensinamento sobre a vida trata de muitos pontos, até mesmo pontos opostos entre si, pois trata dos ilimitados campos das fases absoluta e relativa da existência. Estes campos estão tão separados entre si, que em sua natureza essencial não há elo entre eles. No entanto, a mente pode servir como tal elo, pois é capaz de permanecer ao mesmo tempo em atividade e no estado do Ser absoluto. Mais ainda, ela utiliza a atividade como um meio para acabar com a atividade, e assim tornar possível o estado de Consciência Transcendental. Desta forma, o *Karma* se torna um meio para Yoga.

Assim são as fases aparentemente autocontraditórias do ensinamento sobre a vida, para as quais as perguntas de Arjuna chamam a atenção. É evidente, portanto, que suas perguntas são pertinentes e surgem de sua correta compreensão do discurso. A relevância das perguntas feitas pelo aluno revela o sucesso do ensinamento. O professor cria até mesmo a oportunidade para o aluno fazer cada pergunta, mantendo assim seu interesse e se assegurando de que este está seguindo a exposição apropriadamente. E quando o ensinamento avança desta maneira, por meio de perguntas e respostas, ele revela toda a sabedoria para o aluno.

"Se Vós considerais o conhecimento": para mergulhar profundamente na natureza da compreensão de Arjuna sobre o "conhecimento", é necessário analisar o ensinamento do segundo capítulo.

A vida tem dois aspectos, relativo e absoluto.[48] O aspecto relativo é perecível e o absoluto é imperecível. Para dar significado à vida, é necessário primeiro colocar o aspecto perecível em viva harmonia com o imperecível. Isto é alcançado por meio da ação de acordo com nosso *Dharma*,[49] que mantém a existência de tal forma que promove nossa própria evolução e a dos outros. Para estabelecer toda a corrente da vida fluindo naturalmente no curso ascendente do *Dharma*, é necessário cultivar o intelecto resoluto.[50] Isto vai assegurar que ambos os aspectos da vida do homem, perecível e imperecível, o corpo e o Ser, manterão naturalmente seus *Dharmas* e estarão em perfeita

48 Veja II, 11-38.
49 Veja II, 31.
50 Veja II, 41.

harmonia, o Ser permanecendo em Seu estado de liberdade eterna no Ser absoluto e a mente mantendo uma atividade que naturalmente estará em sintonia com o processo de evolução.

Para cultivar o intelecto resoluto, deve-se estar "sem os três *Guṇas*",[51] completamente fora do campo da atividade, estabelecido no estado transcendental do Ser. Quando, por meio da prática constante de adquirir o estado "sem os três *Guṇas*", a mente adquire firmeza no Ser, percebe-se o Ser como separado da atividade. Neste estado, age-se no mundo ao mesmo tempo que se está estabelecido na eterna satisfação e liberdade da Consciência Divina.

Portanto, apesar do conhecimento começar com a compreensão intelectual dos dois aspectos da vida, perecível e imperecível, ele só se torna uma Realidade viva quando, por meio da prática da Meditação Transcendental, percebe-se diretamente o Ser como sendo separado da atividade. Esta consciência é o estado de conhecimento, o estado do intelecto estabelecido.[52]

Arjuna entendeu corretamente tudo que o Senhor falou sobre o conhecimento. Mas ele quer uma confirmação de que sua compreensão está correta. A palavra "se" traz este significado.

"Conhecimento superior à ação": Arjuna faz sua pergunta, não porque tenha falhado em compreender o princípio da ação no estado de conhecimento,[53] mas porque entendeu completamente que "quando um homem age sem anseios, havendo abandonado todos os desejos, livre do sentido de 'eu' e 'meu', ele atinge a paz".[54] Ele compreendeu que ao lutar ele não cometerá pecado.[55] Mas para aquele grande coração de Arjuna, simplesmente escapar do pecado não é uma razão suficiente para lançar-se na ação. Ele julga a ação de lutar pelo seu valor aparente e considera que matar seus entes queridos seria uma "terrível ação". Ele levanta a questão sobre a possibilidade de, baseado na força do conhecimento, ao final, evitar a "terrível ação"

51 Veja II, 45.
52 Veja II, 55-58, 61.
53 Veja II, 48.
54 Veja II, 71.
55 Veja II, 38.

da batalha. Tendo alcançado este alto estado do intelecto estabelecido, o homem não deveria ter liberdade de agir ou não agir? Esta é a pergunta de Arjuna a partir de seu alto estado de consciência. Arjuna usa calmamente aqui o ensinamento do Senhor sobre a liberdade que o conhecimento oferece, tentando ter liberdade de escolha sobre que ações ele desejaria desempenhar. Ele mergulha profundo no ensinamento do Senhor e percebe que este ponto ainda não foi respondido.

Esta pergunta indica ainda que Arjuna compreendeu não apenas o relacionamento entre ação e conhecimento, mas também entre ação e *Dharma*. Ele compreendeu o ensinamento do Senhor sobre o *Dharma*.[56] Ele entendeu que o *Dharma* da própria pessoa é o melhor critério para julgar a relevância de uma ação, e que para um *Kshatriya*, uma batalha como esta está de acordo com o *Dharma*.

Mas a ênfase que o Senhor colocou no conhecimento, dá a Arjuna uma oportunidade para perguntar a Ele sobre o relacionamento entre conhecimento e *Dharma*, que ainda não havia sido esclarecido e sem o qual o ensinamento sobre a ação permaneceria incompleto. Arjuna quer saber se o conhecimento pode sobrepor-se ao *Dharma* a ponto de permitir a alguém evitar uma "ação" particular; se o conhecimento dá ao homem liberdade suficiente para habilitá-lo a fazer sua própria escolha sobre a ação. Arjuna deixa claro que se for assim ele escolheria evitar "esta terrível ação".

A pergunta feita por Arjuna é de profundo significado e tem grande valor em avançar no tema do discurso do Senhor. É esta pergunta de Arjuna que traz à luz, dos lábios do Senhor, uma doutrina completa da ação.

Comentaristas em geral, não têm percebido a grande profundidade de compreensão a partir da qual Arjuna falava e perguntava, isso porque eles não entenderam sua exata posição desde o primeiro capítulo.

Arjuna, de seu alto nível de consciência, é capaz de distinguir os pontos mais sutis do discurso do Senhor e de pesar sua importância em termos de vida prática. Sua mente alerta localiza muitas afirmações contraditórias no ensinamento até agora, e ele as menciona no verso que se segue.

---

56 Veja II, 31-37.

Isto explica como a pergunta de Arjuna é correta e como serve para revelar a sabedoria da ação à luz do conhecimento, que forma a matéria principal deste capítulo.

VERSO 2

व्यामिश्रेणेव वाक्येन बुद्धिं मोहयसीव मे
तदेकं वद निश्चित्य येन श्रेयोऽहमाप्नुयाम्

Vyāmishreṇeva vākyena buddhiṁ mohayasīva me
tad ekaṁ vada nishchitya yena shreyo 'ham āpnuyām

Com estas afirmações aparentemente opostas
Vós conseguistes como que confundir minha inteligência.
Então, tendo tomado Vossa decisão, dizei-me aquela
por meio da qual eu possa alcançar o máximo bem.

O tom deste verso traz à luz a intimidade de Arjuna com o Senhor, e sua boa compreensão do ensinamento. Revela também o alerta da mente de Arjuna em avaliar diferentes aspectos do discurso.

"Aparentemente opostas": no verso 38 do capítulo anterior, o Senhor ordenou a Arjuna: "saia para lutar". Mas no verso 45 Ele disse a Arjuna, "esteja sem os três *Guṇas*", que significa: saia do campo da atividade. Novamente, no verso 47, Ele disse: "Tu tens controle somente sobre a ação", não "te apegues à inação". Então, no verso 48, Ele expressou a síntese da ação e do intelecto estabelecido nas palavras: "Estabelecido em Yoga, ó conquistador de riquezas, desempenhe as ações". No verso 49, no entanto, Ele apareceu para destruir o próprio princípio desta síntese ao declarar: "Muito longe do intelecto equilibrado, na verdade, está a ação desprovida de grandeza".

Arjuna quer verificar se "estas afirmações aparentemente opostas" apontam para algum princípio escondido que não tenha sido ainda expressado, ou se existe algum elo colocando-as juntas.

No verso 7 do Capítulo II, Arjuna se entregou ao Senhor ao dizer: "dizei-me decisivamente o que é bom para mim". Agora ele percebe que está recebendo dois barcos, indo cada um aparentemente em uma direção oposta. Ele é convidado simultaneamente a vir para este e a entrar naquele. Então, ele fica confuso e pergunta: Dizei-me que barco tomar, este ou aquele, porque se eu partir em dois barcos estou certo que vou me afogar. Sua pergunta é pertinente.

As palavras "aparentemente opostas" indicam a modéstia de Arjuna. Desejando chamar a atenção para o fato de que Senhor Kṛishṇa está lhe oferecendo afirmações que se opõem entre si, ele suaviza a expressão ao acrescentar "aparentemente". E novamente, quando ele quer dizer que o Senhor está confundindo sua inteligência, ele mostra sua modéstia ao acrescentar "como que".

Arjuna necessitava algum choque intelectual, algum meio de sacudir o intelecto para trazê-lo para fora do estado de suspensão. Com este fim o Senhor derramou sobre Arjuna afirmações da Verdade aparentemente opostas. Assim, o Senhor Kṛishṇa conseguiu trazer a mente de Arjuna ao nível onde poderia pensar de uma maneira prática. Ele se tornou tão prático, ao ponto de dizer: "Vós conseguistes... confundir minha inteligência". Agora o Senhor começa o segundo curso de Seu ensinamento, o aspecto mais glorioso da sabedoria da vida prática.

Verso 3

श्रीभगवानुवाच
लोकेऽस्मिन्द्विविधा निष्ठा पुरा प्रोक्ता मयानघ
ज्ञानयोगेन सांख्यानां कर्मयोगेन योगिनाम्

Shrī Bhagavān uvācha
Loke 'smin dwividhā nishthā purā proktā mayānagha
gyānayogena sāṁkhyānāṁ karmayogena yoginām

O Abençoado Senhor disse:
Como exposto por Mim desde tempos imemoriais,
ó sem pecado, há neste mundo dois caminhos:
o Yoga do conhecimento para homens de contemplação e
o Yoga da ação para homens de ação.

Neste verso, a palavra "Yoga" é a mesma, tanto para *Gyān Yoga*, o Yoga do conhecimento, como para *Karma Yoga*, o Yoga da ação. O estado de Consciência Transcendental é o estado de Yoga, ou União, onde a mente permanece tão completamente unida com a Natureza divina que ela mesma torna-se divina. Quando esta União é mantida naturalmente, independente dos estilos de funcionamento da mente nos estados de vigília, sonho e sono, então este estado de consciência é chamado de Consciência Cósmica.

Quando o estado de Consciência Transcendental, ou Yoga, é suplementado pelo processo de pensar e discriminar, para desenvolvê-lo até Consciência Cósmica, o caminho é chamado de Yoga do conhecimento, *Gyān Yoga*; enquanto que, quando o estado de Consciência Transcendental é suplementado pela ação no nível sensorial, para desenvolvê-lo até Consciência Cósmica, o caminho é chamado *Karma Yoga*, o Yoga da ação. Estes dois tipos de Yoga realizam as necessidades de todos os homens, sejam contemplativos ou ativos.

A experiência do Transcendente durante a meditação é a realização de apenas um aspecto da Realidade – o aspecto absoluto, imanifestado. Para a realização da Verdade completa, esta experiência deve seguir lado a lado com a experiência do aspecto manifestado, que é a fase relativa da existência.

Para que aquela Consciência de Bem-Aventurança transcendental possa ser vivida a todo momento, é necessário que ela não seja perdida quando a mente sai da meditação e se engaja na atividade. Para isto ser possível, a mente deve tornar-se tão intimamente familiarizada com o estado do Ser, que Este permanece estabelecido na mente a todo momento, através de toda a atividade mental de pensar, discriminar e decidir, e através de todas as fases da ação no nível sensorial. E para isto, por sua vez, é necessário que o processo de adquirir Consciência Transcendental por meio da meditação e o de se engajar na atividade, sejam alternados, para que a Consciência Transcendental e o estado de consciência de vigília possam estar bem juntos até, finalmente, fundirem-se para dar lugar ao estado de Consciência Cósmica. Neste estado, vive-se Consciência de Bem-Aventurança, a consciência interior do Ser, através de toda a atividade dos estados de vigília e sonho, assim como através do silêncio do estado de sono profundo.

Como há dois tipos de pessoas, homens de contemplação e homens de ação, da mesma forma há dois caminhos de vida, o caminho do recluso para o homem de contemplação e o caminho do chefe de família para o homem de ação. O homem de contemplação, após a meditação, engaja-se na atividade de contemplar e, assim, alcança a integração dos estados de Consciência Transcendental e de vigília; enquanto o homem de ação, após a meditação, engaja-se no campo da ação e, desta forma, realiza a mesma meta.

Assim, o *Gyān Yoga* do recluso e o *Karma Yoga* do chefe de família diferem entre si apenas na fase da atividade. Um tipo de homem devota-se à atividade mental de pensar, discriminar e decidir sobre a natureza do mundo e do Divino; o outro devota-se à ação, sem tornar o processo de pensar um meio de realização. Desta forma, ambos engajam-se na atividade após adquirir Consciência Transcendental.

O Senhor diz a Arjuna que estes dois caminhos de realização têm sido transmitidos de geração a geração, desde tempos imemoriais. Eles são dois caminhos distintos, para os dois tipos distintos de pessoas que levam dois modos de vida distintos.

Infelizmente, foi criada uma confusão na compreensão deste princípio de realização, o caminho direto da evolução. Se o chefe de família adota a perspectiva do Yoga do conhecimento, então ele cai no mundo do pensamento e se torna menos prático. Da mesma maneira, se um recluso abraça a perspectiva do Yoga da ação, ele perde a oportunidade de uma discriminação imparcial e do fluxo constante da contemplação, ele cai no campo da ação, no agitado mercado da vida.

Ambos os caminhos são igualmente válidos para desenvolver Consciência Cósmica. Tanto *Karma Yoga* quanto *Gyān Yoga* oferecem um meio direto para a realização, mas o caminho escolhido deve se adequar ao modo de vida e às tendências naturais do aspirante. Um chefe de família não deve tentar se realizar por meio de Sāṁkhya ou *Gyān Yoga*: ele deve adotar o caminho de *Karma Yoga* e, realizando as aspirações de uma vida no mundo, irá adquirir Consciência Cósmica de uma maneira natural e harmoniosa. Da mesma forma, um recluso, ou *Sanyāsī*, não deve pretender adotar o caminho de *Karma Yoga*. Ele deve seguir o ensinamento de Sāṁkhya, ou *Gyān Yoga*, e, realizando as aspirações do modo recluso de vida, ele também alcançará Consciência Cósmica de uma maneira natural e harmoniosa.

Aqueles interessados no progresso espiritual têm adotado, por séculos, uma perspectiva adequada apenas para o modo recluso de vida. Apesar de perfeitamente válida para os poucos que se retiram do mundo, tal perspectiva não tem lugar na vida da grande maioria da humanidade que segue o modo de vida de chefe de família. O caminho de *Karma Yoga* não evolui, como o caminho do conhecimento, por meio do pensamento ou compreensão intelectual; é o caminho inocente da ação, suplementado pela Meditação Transcendental. Pensar no Ser divino ou em Deus não tem lugar no caminho de *Karma Yoga*. Aqueles que tentam manter suas mentes em Deus enquanto desempenham uma ação, nem são bem-sucedidos em levar a mente à Consciência de Deus, no nível da Divindade transcendental, nem se realizam apropriadamente no campo da ação, pois a ação se torna fraca quando a mente é dividida e não está plenamente entregue a esta ação. Isto leva a uma perda em ambas as direções, eles nem se tornam homens de Deus nem são bem-sucedidos como homens do mundo.

Para aqueles que querem ser bem-sucedidos tanto no campo do Divino quanto no mundo, o caminho é aquele de *Karma Yoga* – uns poucos minutos de meditação pela manhã e à tarde, e atividade normal durante o resto do dia. A meditação, no entanto, deve ser de um tipo que leve a mente diretamente à Consciência Transcendental, e a atividade durante o dia deve ser realizada com facilidade e sem esforço.

Deve-se ter em mente que a prática da meditação é essencial para ambos, o recluso e o chefe de família. Ao mesmo tempo, é essencial para a iluminação que, após a prática, ambos entrem na atividade – não importando se é a atividade do intelecto, como no caso do recluso, ou a atividade dos sentidos, como no caso do chefe de família.

Um recluso recebe um código particular de pensamento, que serve para mantê-lo fixo em seu caminho de renúncia. O chefe de família, da mesma forma, é munido de um código de ação para mantê-lo fixo em seu caminho de ação. Esta atividade após a meditação é importante para a integração dos estados de Consciência Transcendental e de vigília, mas o conteúdo exato do pensamento do recluso e da ação do chefe de família não ajudam de nenhuma forma a realizar a integração dos dois estados de consciência. É a atividade em si, física ou mental, que tem valor em realizar a integração. O conteúdo do pensamento e da ação tem certamente seu valor nos dois modos de vida, mas não toca o campo do Ser.

O propósito dos dois caminhos é o de estabelecer o homem em um nível de consciência onde ele desfrutará uma vida plena de significado, estabelecido na liberdade eterna da Consciência de Bem-Aventurança. Tal homem torna-se mais poderoso e bem-sucedido em seu próprio modo de vida – a atividade do chefe de família e o isolamento do recluso são plenamente assegurados e levados à realização.

VERSO 4

न कर्मणामनारम्भान्नैष्कर्म्यं पुरुषोऽश्नुते
न च संन्यसनादेव सिद्धिं समधिगच्छति

Na karmaṇām anārambhān naishkarmyaṁ purusho 'shnute
na cha saṁnyāsanād eva siddhiṁ samadhigachchhati

Não é abstendo-se da ação
que um homem alcança a não-ação;
nem por mera renúncia ele atinge a perfeição.

"Não-ação" é a tradução mais próxima da palavra sânscrita "*Naishkarmya*", que expressa uma qualidade específica do agente, a qualidade de não-apego, por meio da qual ele desfruta liberdade da escravidão da ação mesmo durante a atividade. Ela expressa um estado natural e permanente do agente. Esteja engajado na atividade dos estados de vigília ou sonho, ou na inatividade do sono profundo, ele retém consciência interior. É um estado de vida onde a Consciência do Ser não é ensombrecida por nenhum dos três estados relativos de consciência – vigília, sonho e sono. Neste estado de *Naishkarmya*, o agente elevou-se ao quarto estado de consciência, *Turīya*; este, em sua natureza essencial, é Consciência do Ser, o estado absoluto e puro de Consciência de Bem-Aventurança – *Sat-Chit-Ananda* –, mas ainda inclui os três estados relativos de consciência.

No verso 48 do Capítulo II, o Senhor começou a explicar "não-ação" em termos de abandono do apego. No presente verso, Ele o explica sem qualquer referência a apego. No verso 30, Ele vai explicá-lo com referência a Si mesmo – entrega de todas as ações a Deus. Mas, em todos os casos, a experiência direta do Ser forma a base da "não-ação".

"Abstendo-se da ação" cai-se meramente em um estado de ociosidade ou na inatividade do sono. Isto é completamente oposto ao estado de não-ação, onde a mente, mergulhada em si mesma, permanece sintonizada ao Ser absoluto mesmo quando a atividade é mantida na superfície; onde os dois campos, do Ser e da atividade, são cognizados como separados um do outro.

"Renúncia": um estado de não-apego onde o agente permanece separado do campo da atividade; o estado de não-ação.

A bênção do estado de renúncia, ou não-ação, é que o Ser encontra a Si mesmo separado do campo da atividade. Mas a consciência da separação da atividade, resultando na perda total de atividade para o ser, não trará "perfeição". A perfeição requer não apenas a separação da atividade, mas uma União completa com Deus. Isto significa que o ser individual, separado da atividade no nível da vida individual, une-se com o Ser cósmico, Deus, que é separado da atividade no nível da vida cósmica. A Consciência Cósmica, o estado permanente de Consciência do Ser, eleva-se ao estado de Consciência de Deus; o estado de não-ação eleva-se ao estado da ação de Deus.

VERSO 5

न हि कश्चित्क्षणमपि जातु तिष्ठत्यकर्मकृत्
कार्यते ह्यवशः कर्म सर्वः प्रकृतिजैर्गुणैः

Na hi kashchit kshaṇam api jātu tishthatyakarmakṛit
kāryate hyavashaḥ karma sarvaḥ prakṛitijair guṇaiḥ

Ninguém na verdade pode existir,
mesmo por um instante, sem desempenhar a ação;
porque todos são irremediavelmente compelidos
à atividade pelos *Guṇas* nascidos da Natureza.

Em todos os estados de vigília, sonho e sono profundo, que constituem a vida relativa, a atividade física interior e exterior continua. Tudo na criação evolui, e o processo de evolução é sempre por meio da atividade. É isto que o Senhor quer dizer quando fala: "Ninguém na verdade pode existir, mesmo por um instante, sem desempenhar a ação".

"Natureza": esta é a tradução portuguesa mais próxima da palavra "*Prakṛiti*". O aspecto fundamental da criação é o Ser absoluto, imanifestado e transcendental. Sua "natureza" consiste nos três *Guṇas*,[57] cujas várias permutações e combinações constituem toda a existência fenomenal. A atividade deles continua incessantemente em todos os campos da criação, e é por isso que o Senhor diz que "todos são irremediavelmente compelidos à atividade pelos *Guṇas*". Só no campo transcendental da existência não se encontra nenhuma atividade.

Este verso, ao estabelecer a atividade como universal, demonstra a impossibilidade de se adquirir o estado de "não-ação" por meio do não-engajamento na atividade.

Verso 6

कर्मेन्द्रियाणि संयम्य य आस्ते मनसा स्मरन्
इन्द्रियार्थान्विमूढात्मा मिथ्याचारः स उच्यते

Karmendriyāṇi saṁyamya ya āste manasā smaran
indriyārthān vimūdhātmā mithyāchāraḥ sa uchyate

Aquele que se senta, restringindo os órgãos da ação,
mas entretendo em sua mente os objetos dos sentidos,
autoiludido, ele é considerado um hipócrita.

O verso anterior estabeleceu a atividade como sendo absolutamente necessária para a vida no campo relativo. O presente verso torna claro que mesmo o pensar pertence à esfera da atividade. Isto leva à conclusão de que, se a ação escraviza, nos tornamos vítimas de sua

---

57 Veja II, 45, comentário.

influência escravizante mesmo se mantivermos apenas um pensamento da ação.

O Senhor diz que é errado sentar "restringindo os órgãos da ação", enquanto a mente está entretendo-se com os objetos dos sentidos. Aqui está uma negação definitiva do princípio do controle dos sentidos. É silenciosamente sugerido que a técnica de controlar os sentidos não está na restrição direta, mas sim no campo da mente, na esfera da atividade mental. O ensinamento deste verso é: não crie tensão ao tentar frear diretamente os sentidos. A verdadeira técnica é dada no verso seguinte.

"Um hipócrita" é aquele que nem é verdadeiro consigo mesmo, nem com os outros. Ele esconde sua verdadeira natureza.

Verso 7

यस्त्विन्द्रियाणि मनसा नियम्यारभतेऽर्जुन
कर्मेन्द्रियैः कर्मयोगमसक्तः स विशिष्यते

Yas twindriyāṇi manasā niyamyārabhate 'rjuna
karmendriyaiḥ karmayogam asaktaḥ sa vishishyate

Mas aquele que, controlando os sentidos pela mente,
engaja sem apego os órgãos da ação no Yoga da ação,
aquele se distingue, ó Arjuna.

O Yoga da ação, ou *Karma Yoga*, é o desempenho da ação com uma habilidade que não permite aos sentidos de percepção registrar impressões profundas de experiências. Os órgãos da ação[58] permanecem trabalhando durante a atividade; os sentidos de percepção[59] também continuam a experimentar, mas sua atividade é de um tipo tal que, mesmo experimentando plenamente, não registram impressões profundas de experiências. O homem que é capaz de experimentar desta maneira é descrito aqui como aquele que age "sem apego".

---

58 Os cinco órgãos da ação: mãos, pés, língua, órgãos de reprodução e eliminação.

59 Os cinco sentidos de percepção: visão, audição, olfato, paladar e tato.

Karma Yoga é aquele estado onde os sentidos de percepção estão funcionando de maneira controlada e organizada, enquanto os órgãos da ação estão ativos. Como os sentidos permanecem organizados e controlados? O Senhor diz que é em virtude de um estado particular da mente. Aqui não é explicado como a mente chega a este estado, uma vez que isto já ficou claro para Arjuna no verso 45 do capítulo anterior – a mente deve ser estabelecida na bem-aventurança absoluta da Consciência Divina por meio da Meditação Transcendental. Esta é a técnica simples, por meio da qual os sentidos de percepção são automaticamente controlados e organizados; para se tornar um *Karma Yogī*, nada precisa ser feito a não ser infundir a mente com Consciência Transcendental. Quando os sentidos de percepção estão ativos enquanto a mente está no estado de Consciência Pura, então, isto é chamado *Karma Yoga*: os sentidos permanecem em seus objetos e a mente permanece estabelecida no Ser.

A técnica de controlar os sentidos pela mente é explicada nos versos 42 e 43: deve-se transcender os campos da mente e intelecto ou, como o Senhor colocou no verso 45 do Capítulo II, deve-se "estar sem os três *Guṇas*".

Verso 8

नियतं कुरुकर्म त्वं कर्म ज्यायो ह्यकर्मणः
शरीरयात्रापि च ते न प्रसिद्ध्येदकर्मणः

Niyatam̐ kuru karma twam̐ karma jyāyo hyakarmaṇaḥ
sharīrayātrāpi cha te na prasiddhyed akarmaṇaḥ

Cumpre o dever que te cabe.
A ação é na verdade superior à inação.
Mesmo a sobrevivência de teu corpo
não seria possível sem a ação.

"Dever que te cabe" é aquilo que é natural que se faça, aquilo para o qual se nasceu – ação natural de acordo com as Leis da Natureza, ação de acordo com seu próprio *Dharma*, ação que está alinhada com a corrente natural de evolução, ação que é um elo inocente entre Consciência do Ser e Consciência Cósmica, ação que serve como um meio para atingir Consciência de Deus, a realização da vida.

Um aspecto importante do dever natural é que ele é imperativo para o homem; se ele não desempenhar o dever que lhe cabe, ele estará se envolvendo em ações que estão fora do caminho de sua própria evolução.

"Dever que te cabe" envolve todas as ações que habilitam um homem a sobreviver e evoluir. A certeza de tais ações está nisto: que ao desempenhá-las, o homem não sente tensão; elas não são um fardo na vida; de um só golpe elas mantêm a vida e levam à evolução.

É igualmente essencial compreender que a ação que não é natural produzirá, inevitavelmente, esforço e tensão, tanto no agente como na atmosfera à sua volta. Se o processo da ação é tenso, isto interfere com a harmonia entre o agente e seu trabalho, o sujeito e o objeto; o que, por sua vez, impede a infusão da natureza divina no campo da atividade, e é criada resistência para o desenvolvimento da Consciência Cósmica. É por isso que o Senhor menciona particularmente "dever que te cabe".

Surge a questão de como se descobrir o dever que cabe a cada um. Naquelas partes do mundo onde ainda existem divisões naturais da sociedade, o dever de um homem é óbvio em virtude de seu nascimento em uma família específica. Assim, Arjuna nasceu um *Kshatriya*, e lutar é natural para ele. Mas na complexidade das civilizações misturadas, e na mistura de tradições no mundo hoje, parece difícil descobrir o "dever que cabe" a cada um.

Se, na ausência de qualquer tradição ou autoridade de escrituras, temos que encontrar um critério para o dever natural, podemos dizer, com base no bom senso, que o dever natural é a ação que é necessária e não produz nenhum esforço ou tensão indevidos no autor e no seu ambiente. É verdade que pode haver muitas falhas em um critério baseado apenas no bom senso. A meditação, no entanto, suaviza o fluxo da vida e naturalmente a coloca de acordo com as Leis da Natureza, apoiando-a no caminho de maior evolução. Portanto, na ausência de qualquer outro meio para descobrir o dever que cabe a cada um, seria sábio aceitar a Meditação Transcendental como um meio para direcionar o homem no sentido de um modo natural de vida.

Pode-se relembrar que quando o Senhor começou a instruir Arjuna na arte da ação correta espontânea, Ele aconselhou Arjuna a sair do campo da relatividade e se estabelecer no campo do Absoluto;[60] ele iria portanto elevar-se a aquele estado de vida – Consciência Cósmica – onde nos tornamos capazes de desempenhar ações em completa concordância com as Leis da Natureza, realizando assim nosso *Dharma* e servindo ao propósito cósmico.

O Senhor diz: "A ação é na verdade superior à inação", e acrescenta: "Mesmo a sobrevivência de teu corpo..." Estas palavras contêm grande sabedoria sobre a integração da vida, e um segredo supremo de evolução por meio da ação. A palavra "mesmo" tem um profundo significado. Se o Senhor considera a sobrevivência do corpo como o resultado menos importante da ação, qual é então o mais importante? É atingir Consciência de Deus, o mais elevado estado de evolução humana. O Senhor quer dizer que, sem a ação, não apenas o corpo não sobreviveria, mas os níveis mais elevados da evolução não seriam alcançados. Portanto, deve-se entender o quanto a ação é necessária para atingir Consciência de Deus.

Quando, durante a Meditação Transcendental, a mente mergulha tão profundo que transcende o estado mais sutil da relatividade, ela atinge o estado absoluto e transcendental do Ser. Este é o estado de Consciência Pura, ou Consciência do Ser. Quando a mente, tendo experimentado este estado, é exposta à ação, a natureza divina e transcendental do Ser é trazida para ser vivida no campo da relatividade. Primeiro, a mente ativa do estado de vigília é levada à natureza divina interior pelo movimento para dentro da meditação, que é uma retirada da atividade; depois, em virtude de abraçar a atividade por meio do movimento para fora da meditação, a natureza divina interior é trazida para o mundo.

Deve-se notar que o Senhor é cuidadoso em qualificar a ação a que Ele se refere, ao enfatizar que a ação é indispensável para manter a vida e atingir seus propósitos. Ele não diz: Cumpre teu dever. Ele diz: "Cumpre o dever que te cabe", seu dever natural. Pode-se expressar em uma palavra a maneira de aplicar na vida esta ordem do Senhor: medite.

---

60 Veja II, 45.

A meditação é a chave para o desempenho do dever que cabe a cada um. É um meio direto de tornar glorioso cada aspecto da vida, pois ela transforma uma vida de escravidão no mundo em uma vida divina de liberdade eterna em Consciência Cósmica, onde se experimenta o Ser como separado da atividade.

A Consciência Cósmica por sua vez desenvolve-se em Consciência de Deus por meio da devoção, o tipo de ação mais altamente refinado, que une na Luz de Deus os dois aspectos separados da Consciência Cósmica, o Ser e a atividade. Esta é a bênção da ação, ela leva o indivíduo do estado de consciência de vigília para a Consciência Transcendental pura, desta para Consciência Cósmica e, finalmente, para Consciência de Deus, o estado mais elevado de evolução humana.

Verso 9

यज्ञार्थात्कर्मणोऽन्यत्र लोकोऽयं कर्मबन्धनः
तदर्थं कर्म कौन्तेय मुक्तसङ्गः समाचर

Yagyārthāt karmaṇo 'nyatra loko 'yaṁ karmabandhanaḥ
tadarthaṁ karma Kaunteya muktasangaḥ samāchara

Com exceção das ações realizadas para *Yagya*,
este mundo está escravizado pela ação.
Para realizar *Yagya*, engaja-te na ação, livre de apego.

"Engaja-te na ação, livre de apego": tendo estabilizado o estado de Consciência de Bem-Aventurança e, desta forma, percebido claramente o Ser como separado da atividade, engaja-te na ação, "cumpre o dever que te cabe", como ordenado no verso anterior.

O processo da ação leva o agente para fora de si mesmo; a ação é um meio direto de levar o Ser para fora, para o campo da relatividade. Isto limita o Ser absoluto ilimitado, e o efeito é chamado de influência escravizante da ação. Aqui o Senhor dá a Arjuna uma técnica por meio da qual a própria ação pode ser usada para levar o indivíduo de volta a seu status eterno do Ser absoluto.

"*Yagya*" é a ação que ajuda a evolução. Qualquer ação no mundo que tenda em direção ao Ser absoluto ajuda a libertar o homem da escravidão; ações em qualquer outra direção resultam em escravidão.

Quando o Senhor começa, neste capítulo, a ensinar a teoria da ação, Ele naturalmente apresenta uma distinção entre aquelas ações que são um meio de liberação e aquelas que levam à escravidão.

A palavra "*Yagya*" normalmente significa um ato religioso ou um ritual sagrado, uma cerimônia de sacrifício na qual presentes são oferecidos às deidades reinantes e consumidos no fogo. Mas aqui o Senhor quer dizer o ato de ir ao Ser transcendental – trazendo a atenção da experiência externa e superficial do mundo, para o estado do Transcendente, permitindo a todos os pensamentos e desejos convergirem para o Transcendente, como objetos de oblação consumidos no fogo do sacrifício.

À luz deste verso, *Yagya* não está confinado aos estreitos limites de cerimônias específicas. É um meio de vida que promove a evolução.

A interpretação do *Yagya* em termos de Consciência Transcendental não diminui a validade dos ritos Védicos desempenhados para agradecer diferentes deuses. Qualquer coisa que um homem faça por meio da atividade após a prática da Meditação Transcendental, o ajudará a integrar Consciência Transcendental com o estado de consciência de vigília e, desta forma, desenvolver Consciência Cósmica. Se, durante tal atividade, ele acalenta o ato de agradecer às forças superiores na Natureza, os deuses, isto de nenhuma forma atrapalha seu progresso; pelo contrário, traz a ele maior realização por meio do apoio que recebe destas forças da Natureza.

O *Yagya* é a matéria dos Vedas. Os Vedas são divididos em vários ramos, chamados *Shākhā*. Cada *Shākhā* expõe seu *Yagya*, cobrindo todo o alcance da vida, relativo e absoluto, e objetivando glorificar a vida em todos os seus aspectos, superficial, sutil e transcendente. Cada *Shākhā* tem três seções. Uma seção, chamada "*Karma Kāṇda*" (Capítulo da Ação), trata do aspecto superficial da vida, o corpo e tudo que se relaciona com ele no mundo. O aspecto superficial do *Yagya* estabelece os deveres de homens pertencentes a diferentes níveis de evolução, vivendo em diferentes momentos, em diferentes lugares e sob diferentes circunstâncias, de tal forma que não ajam contra as Leis da Natureza. Isto ajuda o homem a evoluir em virtude de qualquer coisa que faça ou experimente nos níveis superficiais da vida.

A segunda seção da *Shākhā* é chamada "*Upāsana Kāṇda*" (Capítulo da Adoração) e trata dos aspectos sutis do *Yagya*, que ganham as bênçãos das forças superiores da Natureza, os deuses Védicos [*Devatās*]. Esta seção tem seus próprios aspectos superficiais e sutis. O aspecto superficial trata dos desempenhos ritualísticos para agradar diferentes deuses Védicos e ganhar suas bênçãos, enquanto o aspecto sutil trata do treinamento da mente para contatar forças superiores e receber suas bênçãos sobre todos os empreendimentos na vida.

O principal propósito desta seção é o de conectar o homem com os seres mais evoluídos na criação, para que ele possa receber sua boa vontade, suas bênçãos e sua ajuda em melhorar cada aspecto de sua vida.

A terceira seção de cada *Shākhā* é chamada "*Gyān Kāṇda*" (Capítulo do Conhecimento) e contém a sabedoria da vida eterna. As Upanishads pertencem a esta seção. Cada *Shākhā* tem sua própria Upanishad para mostrar o meio de contatar *Brahman*, a Realidade Suprema, para todas aquelas pessoas para as quais tradicionalmente se aplica o ensinamento daquela *Shākhā*. Nesta seção de cada *Shākhā* trata-se da sabedoria do Absoluto e do modo de transcender os campos relativos da vida e, desta forma, infundir a natureza divina em todas as esferas da existência humana.

Desta maneira, cada *Shākhā* Védica contém a sabedoria para moldar o campo inteiro da vida humana, de tal forma que todos os seus aspectos – físico, mental e espiritual – sejam perfeitamente coordenados entre si em todos os níveis e, ao mesmo tempo, estejam em perfeita harmonia com o plano completo da evolução. O propósito é levar cada alma ao estado de perfeição, o mais alto e louvado estado de existência, Consciência de Deus. Este é o abrangente alcance do *Yagya*.

Verso 10

सहयज्ञाः प्रजाः सृष्ट्वा पुरोवाच प्रजापतिः
अनेन प्रसविष्यध्वमेष वोऽस्त्विष्टकामधुक्

Sahayagyāḥ prajāḥ sṛishtwā purovācha Prajāpatiḥ
anena prasavishyadhwam esha vo 'stwishtakāmadhuk

No início, tendo criado os homens junto com o *Yagya*,
o Senhor da Criação disse:
Por meio deste *Yagya* deves prosperar,
e este propiciará a realização dos desejos.

Yagya foi definido como ação que ajuda a evolução. Consequentemente, o *Yagya* leva o homem, em última análise, ao estado mais elevado da evolução, à Realização de Deus. Cada passo da evolução está conectado com o *Yagya*. O *Yagya*, portanto, mantém a vida do seu início até sua meta final. É isto que o Senhor quer dizer com "tendo criado os homens junto com o *Yagya*".

Deus é a fonte de toda a criação, e o elo do homem com Ele é a Consciência Transcendental Pura. A criação surgiu deste nível absoluto de Vida, e o Criador proclamou que Esta seria para sempre a fonte de toda prosperidade e progresso na vida. Ao sintonizar-se a mente com a Consciência Transcendental Pura, encontra-se grande inteligência, energia, felicidade, harmonia e, possuindo-as, não há limite para a realização de desejos.

Neste verso o Senhor aponta para a prosperidade do indivíduo como um resultado do *Yagya*; no verso seguinte Ele continua para mostrar outra das vantagens deste *Yagya*.

VERSO 11

देवान्भावयतानेन ते देवा भावयन्तु वः
परस्परं भावयन्तः श्रेयः परमवाप्स्यथ

Devān bhāvayatānena te devā bhāvayantu vaḥ
parasparaṁ bhāvayantaḥ shreyaḥ param avāpsyatha

Por meio do *Yagya* tu sustentas os deuses,
e aqueles deuses irão sustentar-te.
Ao sustentarem-se um ao outro,
tu alcançarás o máximo bem.

Os vários tipos de *Yagya* expostos pelos Vedas conectam o indivíduo com todo o processo de evolução cósmica. O *Yagya*, portanto, tem vários níveis de influência, dos mais superficiais aos mais sutis estados da criação, mas sempre apontando na direção da meta final de Consciência de Deus.

Este verso explica os mecanismos da vasta influência que nossas ações criam por todo o Universo – todas as Leis da Natureza no nível do agente reagem a toda ação.

O *Yagya* é visto como um meio para o sucesso completo na vida, que consiste de todas as possíveis realizações no mundo junto com liberdade da escravidão. O *Yagya* é de fato um meio para atingir perfeição na vida. Ele traz as bênçãos das forças que controlam e direcionam a evolução de toda a criação, ganha o apoio da Natureza todo-poderosa e, finalmente, traz realização em Consciência de Deus.

Yagya é um processo para colocar o indivíduo em harmonia com a corrente da evolução, que desfruta do apoio de todas as forças da Natureza envolvidas no progresso da vida, individual e cósmica.

Os "deuses" aqui mencionados são as deidades presidindo as inumeráveis Leis da Natureza, que estão presentes em toda parte por toda a vida relativa. Eles são as forças governando diferentes impulsos de inteligência e energia, trabalhando a evolução de tudo na criação. A existência de deuses pode ser entendida por intermédio de uma analogia: cada uma das inumeráveis células no corpo humano tem seu próprio nível de vida, energia e inteligência;

juntas, estas inumeráveis vidas produzem a vida humana. Um ser humano é como um deus para todos estes pequenos impulsos de energia e inteligência, cada um com sua própria forma, tendências, esfera de atividade e influência, trabalhando para o propósito da evolução.

O Senhor deseja que por meio do *Yagya*, o ato de ir ao Transcendente, os homens agradem simultaneamente o mundo dos deuses. Isto só é possível se o meio de adquirir Consciência Transcendental é tal, que a influência produzida por ele mantenha o fluxo da evolução, e ganhe o apoio das deidades presidindo as Leis da Natureza, os deuses. Pegamos uma palavra que produz uma tal influência de harmonia na criação, e experimentamos seus estados mais sutis até que a mente transcenda até mesmo o estado mais sutil, e adquira o estado de Consciência Transcendental. É assim que o Senhor quer que criemos e mantenhamos uma harmonia mútua com as forças superiores da Natureza, no caminho de nos tornarmos um com o Divino eterno e transcendental.

Quando, por meio da prática da Meditação Transcendental, a atividade é percebida como separada do Ser, então todas as atividades da vida são consideradas como tendo sido entregues como uma oferenda aos deuses. Isto significa que a atividade continua em sua esfera de vida relativa, que é presidida pelos deuses, enquanto o Ser permanece na liberdade do Absoluto. Este é o meio de agradar todos os deuses por intermédio de cada atividade em todos os momentos. Uma situação é criada na qual toda atividade se torna automaticamente um *Yagya.*

Esta maneira de oferecer ações aos deuses não significa entregar-se ou subjugar-se a eles. Neste estado, O Ser torna-se completamente livre de todas as influências da vida relativa, incluindo os deuses.

"Máximo bem": o aspecto ritualístico do *Yagya* produz efeitos no campo relativo da vida; sua maior realização é o Céu, o cume do mundo relativo, onde a vida é livre do sofrimento. A técnica de transcender por meio do processo do *Yagya*, por outro lado, leva o indivíduo à Consciência de Bem-Aventurança transcendental, o estado de liberdade eterna na vida, e deste para Consciência de Deus, que é o "máximo bem" de todos – maior que o máximo na esfera relativa da vida.

Verso 12

इष्टान्भोगान्हि वो देवा दास्यन्ते यज्ञभाविताः
तैर्दत्तानप्रदायैभ्यो यो भुङ्क्ते स्तेन एव सः

Ishtān bhogān hi vo devā dāsyante yagyabhāvitāḥ
tair dattān apradāyaibhyo yo bhunkte stena eva saḥ

Satisfeitos pelo *Yagya*, os deuses certamente concederão
os deleites que tu desejas.
Mas aquele que desfruta suas dádivas sem a eles oferecer,
é simplesmente um ladrão.

"Sem a eles oferecer": sem renunciar à posse em favor deles, sem desempenhar o ato de transferir a propriedade a eles. O fruto de toda ação é a resposta da Natureza àquela ação. Portanto, não é nada além do que a dádiva das forças da Natureza, os deuses. Como é possível renunciar à possessão de tudo que adquirimos na vida? Só é possível colocando-se em prática o ensinamento do verso 48 do Capítulo II, e conhecendo o Ser como separado do campo da atividade. Quando um homem se estabeleceu no estado onde ele está consciente de que todas as coisas são separadas do Ser, ele, de fato, abriu mão completamente de todas as coisas para a Natureza, ou para as forças da Natureza, os deuses. Desta forma, ele se elevou acima da acusação de ladrão feita por este verso e é capaz de desfrutar da vantagem mostrada no verso seguinte.

Criar um estado de espírito de oferecimento é fazer um arremedo de "oferecer". O ensinamento deste discurso é um ensinamento de vida prática – é um discurso de *Yoga Shāstra*, a Escritura do Yoga, a ciência da União Divina. Sua verdade está muito longe da imaginação ou estado de espírito. Infelizmente, devido a interpretações superficiais aceitas por muitos séculos, a essência do ensinamento de todo este discurso tem sido grandemente distorcida, e a sociedade permanece hoje envolvida em superstições e sem um sentido apropriado dos valores da vida.

A prosperidade e felicidade que surgem das bênçãos dos deuses, adquiridas por meio do *Yagya*, não deve levar o homem a se tornar absorvido pelo desfrutar, a ponto de esquecer a origem de sua prosperidade. O Senhor diz que aquele que solapa as forças superiores da Natureza ao se apossar do campo da ação, que na verdade pertence a eles, age como um ladrão. Isto é porque ele não percebeu seu Ser como desapegado da atividade. Qualquer um que não tenha adquirido firmeza no Ser, automaticamente permanece envolvido com a atividade; ele assume a autoria da ação e obtém a propriedade de seu fruto, que na realidade pertence à Natureza ou aos deuses, às forças da Natureza. É por isso que tal homem é chamado de "ladrão", um usurpador de posses que pertencem a outros.

Um ladrão geralmente aproveita a riqueza de outros homens, mas não faz nenhuma tentativa de enriquecer por seus próprios esforços. Aqui está a advertência feita pelo Senhor: não devemos nos satisfazer apenas com o crescimento da prosperidade material, sabedoria e criatividade no campo relativo da vida, devemos desejar ir além disso e atingir a unidade com a vida eterna do Ser absoluto em Consciência de Deus. É assim que nos tornamos estabelecidos no nível de vida que permeia toda a criação, e produzimos automaticamente influências de apoio à vida para todas as forças da Natureza e, na verdade, para tudo que existe em todas as camadas superficiais e sutis da criação. Assim começamos a viver o ensinamento básico deste verso.

Verso 13

यज्ञशिष्टाशिन: सन्तो मुच्यन्ते सर्वकिल्बिषै:
भुञ्जते ते त्वघं पापा ये पचन्त्यात्मकारणात्

Yagyashishtāshinaḥ santo muchyante sarvakilbishaiḥ
bhunjate te twaghaṁ pāpā ye pachantyātmakāraṇāt

Os virtuosos, que comem os restos do *Yagya*,
são libertados de todos os pecados.
Mas os iníquos, que preparam alimento apenas
para eles mesmos, verdadeiramente comem pecado.

"Restos do *Yagya*": aquilo que sobra após o desempenho do *Yagya* ter chegado ao fim.

Yagya é ação que impulsiona a evolução, do estado de consciência de vigília para Consciência Transcendental, de Consciência Transcendental para Consciência Cósmica, de Consciência Cósmica para Consciência de Deus. Estes são os diferentes estados que se desenvolvem por intermédio de diferentes tipos de práticas. Cada prática em si mesma é um desempenho de *Yagya*. A evolução encontra sua realização final em Consciência de Deus, e uma vez que este estado é adquirido a meta do *Yagya* foi alcançada. É por isso que "os restos do *Yagya*", em seu sentido mais elevado, refere-se ao estado de Consciência de Deus.

O estado de Consciência Cósmica, que forma a base da Consciência de Deus, também pode ser considerado como restos do *Yagya*. Assim como o estado de Consciência Transcendental, que forma a base da Consciência Cósmica.

Consciência de Bem-Aventurança é aquilo que resta após o desempenho do *Yagya* da Meditação Transcendental. Ela é o resto do primeiro e fundamental *Yagya* no caminho para Consciência de Deus, e forma a base da Consciência Cósmica e da Consciência de Deus; aquele que compartilha dele é "virtuoso", diz o Senhor, porque neste estado sua vida é transformada em uma vida sem erros, uma vida que é completamente correta. É neste estado que, por intermédio de cada pensamento, palavra e ação, ele cria influências de apoio à vida para si mesmo e para toda a criação, porque ele está estabelecido no Ser eterno, a base de toda vida na criação.

Sendo a Consciência Transcendental o resto do *Yagya* básico, a Meditação Transcendental é o mais importante dos *Yagyas*.

O homem sábio, estabelecido em Consciência de Bem-Aventurança, está livre de qualquer atitude pecaminosa por causa da satisfação interior que ele experimenta no estado de Consciência Absoluta. Em contraste, o Senhor descreve aqueles que se preocupam apenas com os interesses de sua pequena individualidade e não tentam adquirir o status ilimitado do Absoluto. Movidos por seus pensamentos egoístas, eles deixam passar a chance de uma maior evolução; cegos pelo egoísmo, suas alegrias estão apenas no campo dos sentidos. O Senhor diz que aqueles que não trabalham por seu contato com as forças superiores da Natureza ou por sua própria evolução, cometem pecado.

Aqui está a técnica para elevar-se acima da influência de todo pecado. Ela é, como colocou o Senhor Kṛishṇa, "comer os restos do *Yagya*". Isto é uma metáfora, explicando que os estados de Consciência Transcendental, Consciência Cósmica e Consciência de Deus devem ser utilizados na vida diária, para que as ações possam ser livres do pecado. O Senhor quer dizer que, se a mente não completou o curso do *Yagya* – se ela não mergulhou no Ser e não se conectou com o Ser absoluto, se ela não percebeu o Ser como separado da atividade, se ela não atingiu Consciência de Deus –, então, ela não está sintonizada com o Ser cósmico e sua atividade não está sintonizada com o propósito cósmico. Portanto, as ações não estão completamente em harmonia com o processo de evolução. Sob estas circunstâncias, não há certeza de que a atividade de um homem será inteiramente correta; há sempre a possibilidade de um elemento de pecado.

Mesmo no estado de Consciência Cósmica, antes que a Consciência de Deus seja alcançada, cada ação realiza o propósito cósmico e serve como um *Yagya*. Mas se ainda não atingimos Consciência Cósmica e ainda não criamos uma situação onde o Ser seja vivido como separado da atividade, então nossa atividade não será virtuosa; ela estará presa pela individualidade, ela não terá sido libertada para tornar-se universal. Tal atividade não pertence à dignidade da vida cósmica. Quando aqueles que não perceberam o Ser como separado da atividade envolvem-se na ação, eles se apropriam da ação e, ao assim fazê-lo, estão tomando uma coisa que não lhes pertence, uma coisa que pertence a uma esfera fora do ser, pertence à vida cósmica. Eles caem na categoria de ladrões (verso 12) e compartilham daquilo que é chamado no presente verso de "pecado".

Assim, o ser não tem o direito de usurpar a atividade, porque a atividade pertence à vida cósmica. Há ainda uma consideração a mais: uma atividade, usurpada desta forma, vai na verdade trazer danos ao ser, por obscurecer sua natureza. O obscurecimento da verdadeira natureza do ser, Consciência de Bem-Aventurança, é a base de todo sofrimento, e aquilo que causa sofrimento é chamado pecado. Por esta razão, o presente verso também fala da associação do ser com a atividade como "pecado" – ignorância é pecado.

Um homem só está "libertado de todos os pecados" quando se torna estabelecido na liberdade eterna do Ser absoluto. Só ele é um homem "virtuoso", um homem que está sempre certo. Através de todas as suas atividades ele produz influências de apoio à vida na Natureza, porque, tendo adquirido liberdade da atividade, suas ações pertencem à dignidade da vida cósmica. Eles realizam o propósito cósmico de evolução; é por isso que nunca caem na esfera do pecado. É isto que o Senhor quer dizer quando usa a palavra "virtuoso".

Se um homem não se tornou "virtuoso", se ele não colocou sua vida em sintonia com a vida cósmica do Ser absoluto, então pode estar cometendo pecado em tudo que faz. O único meio fora do campo do pecado, ou da influência escravizante do *Karma*, é o de estar sob a influência da liberdade eterna do Ser absoluto. Este é o nível mais sutil da mensagem deste verso. Em seus níveis mais óbvios ele se refere aos campos mais superficiais da vida, que necessitam desempenhos ritualísticos de *Yagya* para seu desenvolvimento.

A qualidade da mente depende das qualidades de vários fatores, tais como alimentação e meio ambiente, e experiências do passado e do presente que têm um efeito sobre ela. A qualidade da alimentação afeta diretamente a qualidade da mente. Ela depende de muitos fatores, tais como: dos alimentos em si, da maneira como foram adquiridos, se legal ou ilegalmente, e também da maneira de cozinhar e de seu propósito. Aqui o Senhor dá ênfase ao propósito de cozinhar o alimento. Ele diz que se o alimento é cozido para ser oferecido a Deus e comido por um homem após a oferenda ter sido realizada, então o homem desfruta as bênçãos de Deus por meio daquele alimento; e assim a mente produzida por tal alimento será piedosa, progressiva e cheia de graça. Esta mente estará muito naturalmente fora da esfera do pecado. O contrário será, no entanto, verdadeiro – se o alimento for preparado sem o propósito de fazer-se a oferenda, mas com a simples intenção de satisfazer a fome do próprio homem.

No próximo verso o Senhor apresenta uma sequência gradual da criação.

Verso 14

अन्नाद्भवन्ति भूतानि पर्जन्यादन्नसंभवः
यज्ञाद्भवति पर्जन्यो यज्ञः कर्मसमुद्भवः
Annād bhavanti bhūtāni parjanyād annasaṁbhavaḥ
yagyād bhavati parjanyo yagyaḥ karmasamudbhavaḥ

Do alimento nascem as criaturas;
da chuva é produzido o alimento;
do *Yagya* surge a chuva,
e o *Yagya* nasce da ação.

"Do alimento nascem as criaturas": o Senhor diz que a vida individual nasce do alimento, indicando que ela tem pouco a ver com o Ser divino, que é o Ser de tudo; ela nasce do alimento, da nutrição que não pertence ao campo do Ser. Ego, intelecto, mente, sentidos e corpo pertencem ao campo relativo da existência.

O "alimento", da mesma forma, nasce da chuva, que também tem pouco a haver com o Ser divino.

O "*Yagya*" foi considerado no verso anterior como o processo por meio do qual o Ser vem a ser experimentado como separado da atividade. Neste estado de realização, a atividade é completamente natural e perfeitamente sintonizada com o propósito cósmico da criação e evolução. Sendo assim, ela produz uma influência de apoio à vida em todos os campos da criação, e como resultado, toda a Natureza permanece harmoniosa, o sol brilha no momento certo, as chuvas caem na hora certa e todas as estações são regulares. É por isso que o *Yagya* é considerado a causa da chuva, que por sua vez é responsável pela produção do alimento.

"O *Yagya* nasce da ação": é por intermédio da ação que um *Yagya* é realizado. *Yagya* é um desempenho ou atividade de natureza específica, por meio do qual tornamo-nos unidos com o Ser cósmico. Este é o verdadeiro significado de *Yagya* neste contexto de uma exposição sobre Yoga. Mas esta interpretação não deve ser entendida como depreciativa da autenticidade da ação Védica, o desempenho de ritos Védicos, conhecidos como *Yagya*. Os Vedas prescrevem performances ritualísticas por certas pessoas especialmente treinadas, para produzir certas influências de apoio à vida na Natureza. Isto também resulta em ganhar a simpatia das Leis da Natureza, ao criar uma influência de harmonia na atmosfera e manter o ritmo da Natureza, de tal forma que a chuva venha no tempo certo para a produção de alimento. Naturalmente, este tipo de *Yagya* também "nasce da ação" – tem a ação como base.

O aspecto mais superficial do *Yagya*, que é o desempenho de cerimônias e rituais para agradar as forças superiores da Natureza com o objetivo de bem-estar material, requer, para sua realização, uma ação no campo superficial da vida. Da mesma forma, o aspecto mais sutil do *Yagya*, que é o processo de contatar o Absoluto divino transcendental, requer uma ação nos campos sutis. Esta ação no aspecto sutil da vida é o processo da Meditação Transcendental, por meio do qual a mente viaja por todos os níveis sutis da existência e transcende o nível mais sutil da vida manifestada para alcançar o estado do Ser absoluto.

Isto explica porque se enfatiza aqui a glória da ação.[61]

---

61 Veja verso 19, comentário.

Verso 15

कर्म ब्रह्मोद्भवं विद्धि ब्रह्माक्षरसमुद्भवम्
तस्मात्सर्वगतं ब्रह्म नित्यं यज्ञे प्रतिष्ठितम्

Karma Brahmodbhavaṁ viddhi Brahmākshara samudbhavam
tasmāt sarvagataṁ Brahma nityaṁ yagye pratishthitam

Saiba que a ação nasce de *Brahmā* (o Veda).
***Brahmā* brota do Imperecível.**
Portanto, o todo-permeante *Brahmā*
está sempre estabelecido no *Yagya*.

Foi dito no verso anterior que "o *Yagya* nasce da ação". Aqui o Senhor diz que a ação (*Karma*) e todo o conhecimento dela está contido nos Vedas, e que os Vedas são uma expressão da vida eterna.

Os Vedas expõem a teoria da ação e tudo que se relaciona com ela, suas causas e seus efeitos. Esta é a primeira razão porque o Senhor diz que a ação surge do Veda. A segunda é compreendida quando descobrimos a origem do Veda no Ser divino, transcendental e imanifestado.

A primeira manifestação da criação é o brilho autoiluminante da vida. Este é o campo do intelecto estabelecido, ou o ego individual em seu próprio estado estabelecido. Este brilho autoiluminante da vida é chamado de Veda. O segundo passo no processo da manifestação é o surgimento do que chamamos vibração, que traz à luz os atributos de *Prakṛiti*, ou Natureza – os três *Guṇas*. Este ponto marca o início do *funcionamento* do ego. Aqui começa a experiência em uma forma muito sutil: começa a existir a tríade do experimentador, experimentado e processo de experiência. Este é o início da ação no processo da criação. Um pouco antes do início da ação, um pouco antes do início da mais sutil vibração, naquele estado autoiluminante de existência, está a origem da criação, a fonte de energia ilimitada. Esta origem da criação é o Veda, o campo de inteligência quase absoluta que subjaz e permeia toda a atividade responsável pela criação e evolução da vida. Este, sendo a origem de toda a criação, é chamado de *Brahmā*, o Criador. *Brahmā*, ou o Veda, é naturalmente a fonte de toda atividade. É por isso que o verso diz: "Saiba que a ação nasce de *Brahmā*."

Yagya é aquilo que auxilia a evolução. É um meio para total realização na vida. Estendendo o significado de *Yagya* para os campos da vida comum, poder-se-ia dizer que qualquer ação que ajude a evolução pode ser chamada de *Yagya*. Assim, descobrimos que cada *Yagya* é permeado por algum grau de Consciência Divina, e dá lugar a algum grau de Consciência Divina. Em seu aspecto mais elevado, o *Yagya* é o caminho para Consciência Cósmica e, finalmente, para a realização da vida em Consciência de Deus; em seu aspecto mais baixo, é o desempenho de cerimônias e rituais para adquirir as graças dos deuses. Este é o conceito completo de *Yagya*.

Certamente o Divino é onipresente e, portanto, está presente em uma forma latente até mesmo naquelas coisas que são contrárias à evolução. Mas o senhor diz aqui que a Consciência Divina, *Brahmā*, está presente no *Yagya*. Ele não diz que a Consciência Divina está presente em ações que não sejam *Yagyas*.

Considera-se que toda laranja contém suco, mas uma laranja murcha não produz nenhum suco. Portanto, diz-se que o suco está presente em uma laranja fresca. Mesmo uma laranja murcha tem suco, mas não é considerada quando deseja-se suco, uma vez que ele não pode ser extraído. Da mesma forma, a Consciência Divina pode ser desenvolvida por intermédio daqueles tipos de ação que ajudam a evolução. Não pode ser desenvolvida por meio de ações ímpias ou pecaminosas, que tendem a tornar a mente grosseira e levam à inércia. Isto rouba da mente sua habilidade de transcender a relatividade e alcançar Consciência Divina.

É por isso que o Senhor diz que as ações que caem na categoria de *Yagya* carregam a Consciência Divina nelas.

Verso 16

एवं प्रवर्तितं चक्रं नानुवर्तयतीह यः
अघायुरिन्द्रियारामो मोघं पार्थ स जीवति

Evaṁ pravartitaṁ chakraṁ nānuvartayatīha yaḥ
aghāyur indriyārāmo moghaṁ Pārtha sa jīvati

Aquele que, nesta vida, não segue a roda
assim colocada a girar, cuja vida é pecaminosa,
cuja satisfação está nos sentidos,
ele vive em vão, ó Pārtha.

"A roda assim colocada a girar": a vida passa por diferentes esferas de existência, superficiais e sutis, e por estes meios o processo de evolução é conduzido. O início da vida está na Consciência Pura imanifestada, o "Imperecível" do verso anterior. Se um homem permanece sempre no campo dos sentidos e deixa de atingir a fonte de seu ser, se sua mente não atravessa do superficial ao sutil com o objetivo de descobrir aquele Imperecível, a fonte última de toda criação, "ele vive em vão". Ele não faz uso da oportunidade de desfrutar daquela grande felicidade que permanece além do alcance dos sentidos; ele não percorre todo o campo da vida; ele não vai da origem até voltar à origem; ele "não segue a roda assim colocada a girar". Ele comete pecado contra si próprio e contra Deus, porque ele deixa de elevar-se à realização. Assim, o Senhor diz que a "vida (deste) é pecaminosa".

Aquele que experimentou a vida através de todas as camadas superficiais e sutis da existência, e vive o Ser supremo através de todas as ações, que vive realização em Consciência de Deus, pode-se considerar ter seguido a "roda" da criação – ele foi a Aquilo, de onde veio.

Nos versos que se seguem, o Senhor descreve em detalhe o estado daquele que está desfrutando esta vida plena.

VERSO 17

यस्त्वात्मरतिरेव स्यादात्मतृप्तश्च मानवः
आत्मन्येव च संतुष्टस्तस्य कार्यं न विद्यते

Yas twātmaratir eva syād Ātmatṛiptash cha mānavaḥ
Ātmanyeva cha saṁtushtas tasya kāryaṁ na vidyate

Mas o homem cujo deleite está apenas no Ser,
que está satisfeito no Ser, que se alegra somente no Ser,
para ele não há ação que necessite ser realizada.

"O homem": aquele que está firmemente estabelecido no Ser, o Ser eterno, e não está envolvido com nada mais; que experimenta o Ser como separado do campo da atividade e está sempre desapegado de tudo que não seja seu próprio Ser; que, a despeito de qualquer atividade na superfície da vida, permanece eternamente na consciência do Ser; que, vivendo nos estados relativos de consciência – vigília, sonho, e sono – está sempre estabelecido no estado absoluto de consciência, o estado do Ser, a Consciência do Ser.

Todas as ações que um homem executa são estimuladas pelo desejo de realizar alguma coisa e de desfrutá-la. Quando ele alcança o campo da Consciência de Bem-Aventurança absoluta, aquele estado que é a realização de todos os desejos, ele se torna pleno de duradoura satisfação, uma vez que o propósito de todos os desejos e ações é atingido. É por isso que o Senhor diz que "para ele não há ação que necessite ser realizada".

Então ele cessa de agir? O Senhor responde no verso seguinte.

VERSO 18

नैव तस्य कृतेनार्थो नाकृतेनेह कश्चन
न चास्य सर्वभूतेषु कश्चिदर्थव्यपाश्रय:

Naiva tasya kṛitenārtho nākṛiteneha kashchana
na chāsya sarvabhūteshu kashchid arthavyapāshrayaḥ

Ele não tem nenhum proveito a receber nesta vida,
das ações que realizou ou das ações que não realizou;
nem há nenhuma criatura viva com a qual
ele necessite contar por qualquer motivo.

O homem que está assim satisfeito em si mesmo, certamente continua a agir no mundo, mas seu comportamento tornou-se um comportamento natural. Não é mais motivado por desejos egoístas, nem sua eficácia perturbada por qualquer imperfeição que possa surgir por embotamento de sua parte.

Isto acontece porque ele realizou o propósito de todos os possíveis desejos e todas as possíveis ações em sua vida. Ele agora engaja-se em ações motivado, não por egoísmo individual, mas pelo propósito cósmico. A inteligência divina opera por meio dele, já que ele se tornou um instrumento adequado para realizar o plano divino no mundo. Uma tal vida é uma vida natural. É o resultado do intelecto estabelecido.

Este verso tem sido geralmente interpretado como se defendesse a ação sem desejo, nascida da criação de um senso de desinteresse na ação, mas esta interpretação é incorreta. Este senso de desinteresse não tem nenhuma relação com a realização de Consciência do Ser, Consciência Cósmica, ou Consciência de Deus, nem acrescenta, de nenhuma forma, eficácia na vida. Ele pode apenas enfraquecer todas as fases da vida, material, mental e espiritual. No próximo verso o Senhor enfatiza a validade da ação para a integração da vida.

VERSO 19

तस्मादसक्तः सततं कार्यं कर्म समाचर
असक्तो ह्याचरन्कर्म परमाप्नोति पूरुषः
Tasmād asaktaḥ satataṁ kāryaṁ karma samāchara
asakto hyācharan karma param āpnoti pūrushaḥ

Portanto, permanecendo desapegado,
realiza sempre a ação digna de desempenho.
Lançando-se à ação verdadeiramente desapegado,
o homem alcança o Supremo.

Portanto, diz o Senhor, não-envolvido como és, desapegado como és, para sempre separado do campo da ação como naturalmente és, desempenhe a "ação digna de desempenho".

O Senhor exige ação no estado de liberdade, e proclama que a liberdade está lá, natural ao homem – a vida do homem já é em liberação. Nenhum esforço é necessário para atingir-se a liberdade; ela já está lá.

A doutrina de *Karma Yoga*, portanto, apenas pede ao homem que esteja em seu estado normal e natural de Consciência do Ser, que esteja em sua própria natureza. O Senhor, na verdade, aconselha-o a agir, e este conselho tem o objetivo de cultivar liberação em Consciência de Deus.

Durante a Meditação Transcendental, a mente, movida por sua própria natureza de desfrutar mais, flui em direção aos campos mais sutis de experiência e muito espontaneamente atinge o estado do Ser. A atividade realizada após ter-se adquirido este estado do Ser é, da mesma forma, espontaneamente levada à cabo pela Natureza. Portanto, o desenvolvimento de Consciência Cósmica, que é a base da suprema realização de Consciência de Deus, é um processo natural, livre de esforço.

"O Supremo": Deus, presidindo o relativo e o Absoluto, na plenitude de ambos. Este verso nos lembra do verso 47 do segundo capítulo. O Senhor revela a importância da ação natural irrestrita no caminho para a realização da Consciência de Deus. Os versos anteriores apresentaram a habilidade do homem em agir de uma maneira natural em virtude de possuir Consciência Cósmica. O presente verso mostra que a realização da ação de uma maneira natural e irrestrita, é um meio de realizar "o Supremo". No estado de Consciência Cósmica, a importância da ação é aceita com o propósito de desenvolver Consciência de Deus. Este verso deve ser estudado muito cuidadosamente para se entender o meio pelo qual a Consciência de Deus pode ser atingida. O meio não deve ser confundido com o fim. A Consciência Cósmica, na qual o Ser é experimentado como separado da atividade, não é o fim, não é o estado final de desenvolvimento; é um meio para Consciência de Deus.

Quando, por meio da meditação, a mente alcançou a Consciência do Ser transcendental e então retorna do campo do Ser absoluto, torna-se necessário para ela engajar-se na atividade. Desta maneira, a natureza do Ser transcendental, infundida na mente, tem a oportunidade de manter-se, mesmo quando a mente está engajada na experiência do campo relativo da vida por intermédio dos sentidos. É assim que permanecemos continuamente estabelecidos na Consciência do Ser, e desta forma desfrutamos a vida em Consciência Cósmica.

É assim que, por causa da ação, a natureza divina transcendental é infundida na vida prática, tornando o homem plenamente integrado, para que ele aja no campo relativo da existência enquanto permanece estabelecido no Ser absoluto. Neste estado de satisfação, suas ações são naturais e normais, "dignas de desempenho".

Quando, no estado de Consciência Cósmica, o Ser tem sido percebido como separado de toda atividade, "a ação digna de desempenho" é a ação em devoção a Deus.[62] A atividade da devoção é o tipo mais elevado e refinado de atividade, porque eleva diretamente a consciência de separação do Ser com a atividade, como experimentado no estado de Consciência Cósmica, para um estado unificado de consciência apenas de Deus. A Consciência do Ser e da atividade, a consciência dos dois, dá lugar à unidade na percepção de Deus, Consciência de Deus. A dualidade do Ser e da atividade encontra-se permeada por Deus. Somente Ele permanece, somente Ele domina a

62 Veja II, 61, comentário.

vida, e à Sua luz, permeado por Ele, o Ser fica em Unidade com Ele e com todo o campo da ação dominado por Ele. O Ser e a atividade da Consciência Cósmica estão para sempre unificados Nele.

Neste verso, que exalta a ação no estado de Consciência Cósmica, este é o estado de vida na Unidade da Consciência de Deus expressado pelas palavras "alcança o Supremo".

A ação digna de desempenho pode ser considerada em cinco diferentes níveis da vida: primeiro, durante o costumeiro estado de consciência de vigília; segundo, quando Consciência do Ser foi adquirida e está se desenvolvendo em Consciência Cósmica; terceiro, ação no estado de Consciência Cósmica; quarto, ação que ajuda Consciência Cósmica a desenvolver-se em Consciência de Deus; e quinto, ação no estado de Consciência de Deus. Este verso cuida dos três últimos níveis da ação. A expressão "digna de desempenho" dá ênfase à qualidade da ação que é útil para adquirir-se os estados superiores de consciência.

Aquele que experimentou o Ser em Consciência Transcendental, que percebe o Ser como completamente separado da atividade em Consciência Cósmica, e que alcançou a realização ao perceber o Ser em União com Deus em Consciência de Deus, alcançou o estado onde o propósito de toda[63] atividade foi realizado. Não há nada que este homem possa adquirir de outro, pois seu ser está fixo no Ser universal. Seu Ser é de toda forma não-envolvido, é não-envolvido com a atividade (verso 17) e é não-envolvido com os *eus* de seres individuais (verso 18). Seu próprio Ser é o Ser de todos os seres.

63 Veja IV, 23.

Verso 20

कर्मणैव हि संसिद्धिमास्थिता जनकादयः
लोकसंग्रहमेवापि संपश्यन्कर्तुमर्हसि

Karmaṇaiva hi saṁsiddhim āsthitā Janakādayaḥ
lokasaṁgraham evāpi saṁpashyan kartum arhasi

Somente por meio da ação, na verdade,
Janaka e outros adquiriram perfeição.
Além disso, mesmo visando o bem-estar do mundo,
tu deverias desempenhar a ação.

Este verso exalta a ação pelo seu valor para o mundo e como um caminho para liberação eterna da escravidão. Ao mesmo tempo, ele ilustra, com exemplos concretos, os princípios abstratos de *Karma Yoga* e seus efeitos.

Foi a glória da ação que trouxe integração da vida em Consciência de Deus a "Janaka e outros" e os habilitou a fazer o bem para o mundo.

A integração da vida depende do passar da mente em um ciclo entre o campo do Absoluto e o campo da atividade. A mente vai ao imanifesto e retorna ao manifesto, experimentando assim ambos os campos da vida, absoluto e relativo. Este é o estado do homem integrado em Consciência Cósmica.

Quando se percebeu que o Rei Janaka e outros como ele estavam estabelecidos na Realidade, ao mesmo tempo que plenamente ativos no mundo, o segredo não estava na incessante atividade externa deles. E sim no fato de que esta atividade era suplementada por suas experiências do Transcendente por intermédio da atividade interior da meditação. Se considerarmos a marcha da mente da atividade grosseira exterior até o Transcendente, podemos dizer que o que dá à mente o status do Absoluto é a atividade na direção de colocar um fim à atividade. A meditação em si é uma atividade. Em vista disso, pode-se certamente afirmar que "somente por meio da ação"[64] alcança-se perfeição.

---

64 Veja verso 19, comentário.

O Ser é onipresente e eterno. Ele não necessita de nada para realizar-Se. O homem O perde por permanecer no campo da atividade. Portanto, para realizá-Lo, ele tem simplesmente que sair[65] da atividade para engajar-se nos campos mais sutis de atividade até que esteja completamente fora do campo da atividade, no campo do Transcendente. Isto explica o princípio da iluminação por meio da ação.

Como um resultado direto desta atividade interior da meditação, a atividade exterior no mundo torna-se mais bem-sucedida, mais perfeita. É isto que o Senhor quer dizer quando fala: "Somente por meio da ação, na verdade, Janaka e outros adquiriram perfeição."

Cada ação começa da camada mais sutil da vida relativa, que já é quase una com o nível do Absoluto, com o Ser puro. Ela começa como um pensamento. O próprio pensamento passa por muitos estágios, do sutil ao grosseiro. Em um certo estágio, ele alcança aquele nível da mente onde é conscientemente experimentado como um pensamento, e pode então ser traduzido em palavra ou ação.

Por meio da prática da Meditação Transcendental, o pensamento começa a ser apreciado em um nível mais sutil. Aí ele é mais poderoso e resulta em uma ação mais bem-sucedida. Assim, pela experiência direta do Ser transcendental, por intermédio da ação de ir para dentro durante a meditação, o homem adquire não apenas liberdade espiritual mas também maior sucesso no mundo.

O contentamento e serenidade adquiridos por meio desta ação da meditação produz influências harmoniosas e de apoio à vida para todo o mundo. Ao elevar a consciência do homem, ele preenche seu coração com amor universal, que o induz a trabalhar pelo "bem-estar do mundo" de uma maneira muito natural.

Dever-se-ia lembrar que não é necessário um longo tempo de silenciosa meditação para se alcançar o Ser transcendental: apenas um mergulho no Ser por alguns minutos e a mente é infundida com a natureza da Consciência Pura, que a mantém enriquecida através de todas as atividades do dia. Este é o meio para viver a vida espiritual, que torna gloriosos até mesmo os aspectos físicos e materiais da vida no mundo.

65 Veja II, 45.

VERSO 21

यद्यदाचरति श्रेष्ठस्तत्तदेवेतरो जनः
स यत्प्रमाणं कुरुते लोकस्तदनुवर्तते

Yad yad ācharati shreshthas tat tad evetaro janaḥ
sa yat pramāṇaṁ kurute lokas tad anuvartate

Faça o que fizer um grande homem,
exatamente o mesmo é feito por outros homens.
Seja qual for o padrão que ele estabeleça,
o mundo o segue.

Um grande homem é aquele que vive a Consciência do Ser em sua vida diária e adquiriu um estado no qual mantém naturalmente seu alto status do Ser eterno, mesmo quando engajado na atividade e ao fazer bem aos outros.

Este verso descreve a tendência das massas em seguir o exemplo dos homens evoluídos. Ao mesmo tempo, ele toca o orgulho de Arjuna. Nisto está a grande habilidade do diálogo. Apesar de colocada indiretamente, é transmitida a Arjuna a ideia de que ele é venerado na sociedade e que as pessoas seguirão seu exemplo. Portanto, ele tem uma responsabilidade que vai além dos limites de seu próprio interesse.

Para a evolução de sua própria alma, espera-se que Arjuna levante-se e engaje-se na atividade. E mesmo que ele não se importe com sua própria evolução, cabe a ele abraçar a atividade por causa dos outros.

Os versos seguintes lançam mais luz a isto.

Verso 22

न मे पार्थास्ति कर्तव्यं त्रिषु लोकेषु किंचन
नानवाप्तमवाप्तव्यं वर्त एव च कर्मणि

Na me Pārthāsti kartavyaṁ trishu lokeshu kiṁchana
nānavāptam avāptavyaṁ varta eva cha karmaṇi

Nos três mundos não há ação que
Eu necessite realizar, ó Pārtha;
nem há para Mim nada digno de ser alcançado
que já não o tenha sido; mesmo assim
Eu estou engajado na ação.

Havendo mencionado "Janaka e outros" no verso 20, o Senhor aqui aponta a Si mesmo como um exemplo para ilustrar o princípio estabelecido no verso 21. Ele fala a partir de Seu estado absoluto de satisfação eterna.

Tendo trazido à luz a importância da ação na evolução do homem, e tendo mostrado a autenticidade deste princípio ao citar o exemplo de homens que viveram perfeição na vida por meio da ação, o Senhor revela agora a validade da ação no campo puro do Divino, que é completamente livre da atividade no campo relativo. Pode-se explicar que, enquanto o homem no estado de iluminação vive plenamente tanto a atividade quanto a Consciência Divina – já que sua vida tem dois aspectos, relativo e absoluto – não há traço de relatividade no campo divino, transcendente e puro do Senhor. Não obstante, o Senhor diz que Ele está "engajado na ação". O Senhor supremo da criação, reinando sobre os campos absoluto e relativo da vida e o refúgio de ambos, está "engajado na ação" – a atividade divina que permeia a continuidade da criação sempre-mutável.

Quando o Senhor fala sobre Si mesmo e os três mundos, Ele chama Arjuna de "Pārtha" para manter o refinado elo de amor entre Ele e Arjuna. Isto é habilidade no ensinamento. Arjuna deveria ver Senhor Kṛishṇa o mais próximo possível dele, e não longe como um alto ideal além de seu alcance.

Com "os três mundos" pretende-se dizer o campo inteiro da existência relativa.

Verso 23

यदि ह्यहं न वर्तेयं जातु कर्मण्यतन्द्रितः
मम वर्त्मानुवर्तन्ते मनुष्याः पार्थ सर्वशः
Yadi hyahaṁ na varteyaṁ jātu karmaṇyatandritaḥ
mama vartmānuvartante manushyāḥ Pārtha sarvashaḥ

O que aconteceria se Eu não continuasse
incansavelmente em atividade, ó Pārtha?
Os homens seguem Meu exemplo de todos os modos.

Com o objetivo de convencer Arjuna da verdade do grande princípio, o Senhor diz que não há como escapar do dever sem dar um exemplo pecaminoso no qual toda a sociedade estará envolvida.

Além disso, o Senhor salienta que Sua própria incessante atividade está na raiz de toda vida. A criação inteira é o aspecto manifestado de Seu Ser imanifestado. Permanecendo imanifestado, Ele manifesta-Se, e esta ação de manifestação se expressa como criação. Sua contínua atividade é responsável pela manutenção e evolução de tudo que existe; sem isto toda a criação seria reduzida a nada.

É assim que o Senhor explica Sua perpétua atividade, citando-a como um exemplo a ser seguido pelos outros.

VERSO 24

उत्सीदेयुरिमे लोका न कुर्यां कर्म चेदहम्
संकरस्य च कर्ता स्यामुपहन्यामिमाः प्रजाः
Utsīdeyur ime lokā na kuryāṁ karma ched aham
saṁkarasya cha kartā syām upahanyām imāḥ prajāḥ

Se Eu não Me engajasse na ação,
estes mundos pereceriam
e Eu seria a causa de confusão
e da destruição destas pessoas.

O princípio elaborado nos três versos anteriores é novamente enfatizado, e um ponto é trazido à luz, similar a aquele levantado por Arjuna nos versos 39 e 45 do primeiro capítulo. Naqueles versos, Arjuna disse que ao lutar ele causaria o rompimento da sociedade.

Neste verso, o Senhor, ao referir-Se a Si mesmo, vira a mesa sobre Arjuna. Ele mostra claramente a Arjuna, por meio de Seu próprio exemplo, que se ele não se engajar na ação corromperá toda a sociedade, e que seu mau exemplo será responsável por permitir que os valores da sociedade sejam destruídos.

A conclusão é que, mesmo se um homem tiver adquirido realização em sua própria vida, isto o obriga a agir pelos outros. Esta ideia é apresentada claramente no verso seguinte.

VERSO 25

सक्ताः कर्मण्यविद्वांसो यथा कुर्वन्ति भारत
कुर्याद्विद्वांस्तथासक्तश्चिकीर्षुर्लोकसंग्रहम्
Saktāḥ karmaṇyavidwāṁso yathā kurvanti Bhārata
kuryād vidwāṁs tathāsaktash chikīrshur lokasaṁgraham

Do modo como o insensato age por seu apego à ação,
ó Bhārata, assim deveria agir o sábio,
mas sem qualquer apego,
desejando o bem-estar do mundo.

O Senhor mostra a Arjuna que não há absolutamente nenhuma diferença entre a ação de um homem ignorante e a ação daquele que é iluminado; ação é ação, seja desempenhada pelo ignorante ou pelo iluminado. A diferença é encontrada apenas no resultado.

O resultado da ação de um homem ignorante é apreciado por ele mesmo e importa principalmente a ele, porque ele está apegado a este resultado; quando o agente está apegado à ação, o resultado da ação está naturalmente ligado ao agente. Mas quando o agente não está apegado à ação, os resultados não estão ligados a ele.

O homem ignorante age e se beneficia dos resultados de suas ações; uma vez que ele está ligado a estes resultados, estes criam uma impressão profunda nele. Os efeitos das ações do homem iluminado espalham-se pelo mundo e tudo se beneficia deles; a impressão do resultado passa através dele, deixando-o livre da escravidão da ação, porque ele tomou consciência do Ser como separado da atividade e age a partir desta base de satisfação eterna. Suas ações são em resposta às exigências do tempo; elas realizam as necessidades do seu ambiente. Os sábios são ferramentas nas mãos do Divino; eles inocentemente põem em prática o plano divino. Suas ações surgem de seus desejos pelo "bem-estar do mundo."

Verso 26

न बुद्धिभेदं जनयेदज्ञानां कर्मसङ्गिनाम्
जोषयेत्सर्वकर्माणि विद्वान्युक्तः समाचरन्
Na buddhibhedaṁ janayed agyānāṁ karmasanginām
joshayet sarvakarmāṇi vidwān yuktaḥ samācharan

Que o homem sábio não crie uma divisão nas mentes
dos ignorantes, que estão apegados à ação.
Estabelecido no Ser, ele deveria orientá-los a desempenhar
todas as ações, engajando-se adequadamente nelas.

"Que o homem sábio não crie uma divisão nas mentes dos ignorantes": o estado de um homem realizado é o resultado de muitos anos de desenvolvimento interior baseado em valores corretos na vida. Isto faz sua vida fluir naturalmente em canais corretos de conduta. Apesar de seu Ser estar acima dos domínios do certo e do errado, suas ações são, muito naturalmente, ações corretas. Ele é aconselhado neste verso a permitir ao homem ignorante cumprir seu dever. Ele deve evitar contar-lhe que o estado de iluminação é livre tanto do bem quanto do mal, e que todo o campo da relatividade é apenas o âmbito de ação dos três *Guṇas*, que não pertence ao seu Ser.

É talvez ainda mais importante que o homem sábio não confunda o ignorante ao falar-lhe sobre a natureza não-envolvida do Ser. O intelecto do homem que não está realizado é completamente envolvido com a atividade. O realizado não deve criar uma divisão na mente de tal homem. Ele não deve falar-lhe sobre a separação entre o Ser e a atividade, caso contrário, o homem ignorante pode perder interesse pela vida prática, e se isto acontece, ele nunca será capaz de alcançar realização. Não é a compreensão intelectual da separação do Divino e da atividade, mas sim a experiência deste estado, que traz iluminação a um homem. Para que se possa adquirir esta experiência e tornar-se estabelecido nela, a atividade consciente é necessária em ambos os campos da vida, superficial e sutil. O Senhor exorta o sábio: Ensine Meditação Transcendental ao homem ignorante para que ele possa engajar-se nas fases sutis da atividade e, desta forma, conheça o Ser transcendente em Sua verdadeira natureza destituída de qualquer atividade. Ensine a ele que, tendo adquirido esta percepção, ele deve continuar a agir na vida diária para que esta experiência possa tornar-se firmemente estabelecida na própria natureza de sua mente. E então dê a ele um exemplo ao "engajar-se adequadamente" em ações.

"Todas as ações": cada tipo de atividade é necessária para a vida no mundo, atividade do ego, intelecto, mente e corpo. Toda atividade, superficial e sutil, em cada campo da vida, tem seu lugar em nosso plano de evolução.

A atividade em níveis mais sutis é a atividade do processo do pensamento. Durante a meditação, o processo de experiência torna-se a cada momento mais e mais refinado e, finalmente, a mente transcende o nível mais refinado da atividade. O Senhor sugere que também esta refinada atividade não deve ser ignorada em meio à atividade grosseira de pensar, falar e agir. O sábio é levado a ver que toda atividade, superficial e sutil, é realizada por todo homem na sociedade na proporção correta – a atividade da vida diária deve ser suplementada pelas meditações da manhã e da tarde.

"Todas as ações" não subentende incluir ações incorretas. Isto foi mostrado nos versos 8 e 9.

Os próximos versos apresentam a justificativa do Senhor Kṛishṇa para o desempenho de toda ação correta pelo ignorante.

Verso 27

प्रकृतेः क्रियमाणानि गुणैः कर्माणि सर्वशः
अहंकारविमूढात्मा कर्ताहमिति मन्यते

Prakṛiteḥ kriyamāṇāni guṇaiḥ karmāṇi sarvashaḥ
ahaṁkāravimūdhātmā kartāham iti manyate

As ações são em todos os casos
desempenhadas pelos *Guṇas* da Natureza.
Aquele cuja mente está iludida pelo sentido de "eu",
considera "eu sou o agente".

Este verso revela o agente de todas as ações e oferece uma encantadora resposta à pergunta que naturalmente se apresenta quando, por meio da prática da Meditação Transcendental, começamos a viver em Consciência de Bem-Aventurança, começamos a nos sentir autossuficientes. Como pode a ação, que é sempre motivada por algum desejo, ser possível no estado de completa satisfação? A resposta à questão é: "As ações são em todos os casos desempenhadas pelos *Guṇas*".

Sattwa, *Rajas* e *Tamas* são os três *Guṇas* da Natureza (*Prakṛiti*). *Prakṛiti* é a força motivadora primordial. É o componente essencial da criação manifestada e está na base de toda atividade. É isto que o Senhor quer dizer quando fala que todas as ações e todos os acontecimentos na criação surgem dos três *Guṇas* e de suas permutações e combinações.

Um exemplo pode tornar claro como os *Guṇas* interagem. Quando um vácuo é criado em algum lugar na atmosfera, imediatamente começa um fluxo a partir de uma área de maior pressão. Esta é uma lei natural. Mas apesar do fluxo se iniciar a partir de uma área de maior pressão, a causa está no vácuo. É o vácuo que cria a situação. Da mesma forma, as correntes dos três *Guṇas* fluem para manter um equilíbrio entre eles mesmos. Eles fluem continuamente de um campo de experiência para outro, e assim criam e mantêm várias atividades de uma maneira natural. Todo o mundo fenomenal não é nada além da interação dos três *Guṇas*.

Os *Guṇas* encontram uma expressão, por exemplo, nos processos metabólicos do corpo, e com base neles surgem as sensações de fome e sede. A necessidade de comida e água está na esfera fisiológica, mas o ego sente "eu estou com fome", "eu estou com sede". Os *Guṇas* são responsáveis, de maneira similar, por todas as experiências. Eles são a base de todos os eventos e atividades, mas o ego os toma para si e sente "eu estou agindo".

Enquanto o Ser não for experimentado como separado da atividade, a mente permanece "iludida" acerca de seu próprio status e seu relacionamento com a atividade; associando-se com a natureza dos *Guṇas*, ela assume a autoria da ação, que na verdade pertence aos *Guṇas*. É assim que, através da ignorância de seu próprio Ser, o homem cai no cativeiro da ação.

Verso 28

तत्त्ववित्तु महाबाहो गुणकर्मविभागयो:
गुणा गुणेषु वर्तन्त इति मत्वा न सज्जते
Tattwavit tu Mahābāho guṇakarmavibhāgayoḥ
guṇā guṇeshu vartanta iti matwā na sajjate

Mas aquele que conhece a verdade sobre
as divisões dos *Guṇas* e suas ações,
ó de braços poderosos, sabendo que
os *Guṇas* é que agem com base nos *Guṇas*,
ele permanece desapegado.

Este verso, em contraste com o precedente, mostra o estado de mente do homem que é realizado, e ao mesmo tempo oferece uma visão do processo de realização por meio do conhecimento dos três *Guṇas*.

Existem três *Guṇas* que constituem *Prakṛiti*. *Prakṛiti* é estruturada em oito níveis.[66] Isto dá lugar a vinte e quatro divisões no campo dos *Guṇas*. O conhecimento destas vinte e quatro divisões e suas ações libera o homem da escravidão da ação, ao mostrar como os aspectos objetivos e subjetivos de nossa vida emanam dos *Guṇas*, e como o Ser é eternamente não-envolvido com qualquer coisa no campo manifestado da vida.

O caminho da liberação da escravidão estabelecido aqui tem as importantes características que se seguem:

1. O conhecimento tem que ser completo e abrangente, pois o Senhor diz: "aquele que conhece a verdade".

2. O conhecimento deve ser sobre
(a) "os *Guṇas*",
(b) suas "divisões",
(c) suas "ações".

3. O conhecimento tem que ser também sobre a interação dos *Guṇas*; deve-se saber que os *Guṇas* são, eles mesmos, o sujeito, o objeto e o relacionamento sujeito-objeto; e que eles constituem a totalidade da existência fenomenal. Pois o Senhor diz: "os *Guṇas* é que agem com base nos *Guṇas*".

Tendo no verso anterior atribuído a autoria da ação aos três *Guṇas*, o Senhor neste verso diz que aquele que conhece a verdade sobre os três *Guṇas* e suas ações "permanece desapegado".

A pergunta pode ser feita: A compreensão intelectual dos *Guṇas* é suficiente para trazer liberdade? Se a compreensão intelectual pudesse preencher as condições de conhecimento colocadas acima, então, de acordo com este verso, ela poderia certamente tornar o

66 Veja VII, 4.

homem suficientemente "desapegado" para ser completamente livre. Mas é duvidoso se a "verdade" sobre os três *Guṇas* e suas interações podem ser conhecidas apenas no nível da compreensão intelectual, sem conhecer diretamente a natureza dos *Guṇas* no nível mais sutil da criação.

Surge então a questão: Qual é o meio para tal compreensão direta? A resposta é simples. Os *Guṇas* são o aspecto mais refinado da criação. Portanto, se um homem pudesse levar sua atenção ao nível mais sutil da criação, seria possível conhecer o que são os *Guṇas*, suas divisões e todos os detalhes relacionados a suas ações. De fato, todo este conhecimento é adquirido durante a Meditação Transcendental, quando a mente está a ponto de transcender o estado mais sutil do objeto de atenção. Consequentemente, a frase do Senhor: "aquele que conhece a verdade sobre... os *Guṇas*" pode ser considerada como incluindo em seu alcance o ensinamento "Esteja sem os três *Guṇas*", pois este é o meio de conhecer "a verdade" no nível mais sutil da criação.

Uma vez estabelecido em Consciência Transcendental, o estado sem os três *Guṇas*, o conhecedor da Realidade sabe, por experiência, que a esfera da ação está na superfície de sua vida e é separada de sua existência real. Assim, "aquele que conhece a verdade" não quer dizer apenas aquele que conhece "as divisões dos *Guṇas* e suas ações", mas também aquele que tornou-se consciente do Ser como separado da atividade. Este estado natural de separação da ação, adquirido por meio da prática da Meditação Transcendental, é a base de seu permanecer "desapegado". Quando o estado do Ser, ou Consciência Pura, está firmemente estabelecido na própria natureza da mente, vive-se muito naturalmente este estado de existência pura separado do campo da atividade, mesmo quando o ego, intelecto, mente e sentidos estão engajados na ação. Percebe-se que o campo da atividade permanece na esfera de ação dos três *Guṇas* e não está mais intimamente conectado com nossa existência. É assim que o homem naturalmente "permanece desapegado" em meio à atividade. Este estado de conhecimento preenche todo o campo de nossa compreensão. É por isso que o Senhor diz: "sabendo que os *Guṇas* é que agem com base nos *Guṇas*, ele permanece desapegado".

Este verso fala da ação em termos de liberdade por meio do conhecimento de Sāṁkhya, mas como este conhecimento se completa apenas por intermédio do processo de experiência direta, ele inclui a técnica e a filosofia do Yoga. Portanto, o Senhor neste verso coloca juntas as filosofias de Sāṁkhya e Yoga, descritas separadamente no segundo capítulo, e inicia um princípio de libertação da escravidão do *Karma*, resultante do efeito combinado dos dois ensinamentos. Isto oferece a base de *Karma Yoga* e os fundamentos para sua realização.

Todo o propósito deste verso, apesar de falar em termos dos *Guṇas*, é de esclarecer sobre o estado de plenitude de vida em Consciência de Bem-Aventurança absoluta – *Jīvan-mukti.*

Verso 29

प्रकृतेर्गुणसंमूढाः सज्जन्ते गुणकर्मसु
तानकृत्स्नविदो मन्दान्कृत्स्नविन्न विचालयेत्

Prakṛiter guṇasaṁmūdhāḥ sajjante guṇakarmasu
tān akṛitsnavido mandān kṛitsnavin na vichālayet

Aqueles iludidos pelos *Guṇas* da Natureza
estão apegados às ações dos *Guṇas*.
Que aquele que conhece o todo
não confunda os ignorantes,
que conhecem apenas a parte.

Novamente o Senhor alerta o homem iluminado a não impor sua compreensão da vida ao não-iluminado. A razão para isto é que o homem iluminado, estabelecido no Ser, tem uma base permanente na qual se manter; a partir daí ele vê o mundo como a interação dos três *Guṇas*, e sabe, por experiência, que os efeitos de *Sattwa*, *Rajas* e *Tamas* não têm relação com ele. Se o homem ignorante tenta copiar o estado do iluminado na sua própria vida, então ele criará confusão em seu comportamento, e sua ação pode cair em um padrão no qual a noção de bem e mal no campo da vida prática está corroída. Um homem assim não será útil nem a si mesmo nem aos outros. Após cometer um roubo, o homem não-iluminado pode dizer que eram apenas os três *Guṇas* reagindo entre si, enquanto seu Ser não estava envolvido, assim ele não é o responsável. Ele não fez nada! É por isso que o Senhor adverte os iluminados a não revelar o estado interior de suas mentes aos ignorantes.

A conclusão é que, se o homem iluminado quer abençoar alguém que é ignorante, ele deve alcançá-lo no nível[67] de ignorância deste e tentar elevá-lo a partir de lá, ao dar-lhe a chave para transcender, para que possa adquirir Consciência de Bem-Aventurança e experimentar a Realidade da vida. Ele não deve falar-lhe sobre o nível do realizado, pois isto apenas o confundiria.

Verso 30

मयि सर्वाणि कर्माणि संन्यस्याध्यात्मचेतसा
निराशीर्निर्ममो भूत्वा युध्यस्व विगतज्वरः
Mayi sarvāṇi karmāṇi saṁnyasyādhyātmachetasā
nirāshīr nirmamo bhūtwā yudhyaswa vigatajvaraḥ

Entregando todas as ações a Mim
ao manter tua consciência no Ser,
livre do desejar e do sentido de "meu",
luta, salvo da febre (da ilusão).

Como toda a criação é o jogo dos três *Guṇas*, o Senhor diz a Arjuna para contatar a fonte dos três *Guṇas*. Ao levar a atenção à Consciência Transcendental e tornar-se estabelecido naquele campo do Ser, Ele diz, você será libertado de todas as atividades e suas influências. Neste estado de liberdade e satisfação, levante e lute.

Este verso é complementar ao verso 28, pois o conhecimento da relatividade adquire plenitude na realização do Supremo. Além disso, mesmo para o conhecimento completo dos três *Guṇas*, que

---

67 Veja verso 35, comentário.

formam a base de toda a criação, é essencial uma profunda familiaridade com o Criador.

"Febre (da ilusão)": o Senhor relembra Arjuna da confusão que ele expressou no verso 2.

"Livre do desejar": porque adquiriu-se realização na vida (versos 17 e 18).

"Livre do... sentido de 'meu'": quando se adquiriu União com o Ser e desunião com o campo da atividade (versos 27 e 28), o "eu" deixa de assumir a autoria das ações e, desta forma, deixa de ser escravizado pelos seus frutos. Toda ação é automaticamente entregue ao Senhor da criação.

Durante o movimento para dentro da meditação, adquire-se uma experiência clara do Ser transcendente. Com a repetida prática de transcender, experimenta-se o próprio Ser à parte da atividade e Este é reconhecido como não-agente, mesmo que se esteja engajado na ação. Neste estado atribui-se toda atividade à força do Todo-Poderoso subjacente aos *Guṇas*, suas divisões e suas ações (verso 28). Permanece-se fixo no Ser, enquanto o Senhor é reconhecido como o autor de todas as ações, executando-as por intermédio da atuação dos *Guṇas*.

Os passos pelos quais este estado é alcançado são os seguintes: por meio da prática da Meditação Transcendental experimenta-se primeiro o Ser, e então, como resultado desta experiência tornar-se mais profunda e mais clara, experimenta-se a separação do Ser da atividade. Novamente, à medida que esta experiência de separação torna-se mais profunda e mais clara, o homem é iluminado pelo conhecimento dos mecanismos da atividade (versos 23, 24, 27 e 28). Este conhecimento revela a verdadeira posição do homem na organização das coisas e seu relacionamento com a atividade e com o Senhor de toda a criação. Isto o abastece com uma base forte para a vida eterna em Consciência de Deus. A glória da presente exposição é esta: em virtude de se adquirir proficiência na arte da ação, estabelece-se para sempre uma conexão direta com Deus.

A entrega de todas as ações a Deus é a Realidade viva da vida de um homem. Não é um pensamento fantasioso ou um estado de espírito de entrega. É a Verdade de sua vida na atividade.

O alcance da entrega não é restrito a nenhum aspecto da vida, abrange todas as esferas da existência do homem, física, mental e espiritual. Portanto, certamente inclui a mente e o intelecto. Mas encarar este estado de entrega da ação a Deus meramente como um ato da mente, um pensamento ou sentimento, é fazer injustiça ao princípio trazido à luz por este verso.

"Ao manter tua consciência no Ser" significa manter Consciência do Ser ao desempenhar a ação. A manutenção da Consciência do Ser transcendental junto com a atividade no estado de consciência de vigília requer a coexistência de dois estados de consciência. A habilidade do sistema nervoso do homem, que é a maquinaria física por meio da qual a consciência se expressa, tem que ser desenvolvida para expressar estes dois estados simultaneamente. Isto é alcançado ao interromper-se regularmente a atividade do estado de consciência de vigília com períodos de silêncio em Consciência Transcendental. Quando, por meio desta prática, o sistema nervoso foi definitivamente condicionado a manter estes dois estados juntos, então a consciência permanece sempre centrada no Ser. O Senhor explica que este centrar da consciência no Ser é o modo de "entregar todas as ações a Mim".

Verso 31

ये मे मतमिदं नित्यमनुतिष्ठन्ति मानवा:
श्रद्धावन्तोऽनसूयन्तो मुच्यन्ते तेऽपि कर्मभि:

Ye me matam idaṁ nityam anutishthanti mānavāḥ
shraddhāvanto 'nasūyanto muchyante te 'pi karmabhiḥ

Aqueles homens que são dotados de fé,
que não criticam e sempre seguem este Meu ensinamento,
eles também são libertados da ação.

O ensinamento do verso anterior foi direcionado especificamente a Arjuna, pois o Senhor disse a ele: "lute". O presente verso estende o ensinamento a todos os homens, em todos os tempos.

"Dotados de fé" significa que a fé é firme, que é permanente. Quando um homem tornou-se estabelecido na fé, ele é libertado da dúvida e, portanto, para de criticar.

Não criticar e não falar mal dos outros é considerado um requisito essencial para a realização de Deus e a liberdade da escravidão. Quando um homem fala mal de outros, compartilha dos pecados daqueles dos quais ele fala. Assim, tal homem absorve cada vez mais influência negativa para si mesmo; quer dizer, ele cai ainda mais profundo na impureza. Aqui o Senhor quer dizer: aqueles que são devotados e que sentem-se plenos em si mesmos, não criticam a Mim e a Meu ensinamento; eles são libertados da escravidão.

Os benefícios do ensinamento são adquiridos apenas quando se começa a praticá-lo. O ensinamento do Senhor nos três versos anteriores é tão completo, que sua prática pode resultar em nada menos do que a realização da vida. É possível que não se consiga dominar intelectualmente o alcance e importância do ensinamento, mas aqueles que fielmente o praticam, mesmo sem compreendê-lo, "eles também são libertados da ação" – eles também conhecem aquela satisfação eterna em Consciência de Bem-Aventurança, que estabelece o Ser como separado da atividade e, portanto, traz realização em Consciência de Deus.

Verso 32

ये त्वेतदभ्यसूयन्तो नानुतिष्ठन्ति मे मतम्
सर्वज्ञानविमूढांस्तान्विद्धि नष्टानचेतसः

Ye twetad abhyasūyanto nānutishthanti me matam
sarvagyānavimūdhāṁs tān viddhi nashtān achetasaḥ

Mas aqueles que criticam e não seguem Meu ensinamento, considera-os enganados sobre todo o conhecimento, condenados e sem sentido.

As palavras do Senhor são simples e eficazes.

"Aqueles que criticam", o fazem porque, não compreendendo, começam a discordar.

Eles "não seguem Meu ensinamento" significa que eles não compreendem o ensinamento e não o colocam em prática; eles não investigam a natureza dos três *Guṇas* ou a Realidade que repousa além.

"Enganados sobre todo o conhecimento" significa confusos sobre o conhecimento da existência relativa e sobre a natureza da Realidade absoluta.

"Todo o conhecimento": conhecimento sobre as divisões dos *Guṇas* e suas ações (versos 27 e 28); conhecimento sobre o Ser como separado do campo da ação (versos 17 e 18); conhecimento sobre o grande Senhor de toda a criação presidindo o campo absoluto do Ser e o campo relativo dos *Guṇas* (versos 30 e 31); e conhecimento sobre a atividade do Senhor (versos 22 e 23).

"Condenados": o propósito de suas vidas está perdido. Eles não podem encontrar realização no mundo e estão perdidos para o Divino. Eles não conseguem viver Consciência de Bem-Aventurança e assim permanecem em sofrimento.

"Sem sentido": sem valores apropriados na vida e privados de Consciência Pura. Eles não atingiram o estado do Ser. Eles não experimentaram o Ser como separado da atividade; o ser deles está envolvido na atividade, não está em sua própria natureza. Por esta razão o Senhor diz que são "sem sentido", com se fossem sem vida, sem consciência.

Neste verso o Senhor declara que a realização do estado de todo conhecimento é o único meio para a salvação e sucesso na vida; não há outro meio.

VERSO 33

सदृशं चेष्टते स्वस्याः प्रकृतेर्ज्ञानवानपि
प्रकृतिं यान्ति भूतानि निग्रहः किं करिष्यति

Sadṛishaṁ cheshtate swasyāḥ prakṛiter gyānavān api
prakṛitiṁ yānti bhūtāni nigrahaḥ kiṁ karishyati

As criaturas seguem sua própria natureza.
Mesmo o homem iluminado age
de acordo com sua própria natureza.
O que pode realizar a restrição?

Este verso traz à luz a verdade de que a liberdade da escravidão é ganha de uma maneira natural. O Senhor contesta a validade do controle no caminho da iluminação. Ele sugere introduzir-se um meio natural de vida para a realização. No campo da atividade, não é desejável criar estresse e tensão ao se tentar o controle, venha ele de dentro ou de fora. Todos devem proceder naturalmente, complementando o estado de Consciência Transcendental, adquirido durante a meditação, com a atividade da rotina diária, e assim estar seguros de atingir a realização.

Uma vez que a tendência natural da mente é em direção a maior felicidade, ela inevitavelmente encontrará satisfação na suprema felicidade que é a Consciência de Bem-Aventurança transcendental e elevar-se-á acima do "apego" (verso 34), que é a base da escravidão. Neste verso, ao condenar a "restrição", o Senhor aconselha Arjuna a aceitar as coisas facilmente[68] e não forçar mesmo para seguir o ensinamento.[69] A restrição, não sendo natural, não pode trazer aquele estado natural de vida onde o Ser permanece por Si mesmo no estado de não-apego, não-envolvido com atividade.

No verso anterior, o Senhor disse: "considera-os enganados sobre todo o conhecimento". Neste verso, Ele dá a chave para todo o conhecimento: para ser "libertado da ação" (verso 31) não é necessário usar a "restrição"; é necessário apenas elevar-se o nível de

---

68 Veja II, 40.
69 Veja verso 29, comentário.

consciência pela experiência do Ser, é necessário apenas tornar-se "iluminado". A "restrição" oferecida à atividade não "realiza" a meta, pois, como o próximo verso explica, a base natural da escravidão não está na mente ou nos sentidos, que são os únicos que podem ser influenciados pela restrição. O apego, a base da escravidão, não está dentro; ele está localizado do lado de fora, na região do objeto de experiência. Portanto, o não-apego não pode ser adquirido ao restringir-se a mente ou sentidos; mantê-los fora da atividade não cria um estado de não-apego; o não-apego não pode ser ganho pela não-atividade (verso 4) ou por qualquer tipo de restrição. Ele pode apenas ser alcançado ao se conhecer o Ser (verso 17) e ao se experimentar Sua separação da atividade (verso 28). Não há outro meio, pois as criaturas devem "seguir sua própria natureza". Elas devem engajar-se na atividade de acordo com o próprio nível de consciência delas, e, portanto, a iluminação, se é para ser de aplicação universal, deve ser possível independente do tipo de atividade na qual se está engajado. É por isso que o estado de iluminação, o estado do conhecimento, não pode ser adquirido por meio da restrição, que discrimina entre diferentes tipos de atividade. Este deve ocorrer no nível do Ser absoluto, no nível da realização do Ser, e completamente independente da atividade que o homem realiza "de acordo com sua própria natureza".

O próximo verso lança mais luz nisto.

VERSO 34

इन्द्रियस्येन्द्रियस्यार्थे रागद्वेषौ व्यवस्थितौ
तयोर्न वशमागच्छेत्तौ ह्यस्य परिपन्थिनौ

Indriyasyendriyasyārthe rāgadweshau vyavasthitau
tayor na vasham āgachchhet tau hyasya paripanthinau

O apego e a aversão de cada sentido estão
localizados no objeto daquele sentido;
que nenhum homem caia sob a influência deles,
pois ambos na verdade são inimigos bloqueando seu caminho.

O Senhor quer chamar a atenção para o fato de tudo ser bem e sabiamente estabelecido: que tudo permaneça em seu lugar. O apego e a aversão de cada sentido estão localizados no "objeto daquele sentido". Que eles permaneçam naquele campo e que o campo do Ser permaneça livre deles.

Este verso suplementa o verso anterior, pois mesmo a ideia da restrição envolve a mente nos objetos dos sentidos: para esquecê-los, a mente continua a pensar neles. E no momento em que a mente entra em contato com o objeto por intermédio dos sentidos, ela é influenciada por apego ou aversão, que está presente no objeto. Portanto, é errado pensar em termos de abstinência da atividade de experimentar como um meio de adquirir um estado de permanente liberdade do apego ou aversão, pois não é fisicamente possível permanecer sem atividade por todo o tempo.

O ensinamento é: perceba o Ser em Sua plenitude, perceba-O como separado da atividade; e isto vai automaticamente manter o Ser à parte do apego ou aversão em meio a toda atividade e na presença de todos os objetos dos sentidos.

No verso anterior, o Senhor pediu a Arjuna para não seguir o caminho da "restrição". Neste verso, ele coloca a atração e a aversão no mesmo nível: "ambos são na verdade inimigos bloqueando seu caminho".

Isto leva a uma importante conclusão no verso seguinte.

Verso 35

श्रेयान्स्वधर्मो विगुणः परधर्मात्स्वनुष्ठितात्
स्वधर्मे निधनं श्रेयः परधर्मो भयावहः

Shreyān swadharmo viguṇaḥ paradharmāt swanushthitāt
swadharme nidhanaṁ shreyaḥ paradharmo bhayāvahaḥ

Porque pode-se desempenhá-lo, o próprio *Dharma*,
(apesar de) menor em mérito, é melhor que o *Dharma* de outro.
É melhor a morte em seu próprio *Dharma*:
o *Dharma* de outro traz perigo.

A vida tem diferentes estágios de evolução. Para que o processo de evolução avance, é necessário que um estágio dê lugar ao próximo, e neste processo cada estágio sucessivo é de vital importância. O Senhor dá expressão a esta verdade ao estabelecer um princípio que tem sua importância a cada nível de evolução: "Porque pode-se desempenhá-lo, o próprio *Dharma*, (apesar de) menor em mérito, é melhor que o *Dharma* de outro".

Há pessoas em vários níveis de evolução, e cada nível tem um princípio-guia, um padrão próprio. Este princípio-guia, ou *Dharma*, de um nível superior, será adequado e prático para aquele nível, mas não o será para homens de menor desenvolvimento. O Senhor enfatiza que a pessoa deve seguir por seu próprio nível de consciência, pois somente ao segui-lo ele assegura alcançar o estágio seguinte de evolução. Com relação ao processo de evolução de vida, o próprio *Dharma* de uma pessoa é o mais adequado, mesmo que possa parecer "menor em mérito" quando comparado com o *Dharma* de outro. O verdadeiro mérito do *Dharma* está em sua utilidade em promover evolução da maneira mais eficaz.

Quando a vida em determinado estágio é promovida a um nível superior pelo *Dharma* deste nível, começa então a ser governada pelo *Dharma* daquele estágio superior. É assim que, estágio a estágio, a vida evolui por intermédio do *Dharma* de diferentes estágios de evolução. Comparativamente, o mérito do *Dharma* de seu estado atual pode ser menor que o *Dharma* de um estado superior, mas este mérito do *Dharma* em seu próprio nível é muito maior. O *First English Reader* é certamente inferior ao *Paradise* de Milton, mas é mais valioso para o estudante do primeiro grau porque é mais adequado para ele.

Se um homem tentasse seguir um *Dharma* adequado a outro mais desenvolvido, ele não seria capaz de colocá-lo em prática de forma bem-sucedida, e assim perderia seu tempo e energia. Isto pode chegar ao ponto de acarretar a perda do caminho de sua evolução. Seguindo seu próprio *Dharma*, mesmo que morra, ele naturalmente elevar-se-á a um estado superior de vida; mas se morrer tentando praticar o *Dharma* de outro, ele morrerá deslocado de seu próprio nível de desenvolvimento, em completa confusão sobre o caminho de sua evolução.

O Senhor diz: "É melhor a morte em seu próprio *Dharma*", e o motivo que Ele apresenta é que "o *Dharma* de outro traz perigo". Com isso, torna-se evidente que há um perigo ainda maior à vida que o fenômeno da morte.

A morte em si esta causa apenas uma pausa temporária no processo de evolução. Uma pausa assim não é de muito perigo à vida, pois tomando-se um novo corpo após a pausa, torna-se possível um progresso mais rápido de evolução da vida. Um perigo maior será alguma coisa que realmente retarde o processo de evolução.

Ao seguir o *Dharma* de outro, certamente produz-se algum efeito na própria vida, mas isto não terá nenhuma relação com o atual nível de evolução da pessoa, pois este só tem relação com seu próprio *Dharma*. O *Dharma* de outro pertence a um nível de evolução diferente do seu próprio. Uma vez que o homem tem liberdade de ação, ele certamente é capaz de tentar assumir a ação pertencente a diferentes níveis de evolução. Isto significa que ele é capaz de tentar desempenhar ações adequadas ao *Dharma* de outro. Mas se ele executa tais ações, ele perde a continuidade de progresso no nível a partir do qual ele poderia evoluir. Este é o maior perigo para a vida; que se viva a vida, o tempo passe, sem nenhum progresso no caminho da evolução.

O Senhor ensina que todos devem viver de acordo com o nível de seu próprio *Dharma*, pois isto assegurará progresso estável no caminho da evolução. Certamente há meios de se acelerar o próprio progresso, mas cada um deles começa com a elevação do nível atual e não ao abandoná-lo abruptamente.

Por ser este ensinamento uma exposição sobre *Yoga Shāstra*, é necessário considerar o *Dharma* não apenas no nível da vida relativa, o nível dos três *Guṇas* e suas atividades, mas também no nível do Ser, que é desprovido de atividade. O *Dharma* do Ser é eterno, enquanto o *Dharma* no campo relativo tem seus diferentes valores em diferentes níveis de atividade. A vida inclui estes dois tipos de *Dharma* – o *Dharma* eterno do Ser imutável e os estados mutáveis de *Dharma* em diferentes níveis da vida no campo relativo.

O ensinamento deste verso em seu mais alto nível é o seguinte: é melhor permanecer estabelecido no *Dharma* do Ser, que é Consciência de Bem-Aventurança Absoluta, do que partilhar do *Dharma* dos três *Guṇas* e entrar no domínio do apego e da aversão. Pois quando um homem está estabelecido em seu próprio *Dharma*, o *Dharma* do Ser, sua atividade é conduzida sob a influência direta da Natureza todo-poderosa e desfruta Seu pleno apoio; enquanto que se ele partilha do *Dharma* de outro, o *Dharma* dos três *Guṇas*, ele perde o apoio e patrocínio da Natureza todo-poderosa na vida cósmica, e sua atividade torna-se limitada pelas limitações da vida individual.

Assim como este princípio é verdadeiro para o *Dharma* do Ser, ele é igualmente verdadeiro para o *Dharma* dos três *Guṇas*. Que o campo da atividade não usurpe o campo do Ser. Apenas assim um homem pode viver naturalmente tanto o *Dharma* do Ser quanto o *Dharma* no campo da atividade em todos os níveis de evolução. O campo do Ser e o campo da atividade serão mantidos para sempre em seu pleno valor. O homem viverá liberdade eterna em meio a todo sucesso nas diferentes esferas de atividade na vida, individual e social.

Quando o corpo de um homem realizado encontra a morte e o sistema nervoso finalmente cessa de funcionar, o Ser permanece estabelecido em Seu próprio *Dharma*, o *Dharma* eterno do Ser, enquanto que a esfera dos três *Guṇas* continua em seu *Dharma* de ininterrupta mudança, transformando o corpo morto em seus diferentes elementos constituintes. Neste caso, a morte se relaciona apenas com a cessação da atividade individual, deixando o Ser em Seu estado ilimitado de eterna liberdade. Tal morte é simplesmente uma silenciosa declaração de não retorno – não retorno ao ciclo de nascimento e morte. Quando o Senhor diz: "É melhor a morte em seu próprio *Dharma*", Ele não está exaltando a morte; Ele está somente estabelecendo um princípio de adquirir aquele estado do Ser eterno, no qual a morte perde seu deplorável significado.

Esta é então a resposta do Senhor a toda a preocupação que Arjuna demonstrou em relação ao *Dharma* nos versos 40 a 45 do primeiro capítulo. Enquanto Arjuna considerou o *Dharma* principalmente no nível do comportamento, no nível do aspecto superficial da vida relativa, a reflexão do Senhor sobre o *Dharma* vem da própria base da vida, do nível do Ser, a base dos três *Guṇas*. Considerado deste nível fundamental da vida, o *Dharma* fornecerá uma solução para qualquer problema em qualquer estágio de evolução da vida.

VERSO 36

अर्जुन उवाच
अथ केन प्रयुक्तोऽयं पापं चरति पूरुषः
अनिच्छन्नपि वार्ष्णेय बलादिव नियोजितः
Arjuna uvācha
Atha kena prayukto 'yaṁ pāpaṁ charati pūrushaḥ
anichchhann api Vārshṇeya balād iva niyojitaḥ

Arjuna disse:
O que é isto que impele um homem a cometer pecado,
mesmo involuntariamente,
como que levado à força, ó Vārshṇeya?

"Vārshṇeya": Senhor Kṛishṇa, um membro da família Vṛishṇi pertencente ao clã Yādava.

Arjuna faz uma pergunta prática e essencial; ele quer saber que força é aquela que está dirigindo Duryodhana e seus defensores, e que pode levá-lo pessoalmente a cometer o grande pecado de matar seus parentes.

Um ladrão sabe que está cometendo um pecado e que isto resultará em punição. Ainda assim ele não é capaz de resistir. O que é isto?

Tendo ouvido a profunda filosofia do Ser divino interior como sendo separado do campo da atividade, havendo compreendido claramente, do verso anterior, que é perigoso para o Ser cair de Seu *Dharma* de existência eterna para a esfera do *Dharma* na natureza sempre mutável dos três *Guṇas*, Arjuna espanta-se ao ver que esta verdade sobre a separação do Ser e atividade, que é o estado natural da vida, não é manifesto na vida diária das pessoas. É por isso que ele faz a pergunta neste verso. Ele quer entender a força que rouba o homem da Realidade de sua existência.

VERSO 37

श्रीभगवानुवाच
काम एष क्रोध एष रजोगुणसमुद्भवः
महाशनो महापाप्मा विद्ध्येनमिह वैरिणम्
Shrī Bhagavān uvācha
Kāma esha krodha esha rajoguṇasamudbhavaḥ
mahāshano mahāpāpmā viddhyenam iha vairiṇam

O Abençoado Senhor disse:
É o desejo, é a ira, nascidos de *Rajo-guṇa*,
que tudo consomem e os mais malignos.
Considere-os como o inimigo aqui na Terra.

"*Rajo-guṇa*": *Rajas*, um dos três *Guṇas* da Natureza. Ele é responsável pelo movimento e energia.

É o desejo que estabelece o contato dos sentidos com seus objetos, e desta forma influencia o Ser por meio do apego ou aversão (verso 34), que por sua vez cria um estímulo para a atividade envolvendo o ser.

A Consciência do Ser, Consciência Pura imanifestada, manifesta-se como vibração – a consciência vibra e torna-se mente consciente, e surge um pensamento. O processo de manifestação continua e o pensamento revela-se em um desejo. O desejo é consciência em vibração colocada em movimento e canalizada em uma direção particular. É apenas movimento superposto à Consciência Pura sempre sem movimento; e isto é em virtude de *Rajo-guṇa*.

Quando o fluxo de um determinado desejo é obstruído por outro fluxo, é produzida energia no ponto de colisão, e esta inflama-se em ira, que perturba, confunde e destrói a harmonia e o fluxo suave do desejo. Assim, a confusão é criada no campo manifestado da Realidade, e o propósito da manifestação, que é a expansão da felicidade, é prejudicado; o verdadeiro propósito da criação é frustrado.

É por isso que o Senhor chama a ira de "o inimigo". É como um redemoinho em um rio, que ameaça perturbar o fluxo suave de tudo que passe por ele. É como o fogo que queima tudo em seu caminho.

A ira é considerada como o maior mal, mutilando o próprio objetivo da criação.

Aqui, tanto o desejo quanto a ira são acusados. Enquanto a ira destrói o propósito da criação, o desejo mantém a mente flutuando no campo da experiência sensorial e é, desta forma, responsável pelo fato da mente envolver o Ser com a ação, a menos que o ser tenha adquirido estabilidade em sua própria natureza. E assim a liberdade eterna natural do Ser é ensombrecida. O desejo no estado de ignorância ensombrece a natureza pura do ser, que é Consciência de Bem-Aventurança Absoluta, e isto mantém a vida em escravidão e sofrimento.

"Que tudo consomem": esta expressão é precedida por "nascidos de *Rajo-guṇa*". Isto sugere que o desejo também tem a capacidade natural tanto de apoiar todo o campo dos três *Guṇas* quanto de destruir todos os seus propósitos, pois tem sua origem em *Rajo-guṇa*, que é responsável pelo funcionamento de *Sattwa* e *Tamas*,[70] e está na base de todas as forças construtivas e destrutivas da Natureza. O Senhor não discute aqui o aspecto apoiador e mantenedor do desejo, pois no atual contexto Ele está analisando a própria natureza do desejo em trazer o Ser para fora de Si mesmo. Assim, o desejo é daqueles "que tudo consomem e os mais malignos", pois ensombrece a natureza real do Ser e, assim, obscurece a Consciência de Bem-Aventurança Absoluta, a verdadeira natureza da vida eterna.

A natureza do desejo, como trazida à luz aqui pelo Senhor, aplica-se tão somente enquanto não se tenha ganho iluminação. Ela é verdadeira apenas em um buscador, um homem ignorante, e não em um homem realizado. Quando se adquire a experiência do Ser como separado da atividade, o desejo deixa de ser "o inimigo aqui na Terra", porque então ele é mantido apenas pelos três *Guṇas*, enquanto o Ser permanece completamente livre de sua influência.

No restante deste capítulo, o Senhor continua a refletir sobre a natureza da ira e do desejo, e ao final apresenta um meio para conquistar estes inimigos da vida.

---

70 Veja II, 45, comentário.

Verso 38

धूमेनाव्रियते वह्निर्यथादर्शो मलेन च
यथोल्बेनावृतो गर्भस्तथा तेनेदमावृतम्

Dhūmenāvriyate vahnir yathādarsho malena cha
yatholbenāvṛito garbhas tathā tenedam āvṛitam

Assim como o fogo é coberto pela fumaça,
um espelho pela poeira,
como um embrião é coberto pelo âmnio,
assim Isto é coberto por aquilo.

"Isto é coberto por aquilo": a Consciência Pura é encoberta pelos desejos.

Há três metáforas neste verso, cada uma com seu próprio significado.

A fumaça surge do fogo e o cobre: o desejo surge da Consciência Pura e a encobre.

O espelho é coberto pela poeira, que vem de fora. A fonte do desejo repousa fora do campo do Ser, no campo dos *Guṇas*. Este estímulo externo cria um desejo e cobre o Ser puro. Portanto, pode-se dizer que o desejo vindo de fora cobre o Ser, assim como a poeira cobre um espelho.

Assim como o âmnio, ao cobrir o embrião, protege-o e mantém-no vivo; assim também o desejo, ao ensombrecer o Ser, protege e dá vida aos seres, os alimenta e os mantém vivos.

Portanto, é o desejo que, de toda maneira, esconde a natureza não-envolvida do Ser e deixa-O por assim dizer envolvido, e como que limitado pela atividade.

VERSO 39

आवृतं ज्ञानमेतेन ज्ञानिनो नित्यवैरिणा
कामरूपेण कौन्तेय दुष्पूरेणानलेन च

Āvṛitaṁ gyānam etena gyānino nityavairiṇā
kāmarūpeṇa Kaunteya dushpūreṇānalena cha

A sabedoria é encoberta por esta insaciável chama do desejo, que é o constante inimigo dos sábios, ó filho de Kuntī.

"Sabedoria": veja verso 32.

O desejo, como definido no verso 37, é como um fogo inextinguível, pois o fluxo do desejo em uma direção determinada, sendo movido pela experiência de felicidade ou pela procura desta, continua a fluir ponto a ponto, não havendo nenhum ponto no campo da relatividade que finalmente satisfaça seu anseio por maior felicidade.

É assim que a incessante atividade do desejo continua a manter um íntimo elo de associação entre o ser e o mundo exterior, mantendo desta forma o ser de certo modo ligado ao campo da ação. O desejo não permite ao ser continuar não-envolvido com o campo da ação, apesar de que toda atividade é na realidade conduzida pelos três *Guṇas*.

"Os sábios" neste contexto são aqueles que conhecem "a verdade sobre as divisões dos *Guṇas* e suas ações" e "que os *Guṇas* é que agem com base nos *Guṇas*", como explicado no verso 28. Os sábios são aqueles que, estabelecidos no conhecimento dos três *Guṇas*, permanecem não-envolvidos com o campo da ação. Quando o Senhor diz neste verso que o desejo "é o constante inimigo dos sábios", Ele está alertando estudantes de Sāṁkhya de que a mera compreensão intelectual dos três *Guṇas* não é suficiente para estabelecer o Ser como não-envolvido com a ação e seus frutos. É necessário elevar-se acima da influência do desejo. Mas enquanto a vida continua, ela deve ser no campo dos desejos. Nenhum homem prático poderia jamais estar sem desejos. Quando o Senhor diz: "A sabedoria é escondida por esta insaciável chama do desejo, que é o constante inimigo dos sábios", Ele não tenciona estabelecer o princípio de que o desejo deve ser erradicado, pois isto não é fisicamente possível. Qualquer tentativa nesta direção simplesmente tornará a vida apática, inútil ou tensa.

O propósito do Senhor é colocar os fatos diante de Arjuna. E então dar a ele uma técnica pela qual ele pode elevar-se facilmente acima da influência escravizante do desejo e tornar sua vida mais brilhante, bem-sucedida e realizada em todos os níveis. O Senhor explica claramente os mecanismos da escravidão, para que Arjuna possa ser capaz de perceber mais facilmente que elevar-se acima deste cativeiro e viver uma vida de liberdade eterna não é difícil, e sim fácil. Neste verso, a grande ênfase sobre a inimizade dos desejos demonstra implicitamente que o Senhor está levando Arjuna a um caminho que transformará a influência do desejo de inimizade para utilidade. Os desejos deixarão de ser o "inimigo dos sábios"; eles provarão ser apoiadores dos sábios e trarão a eles realização de todos os lados.

O Senhor, a partir de Sua grande bondade, vai dar a Arjuna uma técnica simples para transformar toda a maquinaria que dá lugar ao desejo. Uma técnica para transformar a mente e o coração, de tal forma que o surgimento dos desejos e todas as suas atividades sirvam como grandes ondas de amor e bem-aventurança no oceano ilimitado da Unidade da Consciência de Deus. Isto requer dar um padrão à maquinaria que cria o desejo – sentidos, mente e intelecto – para que mesmo ao permanecer no campo do desejo, ela se mantenha livre do impacto do desejo. Isto permite ao Ser continuar não-envolvido, deixando que os desejos sejam conduzidos pelos três *Guṇas*, em virtude dos quais eles surgem, crescem e têm sua atividade.

O verso seguinte analisa a maquinaria que dá lugar aos desejos. E os versos restantes deste capítulo são devotados a apresentar o mais básico e, ao mesmo tempo, mais avançado ensinamento da técnica com a qual o homem livra-se da influência escravizante dos desejos.

Verso 40

इन्द्रियाणि मनो बुद्धिरस्याधिष्ठानमुच्यते
एतैर्विमोहयत्येष ज्ञानमावृत्य देहिनम्

Indriyāṇi mano buddhir asyādhishthānam uchyate
etair vimohayatyesha gyānam āvṛitya dehinam

Os sentidos, a mente e o intelecto são considerados sua sede.
Ao ensombrecer a sabedoria por meio destes,
ele ilude o residente no corpo.

Até agora o Senhor tem explicado que a perda da sabedoria é causada principalmente pelo incessante engajamento da mente no campo da atividade, em desejar. Agora Ele começa a descrever um meio por intermédio do qual pode-se influenciar o aspecto subjetivo da vida, que é responsável por todo desejo e atividade. Esta influência deve ser tal que, por um lado não permita que os desejos ensombreçam o Ser e, por outro que traga realização a eles, trazendo assim sucesso e salvação à vida.

O Senhor descreve primeiro a maquinaria subjetiva responsável por tornar concreta a essência abstrata do desejo. Por meio do intelecto, mente e sentidos, o desejo abstrato, na forma de um pensamento, toma uma forma concreta. Como resultado, o Ser torna-se como que envolvido com o campo da atividade. É assim que a natureza não-envolvida do Ser é como que iludida. A sabedoria que sustenta o Ser como sendo não-envolvido e fora da limitação é ensombrecida pelos sentidos, mente e intelecto entrando em ação sob a influência do desejo.

Tendo apresentado os sentidos como sendo os meios diretos por intermédio dos quais os desejos funcionam, o Senhor, no verso seguinte, enfatiza a necessidade dos sentidos serem condicionados a tornarem-se livres da natureza ensombrecedora dos desejos.

Verso 41

तस्मात्त्वमिन्द्रियाण्यादौ नियम्य भरतर्षभ
पाप्मानं प्रजहि ह्येनं ज्ञानविज्ञाननाशनम्

Tasmāt twam indriyāṇyādau niyamya Bharatarshabha
pāpmānaṁ prajahi hyenaṁ gyānavigyānanāshanam

Portanto, havendo primeiro organizado os sentidos,
ó melhor dos Bhāratas, livra-te deste mal,
o destruidor do conhecimento e da realização.

"Organizado": a palavra sânscrita usada no texto é "*Niyamya*", que significa literalmente tendo introduzido lei e ordem, tendo organizado alguma coisa para funcionar de maneira ordenada. Mesmo a palavra "organizar" é inadequada para transmitir o significado correto, mas ela foi escolhida para evitar o sentido de controle e restrição, que tem sido geralmente sugerida por comentaristas e que tem apenas mutilado todo o significado e propósito do ensinamento.

Este verso revela um princípio fundamental, mostrando como tornar a vida livre "deste mal" do desejo, deixando-a em plenitude e liberdade em Consciência Divina.

O verso anterior declarou os sentidos, mente e intelecto como a "sede" do desejo. Ao ensinar Arjuna como regular e organizar o fluxo do desejo, para que este possa parar de ensombrecer a natureza essencial do Ser, o Senhor começa com uma consideração no campo dos sentidos; pois os sentidos são a nascente de onde fluem todas as correntes do desejo.

Em uma montanha, várias correntes subterrâneas de água fluem de todas as direções e todas elas encontram um escoadouro comum em uma nascente. O único modo de organizar todas estas correntes subterrâneas é organizar o escoadouro. Os desejos nos campos do intelecto e mente são como correntes subterrâneas. O campo dos sentidos é como o escoadouro do qual todas as correntes emergem a céu aberto. Ao controlar o escoadouro, é bem possível usar todo o fluxo de água com vantagem. De acordo com este verso, organizar o escoadouro, organizar os sentidos, é o modo de fazer o melhor uso das correntes subterrâneas dos desejos.

O conselho aqui não é abandonar ou matar os desejos, não é controlar os desejos como tais, mas controlar o escoadouro dos desejos ao organizar os sentidos. O propósito é de oferecer um padrão ao funcionamento dos sentidos para que a atividade deles esteja sempre, naturalmente, em concordância com as Leis da Natureza conduzindo o processo de evolução. Este é o meio simples e eficaz de "livrar-se deste mal, o destruidor do conhecimento e da realização".

Organizar os sentidos está na raiz de toda verdadeira realização na vida. Os versos que se seguem expõem a técnica.

Verso 42

इन्द्रियाणि पराण्याहुरिन्द्रियेभ्यः परं मनः
मनसस्तु परा बुद्धिर्यो बुद्धेः परतस्तु सः
Indriyāni parāṇyāhur indriyebhyaḥ paraṁ manaḥ
manasas tu parā buddhir yo buddheḥ paratas tu saḥ

Os sentidos, dizem eles, são sutis;
mais sutil que os sentidos é a mente;
ainda mais refinado que a mente é o intelecto;
aquilo que está além até mesmo do intelecto é ele.

Após enfatizar no verso anterior a necessidade de organizar os sentidos, o Senhor indica agora a sequência dos aspectos mais sutis da vida subjetiva que repousam além dos sentidos. Isto é para encontrar a chave para organizar os sentidos.

Se alguém tem dificuldade em lidar com um funcionário, deve procurar seu superior hierárquico. No campo da vida interior, o Senhor diz: aquele que está além do intelecto é a mais alta autoridade de todas.

O próximo verso deixa claro que, ao contatá-lo, os sentidos são naturalmente subjugados.

Verso 43

एवं बुद्धेः परं बुद्ध्वा संस्तभ्यात्मानमात्मना
जहि शत्रुं महाबाहो कामरूपं दुरासदम्

Evaṁ buddheḥ paraṁ buddhwā saṁstabhyātmānam ātmanā
jahi shatruṁ Mahābāho kāmarūpaṁ durāsadam

Assim, havendo conhecido ele
que está além do intelecto,
havendo aquietado o ser por meio do Ser,
ó de braços poderosos,
mate o inimigo na forma de desejo,
difícil de subjugar.

"Havendo conhecido ele": isto significa tendo conhecido o residente do corpo em sua verdadeira natureza como Ser, separado de todo o campo de atividade do corpo,[71] dos sentidos, da mente e do intelecto. A expressão sugere que este é o meio de "matar o inimigo na forma de desejo".

"Difícil de subjugar": será difícil subjugar os desejos por meio de qualquer tentativa que objetive subjugá-los diretamente. Os desejos são os impulsos da mente. A não ser que a mente se volte para o Ser, ela estará naturalmente engajada no desejo. Por ser esta a relação natural da mente com os desejos, e por ser a mente a base da existência dos desejos, o único modo de subjugá-los é voltar a mente para o Ser.

Esta é a grande sabedoria da vida, a essência da doutrina de *Karma Yoga*. O Senhor faz uma afirmação fundamental sobre causa e efeito: influencie a causa para modificar o efeito, dirija-se à região do Ser para modificar a natureza do intelecto, da mente e dos sentidos. Vá para a Realidade Última e Absoluta, e todos os níveis da relatividade deixarão de ser um fardo. Ilumine-se, e a vida será sempre em liberdade e plenitude, fora da escuridão da ignorância.

---

71 Veja II, 18-26, 29, 30.

O Senhor diz: a Realização do Último está facilmente a seu alcance. Você tem o poder para realizar o Supremo, contanto que você não mine este poder. Requer-se apenas que você seja o que é. Sendo o que você é, você encontrará todo o campo da existência estabelecido em eterna harmonia. O intelecto, a mente e os sentidos, todos funcionarão de acordo, nenhum deles sobrepujará os outros e nenhum lado da vida será prejudicado. A vida será vivida em plenitude.

Esta é uma reafirmação das palavras do Senhor nos versos 45 e 46 do segundo capítulo. É uma abordagem que elimina a necessidade de controlar os sentidos por meio de qualquer austeridade extenuante e não natural. Ela torna desnecessária qualquer prática de desapego ou renúncia com o propósito de cultivar o estado de iluminação.

Um método muito prático de realização é apresentado, esteja-se no caminho de *Gyān Yoga*, o caminho do conhecimento, ou no de *Karma Yoga*, o caminho da ação. Esta é uma abordagem direta à realização, independente do modo de vida, o do chefe de família ou o do recluso.

Infelizmente, é comum dizer-se que os desejos devem ser subjugados para atingir-se a iluminação. Isto é completamente errado. A má compreensão tem crescido durante os últimos séculos e, como consequência, a tarefa daqueles que buscam a Verdade tornou-se mais difícil do que jamais foi. Aqui o Senhor diz: vá para o estado de iluminação para livrar-se da escravidão do *Karma*, traga a luz para remover a escuridão. É este o princípio básico do verso; não que deva-se tentar remover a escuridão para entrar na luz.

Portanto, para que Arjuna possa ser libertado da escravidão do *Karma*, o Senhor quer que ele deixe todo o campo do *Karma*. Ele quer que Arjuna conheça a Realidade Transcendental e, desta forma, desenvolva sua mente a um grau tal que ela se elevará acima da influência escravizante dos desejos e ações. Este é um meio direto de realizar-se o estado de integração e de liberdade eterna durante o tempo de vida aqui na Terra.

Sendo este o último verso do capítulo, ele resume a resposta do Senhor às perguntas de Arjuna nos versos 1, 2 e 36.

Este capítulo, que expõe a ciência da ação, defende o transcender os desejos como uma técnica para subjugá-los e também para trazer realização a eles; os desejos inúteis serão subjugados enquanto que os úteis encontrarão sua realização. O princípio de manter a vida de uma árvore é ir além da árvore. Se alcança-se a área em torno da raiz, o campo transcendental da árvore, é fácil levar nutrição a todas as suas partes. Se alcança-se o campo do Transcendente, pode-se tornar toda a árvore da vida saudável e frutífera.

A bênção deste capítulo é o princípio de transcender o campo da ação para trazer realização à ação. Ele mantém e apoia tanto a vida de um chefe de família quanto a de um recluso.

ॐ तत्सदिति श्रीमद्भगवद्गीतासूपनिषत्सु ब्रह्मविद्यायां योगशास्त्रे श्रीकृष्णार्जुनसंवादे कर्मयोगो नाम तृतीयोऽध्यायः

Oṁ tat sad iti Shrīmad Bhagavadgītāsūpanishatsu
Brahmavidyāyāṁ Yogashāstre Shrīkṛishṇārjunasaṁvāde
Karmayogo nāma tṛitīyo 'dhyāyaḥ

Assim, na Upanishad da gloriosa Bhagavad-Gītā,
na Ciência do Absoluto, na Escritura do Yoga,
no diálogo entre Senhor Kṛishṇa e Arjuna,
termina o terceiro capítulo, intitulado:
O Yoga da Ação, *Karma Yoga*.

Capítulo IV

Uma Visão do Ensinamento no Capítulo IV

Versos 1-8. Este caminho de ação para adquirir sucesso no mundo e liberdade em Consciência Divina tem uma longa tradição. Em sua essência ele é eterno. Mesmo que com o tempo sua pureza seja perdida e ele seja esquecido pelo homem, sempre que isto ocorre ele é restaurado no mundo por uma onda de reavivamento vinda de Deus.

Versos 9, 10. O conhecimento do Divino como separado da atividade e o conhecimento do nascimento e das ações do Senhor como divinos elevam a consciência do homem àquela pureza que o coloca no nível divino.

Versos 11, 12. A reação do Divino para com o homem depende de como ele age em relação ao Divino. O sucesso nasce da ação no mundo dos homens.

Versos 13-15. Tendo conhecido o Divino como Criador, e também como desapegado à atividade, os buscadores da liberação seguem este exemplo e engajam-se na ação.

Versos 16-22. Sendo insondável o curso da ação, o desempenho da ação apropriada só é possível com o conhecimento da natureza divina. Este conhecimento é adquirido plenamente em Consciência Divina, na qual a liberdade interior e a atividade exterior são mantidas simultaneamente.

Versos 23-33. Adquirindo Consciência Divina, o homem eleva-se à unidade da vida e, neste estado, toda a atividade é realizada à luz de Deus. Todas as ações culminam no conhecimento de Deus.

Versos 34-38. Estabelecido neste conhecimento, o homem vê todos os seres nele mesmo e encontra ele mesmo em Deus. Este estado supremo de pureza em Consciência de Deus põe um fim à ignorância e a toda escravidão da ação.

Versos 39-42. A luz deste conhecimento é acesa naquele que é cheio de fé, firme de propósito e tem seus sentidos dominados. Ela traz paz permanente sem demora.

Adquira o estado de não-apego e liberdade das dúvidas; esteja estabelecido no Ser e as ações não o escravizarão.

ESTE CAPÍTULO, COMO o Capítulo III, nasce do mesmo sopro do Senhor. O verso 48 do Capítulo II contém os pensamentos-chaves que dão origem a ambos os capítulos: "Estabelecido em Yoga... desempenhe as ações", para o Capítulo III; e "havendo abandonado o apego e adquirido equilíbrio no sucesso e no fracasso", para o Capítulo IV. Estes dois capítulos juntos são, portanto, suficientes para trazer iluminação a um buscador. Eles oferecem a ele, até onde as palavras podem oferecer, a desejada experiência e a plena compreensão da iluminação.

O segundo capítulo apresentou a doutrina da liberação. Ele analisou a vida em seus aspectos relativo e absoluto e prometeu liberação por meio do conhecimento destes.

O conhecimento em sua totalidade inclui tanto a compreensão como a experiência. Portanto, para adquirir realização, um homem deve necessariamente adquirir tanto a compreensão como a experiência do relativo e do Absoluto, independentemente de seu caminho ser aquele de um chefe de família ou de um recluso. Como consequência, a sabedoria de Sāṁkhya, que traz liberação por intermédio da *compreensão* do relativo e do Absoluto, e a prática do Yoga, que traz liberação ao oferecer a *experiência* direta destas duas esferas de existência, são ambos caminhos para a iluminação. Todo este ensinamento está contido no segundo capítulo.

O terceiro capítulo apresentou uma doutrina da ação desenvolvida para tornar permanente a experiência do Absoluto e que foi mencionada primeiramente no verso 45 do segundo capítulo.

Quando esta experiência do Absoluto torna-se permanente, a Consciência do Ser é naturalmente mantida através de todos os estados de consciência de vigília, sonho e sono profundo. Experimenta-se a si mesmo como separado da atividade. Quando se vive esta vida de não-envolvimento, de natural não-apego, o intelecto começa a perguntar: "É esta a verdade da vida? Tem este senso de separação, ou não-apego, alguma coisa a ver com a vida real, ou é ele uma fuga da vida? É a realidade da vida uma dualidade – a dualidade do Ser e da atividade?" Tais dúvidas são removidas pelo conhecimento oferecido pelo quarto capítulo.

Este capítulo, dedicado ao conhecimento da renúncia, analisa a natureza da ação e do agente, tanto no nível individual quanto cósmico – no nível do homem e no nível de Deus – e, então, proclama o resultado desta análise sistemática e racional: a ação e o agente são independentes um do outro; existe um estado natural de separação entre eles em todos os níveis. Este estado de não-apego, ou renúncia, oferece, por um lado, uma sólida base de liberdade eterna para o agente e, por outro, o maior sucesso possível na ação, com os mais gloriosos frutos. É este estado de renúncia que fornece o eterno campo de ação para o Divino e para o homem. A ignorância desta base natural da vida é a causa da escravidão e de todo sofrimento. O conhecimento desta base resulta em liberdade eterna. Revelar este conhecimento é o propósito do quarto capítulo.

O aspecto mais fascinante deste capítulo é que, ao revelar o conhecimento da renúncia da ação, ele explica todo o campo da ação, mostrando como a corrente da vida avança em direção a esferas mais elevadas da existência (verso 10) e a forças superiores da Natureza (verso 12), até fundir-se no oceano de eterna liberdade em Consciência de Deus (verso 9).

Este capítulo de conhecimento é de máxima importância para um buscador, pois explica a mais valiosa experiência no caminho para a iluminação, a experiência da separação entre o Ser e a atividade. À medida que sua prática avança, todo buscador deve necessariamente atingir esta experiência; e para prosseguir com suavidade em seu caminho, sem ser retardado por dúvidas, ele deve possuir este conhecimento.

Para revelar o conhecimento completo da separação, ou o estado de renúncia, que existe entre o Ser e a atividade, este capítulo explica as duas esferas da vida, relativa e absoluta. Ao assim fazer, ele apresenta a filosofia de duas plenitudes encontrada nas Upanishads: este é pleno e Aquele é pleno, "*Pūrṇam adaḥ pūrṇam idaṁ*" – Aquele

Ser eterno, absoluto, imanifestado e transcendental, é pleno; e este mundo de existência fenomenal sempre-mutável, relativo e manifestado, é pleno. O Absoluto é eterno em sua natureza imutável, e o relativo é eterno em sua natureza sempre-mutável.

Esta Realidade viva de duas plenitudes em Consciência Cósmica, encontra sua realização na grandiosa Unidade da Consciência de Deus. Ao expor esta filosofia unificada das duas plenitudes, este capítulo apresenta o cerne da sabedoria contida nesta Escritura do Yoga, e por esta razão o Senhor começa dando a Arjuna uma explicação sobre a tradição deste Yoga.

Verso 1

श्रीभगवानुवाच
इमं विवस्वते योगं प्रोक्तवानहमव्ययम्
विवस्वान्मनवे प्राह मनुरिक्ष्वाकवेऽब्रवीत्

Shrī Bhagavān uvācha
Imaṁ Vivaswate yogaṁ proktavān aham avyayam
Vivaswān Manave prāha Manur Ikshwākave 'bravīt

O Abençoado Senhor disse:
Eu proclamei este Yoga imperecível a Vivaswat,
Vivaswat o declarou a Manu,
e Manu o narrou a Ikshwāku.

"Este Yoga imperecível": os versos precedentes foram devotados ao Yoga – *Sāṁkhya Yoga* e *Karma Yoga*. Ao dizer: "este Yoga", o Senhor fala dos dois como sendo um só. Isto é para lembrar a Arjuna que, apesar de terem sido considerados diferentes, eles têm a mesma base e oferecem os mesmos resultados. A base é: "Esteja sem os três *Guṇas*", que traz realização tanto à sabedoria de Sāṁkhya quanto à prática de *Karma Yoga.*[72] Assim, neste verso, a palavra "Yoga" refere-se tanto a Sāṁkhya quanto a *Karma Yoga*.

---

72 Veja III, 28, comentário.

O Yoga exposto pelo Senhor Kṛishṇa é imperecível porque traz à luz a sabedoria do Absoluto e a sabedoria do relativo. O relativo e o Absoluto são ambos eternos; e também o Yoga, que expõe a verdade de ambos, a verdade da vida em sua plenitude. Ele é eterno porque serve ao propósito cósmico e é natural à mente do homem.

O Senhor diz que ensinou este Yoga eterno a Vivaswat no início da criação para infundir força nos *Kshatriyas*,[73] para torná-los capazes de manter a lei e a ordem e preservar o caminho da virtude para o bem-estar da sociedade. Vivaswat o revelou a seu filho Manu,[74] o legislador para o mundo. E Manu o passou a seu filho Ikshwāku, que reinou em Ayodhyā como o primeiro rei da Dinastia Solar.

A Bhagavad-Gītā é a mais alta expressão da inteligência divina compreensível ao homem. Tratando dos aspectos invisíveis da vida, ela também toca no passado e no presente do mundo de nossa vida diária. Mais ainda, enquanto expõe a Verdade universal, a Bhagavad-Gītā é em si mesma um registro histórico e relata incidentes que ocorreram há cinco mil anos atrás.

Para compreender a importância histórica da Bhagavad-Gītā, deve-se estar familiarizado com a concepção indiana de história e tempo.

O estudo da história tem um propósito definido e um lugar na vida do indivíduo. Sua meta é a de educar a mente do presente com informações do passado, com o objetivo de assegurar um melhor presente e um melhor futuro. Desta forma, cada geração tira vantagem das realizações do passado e avança em direção a maior sabedoria na vida.

Mas não é o conhecimento da ordem cronológica dos fatos que educa os estudantes de história; é o valor dos eventos que é importante, e é este o aspecto da história no qual os historiadores indianos têm se concentrado. Eles registraram, para que todas as gerações lessem, apenas aqueles momentos, no grande lapso do tempo, que poderiam ajudar a integrar as vidas dos homens. O propósito deles é

73 É interessante notar que a antiga sabedoria foi entregue aos *Kshatriyas*, os guerreiros.

74 Manu: o sétimo Manu, sendo o filho de Vivaswat, é chamado Vaivaswat Manu. Ele é considerado o progenitor da atual raça humana.

o de inspirar os homens, tanto como indivíduos quanto como membros da sociedade.

Veda Vyāsa, o sábio de visão iluminada, considerado o maior historiador da cultura ariana da Índia, tinha a sua frente um vasto período de tempo para levar em consideração. Como um homem plenamente integrado e consciencioso, ele não poderia escrever a história deste período incontável como uma sequência de dias e anos. Ele podia apenas selecionar acontecimentos específicos e registrá-los, de tal forma a inspirar e guiar pessoas de todos as épocas ao caminho da evolução e educá-los na integração de suas vidas. É por isso que nenhuma ordem cronológica é encontrada nas histórias indianas. Vyāsa considerou absurdo definir cada fato cronologicamente apenas para estabelecer tais elos na longa estrada do tempo.

Mais ainda, é fisicamente impossível escrever a história de milhões de anos em sequência cronológica. No caso de pequenos países, com uns poucos milhares de anos de civilização, é bastante prático para os historiadores, com a visão de uma pequena área e com aquele pequeno período de tempo, manter uma ordem cronológica. Mas Vyāsa tinha uma visão clara de todo o espaço de tempo, começando pelo dia da criação. Uma tal mente não iria, nem poderia dar qualquer valor à cronologia.

A concepção indiana de tempo, como estabelecida a seguir, mostrará claramente a situação com a qual confrontaram-se Vyāsa e outros escritores de história indiana.

O tempo é um conceito para medir a eternidade. Os historiadores indianos baseiam sua concepção de tempo no Ser eterno; para eles a eternidade é um campo básico de tempo.

Para chegar a alguma concepção do eterno, a melhor medida será o período de vida de alguma coisa que tenha a maior longevidade no campo relativo da criação. Esta, de acordo com a visão iluminada de Vyāsa, é a Mãe Divina, a Mãe Universal, que é em última análise a responsável por tudo que é, foi e será em todo o cosmos.

A eternidade da eterna vida do Ser absoluto é concebida em termos de inumeráveis vidas da Mãe Divina, das quais uma única vida abrange mil períodos de vida do Senhor Shiva. Uma vida do Senhor Shiva cobre o tempo de mil períodos de vida do Senhor Vishṇu.

Uma vida do Senhor Vishṇu é igual à duração de mil períodos de vida de Brahmā, o Criador. Um único período de vida de Brahmā é concebido em termos de cem anos de Brahmā; cada ano de Brahmā abrange doze meses de Brahmā, e cada mês compreende trinta dias de Brahmā. Um dia de Brahmā é chamado de um *Kalpa*. Um *Kalpa* é igual ao tempo de quatorze *Manus*. O tempo de um *Manu* é chamado de um *Manwatara*. Um *Manwatara* é igual a setenta e um *Chaturyugīs*. Um *Chaturyugī* compreende o período total de quatro *Yugas*, por exemplo: *Sat-yuga*, *Tretā-yuga*, *Dwāpara-yuga* e *Kali-yuga*. O período dos *Yugas* é expresso em termos da duração de *Sat-yuga*. Assim, o período de *Tretā-yuga* é igual a três quartos daquele de *Sat-yuga*; o de *Dwāpara-yuga* é a metade daquele de *Sat-yuga*, e o de *Kali-yuga* é um quarto daquele de *Sat-yuga*. O espaço de tempo de *Kali-yuga* é igual a 432000 anos de vida do homem.[75]

Considere agora o tempo da criação: há quantos bilhões de trilhões de anos existe o mundo! Mesmo que a narrativa de um ano ocupasse uma página, ou até uma única linha, como poderia alguém ler tal história e aplicar as lições desta à sua vida? É por isso que a ordem cronológica não foi mantida pelos historiadores indianos. Além de ser impraticável, ela foi considerada desnecessária, inútil e prejudicial ao verdadeiro propósito da história.

Tudo isto deveria vir à mente daqueles historiadores modernos que tendem a rejeitar, como não sendo história, quaisquer séries de acontecimentos para as quais eles não sejam capazes de encontrar uma ordem cronológica apropriada. É deplorável que estes preciosos relatos de vida no mais elevado nível humano, como são encontrados no material histórico da Índia antiga, tenham sido considerados como lendas. Eles deveriam, em vez disso, ser reconhecidos como a mais útil história da maior civilização que já existiu na Terra.

A Bhagavad-Gītā forma a base central do mais autêntico registro da história indiana, o Mahābhārat. Ela não pode ser rejeitada como mitologia apenas porque a estreita visão dos historiadores

---

75 Esta elaboração da concepção de tempo também serve como um comentário ao verso 17 do Capítulo VIII.

modernos, atada à rígida cronologia, não é capaz de compreendê-la como um registro histórico e a considera ficção literária.

É lamentável que alguns comentaristas modernos da Bhagavad-Gītā tenham seguido os passos de historiadores modernos e neguem-se a admitir sua autenticidade histórica. Deve-se ter esperança que a luz nasça e a verdade seja reconhecida como verdade.

Quando o Senhor Kṛishṇa relembra a Arjuna que a grande sabedoria da Bhagavad-Gītā foi dada a Vivaswat no início deste *Kalpa*, Ele não enumera em detalhe todos os guardiões deste supremo conhecimento. Para satisfazer Arjuna quanto à fonte original do ensinamento, é suficiente dar a ele a ideia desta sabedoria eterna sendo passada de geração a geração.

VERSO 2

एवं परंपराप्राप्तमिमं राजर्षयो विदुः
स कालेनेह महता योगो नष्टः परंतप

Evaṁ paraṁparāprāptam imaṁ rājarshayo viduḥ
sa kāleneha mahatā yogo nashtaḥ Paraṁtapa

Assim, havendo-o recebido um do outro, os sábios reais o conheceram.
Com o longo lapso do tempo, ó destruidor de inimigos,
este Yoga foi perdido para o mundo.

O Senhor diz que esta técnica de integração da vida foi transmitida aos reis-filósofos, homens que levaram uma vida ativa e tiveram grandes responsabilidades no mundo. Naqueles dias os governantes eram responsabilizados por todos os aspectos do desenvolvimento de seus povos: físico, mental e espiritual. Eles deram esta sabedoria do Yoga ao povo em geral. No mundo democrático moderno cada homem tem que tomar conta de seus próprios interesses. Assim, para estar de acordo com nossa época, cada homem deve sentir-se responsável por seu próprio desenvolvimento.

Como o desenvolvimento espiritual é a base de todas as outras formas de desenvolvimento, é necessário que esta grande ciência e arte de vida bem-sucedida deva ser transmitida agora, a cada homem, em toda parte no mundo.

O Senhor diz: "havendo-o recebido um do outro". Com isto Ele dá uma inquestionável autenticidade a este sistema de Yoga, pois ele existe desde o início da história. Novamente Ele diz: "os sábios reais o conheceram", mostrando ser esta uma preciosa doutrina, seguida por aqueles em posições de grande responsabilidade.

O motivo de sua perda, diz o Senhor, é "o longo lapso do tempo". Mas no primeiro verso Ele falou deste Yoga como "imperecível". Isto sugere que, enquanto seu princípio é imperecível, sua prática requer um reavivamento periódico, de acordo com as diferentes condições de vida de época para época. Uma vez que desperta a consciência do homem para uma extrema pureza, este sistema de Yoga é igualmente adequado a pessoas de todas as épocas. Algumas vezes, no entanto, ele não é seguido em sua forma pura; então, seus desejados resultados não são alcançados e isto leva, finalmente, à indiferença em relação a sua prática. Portanto, este grande princípio de vida perde-se de tempos em tempos. Mas não pode perder-se para sempre, porque, sendo a Verdade da existência, ele deve ser repetidamente trazido à luz. A Natureza ajuda a restaurá-lo. Periodicamente, grandes mestres surgem com a inspiração apropriada para, uma vez mais, revelar o caminho. Eles renovam a tradição que mantém o ensinamento. A tradição renovada permanece dominante enquanto continua a inspirar as pessoas. Mas quando ela falha em responder às necessidades da época, novos mestres surgem. Este ciclo é repetido muitas vezes.

Alguns que vêm para reviver a tradição, honram a antiga linha de mestres; outros, falhando em apresentar as soluções tradicionais para suas necessidades presentes, desprendem-se da tradição estabelecida. Seus ensinamentos formam novos ramos do antigo tronco.

Os guardiões da antiga tradição da sabedoria Védica atuam como protetores do tronco principal, do qual diferentes ramos têm brotado de tempos em tempos na forma de diferentes religiões, credos, filosofias e culturas em diferentes partes do mundo.

Hoje, a tradição mais respeitada da sabedoria Védica é a tradição de Shankarāchārya, que na forma atual começou há aproximadamente 2500 anos[76] com os ensinamentos do primeiro Shankarāchārya. Ele reviveu a Verdade esquecida. Por meio de sua fiel interpretação da essência da Literatura Védica, ele restabeleceu o princípio da Unidade do Ser todo-permeante em meio às diversidades da vida. Ele estabeleceu a filosofia unificada das duas plenitudes como o ensinamento essencial do Vedānt. Seus comentários sobre os Brahma Sūtra, as Upanishads e a Bhagavad-Gītā são exaltados por sua profundidade de sabedoria e magnífica exposição da Realidade da vida.

É estranho como a verdade de um ensinamento torna-se distorcida com o passar do tempo! A verdade do ensinamento de Shankara tem sido tão deturpada por seus intérpretes, que a literatura moderna sobre seu pensamento retém pouco de seu espírito. Os *Sanyāsī*, ou ordens reclusas, da tradição de Shankara têm interpretado Shankara-Vedānt como sendo completamente fechado aos chefes de família, que formam a parte principal da sociedade, e aberto apenas a eles mesmos. Isto resultou na decadência espiritual e na ruína moral da sociedade indiana.

Tal decaída não é algo novo. Ela acontece, diz Senhor Kṛishṇa, "com o longo lapso do tempo". A Verdade é ensombrecida, e interpretações distorcidas tomam seu lugar. Mas quando estas distanciam-se tanto da Verdade que o próprio princípio está em perigo de extinção, então surge um reviver para salvá-lo.

A sagrada tradição dos grandes mestres,[77] responsável por reviver o ensinamento após cada lapso, tem conquistado as mentes e os corações dos amantes da Verdade em todas as épocas. Ela não é meramente tida em alta estima, mas tem sido verdadeiramente venerada pelos buscadores da Verdade e conhecedores da Realidade.

---

76 De acordo com os registros encontrados nos Maths ou monastérios da tradição Shankarāchārya, apesar de alguns eruditos modernos fixarem a vida de Shankara no século IX D.C. Eles possivelmente confundiram um ilustre sucessor com o próprio Shankara, pois todos os seus sucessores são conhecidos como Shankarāchāryas; o nome tornou-se um título.

77 Veja Apêndice.

Um verso[78] registrando os nomes dos maiores e mais altamente reverenciados mestres tem não apenas inspirado os buscadores, mas sido uma alegria mesmo para os corações plenos de almas realizadas através do longo corredor do tempo.

"Destruidor de inimigos": ao usar esta expressão, o Senhor indica a Arjuna que este Yoga tem sido perdido por cair nas mãos dos fracos, e que agora, ao encontrar seu caminho nas mãos fortes de Arjuna, ele provará seu valor e ajudará o mundo a restaurar e manter o caminho da virtude.

A expressão do Senhor também indica a Arjuna que ele não se mostrará indigno desta grande bênção.

No verso seguinte Ele oferece mais razões para ensinar esta sabedoria a Arjuna.

Verso 3

स एवायं मया तेऽद्य योगः प्रोक्तः पुरातनः
भक्तोऽसि मे सखा चेति रहस्यं ह्येतदुत्तमम्

Sa evāyaṁ mayā te 'dya yogaḥ proktaḥ purātanaḥ
bhakto 'si me sakhā cheti rahasyaṁ hyetad uttamam

Este mesmo antigo Yoga,
que é na verdade o segredo supremo,
Eu declarei hoje a ti,
pois tu és Meu devoto e amigo.

"Antigo Yoga" indica que o ensinamento sobreviveu ao teste do tempo e que simplesmente provou ser útil. O Senhor não está tentando nenhum novo método; Ele está apenas restaurando a antiga tradição. Assim têm sido as declarações de todos os grandes mestres desde tempos imemoriais; eles nunca afirmaram que seus ensinamentos eram novos, mas, ao contrário, que eles estavam revelando

---

78 Veja Apêndice.

a sabedoria esquecida da vida. Eles falaram apenas de restauração, pois a verdade de qualquer princípio útil continua a existir no tempo.

O Senhor menciona aqui duas qualidades de Arjuna que o habilitam a receber esta grande sabedoria secreta: "amigo" e "devoto". E também duas qualidades do sistema do Yoga: "supremo" e "secreto". Aquilo que é secreto pode ser transmitido a um amigo, mas aquilo que é supremo pode ser transmitido somente a um devoto. Um devoto nunca questiona seu mestre. Para permitir a Arjuna a liberdade de perguntar, o Senhor Kṛishṇa o chama de Seu amigo.

Arjuna faz uso desta liberdade no verso seguinte.

VERSO 4

अर्जुन उवाच
अपरं भवतो जन्म परं जन्म विवस्वत:
कथमेतद्विजानीयां त्वमादौ प्रोक्तवानिति

Arjuna uvācha
Aparaṁ bhavato janma paraṁ janma Vivaswataḥ
katham etad vijānīyāṁ twam ādau proktavān iti

Arjuna disse:
Posterior foi Vosso nascimento,
e anterior o nascimento de Vivaswat:
como posso eu entender esta afirmação
de que Vós o proclamastes no início?

Esta pergunta mostra o alerta de Arjuna para cada palavra que o Senhor diz a ele, sua cautela e seu cuidadoso escrutínio de cada ponto. Assim é a mente de um bom buscador da Verdade. Um bom mestre é apenas estimulado por tais perguntas.

No verso anterior, o Senhor Kṛishṇa, por intermédio de Si mesmo, conectou o distante passado com o presente. Agora Arjuna O isola no tempo e mostra sua dificuldade em compreender a eternidade do tempo Nele.

A resposta do Senhor Kṛishṇa é clara e simples.

VERSO 5

श्रीभगवानुवाच
बहूनि मे व्यतीतानि जन्मानि तव चार्जुन
तान्यहं वेद सर्वाणि न त्वं वेत्थ परंतप

Shrī Bhagavān uvācha
Bahūni me vyatītāni janmāni tava chārjuna
tānyahaṁ veda sarvāṇi na twaṁ vettha Paraṁtapa

O Abençoado Senhor disse:
Muitos nascimentos se passaram para Mim
e também para ti, ó Arjuna.
Eu os conheço a todos, mas tu não os conheces,
ó destruidor de inimigos.

Pode-se considerar este verso como exemplificativo do que os versos 12 e 22 do segundo capítulo exprimiram em princípio: os corpos mudam no tempo, mas o tempo muda no Ser, que continua a existir, independente de passado, presente ou futuro. Assim como o ser corporificado permanece imutável quando o corpo passa pelos estados mutáveis da infância, juventude e velhice,[79] assim também o Ser continua imutável na eternidade do tempo.

O Senhor diz: "Eu os conheço a todos, mas tu não os conheces". Isto indica uma diferença entre a vida do homem e a Encarnação de Deus. O homem nasce como um resultado de suas ações passadas, boas e más, por isso sua visão permanece tingida ou obstruída por aquelas influências. A natureza da Encarnação Divina é inteligência sempre pura, eterna e ilimitada. Sua visão é absolutamente clara; é por isso que para Ele a eternidade do saber é mantida e o fator de tempo não consegue obstruí-la.

O Ser do Senhor é o campo de ação do tempo que Ele cria. O tempo vem e vai, mas Ele, firme em Seu Ser eterno, continua a existir para todo o sempre. Ele é o oceano da vida, enquanto o tempo aparece e desaparece como as ondas na superfície do oceano.

---

79 Veja II, 13.

Mesmo que as ondas poderosas possam chegar às profundezas, elas nunca podem sondar o abismo insondável.

A vida do homem é como uma onda que se eleva para ver – ela pode ver até um certo ponto e não mais; mas a estatura do Senhor Kṛishṇa é como aquela do oceano, na qual todo o espaço é refletido. Assim o Senhor "os conhece a todos" e Arjuna "não os conhece".

Arjuna desafiou as palavras do Senhor Kṛishṇa, e a expressão "tu não os conheces" mostra que o Senhor é obrigado a usar Sua autoridade. Mas, ao mesmo tempo, Ele se dirige a Arjuna como "destruidor de inimigos", como que para evitar que sua moral seja abatida. O Senhor Kṛishṇa usa Sua autoridade com amor.

O próximo verso explica ainda mais a natureza do Senhor.

Verso 6

अजोऽपि सन्नव्ययात्मा भूतानामीश्वरोऽपि सन्
प्रकृतिं स्वामधिष्ठाय संभवाम्यात्ममायया

Ajo 'pi sann avyayātmā bhūtānām Īshwaro 'pi san
prakṛitiṁ swām adhishthāya saṁbhavāmyātmamāyayā

Apesar de Eu ser não-nascido
e de natureza imperecível,
apesar de Senhor de todos os seres,
mesmo permanecendo em Minha própria natureza,
Eu nasço por meio de Meu próprio poder de criação.

Neste ponto há uma ilustração de uma importante técnica psicológica. Como o Senhor afirmou anteriormente a autenticidade deste sistema de Yoga, declarando que ele é antigo e tem uma grande tradição, Ele também deve deixar claro a Arjuna que Ele, que está apresentando esta sabedoria eterna, é grande em Si mesmo, é o único cuja palavra pode ser considerada legítima.

A direção do discurso é tal que faz Arjuna perguntar ao Senhor exatamente aquele ponto sobre o qual Ele quer falar em seguida. Se o Senhor tivesse falado as palavras deste verso e do verso anterior em um contexto diferente, e não em resposta à pergunta de Arjuna (verso 4), então não teriam sido tão eficazes e convincentes. É a grandeza do professor que faz surgir a pergunta certa do aluno. Ao respondê-la, o professor desenvolve seu tema com liberdade e, ao mesmo tempo, mantém o interesse do aluno mais ativamente engajado do que se apenas o professor falasse.

Apesar da criação manifesta, que inclui os homens e outras criaturas, nascer do imanifesto, sua manifestação é devida a *Prakṛiti.* Mas a manifestação divina do Ser imanifesto, que vem para restabelecer a esquecida sabedoria da vida, é devida a "*Līlā-shakti*", que é o próprio poder do Absoluto, uma parte essencial de Sua natureza divina transcendental.

A cirurgia é o poder inseparável do cirurgião. Algumas vezes está ativa, como quando o cirurgião trabalha na mesa de cirurgia, mas em outros momentos está latente, como quando ele está em casa repousando. *Līlā-shakti* (o poder de ação de *Brahman*) funciona de maneira análoga, e em virtude disso o imanifesto, permanecendo sempre em seu estado absoluto, manifesta-se na criação. Assim, a natureza todo-poderosa do Ser eterno mantém a Realidade em ambos os Seus aspectos, absoluto e relativo.

O Senhor diz: "permanecendo em Minha própria natureza Eu nasço". Assim como a seiva na árvore aparece como uma folha ou uma flor, sem perder sua qualidade como seiva, da mesma forma o Ser imanifesto nasce, permanecendo imanifesto, imperecível e eterno. Nada acontece com o Absoluto, e ainda assim a Encarnação do Absoluto nasce, devido à Sua própria natureza.

Aqui o Senhor está dizendo: Enquanto permaneço em Minha própria natureza, Eu nasço por intermédio de Meu poder de criação e, por meio deste, Eu funciono; é assim que Eu permaneço livre e, ao mesmo tempo, sou capaz de restaurar a lei e a ordem na criação.

Este princípio é desenvolvido no verso seguinte.

VERSO 7

यदा यदा हि धर्मस्य ग्लानिर्भवति भारत
अभ्युत्थानमधर्मस्य तदात्मानं सृजाम्यहम्

Yadā yadā hi dharmasya glānir bhavati Bhārata
abhyutthānam adharmasya tadātmānaṁ sṛijāmyaham

Sempre que o *Dharma* está em declínio
e o *Adharma* floresce, ó Bhārata,
então Eu crio a Mim mesmo.

"*Adharma*": o contrário de *Dharma.*

"*Dharma*" é derivado da raiz *dhṛi*, que significa "aquilo que apoia". O *Dharma* é aquilo que apoia ou sustenta tudo que existe. O que é isto que sustém a criação? Charak e Sushrut, os antigos expoentes indianos do Āyurveda, a doutrina da saúde, afirmavam que é o equilíbrio dos três *Guṇas* – *Sattwa*, *Rajas* e *Tamas* – que sustenta todas as coisas. A criação ganha em integridade com o crescimento de *Sattwa* e desintegra-se com o crescimento de *Tamas*. O equilíbrio dos três *Guṇas* é automaticamente mantido, da mesma forma como a lei e a ordem são automaticamente mantidos por um governo. Mas sempre que uma crise aparece, o chefe de estado tem que exercer seu poder especial. Sempre que o *Dharma* está em declínio, o equilíbrio dos três *Guṇas* é perturbado, o equilíbrio na Natureza é perdido, o caminho da evolução é distorcido e o caos prevalece. Em tais momentos especiais o Senhor encarna. A Encarnação do Senhor Kṛishṇa é esta manifestação especial de *Brahman*, o Ser imutável e eterno.

A vida tem duas fases, o relativo e o absoluto. Ambos são plenos: o Absoluto é pleno em sua eterna natureza imutável, e o relativo é pleno em sua natureza eternamente sempre-mutável. Esta natureza eternamente sempre-mutável da vida relativa é mantida em todos os seus aspectos de criação e evolução em virtude do enorme poder da Natureza chamado *Dharma*, que está na base do funcionamento suave dos três *Guṇas*. É como uma poderosa corrente que carrega forçosamente consigo tudo que está em seu caminho.

O *Dharma* sustenta a evolução; mas quando, como resultado das más ações da grande maioria da população na Terra, o poder do *Dharma* torna-se grandemente ensombrecido, a força natural da evolução da Natureza torna-se fraca. Uma situação é criada onde o mundo sempre-mutável da existência relativa começa a perder seu padrão natural. Isto ameaça a plenitude do aspecto relativo da vida. A força todo-poderosa que mantém intacta a plenitude do Absoluto junto com a plenitude da fase relativa da vida é agitada. E esta força todo-poderosa encarna.

O declínio do *Dharma* – a distorção do caminho da evolução, o declínio da virtude na sociedade – provoca a necessidade de restauração dos verdadeiros princípios da vida; a Encarnação vem, a totalidade da Natureza rejubila-se com esta vinda, o *Dharma* é restaurado e é dado um fim ao mal.

Portanto, os virtuosos sentem-se agradecidos aos maus, pois, à medida que a maldade cresce e domina o mundo, é criada a necessidade do Todo-Poderoso tomar forma e ser desfrutado pelos virtuosos.

O pleno propósito da Encarnação é esclarecido no verso seguinte.

Verso 8

परित्राणाय साधूनां विनाशाय च दुष्कृताम्
धर्मसंस्थापनार्थाय संभवामि युगे युगे

Paritrāṇāya sādhūnāṁ vināshāya cha dushkṛitām
dharmasaṁsthāpanārthāya saṁbhavāmi yuge yuge

Para proteger o virtuoso e destruir o mau,
para estabelecer firmemente o *Dharma*,
Eu encarno era após era.

O Senhor diz que Ele tem um duplo propósito: proteger os virtuosos e destruir os maus. A proteção dos virtuosos implica na destruição dos maus; mas quando o Senhor fala aqui de proteger os virtuosos, Ele quer dizer algo mais que meramente remover os espinhos do caminho deles.

Os virtuosos continuam a apoiar o *Dharma* e têm êxito nisto, mesmo em tempos nos quais a injustiça domina a sociedade. Isto em virtude da grande força que recebem quando, durante suas meditações diárias, eles entram em comunhão com o Divino. À medida que suas mentes crescem em Consciência Divina, a pureza de suas vidas aumenta, até que finalmente começam a sentir uma forte necessidade de que a bem-aventurança abstrata da Consciência de Deus seja materializada, seja trazida ao nível dos sentidos, onde tornar-se-á o objeto de todos os sentidos e será desfrutada por eles. Seus corações são mais e mais preenchidos com amor, e a necessidade da revelação divina em alguma forma vem em uma intensidade crescente. Quando a Natureza não pode mais resistir a esta necessidade, então o Senhor encarna e realiza o desejo dos virtuosos. É assim que os virtuosos são protegidos pelo Senhor.

O Senhor diz: "Eu encarno era após era". Isto mostra que em cada era existem estes ardentes e dedicados devotos de Deus para os quais Ele toma forma; e quando Ele vem para satisfazê-los, Ele também purifica a Terra ao destruir as forças negativas que contaminam a atmosfera ao opor-se ao bem.

A destruição dos maus, apesar de ser uma razão para a Encarnação do Senhor, não é Seu objetivo principal. Ele vem para satisfazer e proteger os virtuosos. Ele vem à Terra movido pelos virtuosos, pelo amor dos virtuosos, para a realização dos virtuosos; e vir à Terra para dar Seu amor a Seus devotos é uma alegria para Deus Todo-Poderoso. Ele vem à Terra, e a luz vem; esta luz extingue a escuridão da ignorância e destrói os maus. O equilíbrio na Natureza é restaurado, e as forças da evolução tornam-se mais fortes. O *Dharma* torna-se firmemente estabelecido no mundo.

O estabelecimento do *Dharma* na criação de Deus é Seu próprio trabalho. Ele o faz. Ele o faz repetidamente, seja por meio do arranjo automático de Seu governo, permanecendo Ele mesmo oculto, ou ao tomar um corpo e vir para ser ativo nos afazeres do mundo.

VERSO 9

जन्म कर्म च मे दिव्यमेवं यो वेत्ति तत्त्वत:
त्यक्त्वा देहं पुनर्जन्म नैति मामेति सोऽर्जुन

Janma karma cha me divyam evaṁ yo vetti tattwataḥ
tyaktwā dehaṁ punarjanma naiti mām eti so 'rjuna

Meu nascimento e Minha atividade são divinos.
Aquele que conhece isto na própria essência,
ao deixar o corpo, não renasce.
Ele vem a Mim, ó Arjuna.

"Meu nascimento": o nascimento do Senhor não é igual ao nascimento do homem. Ele é divino no sentido de que Ele, o Divino, permanecendo sempre em Seu estado cósmico de Ser transcendental, toma um corpo e vem à Terra. O nascimento divino não necessita de um período de transição e não envolve nenhum processo de nascimento físico: o Ser divino não se torna não-divino ou não-Ser; permanecendo divino e permanecendo Ser, Ele aparece como homem para salvar a vida humana na Terra e restabelecer o caminho do bem.

"Minha atividade": o Divino transcendental e imanifesto, assumindo a forma humana, permanece em Sua natureza divina e age. A natureza divina é toda Ser, eterna, imutável e não-ativa, apesar de ser a fonte infinita de energia vital. Uma vez que o Senhor age permanecendo em Sua natureza divina, Suas ações também são divinas.

Para compreender o nascimento divino e a atividade da Encarnação divina, o homem deve elevar-se ao estado de Divindade. Elevando-se a este estado, estabelecendo-se no Ser eterno do Absoluto, ele eleva-se acima da limitação do tempo, espaço e causação. Nascimento e morte estão fora de cogitação para ele. Ele tem a vida eternamente, e a tem na atemporal e ilimitada onipresença do Senhor; sua vida está na vida Dele. O Senhor diz: "ele vem a Mim". Seu renascimento neste mundo está fora de questão.

Verso 10

वीतरागभयक्रोधा मन्मया मामुपाश्रिताः
बहवो ज्ञानतपसा पूता मद्भावमागताः

Vītarāgabhayakrodhā manmayā mām upāshritāḥ
bahavo gyānatapasā pūtā madbhāvam āgatāḥ

Libertados do apego, medo e ira, absorvidos em Mim,
tomando refúgio em Mim,
purificados pela austeridade da sabedoria,
muitos têm vindo ao Meu Ser.

A sequência de expressões é altamente significativa: "Libertados do apego, medo e ira" é um requisito para "absorvidos em Mim".

"Libertados do apego, medo e ira": apego,[80] medo e ira,[81] encontram um terreno fértil no solo da ignorância, onde o ser não descobriu seu significado no Ser. A Meditação Transcendental, como explicado no Capítulo II, verso 45, leva a mente ao campo de Consciência de Bem-Aventurança, satisfação suprema e infinita energia, não deixando lugar para qualquer tipo de fraqueza. Ela leva a mente ao estado do Ser, que forma a base da Consciência de Deus, expressa nas palavras "absorvidos em Mim" e "tomando refúgio em Mim".

"Purificados pela austeridade da sabedoria": austeridade significa negação dos prazeres dos sentidos, ou abandono do campo da atividade e gozo sensoriais. O propósito da austeridade é o de purificar, ao libertar a mente do impacto dos objetos do sentido. Da mesma forma, o conhecimento separa o Ser de todo o campo da atividade. Este é o significado da expressão: "austeridade da sabedoria". Não se deve concluir dela que, assim como a prática da austeridade envolve sofrimento, o caminho do conhecimento também envolva. Pelo contrário, ganhar conhecimento é prazeroso do início ao fim: do estado de Consciência Transcendental, passando pela Consciência

---

80 Veja III, 7, 28, 31.
81 Veja III, 41, 43.

Cósmica, até Consciência de Deus. À medida que a mente prossegue em direção ao Transcendente, torna-se mais e mais livre dos campos superficiais da experiência, e isto a leva mais e mais perto de um estado de pureza. Ao final, quando a mente transcende o estado mais sutil da experiência, ela é deixada consigo mesma e, então, alcança o estado de pureza absoluta.

Este estado de pureza absoluta, adquirido durante a Consciência Transcendental, torna-se permanente em Consciência Cósmica. E encontra seu propósito e consumação[82] no estado de pureza nascido do conhecimento da unidade última da vida em Consciência de Deus. Neste estado de conhecimento, o homem encontra aquela União com Deus da qual o Senhor diz: "muitos têm vindo ao Meu Ser".

Ao usar a palavra "muitos", o Senhor estende a esperança da União com Deus a qualquer homem.

Tendo descrito agora o meio direto de alcançar o conhecimento supremo em Consciência de Deus, o Senhor, no verso seguinte, fala sobre Sua reação ao método de abordagem adotado pelo buscador.

Verso 11

ये यथा मां प्रपद्यन्ते तांस्तथैव भजाम्यहम्
मम वर्त्मानुवर्तन्ते मनुष्याः पार्थ सर्वशः

Ye yathā māṁ prapadyante tāṁs tathaiva bhajāmyaham
mama vartmānuvartante manushyāḥ Pārtha sarvashaḥ

Assim como os homens Me abordam,
da mesma maneira Eu os favoreço;
de todas as formas, ó Pārtha,
os homens seguem Meu caminho.

"Assim como os homens Me abordam, da mesma maneira Eu os favoreço": é uma lei natural estabelecida, que a ação e a reação são

---

82 Veja verso 38.

iguais uma à outra. Na plenitude da Divindade, Deus é sempre pleno, e assim esta plenitude permanece, como a água de um grande lago. A água nem tende a fluir nem a resistir ao fluxo; ela apenas permanece como está. Se um fazendeiro quer trazer a água a seu campo, ele leva uma tubulação até o nível da água. Uma vez que a tubulação é levada a seu nível, a água não se opõe a fluir.

Além disso, o Senhor diz: "de todas as formas, ó Pārtha, os homens seguem Meu caminho". Isto tem diferentes significados em diferentes níveis. Primeiro, a natureza do homem é como a natureza de Deus, já que o homem se comporta com os outros da mesma forma como os outros se comportam com ele.

Segundo, aprendendo que a natureza do Senhor é tal que Ele mesmo não toma nenhuma iniciativa, que Ele apenas responde, as pessoas tentam tirar o máximo benefício ao entregarem-se completamente a Ele por meio da meditação, que é o caminho direto para Consciência de Deus. Aquele que alcança este estado, perdendo verdadeiramente sua identidade limitada, adquire o status do Ser eterno e ilimitado em Consciência de Deus. O propósito do Senhor ao expor esta característica essencial de Sua natureza é que, desta forma, todos os homens alcancem este estado de existência divina. Aqui está a exposição de uma técnica pela qual a personalidade limitada do homem torna-se capaz de elevar-se ao status ilimitado de existência eterna em Consciência de Deus. Está disponível a todos.

Terceiro, a tendência natural de todo homem é voltar-se para maior felicidade e desta forma prosseguir em direção à felicidade eterna da Consciência de Deus. Esta é outra razão pela qual o Senhor diz: "de todas as formas, ó Pārtha, os homens seguem Meu caminho".

Finalmente, "de todas as formas, ó Pārtha, os homens seguem Meu caminho" indica que a própria consciência de Deus é o único fator que direciona a consciência do homem. Ela subjaz toda a vida no cosmos e é a inteligência motivadora básica de todos os seres. A inteligência cósmica apoia a inteligência do homem.

VERSO 12

काङ्क्षन्तः कर्मणां सिद्धिं यजन्त इह देवताः
क्षिप्रं हि मानुषे लोके सिद्धिर्भवति कर्मजा
Kānkshantaḥ karmaṇāṁ siddhiṁ yajanta iha devatāḥ
kshipraṁ hi mānushe loke siddhir bhavati karmajā

Aqueles que desejam realização das ações aqui na Terra
fazem oferendas aos deuses,
pois o sucesso nascido da ação vem
rapidamente no mundo dos homens.

O sucesso é certamente adquirido pelo esforço. Aqueles que sabem como contatar os deuses Védicos, o fazem por intermédio de cerimônias sacrificatórias específicas e, tendo contatado estes poderes superiores da Natureza, recebem a boa vontade deles e alcançam maior sucesso na vida. Quando o Senhor diz aqui: "sucesso nascido da ação vem rapidamente no mundo dos homens", Ele deseja relembrar Arjuna de que, enquanto nas espécies inferiores a evolução da alma depende das correntes ascendentes de evolução da Natureza, na espécie humana a alma tem liberdade de ação e que, portanto, o desenvolvimento do homem depende de como ele age e do que faz.

Este verso estabelece a necessidade da ação, como tal, para o sucesso no mundo e, ao mesmo tempo, mostra a direção pela qual a atividade deve prosseguir.

VERSO 13

चातुर्वर्ण्यं मया सृष्टं गुणकर्मविभागशः
तस्य कर्तारमपि मां विद्ध्यकर्तारमव्ययम्

Chāturvarṇyaṁ mayā sṛishtaṁ guṇakarmavibhāgashaḥ
tasya kartāram api māṁ viddhyakartāram avyayam

A ordem quádrupla foi criada por Mim
de acordo com a divisão dos *Guṇas* e das ações.
Apesar de Eu ser seu autor, considera-Me
como sendo o não-agente, imutável.

A criação inteira é a interação dos três *Guṇas*. Quando o equilíbrio primordial de *Sattwa, Rajas* e *Tamas* é perturbado, eles começam a interagir e a criação se inicia. Todos os três devem estar presentes em cada aspecto da criação, pois, com a criação, o processo de evolução começa e ele requer duas forças contrárias entre si e uma que complementa a ambas.

Sattwa e *Tamas* são opostos um ao outro, enquanto *Rajas* é a força complementar a ambos. *Tamas* destrói o estado criado; *Sattwa* cria um novo estado enquanto o primeiro está sendo destruído. Desta forma, por meio dos processos simultâneos de criação e destruição, o processo de evolução é conduzido. A força de *Rajas* desempenha um papel neutro, mas necessário, na criação e destruição; ela mantém um elo entre as forças de *Sattwa* e *Tamas*. Assim, todos os três *Guṇas* são necessários em qualquer estado da vida manifestada.

"A ordem quádrupla": matematicamente, os três *Guṇas* podem combinar-se entre si de seis maneiras possíveis:

1. *Sattwa* domina, *Rajas* é secundário
2. *Sattwa* domina, *Tamas* é secundário
3. *Rajas* domina, *Sattwa* é secundário
4. *Rajas* domina, *Tamas* é secundário
5. *Tamas* domina, *Sattwa* é secundário
6. *Tamas* domina, *Rajas* é secundário.

As combinações 2 e 5 não são possíveis por causa do contraste das naturezas de *Sattwa* e *Tamas*. Assim, os três *Guṇas* têm apenas quatro combinações possíveis.

Esta é a ordem quádrupla na criação. Cada espécie, seja vegetal, animal ou humana, está dividida em quatro categorias de acordo com as quatro divisões dos *Guṇas*, que determinam o modo de atividade natural de cada categoria.

"Não-agente": a atividade em todos os campos da vida é causada pelos três *Guṇas*.[83] O Ser universal supremo é a base dos *Guṇas*; portanto, é dito que o "Eu" do Ser imutável, onipresente e imanifestado, é o Criador. Ele é o Criador e, ao mesmo tempo, permanecendo sempre estabelecido em Seu próprio Ser, é não-envolvido, "o não-agente".[84]

Isto pode ser esclarecido ainda mais por um exemplo. Os íons de oxigênio e hidrogênio combinam-se para dar lugar às propriedades da água. A água congela, dando lugar às propriedades do gelo. Nestes diferentes estados de gás, líquido e sólido, os elementos básicos – oxigênio e hidrogênio – permanecem os mesmos. Por serem a matéria fundamental da qual o gás, a água e o gelo são formados, pode-se considerar que o oxigênio e o hidrogênio criaram estas diferentes substâncias. Mas, uma vez que eles permanecem oxigênio e hidrogênio através daqueles vários estágios, podem ser considerados como se não estivessem atuando. Este é o estado do Ser supremo. Repousando na base de toda a criação, Ele é o "autor" e, permanecendo sem mudanças, Ele é o "não-agente" e "imutável".

Quando o Senhor diz: "considera-Me como sendo o não-agente", Ele está pedindo a Arjuna para levar sua mente ao estado transcendental de consciência, além do campo dos três *Guṇas*, e para adquirir conhecimento diretamente da fonte da criação; para ver por ele mesmo que o silêncio absoluto é a energia e inteligência criativas do Ser eterno, a nascente de toda a energia e inteligência criativas no campo relativo.

Neste verso, o Senhor toma para Si mesmo a autoria da criação, ao mesmo tempo que declara Sua natureza imutável e absoluta.

---

83 Veja III, 27.

84 Veja verso 6.

Sendo todo-poderoso, Ele é capaz de manter Seu status não-envolvido mesmo enquanto dá lugar à criação. O próximo verso esclarece ainda mais esta ideia.

VERSO 14

न मां कर्माणि लिम्पन्ति न मे कर्मफले स्पृहा
इति मां योऽभिजानाति कर्मभिर्न स बध्यते

Na māṁ karmāṇi limpanti na me karmaphale spṛihā
iti māṁ yo 'bhijānāti karmabhir na sa badhyate

As ações não Me envolvem, nem tenho Eu
nenhum desejo pelo fruto da ação.
Aquele que realmente conhece-Me assim,
não é escravizado pelas ações.

Qualquer um que tenha Consciência de Deus, consciência permanente da fonte da criação, saberá, por sua própria experiência, que ela é transcendental por natureza. É por isso que o Senhor diz: "Aquele que realmente conhece-Me assim, não é escravizado pelas ações". "Realmente conhece-Me assim" significa conhece-Me completamente. Conhecimento completo significa conhecimento com base na experiência, assim como compreensão.[85]

"As ações não Me envolvem": deve-se recordar do verso 28 do Capítulo III que "os *Guṇas* é que agem com base nos *Guṇas*", enquanto o Ser permanece não-envolvido. Novamente, recorda-se do verso 9 deste capítulo que a atividade do Senhor não é deste mundo, não está no campo dos *Guṇas*; ela é divina e acontece em Sua liberdade eterna. A natureza do Senhor como absoluta foi apresentada no verso 6. A natureza não-envolvida do Senhor é, portanto, perfeitamente clara.

"Nem tenho Eu nenhum desejo pelo fruto da ação": o Senhor já expressou Seu eterno estado de satisfação no Capítulo III, verso 22.

---

85 Veja verso 38, comentário.

"Aquele que realmente conhece-Me assim" significa aquele que conheceu completamente Minha natureza como absolutamente não-envolvida com as ações, assim como com seus frutos. A palavra "realmente" é altamente importante. Ela significa conhecer por participação, indicando que o homem adquiriu Consciência de Deus.

A expressão: "nem tenho Eu nenhum desejo pelo fruto da ação" apresenta, por dedução, uma característica comum das esferas manifestada e imanifestada da vida. Ambas continuam eternamente a existir em virtude da natureza eterna do Senhor todo-poderoso e supremo. O conhecimento preciso do não-envolvimento do Supremo em meio à vasta atividade da criação ilimitada pode apenas nascer com base na nossa própria experiência do Ser como não-envolvido com o campo da atividade.

Aqui está a sequência da realização da verdadeira natureza do Senhor: primeiro, conhecemos nosso próprio Ser como separado da atividade e, assim, ganhando conhecimento da verdadeira natureza de nosso próprio Ser, entregamos toda a atividade ao Senhor e refugiamo-nos Nele (verso 10). Então, em Unidade com Ele, conhecemo-Lo em Sua verdadeira natureza como não-envolvido com a atividade e sem nenhum desejo pelos frutos da ação. Este conhecimento da verdadeira natureza de Deus resulta em liberdade eterna da influência escravizante da ação. É por isso que o Senhor diz: "Aquele que realmente conhece-Me assim, não é escravizado pelas ações".

Este verso apresenta um dos ensinamentos mais importantes de Sāṁkhya. Ele revela a natureza não-envolvida do Senhor e, simplesmente por intermédio do conhecimento deste fato, promete liberação da escravidão. Esta é a força de Sāṁkhya, que oferece liberação por meio do caminho do conhecimento.

Um ensinamento similar estava contido no verso 28 do Capítulo III. Mas nele, o argumento era em termos do conhecimento dos três *Guṇas*, o conhecimento do campo relativo da atividade; enquanto neste verso ele nasce do conhecimento da natureza essencial do Ser divino, personificado pelo Senhor Kṛishṇa, que está além do relativo e do Absoluto, além da Unidade do Ser e da diversidade da criação, mas mantém em Si mesmo a plenitude de ambos.

VERSO 15

एवं ज्ञात्वा कृतं कर्म पूर्वैरपि मुमुक्षुभिः
कुरुकर्मैव तस्मात्त्वं पूर्वैः पूर्वतरं कृतम्

Evaṁ gyātwā kṛitaṁ karma pūrvair api mumukshubhiḥ
kuru karmaiva tasmāt twaṁ pūrvaiḥ pūrvataraṁ kṛitam

Havendo conhecido isto, mesmo os antigos
buscadores de liberação desempenharam a ação;
portanto, desempenha tu a ação,
como fizeram os antigos nas épocas passadas.

"Havendo conhecido isto" refere-se ao ensinamento dos dois versos anteriores.

Para relembrar Arjuna que poderia haver um estado na vida no qual a maior das atividades não perturbaria o status eterno do Ser absoluto, o Senhor, nos dois versos anteriores, deu um exemplo deste estado ao apresentar Seu próprio caso. Vendo assim, à sua frente, uma personificação viva das ideias que estavam sendo ensinadas a ele, Arjuna deveria, então, convencer-se de que ele também poderia elevar-se a este estado em sua própria vida.

"Antigos buscadores de liberação": esta expressão refere-se a "Janaka e outros" (III, 20). O uso da frase "buscadores de liberação" torna claro que a ação é necessária, mesmo para aqueles que tenham devotado suas vidas à procura da Verdade e não estejam interessados em nada além de liberação. Mas, como a expressão "Havendo conhecido isto" mostra, o conhecimento da verdadeira natureza do Senhor é um requisito para a atividade de "buscadores de liberação".

Quando o buscador de liberação alcançou Consciência Cósmica e conheceu-se como separado da atividade, ele atingiu sua meta. Ele será liberado do cativeiro da ação e, se ele não tiver um ideal maior diante dele, sentir-se-á realizado. Mas se alguém se sente realizado em Consciência Cósmica e não aspira à Consciência de Deus, então perdeu a chance da suprema realização, que é a União com Deus. Por esta razão, o conhecimento da verdadeira natureza do Senhor é essencial, mesmo para os buscadores de liberação. Para os buscadores de Deus, não há dúvida quanto à sua necessidade.

Neste verso, o Senhor quer deixar claro que o conhecimento dos três *Guṇas* e suas interações[86] deve ser suplementado com o conhecimento da natureza essencial do Senhor supremo,[87] para que possa trazer realização ao estado de liberação.

"Antigos nas épocas passadas": com esta expressão, o Senhor dá autoridade à Sua afirmação. O ensinamento é que não se deve duvidar do caminho de evolução que sobreviveu ao teste do tempo, pois somente aquilo que está de acordo com as leis da evolução pode durar. Qualquer coisa que não esteja em conformidade com estas leis é descartada pela Natureza.

Nos versos seguintes o argumento muda para uma análise detalhada da ação.

Verso 16

किं कर्म किमकर्मेति कवयोऽप्यत्र मोहिता:
तत्ते कर्म प्रवक्ष्यामि यज्ज्ञात्वा मोक्ष्यसेऽशुभात्

Kiṁ karma kim akarmeti kavayo 'pyatra mohitāḥ
tat te karma pravakshyāmi yaj gyātwā mokshyase 'shubhāt

O que é ação, o que é inação?
Mesmo os sábios são confundidos aqui.
Eu devo expor para ti aquela ação
cujo conhecimento te libertará do mal.

No verso anterior, o Senhor deu a Arjuna razões para a ação. Assim, é natural que neste verso Ele apresente a gravidade e a extensa influência da ação, com o objetivo de preparar a mente de Arjuna para os detalhes daquela ação que será útil para ele e o livrará de todo "mal".

A ignorância de nossa própria natureza divina bem-aventurada, como não-envolvida e independente da atividade, nos mantém sob

---

86 Veja III, 28; IV, 13.
87 Veja verso 14.

a influência escravizante da ação, causando as complicações e sofrimentos da vida.

O Senhor diz que "mesmo os sábios são confundidos" com a questão da ação e da inação. O homem sábio é aquele que compreendeu que a ação é devida aos três *Guṇas* e que ele mesmo permanece não-envolvido, pois sua verdadeira natureza é transcendental. Mas tal compreensão, diz o Senhor, não é suficiente, pois mesmo os sábios continuam a ser confundidos.

Os "sábios" conheceram o Ser como separado da atividade e, assim, atingiram a liberação. O Senhor diz que mesmo os sábios são confundidos com a ação e a inação. Adquirir liberdade da ação é uma coisa; adquirir pleno conhecimento sobre a ação e a inação é outra coisa bem diferente. O Senhor diz no próximo verso: "Insondável é o curso da ação". É impossível conhecer o pleno alcance da ação no nível da compreensão intelectual. É por isso que o Senhor diz: "Mesmo os sábios são confundidos".

Convém mencionar-se que, enquanto iluminava Arjuna com a sabedoria de Sāṁkhya, no verso 38 do Capítulo II, o Senhor disse: "Havendo adquirido equanimidade... não cairás no pecado"; no presente verso Ele diz: "Eu devo expor a ti aquela ação cujo conhecimento te libertará do mal". Um estudo cuidadoso destas expressões revela a ordem ascendente do ensinamento do Senhor; à medida que cresce a capacidade de compreender, o ensinamento é dado em formas mais sutis e, ainda assim, mais simples. No primeiro verso está subentendido que alguma coisa deve ser feita para adquirir-se a equanimidade que resultará na liberdade do pecado. Neste verso o Senhor mostra que nada precisa ser feito, que simplesmente pelo conhecimento da atividade Arjuna será libertado do mal. O ensinamento foi elevado do nível do fazer para o nível do conhecer. À medida que o ensinamento avance, pode muito bem ser que, mesmo o conhecer seja substituído por um processo mais simples, no nível comum dos sentidos da audição ou visão. Esta é a técnica de ensinar Sāṁkhya – uma série de argumentos que finalmente culminem em alguma palavra dita de forma simples e que revolucionará toda a compreensão da vida e que, de uma vez por todas, elevará o homem ao estado de liberdade eterna da escravidão.

Também é interessante notar que os dois versos anteriores proclamaram a liberdade da escravidão por meio do conhecimento da natureza não-envolvida do Senhor transcendente; enquanto este verso promete liberdade por intermédio até mesmo do conhecimento do campo relativo, o conhecimento da atividade e não-atividade. Este conhecimento é apresentado nos cinco versos seguintes.

Verso 17

कर्मणो ह्यपि बोद्धव्यं बोद्धव्यं च विकर्मण:
अकर्मणश्च बोद्धव्यं गहना कर्मणो गति:

Karmaṇo hyapi boddhavyaṁ boddhavyaṁ cha vikarmaṇaḥ
akarmaṇash cha boddhavyaṁ gahanā karmaṇo gatiḥ

A ação, na verdade, deve ser compreendida;
a ação incorreta também deve ser compreendida;
e a inação, da mesma forma, deve ser compreendida.
Insondável é o curso da ação.

"Ação": para compreender a ação é necessário conhecer os diferentes estados de consciência do agente, porque o valor da ação depende principalmente do nível de consciência daquele que age. Os estados de consciência possíveis são: vigília, sonho, sono, Consciência Transcendental, Consciência Cósmica e Consciência de Deus.

"Ação" é usada aqui para significar ação correta, que produz efeitos de apoio à vida para o agente e para toda a criação, ação que ajuda a evolução do indivíduo e serve simultaneamente ao propósito cósmico. Tal ação só é possível quando a mente do homem está em completa harmonia com o Ser transcendente, que subjaz toda a criação e é a base de toda a vida e de todas as Leis da Natureza. Este é o caso em Consciência Cósmica. Consciência de Deus é um outro estado onde tal ação é automaticamente realizada. Em Consciência Cósmica, o homem está estabelecido em vida cósmica e desempenha a ação como um indivíduo; no estado de Consciência de Deus, a atividade do indivíduo, estabelecido na Luz de Deus, é em um nível que corresponde ao nível da atividade cósmica. Ele vive a Unidade eterna da vida através de toda a atividade.

"Insondável é o curso da ação": as atividades naturais de um indivíduo nos três estados relativos de consciência – vigília, sonho e sono – são governadas pelo *Dharma* de seu nível de evolução. O *Dharma* difere em diferentes níveis de evolução. Mais ainda, até no mesmo nível o *Dharma* é diferente em diferentes circunstâncias e em diferentes esferas de vida. Junto a todas estas diferenças, há ainda a complexidade adicional de que, em cada caso, o *Dharma* não se refere à atividade apenas em como ela afeta o indivíduo, mas também em como afeta a família, a sociedade, a nação e o mundo. Cada pensamento, palavra ou ação estabelece ondas de influência na atmosfera. Estas ondas viajam pelo espaço e batem contra tudo na criação. Onde quer que batam criam algum efeito. O efeito de um determinado pensamento em qualquer objeto em particular não pode ser conhecido, por causa da diversidade e da vasta extensão da criação. Esta complexidade vai além da possibilidade de compreensão. É por isso que o Senhor diz: "Insondável é o curso da ação".

A "ação incorreta" pode ser de muitas formas: ações que machucam o agente no presente ou no futuro; aquelas que não são bem-sucedidas; que impedem a evolução; que levam à dissolução; que prendem o autor ao ciclo de nascimento e morte; que produzem influências danosas à vida, sobre o ambiente e sobre os outros; que são contra as Leis da Natureza. Portanto, mesmo o campo da ação incorreta é considerado "insondável".

Estas ações incorretas são possíveis enquanto o agente está em um estado de ignorância sobre seu próprio *Dharma*, enquanto ele não está consciente da natureza essencial de seu próprio ser, da natureza da atividade e da natureza de Deus, enquanto seu estado de consciência de vigília não é apoiado pela Consciência Pura Transcendental.

"Inação": ausência de atividade. O sono profundo é um estado de inação, mas não é o único. O estado de inação também é encontrado na Consciência Transcendental. Mais ainda, a inação é um constituinte essencial da Consciência Cósmica, e também da Consciência de Deus, o estado mais elevado da evolução humana. Por um lado a inação é a inércia do sono, enquanto por outro ela se torna a base da Realidade viva de todo o cosmos. É isto que o Senhor quer dizer quando fala: "a inação, da mesma forma, deve ser compreendida". Isto mostra que não apenas a ação, mas também a inação é insondável.

"Na verdade": por meio desta palavra o Senhor enfatiza a necessidade do conhecimento da ação. Vida significa ação – ninguém pode escapar à atividade. Sendo assim, é sábio conhecer não apenas o que se vai fazer, mas onde, como resultado, se vai chegar.

Será interessante observar atentamente como o Senhor, tendo admitido que o curso da ação é insondável e tendo enfatizado que a ação deve ser compreendida, consegue conduzir-Se sobre um delicado elo entre estes dois fatos contraditórios. Para justificar Sua expressão "insondável", a sabedoria manda que Ele não entre em uma investigação do curso da ação. Mas as palavras "na verdade" requerem que, seja qual for o meio que Ele adote, entre em detalhes ou não, o conhecimento da ação deve ser transmitido. O Senhor adota um modo de instrução por meio do qual, sem o conhecimento de todo o campo da ação, pode-se adquirir todos os benefícios que tal conhecimento possa oferecer. Ele traz à luz a arte da ação, por intermédio da qual, sem ter que adquirir o conhecimento da ação, pode-se desfrutar as bênçãos que este conhecimento possa dar. Esta arte da ação é como a arte de um jardineiro, que ao regar a raiz, faz a seiva subir a todas as partes da árvore sem ter que saber nada sobre o mecanismo de elevação da seiva.

Esta é a maravilha de perfeição deste discurso. O Senhor disse que o conhecimento da ação é necessário, e no entanto, sendo insondável o curso da ação, seu conhecimento deve permanecer incompleto. Portanto, Ele traz à luz uma técnica pela qual os efeitos do conhecimento serão adquiridos sem a necessidade de adquirir o conhecimento. E isto porque o ensinamento do Senhor não tem o propósito do conhecimento em si, mas tão somente o de produzir um efeito específico na vida prática. O que é importante é o efeito, não o conhecimento. Esta é a exposição de *Yoga Shāstrā*, a filosofia mais prática da União Divina. Seu propósito é o de oferecer a sabedoria prática por intermédio da qual qualquer homem pode, naturalmente, adquirir o mais alto bem por meio da sua atividade.

Os versos seguintes esclarecem este ensinamento.

VERSO 18

कर्मण्यकर्म यः पश्येदकर्मणि च कर्म यः
स बुद्धिमान्मनुष्येषु स युक्तः कृत्स्नकर्मकृत्

Karmaṇyakarma yaḥ pashyed akarmaṇi cha karma yaḥ
sa buddhimān manushyeshu sa yuktaḥ kṛitsnakarmakṛit

Aquele que na ação vê inação
e na inação vê ação
é sábio entre os homens.
Ele está unido, ele realizou toda a ação.

"Na ação vê inação": isto significa que, enquanto a mente está envolvida com os sentidos e, por meio deles, no processo da ação, ela está ancorada ao silêncio do Ser interior. Esta ancoragem oferece a experiência do silêncio em meio a toda a atividade.

Para o homem que "na ação vê inação", o permear de todo o campo da ação pelo Ser sempre-silencioso e não-ativo é uma realidade viva. Para ele, a ação não ensombrece o estado de inação, ou Ser, que a subjaz. Ele vive o Ser sempre-silencioso que permeia todas as atividades dos sentidos, da mente e do corpo; ele vê silêncio na atividade, e atividade no silêncio.

Aqui está um ensinamento que permite ao homem enriquecer a liberação alcançada pelo conhecimento de que "os *Guṇas* é que agem com base nos *Guṇas*".[88] Ele conecta o mundo ativo dos três *Guṇas* com o silêncio do Ser e assim, no nível do silêncio, estabelece a coexistência do efêmero e do eterno. E confirma o ensinamento supremo das Upanishads: *Pūrṇam adaḥ pūrṇam idaṁ* – este mundo manifestado de atividade é pleno (*Pūrṇa*); aquela vida do Ser absoluto é plena.

---

88 Veja III, 28.

A realização desta verdade vem no estado de Consciência Cósmica, mas o ensinamento deste verso estende-se até mesmo à Consciência de Deus.

A percepção da Realidade completa estabelece um estado de vida que está além da Unidade do Absoluto e da multiplicidade do relativo, e produz a totalidade de visão que mantém isto e Aquilo juntos à luz de Deus, em Consciência de Deus. Aquele que atingiu este estado, é "sábio entre os homens". De acordo com esta frase, "homens" são aqueles que realizaram, seja a verdade da atividade,[89] seja a verdade do silêncio.[90] Mas "sábio" é aquele que realizou a verdade de ambos, seja no estado em que estão separados, em Consciência Cósmica, seja no estado em que estão em União, em Consciência de Deus.

A definição de homem, dada neste verso, aponta para a conclusão de que aquele que não realizou a verdade da atividade, ou a verdade do silêncio, não merece ser chamado de homem. Portanto, é uma característica essencial da vida do homem que ele esteja estabelecido, ou no caminho do conhecimento, ou no caminho da ação. E se ele quiser ser "sábio", então ele deve elevar-se para abraçar a meta de ambos.

"Ele realizou toda a ação" significa que, em sua vida individual, ele desempenhou todo o alcance da atividade, superficial e sutil. Mais ainda, ele desempenhou atividade também no nível da vida cósmica. A atividade no nível individual inclui não apenas a atividade física e mental comum, mas também a atividade mais sutil de todas, de transcender e adquirir União com o Ser divino. A atividade no nível cósmico é de dois tipos: primeiro, atividade em Consciência Cósmica, que é plenamente de acordo com o processo de evolução; segundo, atividade em Consciência de Deus, que é no nível da Unidade suprema da vida.

"Ele realizou toda a ação" também significa que ele atingiu a perfeição. A ação é um meio de realizar os próprios desejos. Ter "realizado toda a ação" significa ter realizado todos os desejos, indicando que se adquiriu a realização. Deve-se notar que a realização de uma ação não está em adquirir somente o fruto da ação, está em

89 Veja III, 28.
90 Veja II, 45.

adquirir o fruto da ação junto com a liberdade da influência escravizante da ação e de seus resultados. A cognição da inação na ação, e da ação na inação, é o resultado da realização adquirida por meio da experiência direta de bem-aventurança absoluta e da liberdade eterna da escravidão, que estão no estado de Consciência Cósmica, onde o Ser é experimentado como separado da atividade.

Neste verso, a sequência das expressões é muito importante. Para mostrar que "aquele que na ação vê inação e na inação vê ação" não é algo insano, o Senhor acrescenta que tal homem tem melhor compreensão do que outras pessoas: ele é "sábio entre os homens". E mais, para indicar que este homem sábio não é apenas um homem teórico, envolvido em mero pensamento idealístico, o Senhor diz: "Ele está unido", mostrando que ele é um homem prático, que adquiriu realização na vida.

Há quatro expressões neste verso, cada uma contendo idias distintas e independentes:

1. Na ação vê inação,
2. Na inação vê ação,
3. Sábio entre os homens, ele está unido,
4. Ele realizou toda a ação.

É interessante observar que cada um destes pensamentos é sucessivamente desenvolvido nos próximos cinco versos. O primeiro pensamento deste verso é desenvolvido no primeiro pensamento de cada um dos outros versos. O segundo, terceiro e quarto pensamentos deste verso encontram, da mesma forma, seu desenvolvimento nos correspondentes segundo, terceiro e quarto pensamentos dos outros cinco versos.

O estudo comparativo destes cinco versos, apresentando a ciência da ação, foi sumarizado no final do comentário do verso 23.

Quando, nos versos 13 e 14, o Senhor referiu-se a Si mesmo como um exemplo, Ele deu a Arjuna uma visão da atividade na inatividade, e da inatividade na atividade. É por isso que é suficiente para este verso fazer uma afirmação do fato, sem entrar em detalhes e explicações.

Os versos seguintes, no entanto, discutem este ponto a partir das considerações mais concretas da vida prática.

Verso 19

यस्य सर्वे समारम्भा: कामसंकल्पवर्जिता:
ज्ञानाग्निदग्धकर्माणं तमाहु: पण्डितं बुधा:

Yasya sarve samārambhāḥ kāmasaṁkalpavarjitāḥ
gyānāgnidagdhakarmāṇaṁ tam āhuḥ paṇditaṁ budhāḥ

Aquele para o qual todo empreendimento
é livre de desejo e de seu estímulo,
cuja ação é consumida na chama do conhecimento,
os conhecedores da Realidade o chamam de sábio.

Este verso apresenta o pensamento do verso anterior em uma forma mais desenvolvida. Para se ver inação na ação, é necessário empreender a ação e ainda permanecer livre de desejo dentro de si mesmo. O estado interior "livre de desejo" de um homem é um campo de "inação". É assim que aquele "para o qual todo empreendimento é livre de desejo", "na ação vê inação" (verso 18).

O Senhor menciona as qualidades especiais da ação de um homem iluminado. A ação deve certamente ter ímpeto e um início eficaz, mas o homem "sábio" não é motivado por apego pessoal ao iniciar a ação, muito menos durante sua realização ou ao seu final. Nem ele depende dos frutos da ação. Portanto, ele está envolvido através de todo o alcance da ação e, ainda assim, não envolvido. É por isso que o Senhor diz: "cuja ação é consumida na chama do conhecimento, os conhecedores da Realidade o chamam de sábio".

O homem realizado empreende a atividade, mas, em virtude do conhecimento de que o Ser é separado da atividade, ele permanece livre da influência escravizante da ação. Este conhecimento é comparado aqui com uma chama de fogo que consome toda a sua ação, no sentido de que a ação é mantida completamente livre da influência escravizante da ação ou de seus frutos.

"Empreendimento é livre de desejo": normalmente um homem inicia uma ação apenas quando se torna consciente do desejo por ela. O nível no qual um desejo é apreciado difere de acordo com o nível da mente consciente do indivíduo. Durante o processo de pensar, homens de mente mais pura apreciam um pensamento e um desejo em um nível mais sutil.[91] Deve-se compreender que um pensamento surge a partir do nível mais profundo da consciência e desenvolve-se em um desejo quando alcança o nível consciente da mente. Um homem, para o qual o nível de Consciência Transcendental tornou-se o nível da mente consciente, aprecia o pensamento no seu próprio início, antes de realmente desenvolver-se em um desejo. Seu pensamento transforma-se em ação sem expressar-se como um desejo.[92] Isto explica como, quando um homem consegue harmonizar sua mente com a Consciência Transcendental, para ele "todo empreendimento é livre de desejo".

Este estado de não-apego é mais avançado do que aquele descrito no verso anterior, no qual vê-se inação na ação e ação na inação. À medida que avança a prática da Meditação Transcendental, o Ser começa a tornar-se mais estabelecido na natureza da mente e o indivíduo começa a sentir-se como que separado da atividade. A atividade é encontrada então no nível aquietado da consciência interior. É assim que naturalmente começa-se a apreciar o silêncio e a atividade simultaneamente.

À medida que a prática da meditação avança ainda mais, o silêncio do Ser torna-se apreciável até mesmo no início da atividade, de tal forma que surge uma situação natural na qual toda ação é "livre de desejo e de seu estímulo". Deve-se notar que o início da ação envolve a mente de forma mais profunda do que no decorrer da ação. É por isso que o Ser é primeiro experimentado como não--envolvido durante o processo da ação, e apenas quando a prática está muito mais avançada é que o Ser começa a ser apreciado como não-envolvido no início da ação. Assim, com o crescimento do Ser na natureza da mente, uma situação natural é criada na qual "todo

91 Veja Apêndice: Meditação Transcendental.
92 Veja III, 7.

empreendimento" é no nível do silêncio do Ser, que em Sua natureza essencial é Consciência de Bem-Aventurança. Esta Consciência de Bem-Aventurança oferece um nível de eterna satisfação, com base na qual "todo empreendimento é livre de desejo e de seu estímulo".

Neste estágio do crescimento do Ser na natureza da mente, o indivíduo sente-se desapegado da ação, tanto em seu início como durante seu progresso. Mas porque toda ação é iniciada para realizar algum fim, o propósito de uma ação engaja a mente mais profundamente do que seu início e progresso; portanto, o não-apego ao fruto da ação requer uma infusão ainda mais completa do Ser na natureza da mente. Quando Consciência Cósmica é adquirida, o indivíduo "abandonou o apego ao fruto da ação" (verso 20) completamente. Este estado mais avançado de não-apego[93] encontra finalmente sua plenitude em Consciência de Deus, na qual "tu verás todos os seres em teu Ser e também em Mim" (verso 35).

Toda ação depende do estado de consciência do autor. Portanto, caso se deseje que todas as ações tenham uma qualidade específica, é necessário produzir um estado de consciência que permitirá surgir aquela qualidade de ação.

A palavra "todo" é muito importante neste contexto. Ela inclui todo o alcance da atividade mental e sensorial. Ela sugere que o estado de consciência do homem deve ser tal, que qualquer ação empreendida por ele, a qualquer momento, seja naturalmente livre de desejo e de seu estímulo. Este estado de consciência é encontrado em Consciência Cósmica e Consciência de Deus.

Um homem para o qual o nível de Consciência Transcendental tornou-se o nível da mente consciente, adquiriu Consciência Cósmica, e neste estado ele experimenta o Ser como separado da ação. Esta experiência cria uma condição natural, na qual há ação na superfície e um estado de inação interior. O desejo é um elo entre o agente e a ação. Mas quando um estado natural de separação foi estabelecido entre o agente e a ação, não há elo entre eles. Nesta situação entre o agente e suas ações, não há lugar para o desejo. É assim que é possível que "todo" empreendimento seja livre de desejo.

93 Isto é tratado no comentário do verso seguinte.

"Livre de... seu estímulo": para entender o estímulo do desejo, devemos analisar o processo de transformação de um desejo. A experiência ocorre quando os sentidos entram em contato com seus objetos e uma impressão é deixada na mente. O impulso desta nova impressão entra em ressonância com uma impressão de uma experiência passada similar, já presente na mente, e associa-se com aquela impressão. A reunião das duas dá lugar a um impulso no nível mais profundo da consciência, onde as impressões de todas as experiências são guardadas. Este impulso desenvolve-se e, alcançando o nível consciente da mente, é experimentado como um pensamento. Este pensamento, adquirindo a simpatia dos sentidos, cria um desejo e estimula os sentidos à ação. Em princípio, o estímulo do desejo é causado pelo sentimento de querer. No estado de Consciência Cósmica, onde o indivíduo encontra satisfação eterna dentro de si mesmo, e o campo da atividade está naturalmente separado dele, o Ser é autossuficiente – Ele não pode querer. Neste estado, portanto, todo empreendimento é livre do estímulo do desejo.

Pode-se, então, perguntar: O que é responsável por iniciar a ação em tal homem?

A resposta é: a força todo-poderosa da Natureza,[94] que é a causa da vasta e incessante atividade de criação e evolução por todo o cosmos.

O Ser forma a base da Natureza. Quando a mente entra em pleno uníssono com o Ser, ela adquire o próprio status do Ser e assim torna-se ela mesma a base de toda atividade na Natureza. As Leis Naturais começam a apoiar os impulsos de uma tal mente: ela torna-se como que uma só com todas as Leis da Natureza. O desejo desta mente é então a necessidade da Natureza, ou, para colocar de outra forma, as necessidades da Natureza são a causa de tal atividade. O Ser não tem nada a ver com "desejo e seu estímulo". É assim que torna-se possível para "todo empreendimento" ser naturalmente "livre de desejo e de seu estímulo".

Devemos lembrar que o desenvolvimento deste estado de consciência dá-se por meio da presença do Ser no nível da mente consciente, a mente superficial. Não há meio de desenvolvê-la por

94 Veja III, 27 e 28.

intermédio de qualquer processo de pensamento ou compreensão. O propósito deste verso é o de dar uma explicação deste estado; ele não descreve o meio de realizar este estado. Seria bastante incorreto imaginar que, ao tentar eliminar o desejo e reduzir o querer da pessoa para diminuir o estímulo do desejo, a pessoa pudesse adquirir este estado natural de não-apego, que torna o homem "sábio" aos olhos dos conhecedores da Realidade.

"Chama do conhecimento": consciência do Ser como separado do campo da ação.

As ações de um tal homem iluminado não são, portanto, suas ações; são as ações dos três *Guṇas* (III, 28). Ele permanece desapegado, satisfeito (IV, 20), seu coração e mente disciplinados (IV, 21), além dos pares de opostos (IV, 22) e liberado (IV, 23).

Verso 20

त्यक्त्वा कर्मफलासङ्गं नित्यतृप्तो निराश्रय:
कर्मण्यभिप्रवृत्तोऽपि नैव किंचित्करोति स:

Tyaktwā karmaphalāsangaṁ nityatṛipto nirāshrayaḥ
karmaṇyabhipravṛitto 'pi naiva kiṁchit karoti saḥ

Havendo abandonado o apego ao fruto da ação,
sempre satisfeito, não dependendo de nada,
mesmo plenamente engajado na ação ele não mais age.

No comentário do verso anterior foi explicado como, com o crescimento da Consciência Cósmica, o não-apego torna-se tão profundo que um homem abandona até o "apego ao fruto da ação".

O presente verso pode ser considerado por um outro ângulo. Quando o mel puro toca a língua, o sabor de grande doçura ultrapassa em escala todos os sabores doces experimentados até então. Se a língua continua a experimentar o sabor do mel, então não haverá chance de um sabor doce anterior retornar. É isto que acontece quando a mente vive permanentemente na experiência de bem-aventurança transcendental no estado de Consciência Cósmica; não existe, então, nenhuma chance de que impressões de experiências passadas capturem a mente. É assim que o homem iluminado tem "abandonado o apego ao fruto da ação" desempenhada no passado.

Se alguém tem o sabor de doce concentrado na língua e então saboreia outros doces, estes sabores não deixam nenhuma impressão significativa. Quando um homem, estabelecido na bem-aventurança do Ser absoluto, age no campo relativo da vida, suas experiências não deixarão na mente nenhuma impressão profunda que possa dar lugar a futuros desejos. Desta forma, o ciclo de ação-impressão-desejo-ação é quebrado. É assim que, em um homem iluminado, a atividade e a experiência no mundo são impedidas de plantar a semente de uma ação futura. Isto ficará mais claro no verso seguinte.

"Mesmo plenamente engajado": seus órgãos de ação[95] continuam a desempenhar suas obrigações motivados pela Natureza, e seus sentidos, da mesma maneira, permanecem engajados; é por isso que ele se encontra agindo.

"Ele não mais age": sua mente, estabelecida na plenitude do Ser, permanece não-envolvida na atividade. Este é seu estado de vida – externamente, engajado na atividade; e internamente, estabelecido em silêncio eterno.[96]

VERSO 21

निराशीर्यतचित्तात्मा त्यक्तसर्वपरिग्रहः
शारीरं केवलं कर्म कुर्वन्नाप्नोति किल्बिषम्

Nirāshīr yatachittātmā tyaktasarvaparigrahaḥ
shārīraṁ kevalaṁ karma kurvan nāpnoti kilbisham

Sem esperar nada, seu coração e mente disciplinados,
havendo renunciado a todas as posses,
desempenhando a ação apenas com o corpo,
ele não comete pecado.

---

95 Veja III, 7.
96 Veja III, 7, 27; IV, 14.

"Sem esperar nada": a causa da ansiedade e expectativa é o desejo. As ações do homem iluminado foram consideradas "livres de desejo e de seu estímulo" (verso 19). É por isso que ele age "sem esperar nada".

"Seu coração e mente disciplinados": veja Capítulo III, verso 43.

"Havendo renunciado a todas as posses": esta expressão é similar a "não dependendo de nada" (verso 20). A palavra "posses" indica tudo que a pessoa tenha reunido a sua volta, tudo que não seja seu próprio Ser; renunciando a tudo que é exterior a seu próprio Ser significa abandonando todo o campo da existência relativa, estando "sem os três *Guṇas*".[97]

"Desempenhando a ação apenas com o corpo": no comentário ao verso 19, foi explicado como a mente do homem iluminado permanece desapegada, mesmo quando ele está desempenhando ações no nível dos sentidos,[98] de tal forma que "todo empreendimento é livre de desejo e de seu estímulo". A mente de um homem iluminado não registra profundamente quaisquer impressões de ações desempenhadas pelo corpo no nível dos sentidos; através de todas as atividades, sua mente permanece fixa no Ser. Estabelecido na pureza absoluta do Ser, ele está fora do campo da ignorância, fora do campo do "pecado".

Verso 22

यदृच्छालाभसंतुष्टो द्वन्द्वातीतो विमत्सरः
समः सिद्धावसिद्धौ च कृत्वापि न निबध्यते

Yadṛichchhālābhasaṁtushto dwandwātīto vimatsaraḥ
samaḥ siddhāvasiddhau cha kṛitwāpi na nibadhyate

Satisfeito com tudo que venha espontaneamente,
além dos pares de opostos, livre da inveja,
equilibrado no sucesso e no fracasso,
mesmo agindo ele não é escravizado.

---

97 Veja II, 45.
98 Veja III, 7.

Este verso apresenta a imagem daquele que é liberado.

"Satisfeito com tudo que venha espontaneamente": o homem iluminado vive uma vida de realização. Suas ações, sendo livres de desejo, servem apenas à necessidade do tempo. Ele não tem interesses pessoais a adquirir. Ele está engajado em realizar o propósito cósmico e, portanto, suas ações são guiadas pela Natureza. É por isso que ele não tem que se preocupar com suas necessidades. Suas necessidades são as necessidades da Natureza,[99] que toma conta de sua realização, sendo ele o instrumento do Divino.

"Além dos pares de opostos": além dos três *Guṇas*.[100] Esta expressão aplica-se igualmente à Consciência Transcendental, Consciência Cósmica e Consciência de Deus. A Consciência Transcendental é absoluta por natureza, sem qualquer traço de dualidade. A Consciência Cósmica aceita "os pares de opostos", mas como completamente separados do Ser. A Consciência de Deus também aceita "os pares de opostos", mas como inseparáveis do Ser, que por Sua vez é inseparável de Deus.

"Livre da inveja": a inveja é uma característica que perturba o equilíbrio do homem e permite que ele seja invadido pelo *Dharma* de um nível de consciência diferente do seu próprio.[101] Este é um grande perigo, pois é capaz de retirar o homem do caminho de sua própria evolução. Aquele que é livre da inveja, é livre deste perigo. Tal homem não é tentado por nada, pois ele elevou-se à liberdade absoluta. A que mais poderia ele aspirar? Tendo elevado-se ao estado de Consciência Cósmica, ele poderia aspirar à Consciência de Deus, e pode-se pensar que isto deixa aberta a possibilidade para a inveja. Mas se um homem em Consciência Cósmica visse um homem em Consciência de Deus, ele se encheria de amor e devoção pelo outro em vez de invejar seu estado.

"Equilibrado no sucesso e no fracasso": veja Capítulo II, versos 38, 48 e 50.

"Mesmo agindo ele não é escravizado": veja Capítulo III, verso 28.

---

99 Veja verso 19, comentário.

100 Veja II, 45, 50, 56, 57.

101 Veja III, 35, comentário.

Quando a mente, por meio da meditação, tornou-se satisfeita na bem-aventurança do Ser, não há possibilidade de descontentamento. Então, há serenidade de mente, tanto no prazer quanto na dor. Este é o estado de um homem liberado.[102]

VERSO 23

गतसङ्गस्य मुक्तस्य ज्ञानावस्थितचेतसः
यज्ञायाचरतः कर्म समग्रं प्रविलीयते
Gatasangasya muktasya gyānāvasthitachetasaḥ
yagyāyācharataḥ karma samagraṁ pravilīyate

Aquele que é livre do apego, liberado,
cuja mente é estabelecida na sabedoria,
que age visando o *Yagya*,
sua ação é inteiramente dissolvida.

Este verso demonstra que, quando por meio da prática constante da meditação, um homem adquiriu Consciência Cósmica, quando a Consciência Transcendental pura está baseada na própria natureza de sua mente, ele se torna "liberado" do campo da ação e "livre do apego". Neste estado, toda ação produz influências de apoio à vida na criação e assim ajuda a evolução cósmica; portanto, toda ação é "visando o *Yagya*".

Assim, as ações daquele que pratica a Meditação Transcendental são dignas de ser classificadas como *Yagya*.

As quatro expressões deste verso concluem o desenvolvimento das quatro expressões contidas em cada um dos cinco versos anteriores.[103] Para ilustrar este desenvolvimento, eles foram colocados abaixo:

---

102 Veja II, 71; III, 17, 28.
103 Veja verso 18, comentário.

I. "Aquele que na ação vê inação"(18)
"Aquele para o qual todo empreendimento é livre de desejo"(19)
"Havendo abandonado o apego ao fruto da ação"(20)
"Sem esperar nada"(21)
"Satisfeito com tudo que venha espontaneamente"(22)
"Aquele que é livre do apego"(23).

II. "Na inação vê ação"(18)
(Aquele para o qual todo empreendimento é livre do) "seu estímulo"(19)
"Sempre satisfeito"(20)
"Seu coração e mente disciplinados"(21)
"Além dos pares de opostos, livre da inveja"(22)
"Liberado"(23).

III. "É sábio entre os homens, ele está unido"(18)
"Cuja ação é consumida na chama do conhecimento"(19)
"Não dependendo de nada"(20)
"Havendo renunciado a todas as posses"(21)
"Equilibrado no sucesso e no fracasso"(22)
"Cuja mente é estabelecida em sabedoria"(23).

IV. "Ele realizou toda a ação"(18)
"Os conhecedores da Realidade o chamam de sábio"(19)
"Mesmo plenamente engajado na ação, ele não mais age(20)
"Desempenhando a ação apenas com o corpo, ele não comete pecado"(21)
"Mesmo agindo ele não é escravizado"(22)
"Que age visando o *Yagya*, sua ação é inteiramente dissolvida"(23).

É em razão do ensinamento contido nestes seis versos que o quarto capítulo é o capítulo da sabedoria – ao mesmo tempo, a sabedoria de *Karma Yoga* e Sāṁkhya. Ele revela o estado de um homem realizado no nível da ação e do comportamento, apresentando assim o aspecto prático da busca metafísica abstrata que confronta o homem no caminho de sua evolução.

Verso 24

ब्रह्मार्पणं ब्रह्म हविर्ब्रह्माग्नौ ब्रह्मणा हुतम्
ब्रह्मैव तेन गन्तव्यं ब्रह्मकर्मसमाधिना

Brahmārpaṇaṁ Brahm havir Brahmāgnau Brahmaṇā hutam
Brahmaiva tena gantavyaṁ Brahmakarmasamādhinā

***Brahman* é o ato de oferecimento.**
Brahman* a oblação lançada por *Brahman
na chama que é *Brahman*.
Apenas a *Brahman* deve ir aquele que está fixo
em *Brahman* por intermédio da ação.

Este verso não ensina que durante o desempenho de *Yagya* ritualística, ou qualquer outro tipo de ação, deva-se ter em mente a ideia de que tudo é *Brahman*. O ensinamento deste verso refere-se a níveis muito mais profundos da vida que o nível superficial de pensar ou de manter estados de espírito.

No verso anterior foi dito: "que age visando o *Yagya*, sua ação é inteiramente dissolvida". Estas palavras são explicadas mais profundamente no presente verso, que considera diferentes aspectos da ação desempenhada pelo homem iluminado. Ele fala daquele estado de consciência que percebe a unidade da existência em toda a diversidade da ação.

Neste verso e nos seguintes, o Senhor enumera diferentes aspectos da ação do *Yagya* e diz que todos os aspectos são *Brahman*. Certamente, oferecimento é oferecimento, oblação é oblação, chama é chama, e o agente é o agente – a dualidade prevalece no nível da vida relativa. Tudo é *Brahman* apenas no nível da consciência do agente que está estabelecido em Consciência Cósmica.[104] O que foi dito nos versos 19 a 23 leva à conclusão de que o homem iluminado, estabelecido em Consciência de Bem-Aventurança todo o tempo, independente do engajamento da mente e dos sentidos na ação, está absorvido em *Brahman*. Ao mesmo tempo, tudo que

---

104 Veja II, 71, 72.

envolve a ação prossegue naturalmente no nível dos sentidos,[105] por intermédio da atuação dos *Guṇas*.[106]

Quando a mente torna-se infundida com o Ser, então, nenhum pensamento, palavra ou ação pode tirar a mente do Ser. Este é o estado de Consciência Cósmica.[107] O propósito do presente verso é o de descrever claramente o relacionamento da ação com a Consciência Cósmica, na qual todas as ações formam uma parte integral daquela consciência e, portanto, são apreciadas como nada mais do que aquela consciência, nada além de *Brahman*.

O verso também indica que a fixação em *Brahman* constitui maestria sobre a ação e é, ao mesmo tempo, a realização da ação.

O Senhor fala de *Yagya* para explicar que as diferentes partes de uma ação e os vários modos de seu desempenho não deixam nenhum traço de escravidão para o homem iluminado. Sempre estabelecido no estado de Consciência Pura, ou Ser eterno, ele é simplesmente uma silenciosa e inocente testemunha do que está acontecendo por intermédio dele; ele é um meio por intermédio do qual a Natureza realiza seu propósito de evolução. Suas ações são uma resposta às necessidades do tempo. Bem naturalmente, ele desempenha ações que resultam em todo tipo de bem.

"Apenas a *Brahman* deve ir aquele": *Brahman* é a Realidade que abarca ambos os campos da vida, relativo e absoluto. Tendo adquirido o estado de *Brahman*, o homem elevou-se à Realidade Última da existência. Neste estado de iluminação ele alcançou liberação eterna, e uma vez que o homem elevou-se a este estado, não há mais retorno daí. É por isso que o Senhor diz: "Apenas a *Brahman* deve ir aquele que está fixo em *Brahman* por intermédio da ação".

A expressão "deve ir aquele" não significa que ao deixar o corpo ele parte para algum outro lugar. Aqui, a palavra "ir" encontra seu significado no fato de que, com a destruição do corpo, o homem realizado não é mais considerado como um indivíduo, e quando alguém não é encontrado, diz-se que ele se foi. Para onde foi ele, então?

---

105 Veja III, 7.
106 Veja III, 28.
107 Veja II, 72.

Para explicar sua posição em termos de ir, deve-se dizer que ele foi para *Brahman*; mas na verdade, para aquele que já está "fixo em *Brahman*", que elevou-se à Realidade onipresente, não há esta dúvida sobre onde ir. Ele permanece o que era – *Brahman* – mas sem o corpo individual.

"Que está fixo em *Brahman* por intermédio da ação": o indivíduo eleva-se ao estado de *Brahman* em Consciência Cósmica, onde nenhuma atividade, não importando seu vigor, pode retirá-lo do Ser. Este estado de fixação em *Brahman* é alcançado pelo desempenho da atividade, após adquirir o estado do Ser por meio da atividade da meditação – a atividade interior da meditação seguida da atividade exterior da vida diária. Assim, é claro que é "por intermédio da ação" que o indivíduo é "fixo em *Brahman*". Este verso, portanto, não apenas descreve o estado de *Brahman*, mas também mostra um caminho direto para sua realização.

Verso 25

दैवमेवापरे यज्ञं योगिनः पर्युपासते
ब्रह्माग्नावपरे यज्ञं यज्ञेनैवोपजुह्वति

Daivam evāpare yagyaṁ yoginaḥ paryupāsate
Brahmāgnāvapare yagyaṁ yagyenaivopajuhwati

Alguns *Yogīs* desempenham *Yagya*
simplesmente ao adorar os deuses,
outros ao oferecer o próprio *Yagya*
na chama que é *Brahman*.

"Adorar os deuses" é considerado o desempenho de *Yagya*. O Senhor diz que, quando esta adoração aos deuses é oferecida a *Brahman*, tal oferenda também é desempenho de *Yagya*.

Para esclarecer isto, faremos uma análise de como o "adorar os deuses" é oferecido a *Brahman* e como a oferenda a *Brahman* é o desempenho de *Yagya*.

A Consciência Cósmica é o estado de *Brahman.*[108] Uma vez que é a Consciência do Ser Transcendental que desenvolve-se em Consciência Cósmica, para alcançar-se Consciência Cósmica por meio da adoração, deve-se transcender por meio da adoração. Isto requer que se entre nas fases mais sutis do ato de adorar. E isto é feito da forma mais bem-sucedida, de uma maneira sistemática, ao tomar o nome ou forma do deus e experimentá-lo em seus estados mais sutis, até que a mente transcenda o estado mais sutil e alcance Consciência Transcendental. Aqueles que são extremamente emocionais, no entanto, podem até mesmo transcender por intermédio de um crescente sentimento de amor pelo deus durante o processo de fazer oferendas.

Transcender o ato de adorar é considerado com sendo a oferta da adoração a *Brahman.* Tem a vantagem de receber as bênçãos do deus e ao mesmo tempo de ajudar a desenvolver Consciência Cósmica.

Ao transcender, o adorador chega à realização última do *Yagya* e assim desenvolve Consciência Cósmica, o estado onde todas as suas ações provarão ser *Yagya.* Tudo que relacionar-se a ele será de ajuda à evolução e, estabelecido em seu Ser, ele realizará o propósito da vida. É por isso que transcender o campo do *Yagya* para chegar ao estado de *Brahman* também é considerado como *Yagya.* Quando um homem adquiriu Consciência Cósmica, todas as suas ações assumem o status de *Yagya.* Uma vez que tal ação é desempenhada no estado de *Brahman*, ela já está no nível de *Brahman.* Isto é oferecer o próprio *Yagya* na chama que é *Brahman.*

---

108 Veja II, 72.

Verso 26

श्रोत्रादीनीन्द्रियाण्यन्ये संयमाग्निषु जुह्वति
शब्दादीन्विषयानन्य इन्द्रियाग्निषु जुह्वति
Shrotrādīnīndriyāṇyanye saṁyamāgnishu juhwati
shabdādīn vishayān anya indriyāgnishu juhwati

Alguns oferecem a audição e
outros sentidos nas chamas do controle;
alguns oferecem o som e outros objetos
dos sentidos nas chamas dos sentidos.

"Chamas": o plural é para indicar que há diferentes métodos para controlar diferentes sentidos.

Há dois tipos de pessoa: aqueles que mantêm seus sentidos ativos, desfrutando objetos no mundo, e aqueles que praticam diferentes métodos de controle. O Senhor refere-se ao segundo quando diz que os sentidos são oferecidos "nas chamas do controle".

A palavra "controle" tem sido interpretada por muitos comentaristas como indicando restrição, e consequentemente eles advogam a subjugação forçada dos sentidos. Mas certamente não é possível colocar um fim às atividades dos sentidos por meio da prática de abster-se de satisfazê-los. Isto já foi deixado claro pelo Senhor no verso 59, do segundo capítulo. Portanto, é óbvio que a palavra "controle" significa algo diferente de restrição, alguma coisa que realmente vai ter a força para acalmar os sentidos. Isto é explicado de duas formas: primeiro, como o uso apropriado dos sentidos, que é a interpretação dada neste verso; segundo, como o processo de permitir que todos os sentidos naturalmente convirjam em um único ponto e permaneçam ali no estado de satisfação. Este segundo caminho[109] é descrito no próximo verso.

"Alguns oferecem o som e outros objetos dos sentidos nas chamas dos sentidos": algumas pessoas têm seus sentidos ativos no mundo exterior. Isto quer dizer, usar os sentidos corretamente

---

109 Veja também III, 43.

para a experiência dos objetos, excetuando-se apenas aqueles que são proibidos. Isto também é considerado como sendo desempenho de *Yagya*.

Assim, o significado deste verso é claro. Alguns voltam seus sentidos para dentro por meio da prática da Meditação Transcendental e assim criam uma situação na qual seus sentidos automaticamente convergem para o Ser, realizando desta forma, naturalmente, o verdadeiro propósito do controle. Outros não meditam, mas mantêm seus sentidos controlados pela ação correta; ao não permitir que seus sentidos experimentem coisas proibidas, eles também seguem o caminho do *Yagya* e evoluem para alcançar o Supremo. Este é um processo lento e difícil; difícil porque a base da ação correta é a Consciência Pura. A ação correta sem a base apropriada é muito árdua, se não impossível. Por intermédio da Meditação Transcendental, no entanto, é fácil adquirir Consciência Pura[110] e, assim, automaticamente desempenhar ação correta.

Verso 27

सर्वाणीन्द्रियकर्माणि प्राणकर्माणि चापरे
आत्मसंयमयोगाग्नौ जुह्वति ज्ञानदीपिते

Sarvāṇīndriyakarmāṇi prāṇakarmāṇi chāpare
ātmasaṁyamayogāgnau juhwati gyānadīpite

Outros oferecem todas as atividades dos sentidos
e do fôlego da vida na chama do Yoga,
que é autocontrole aceso pela iluminação.

Geralmente considera-se que a prática de autocontrole é necessária para trazer iluminação; isto é claramente contrário ao ensinamento do Senhor, que estabelece especificamente que "autocontrole" é o resultado do estado de iluminação.[111]

---

110 Veja II, 40.
111 Veja II, 59.

Durante o processo da Meditação Transcendental, quando a mente entra nos níveis mais sutis da experiência, a atividade de todos os sentidos diminui, e finalmente para; a respiração também se torna mais refinada, e ao final a respiração fica suspensa. Esta é a oferenda de "todas as atividades dos sentidos e do fôlego da vida na chama do Yoga".

"Autocontrole aceso pela iluminação": autocontrole significa o ser permanecendo dentro de si mesmo, sem qualquer desvio para o mundo exterior. O controle da mente em seu estado perfeito significa a mente permanecendo dentro de si mesma, sem qualquer desvio para o mundo exterior. Um grau menor de controle da mente seria um desvio para o mundo exterior em uma direção desejada. Da mesma forma, o controle dos sentidos em seu estado perfeito significa os sentidos permanecendo em si mesmos, sem qualquer desvio para o mundo exterior. Um grau menor de controle dos sentidos seria um desvio para o mundo exterior em uma direção desejada.

"Autocontrole aceso pela iluminação" significa um estado perfeito de controle do ser, da mente e dos sentidos. Isto significa que no estado de iluminação, ou Consciência Pura, no estado do Ser, a mente e os sentidos são estabelecidos em si mesmos, sem qualquer desvio para o mundo exterior. Isto acontece no estado transcendental, livre de qualquer atividade. Quando, no entanto, este estado transcendental de consciência torna-se permanente e é transformado em Consciência Cósmica, então a mente permanece ancorada ao estado do Ser e entretém a atividade no mundo exterior em uma direção desejada.

É assim que a mente, mesmo quando ativa, permanece dentro do alcance do autocontrole. Os sentidos sempre seguem o padrão da mente. Desta forma, quando a mente está neste estado de autocontrole, a atividade dos sentidos também permanece espontaneamente dentro dos limites do autocontrole. Isto significa que os sentidos funcionam automaticamente na direção correta.

É assim que, ao adquirir o estado de iluminação, as "atividades dos sentidos e do fôlego da vida" são oferecidas "na chama do Yoga". Portanto, está claro que a "chama do Yoga" deve ser acesa primeiro, e somente então surge o controle.

Deve-se notar que, em virtude deste estado de autocontrole no nível cósmico, a atividade da criação e evolução da vida cósmica é espontaneamente executada pela natureza dos três *Guṇas*, enquanto o Ser cósmico, Deus, permanece não-envolvido com a atividade. Esta é uma apresentação do funcionamento interior da vida cósmica; ela mostra com que espontaneidade e precisão, baseada no autocontrole, a atividade da vida cósmica é executada.

Aqui, o Yoga foi definido como o estado de autocontrole criado espontaneamente pela iluminação, pela realização do Ser em Consciência Transcendental, e assim também no estado de Consciência Cósmica.

A Consciência de Deus é o supremo estado de iluminação. À medida que este estado é adquirido, o autocontrole no nível da vida individual eleva-se ao autocontrole no nível da vida cósmica.

Verso 28

द्रव्ययज्ञास्तपोयज्ञा योगयज्ञास्तथापरे
स्वाध्यायज्ञानयज्ञाश्च यतयः संशितव्रताः

Dravyayagyās tapoyagyā yogayagyās tathāpare
swādhyāyagyānayagyāsh cha yatayaḥ saṁshitavratāḥ

Alguns, da mesma forma, desempenham *Yagya* por meio de posses materiais, pela austeridade e pela prática do Yoga; enquanto outros aspirantes de votos rígidos oferecem como *Yagya* seus estudos e conhecimento das escrituras.

Aqui o Senhor descreve métodos mentais, corporais e materiais de purificação com o propósito de evolução, com o propósito de adquirir liberdade em Consciência Cósmica, e sua plenitude em Consciência de Deus.

"*Yagya* por meio de posses materiais" significa dar riquezas ao necessitado. Também significa o desempenho de rituais Védicos ao oferecer chamas sacrificatórias.[112]

---

112 Veja III, 12, 13; IV, 25.

Desempenhar *Yagya* “pela austeridade” significa sujeitar o corpo ao calor, frio e outros sofrimentos como estes, com o objetivo de purificação.

“Pela prática do Yoga”: veja II, 45,50; III, 7.

“Oferecem como *Yagya* seus estudos e conhecimento das escrituras”: sentam, meditam, e transcendem o campo dos estudos; experimentam o Ser transcendente, que é a meta de todo estudo.[113]

Verso 29

अपाने जुह्वति प्राणं प्राणेऽपानं तथापरे
प्राणापानगती रुद्ध्वा प्राणायामपरायणाः

Apāne juhwati prāṇaṁ prāṇe ’pānaṁ tathāpare
prāṇāpānagatī ruddhwā prāṇāyāmaparāyaṇāḥ

Outros também, que são devotados a exercícios respiratórios, vertem o fluxo interior no exterior, e o exterior no interior, havendo restringido o curso da inalação e da exalação.

Aqui o Senhor explica a Arjuna que há uma classe de buscadores da Verdade que tenta realizar-se por intermédio do processo de exercícios respiratórios. Eles induzem “o fluxo interior no exterior, e o exterior no interior”, restringindo assim “o curso da inalação e da exalação”. Isto resulta na suspensão da respiração, que leva a mente à calma no silêncio da Consciência de Bem-Aventurança, cultivando simultaneamente o sistema nervoso[114] a manter este estado de consciência. É por isso que a prática de exercícios respiratórios é incluída aqui como *Yagya.*

A Meditação Transcendental também realiza as exigências deste verso, pois durante sua prática as respirações para dentro e para fora começam muito espontaneamente a tornar-se mais suaves. O fluxo da respiração para o exterior torna-se menor e o fluxo da respiração

---

113 Veja II, 52, 53.

114 Veja verso 38, comentário.

para o interior torna-se menor. Este fenômeno da diminuição simultânea das duas foi descrito como o verter de uma na outra. É assim que, por meio da prática da Meditação Transcendental, de uma maneira muito fácil, verte-se "o fluxo interior no exterior, e o exterior no interior".

Verso 30

अपरे नियताहाराः प्राणान्प्राणेषु जुह्वति
सर्वेऽप्येते यज्ञविदो यज्ञक्षपितकल्मषाः
Apare niyatāhārāḥ prāṇān prāṇeshu juhwati
sarve 'py ete yagyavido yagyakshapitakalmashāḥ

Outros ainda, restringindo seu alimento,
oferecem respirações em respirações.
Todos estes na verdade são conhecedores do *Yagya*,
e por meio do *Yagya* seus pecados são afastados.

Quando um homem restringe seu alimento, menos oxigênio é necessário para o metabolismo, e portanto sua respiração torna-se mais suave.

"Restringindo seu alimento" significa não alimentando os sentidos com seus objetos, não engajando-se na atividade da ação, ou mesmo do pensamento. Este não engajamento na atividade requer uma redução no metabolismo, que por sua vez requer uma redução da atividade respiratória. Isto, como foi explicado no verso anterior, é o que o Senhor quer dizer com "oferecem respirações em respirações".

Todos estes são diferentes meios de purificar[115] a si mesmo; por isso são chamados de *Yagya*. Por meio de sua prática, "pecados são afastados". A Dhyānbindu Upanishad declara que uma grande

---

115 Veja verso 38, comentário.

montanha de pecados, estendendo-se por milhas, é destruída pela União trazida pela Meditação Transcendental, sem a qual não há saída.[116]

VERSO 31

यज्ञशिष्टामृतभुजो यान्ति ब्रह्म सनातनम्
नायं लोकोऽस्त्ययज्ञस्य कुतोऽन्यः कुरुसत्तम

Yagyashishtāmṛitabhujo yānti Brahm sanātanam
nāyaṁ loko 'styayagyasya kuto 'nyaḥ Kurusattama

Consumindo o resultado do *Yagya*, que é néctar,
eles alcançam o *Brahman* eterno.
Este mundo, ó melhor dos Kurus, não é para aquele
que não oferece *Yagya*, muito menos o mundo futuro.

Tendo descrito os vários tipos de *Yagya* nos versos anteriores (24-30), o Senhor, neste verso, explica o resultado deles. *Yagya* é o processo de purificação. Cada processo destes deixa a mente mais refinada e, assim, mais capaz de transcender. Quando o *Yagya* termina,[117] a mente está purificada e adquire um nível mais alto de consciência. Isto finalmente resulta em Consciência de Bem-Aventurança, que o Senhor chama de "néctar". A bem-aventurança permanece,[118] por assim dizer, quando o *Yagya* termina. Aqueles que desfrutam esta bem-aventurança, diz o Senhor, "alcançam o *Brahman* eterno", porque é esta Consciência de Bem-Aventurança Transcendental que, por meio da prática continuada, desenvolve-se em Consciência Cósmica e, finalmente, em Consciência de Deus.

---

116 *Yadi shailasamaṁ pāpaṁ*
vistīrṇaṁ bahuyojanam
bhidyate dhyānayogena.
nānyo bhedaḥ kadāchana
(Dhyānbindu Upanishad, 1)

117 Veja verso 33.

118 Veja III, 13, comentário.

O Senhor diz ainda que se um homem não desempenha *Yagya*, não será bem-sucedido, nem neste mundo nem no futuro. A não ser que a flecha seja completamente puxada no arco, ela não ganhará suficiente energia para lançar-se com grande força; a não ser que a mente seja trazida para dentro e levada ao limite extremo de sua marcha para o interior, ela não se torna dinâmica. E, a não ser que a mente torne-se ativa e poderosa, ela certamente não alcançará sucesso no mundo. O Senhor mostra que o processo de purificação, ou *Yagya*, é necessário tanto para o sucesso neste mundo quanto para adquirir força para o sucesso no mundo futuro.

De todos os *Yagyas*, o *Yagya* da Meditação Transcendental[119] é o mais[120] eficiente, pois é um meio direto de levar a mente à pureza absoluta e permitir que ela contate a fonte de energia vital e inteligência sem limites.

VERSO 32

एवं बहुविधा यज्ञा वितता ब्रह्मणो मुखे
कर्मजान्विद्धि तान्सर्वानेवं ज्ञात्वा विमोक्ष्यसे
Evaṁ bahuvidhā yagyā vitatā Brahmaṇo mukhe
karmajān viddhi tān sarvān evaṁ gyātwā vimokshyase

Desta maneira *Yagyas* de muitos tipos
são apresentados nas palavras do Veda.
Considera-os todos nascidos da ação.
Considerando-os assim, tu encontrarás libertação.

Os Vedas falam de vários tipos de *Yagya* que ajudam o processo de evolução do homem em diferentes níveis da vida. O Senhor quer dizer que o conhecimento dos vários *Yagyas*, como encontrado nos Vedas, é completo em si mesmo: deve apenas ser adotado. Para transmitir isto, Ele diz: "Considera-os todos nascidos da ação". A ação é

---

119 Veja Apêndice.
120 Veja verso 33.

necessária para desempenhar o *Yagya*: a não ser que sejam desempenhados, os *Yagyas* não trarão qualquer resultado. O conhecimento teórico deles tem seu valor, mas não traz em si mesmo os frutos do *Yagya*. A importância da ação é enfatizada aqui.

A frase "Considera-os todos nascidos da ação" sugere outro ponto. O Senhor quer deixar bem claro a Arjuna que o conhecimento do *Yagya*, que Ele vem ensinando nos versos anteriores e que tem a legitimação dos Vedas, é essencial para o sucesso neste mundo e no futuro. Mas ao mesmo tempo, Ele indica que este não é o conhecimento final que o libertará da escravidão; alguma coisa mais tem que ser conhecida. Enquanto continua na atividade do *Yagya*, Arjuna deve ter em mente que este é todo no campo da atividade, e que a Realidade é transcendental. Portanto, não se deve permanecer todo o tempo no campo da atividade do *Yagya*. O conhecimento de que o *Yagya* é atividade e que a Realidade é transcendental certamente libertará o homem.

Aqui está um importante ponto para a prática da Meditação Transcendental. O veículo de atenção deve levar a mente a alcançar o Transcendente e conhecer o estado absoluto do Ser. Se o aspirante não estiver consciente deste fato, então, durante sua prática de meditação (*Yagya*), quando descobrir que o veículo de atenção desapareceu, sentir-se-á confuso. Para livrá-lo de tal confusão, o Senhor diz que todas as práticas que trazem iluminação (*Yagyas*) estão no campo da atividade, e que a meta é transcender aquele campo para chegar à Consciência Transcendental, adquirir Consciência Cósmica, e finalmente alcançar a consumação de toda ação no estado de Unidade em Consciência de Deus.

O verso seguinte lança mais luz sobre este ponto.

VERSO 33

श्रेयान्द्रव्यमयाद्यज्ञाज्ज्ञानयज्ञः परंतप
सर्वं कर्माखिलं पार्थ ज्ञाने परिसमाप्यते

Shreyān dravyamayād yagyāj gyānayagyaḥ Paraṁtapa
sarvaṁ karmākhilaṁ Pārtha gyāne parisamāpyate

Melhor que o *Yagya* por intermédio de meios materiais
é o *Yagya* do conhecimento, ó destruidor de inimigos.
Toda ação, sem exceção, ó Pārtha,
culmina em conhecimento.

"*Yagya* por intermédio de meios materiais": veja verso 28.

"*Yagya* do conhecimento" significa ação que leva ao conhecimento.[121] O *Yagya* de "meios materiais" é desempenhado por meio de oferendas materiais, enquanto que o *Yagya* do conhecimento é desempenhado por meio de atividade mental – atividade mental levando ao estado de Consciência Transcendental e também a atividade mental de compreender o Transcendente. O conhecimento,[122] em sua essência, é Consciência de Deus, que se desenvolve a partir do estado de Consciência Cósmica, que por sua vez desenvolve-se a partir do conhecimento (compreensão e experiência) da Consciência Transcendental.

A ação é um meio de evolução, e a evolução alcança seu auge quando o homem atinge a Unidade com Deus, Consciência de Deus. Neste estado de realização, não há nada que ele necessite fazer.[123] Ele alcançou a meta de todas as ações.

É claro que todos os meios chegam a um fim quando a meta é alcançada. Qualquer tipo de *Yagya* visa um certo grau de purificação. Quando a Consciência Pura é alcançada permanentemente, quando o Ser foi percebido como separado da atividade, e quando a Consciência de Deus foi adquirida, então o limite extremo da purificação foi atingido. Tendo-o atingido, o homem sente-se naturalmente

---

121 Veja verso 38, comentário.
122 Veja verso 38.
123 Veja III, 17.

realizado em liberdade eterna. Este estado de realização é a meta de toda ação, a meta de todo *Yagya*. É por isso que o Senhor diz que o conhecimento é um campo, em direção ao qual todas as ações convergem, e no qual elas finalmente tornam-se unidas: "Toda ação, sem exceção, ó Pārtha, culmina em conhecimento".

A explanação do Senhor é um exemplo de grande habilidade psicológica. Gradualmente (do verso 23 a este verso), Ele constrói a importância do *Yagya*, o caminho para a iluminação. Quando estabeleceu a grandeza deste, Ele repentinamente diz que tudo isto está no campo da ação,[124] indicando assim: primeiro, que isto está ao alcance de todo homem; e segundo, que nenhum homem deveria permanecer retido no campo da ação, ou *Yagya*, pois este não é a meta final da vida. Tendo apontado isto, o Senhor, neste verso, conclui imediatamente Sua exposição com a afirmação de que o conhecimento é a meta de todas as ações. O *Yagya* por intermédio de meios materiais pode, no máximo, elevar o nível de consciência no campo relativo da vida. O *Yagya* do conhecimento transforma todo o mecanismo humano em um meio pelo qual o Divino expressa-Se[125] no mundo. Uma vez que não pode haver estado de evolução maior que este, "o *Yagya* do conhecimento", ao levar a este estado, é melhor do que o "*Yagya* por intermédio de meios materiais".

Quando o Senhor enfatiza o conhecimento em detrimento da ação, Ele dirige-se a Arjuna como "destruidor de inimigos", como uma pessoa engajada em vigorosa atividade. Isto é para mostrar a ele que é por meio do conhecimento que a vida pode ser tornada mais dinâmica. No verso que se segue, O Senhor aponta um caminho direto para buscar este "conhecimento".

124 Veja verso 32.
125 Veja verso 38, comentário.

VERSO 34

तद्विद्धि प्रणिपातेन परिप्रश्नेन सेवया
उपदेक्ष्यन्ति ते ज्ञानं ज्ञानिनस्तत्त्वदर्शिनः

Tad viddhi praṇipātena pariprashnena sevayā
upadekshyanti te gyānaṁ gyāninas tattwadarshinaḥ

Sabe disto: por meio da reverência,
constante indagação, e serviço,
os homens de conhecimento,
que experimentaram a Realidade,
ensinarão a ti o conhecimento.

Aqui está o processo de adquirir iluminação do iluminado. "Reverência" quer dizer submissão ou entrega. Isto serve para produzir um estado de receptividade. No estado de submissão, o coração e a mente põem de lado seus próprios meios de sentir e pensar; eles se tornam livres de tudo que ensombrece suas potencialidades e tornam-se completamente receptivos ao homem iluminado, a encarnação do conhecimento.

A submissão é um meio de despojar o buscador, muito naturalmente, de sua limitada individualidade e de sobrepujar dentro dele qualquer resistência que o impeça de abrir-se ao Ser cósmico. Neste verso, o buscador da Verdade é aconselhado a submeter-se ao homem iluminado e não meramente ter um senso de submissão ao Ser cósmico. Isto porque a submissão ao Ser onipresente, não tendo um ponto concreto de focalização, permanece abstrato e indefinido, e não se cristaliza em resultados concretos. A submissão direta do intelecto do indivíduo à inteligência cósmica acontece apenas no estado de transcendência. No campo da relatividade, a submissão no nível do pensar e compreender requer um ponto específico de focalização, se é para ser válido e produzir resultados.

O segundo ponto no processo de alcançar iluminação é que o intelecto deve ser alerta, para que a discriminação, ou a habilidade de compreender diferentes aspectos da Realidade, seja aguda. Isto é necessário porque o estado de plena iluminação inclui uma clara compreensão da Realidade, e isto novamente só pode ser realizado por um intelecto que seja alerta e agudo, discriminador e determinado. O estado de alerta intelectual entra em conflito com o estado de submissão. Este conflito é resolvido por aquilo que o Senhor chama de "serviço".

"Serviço" significa ação de acordo com o desejo do mestre. Um senso de serviço tem pouco a ver com a natureza do trabalho em si, mas está relacionado primeiramente com a realização dos desejos do mestre; se o mestre está satisfeito, o serviço é bem-sucedido. Se ele está satisfeito pela realização do trabalho, então o serviço está feito e o trabalho realizou seu propósito. Se, no meio do trabalho, o mestre deseja que este seja desfeito, então o sucesso do serviço vai requerer obediência. Esta arte do serviço compreende aqueles estados de submissão e alerta de intelecto que são necessários para a iluminação.

Um correto senso de serviço treina a mente do buscador a ajustar-se ao status da mente integrada do homem iluminado. Para ser bem-sucedido na arte do serviço, o indivíduo deve ajustar sua mente, aquilo de que gosta e de que não gosta, para colocá-los de acordo com a mente do mestre. Ele faz alguma coisa e observa com atenção para ver se o mestre está satisfeito ou não. Então, ele adapta suas ações de acordo com aquilo. Isto faz mais do que simplesmente manter juntos submissão e alerta de intelecto. Ao ajustar-se àquilo que a mente cósmica iluminada do mestre gosta ou não, a mente ignorante do buscador adquire gradualmente este mesmo status. Assim, encontramos que submissão, indagação e serviço são todos os três complementares e criam uma situação favorável à iluminação.

Comentando sobre este verso, Shankara diz: "Saiba por que meios ele é adquirido. Havendo abordado humildemente os professores, curve-se e prostre-se ante eles, prestando a eles prolongada homenagem. Pergunte a eles o que é escravidão e o que é liberação, o que é sabedoria e o que é ignorância. Desempenhe serviço para o mestre. Satisfeitos por estes e outros sinais de reverência, os professores, que conhecem a Verdade pelas escrituras e que também realizaram-Na por meio da experiência pessoal direta, declararão a você este conhecimento".

O resultado deste conhecimento é mostrado no próximo verso.

Verso 35

यज्ज्ञात्वा न पुनर्मोहमेवं यास्यसि पाण्डव
येन भूतान्यशेषेण द्रक्ष्यस्यात्मन्यथो मयि

Yaj gyātwā na punar moham evaṁ yāsyasi Pāṇdava
yena bhūtānyasheshena drakshyasyātmanyatho mayi

Sabendo disto, ó filho de Pāṇdu,
tu não mais cairás em tal ilusão;
porque por meio disto tu verás
todos os seres em teu Ser e também em Mim.

"Sabendo disto": tendo adquirido o conhecimento apresentado nos versos anteriores.

"Tu não mais cairás em tal ilusão": aqui o Senhor dá a Arjuna a técnica para elevar-se acima da possibilidade da ilusão. Apenas o campo da dualidade da vida pode ser o campo da ilusão. Quando, no estado de Consciência Cósmica, percebeu-se o Ser como separado da atividade, e quando este estado desenvolveu-se à Unidade eterna da Consciência de Deus, então "tu verás todos os seres em teu Ser e também em Mim". Neste estado de unidade de vida, Unidade de Consciência de Deus, não há traços de dualidade e desta forma não há possibilidade de qualquer ilusão. O ensinamento é: cultive o estado de Unidade em Consciência de Deus; cultive este estado de conhecimento, para que você não caia mais em tal ilusão.

A palavra "tal" é muito importante. Ela indica um estado especial de ilusão – a ilusão de Arjuna em particular – ilusão no estado de *Sattwa*. Portanto, o Senhor silenciosamente educa Arjuna na filosofia da ilusão: qualquer ilusão experimentada no estado de *Tamas* pode ser superada com o aumento de *Rajas*; da mesma forma, a ilusão experimentada no estado de *Rajas* pode ser superada com a elevação de *Sattwa*; mas uma ilusão no estado de *Sattwa*, como no caso de Arjuna, não pode ser superada, a não ser que se transcenda o campo de *Sattwa* e se adquira Consciência Transcendental. Aqui as qualidades do coração e da mente encontram uma meta comum, dissolvendo-se assim a dualidade de suas existências separadas e elevando-se acima da possibilidade de ilusão.

Não é fisicamente possível, no entanto, permanecer no Transcendente todo o tempo. Portanto, é necessário tornar esta Consciência Transcendental permanente e elevar-se ao estado de Consciência Cósmica. Neste estado de Consciência Cósmica o indivíduo experimenta seu Ser como separado da atividade. Pode parecer que neste estado o indivíduo esteja vivendo uma dualidade, a dualidade do Ser e da atividade; mas este tipo de dualidade, no qual o Ser permanece desligado de tudo, é livre da possibilidade de ilusão. Mas o Senhor deseja que Arjuna eleve-se acima até mesmo da dualidade desta natureza. Para que possa fazê-lo, Ele enfatiza a importância de adquirir o conhecimento da Unidade em Consciência de Deus, que resulta da devoção no estado de Consciência Cósmica.

Pela prática do ensinamento do verso anterior, o coração e a mente do buscador são automaticamente refinados para tornarem-se capazes de devoção; esta devoção desenvolve Consciência de Deus, na qual a Unidade torna-se uma realidade viva da vida, e a possibilidade de qualquer tipo de dualidade é completamente eliminada.

"Tu verás todos os seres em teu Ser e também em Mim": quando se olha através de lentes verdes, então tudo parece verde. Quando, por meio do conhecimento, o Ser é percebido como separado da atividade e a Consciência do Ser torna-se permanente no estado de Consciência Cósmica, então tudo é naturalmente experimentado no estado do Ser. E quando este estado permanente de Consciência do Ser, ou Consciência Cósmica, é transformado através da devoção em Consciência de Deus, então tudo é naturalmente experimentado na Consciência de Deus, toda experiência é por intermédio da Consciência de Deus, tudo é experimentado e compreendido à Luz de Deus, em termos de Deus, em Deus.

Ver "todos os seres" inclui o conhecimento de todo o campo do Universo constituído pelos três *Guṇas*; e ver a "Mim" significa ver o Senhor presidir tanto o Absoluto quanto o relativo. Assim, ver "todos os seres em teu Ser e também em Mim" indica ter um conhecimento completo de ambos os campos do Absoluto e do relativo, do relacionamento entre eles, e de Deus presidindo ambos.

Ver todos os seres no Ser é o início da transformação de Consciência Cósmica em Consciência de Deus, e esta transformação completa-se quando todos os seres são vistos em Deus. Primeiro, todos os seres são vistos no Ser, e então o Ser é visto em Deus. É por isso que o Senhor diz: "tu verás todos os seres em teu Ser e também em Mim". As duas ideias em uma única frase não apenas descrevem os dois estados, mas também a sequência na qual eles se desenvolvem.

No estado de Consciência Cósmica, o Ser é experimentado como separado da atividade. Este estado de vida em perfeito não-apego é baseado em Consciência de Bem-Aventurança, em virtude da qual as qualidades do coração adquiriram seu mais completo desenvolvimento. O amor universal domina então o coração, que começa a fluir com o amor de Deus; o silencioso oceano de bem-aventurança, o silencioso oceano de amor, começa a elevar-se em ondas de devoção. Em seu estado de eterna satisfação, o coração começa a mover-se, e isto começa a colocar tudo junto e a eliminar o abismo de separação entre o Ser e a atividade. A União de toda diversidade no Ser começa a crescer. A intensidade desta União cultiva a consciência do homem, que começa a perceber tudo sendo inseparável do Ser; e é assim que, da maneira mais natural, o Ser, que mantém Sua identidade como separado de toda a atividade no estado de Consciência Cósmica, encontra tudo em Si mesmo. Isto acontece no caminho para Consciência de Deus, que ao se completar absorve até mesmo o Ser, incluindo todas as coisas.

Os seres separam-se do Ser supremo por meio de *Prakṛiti*, mas este véu é removido quando a vida é dominada pela luz do conhecimento, a luz da consciência da Unidade da vida em Consciência de Deus, que estabelece a eternidade no mundo efêmero.

Este "ver" tudo em Deus não é restrito às limitações da visão; é no nível da vida como um todo; é naquele alto nível da vida que corresponde à Vida do Próprio Deus. Afortunado é o homem que pode elevar-se à Vida de Deus.

Verso 36

अपि चेदसि पापेभ्यः सर्वेभ्यः पापकृत्तमः
सर्वं ज्ञानप्लवेनैव वृजिनं संतरिष्यसि

Api ched asi pāpebhyaḥ sarvebhyaḥ pāpakṛittamaḥ
sarvaṁ gyānaplavenaiva vṛijinaṁ saṁtarishyasi

Mesmo se tu fosses o maior pecador
de todos os pecadores, tu atravessarias todo o mal,
mas somente por meio do barco do conhecimento.

Tendo exaltado, no verso anterior, o conhecimento pela sua eficácia em destruir a ilusão, o Senhor fala agora de sua eficácia em destruir o pecado. O valor especial deste conhecimento está no fato de que ele elimina a necessidade[126] de adquirir-se conhecimento sobre a ação incorreta. O ensinamento oculto aqui é o de que o conhecimento do Divino é necessário, e não o conhecimento da ação, ação incorreta ou inação, como mencionado no verso 17. Isto torna-se ainda mais evidente à luz do verso seguinte, onde o Senhor explica que todas as ações são reduzidas a cinzas pela chama do conhecimento.

"Tu atravessarias todo o mal, mas somente por meio do barco do conhecimento": a palavra "somente" indica que nada, a não ser o conhecimento, é necessário para que um homem "atravesse todo o mal". Deve-se compreender apropriadamente como se vai além do mal no estado de iluminação.

Foi dito no verso 35 que o conhecimento leva o homem além da ilusão e molda sua vida na unidade da Consciência de Deus. Neste estado a vida do homem é ao nível supremo da existência, sendo unida com o Senhor de tudo. Todas as Leis da Natureza respondem favoravelmente à tal vida, pois ela está em sintonia com a força invencível e todo-poderosa da Natureza, que está organizando a evolução de tudo na criação. Em tal estado, todos os pensamentos, palavras e ações do homem produzem uma influência de apoio à vida, para ele mesmo e para todo o Universo. Este é um estado de vida onde

---

126 Veja verso 17.

nenhuma ação incorreta é possível. Neste estado, atravessou-se todo o mal por meio do barco do conhecimento.

O "conhecimento" é irresistível, pois ninguém pode resistir a si mesmo. O estado de conhecimento, em um nível, é o estado do próprio Ser do indivíduo, Consciência Transcendental. Em um outro nível, é o estado do Ser em meio à atividade, Consciência Cósmica. E ainda em outro nível, é o estado de Consciência de Deus. A iluminação é independente de qualquer coisa no campo relativo; nada pode ser um obstáculo[127] à iluminação. Não importa quão densa seja a escuridão, ou por quanto tempo possa ter ela existido, um único raio do sol nascente é suficiente para dispersar a escuridão, apesar de tomar um tempo para atingir o brilho do sol do meio-dia. Mesmo um lampejo momentâneo de Consciência Transcendental é suficiente para dispersar a ilusão da ignorância, apesar de tomar um tempo para adquirir plena iluminação em Consciência de Deus, onde atravessou-se todo o mal por meio do barco do conhecimento. Isto traz esperança até mesmo para um homem cuja vida possa ser cheia de más ações.

O pecado produz aspereza no sistema nervoso, impedindo-o de funcionar normalmente e obstruindo sua habilidade de dar lugar à Consciência Pura. Um sistema nervoso assim debilitado impede que o Ser influencie diretamente o campo da atividade.

É desta forma que, ao atacar a estrutura física do sistema nervoso e assim impedir que a Consciência Pura seja vivida na vida diária, o pecado causa dor e sofrimento. Ao eliminar esta possibilidade, o conhecimento elimina ao mesmo tempo toda possibilidade de dor e sofrimento. Este verso recomenda refugiar-se no conhecimento para elevar-se acima da possibilidade de qualquer pecado na vida e promete redenção até mesmo para o pior pecador do mundo.

Enquanto neste verso o Senhor promete liberdade da escravidão de qualquer ação errada por intermédio do conhecimento, no verso seguinte Ele promete a própria aniquilação de toda ação na chama do conhecimento.

---

127 Veja II, 40.

Verso 37

यथैधांसि समिद्धोऽग्निर्भस्मसात्कुरुतेऽर्जुन
ज्ञानाग्निः सर्वकर्माणि भस्मसात्कुरुते तथा

Yathaidhāṁsi samiddho 'gnir bhasmasāt kurute 'rjuna
gyānāgniḥ sarvakarmāṇi bhasmasāt kurute tathā

Como uma chama flamejante
transforma a lenha em cinzas,
assim as chamas do conhecimento
transformam todas as ações em cinzas.

"Conhecimento": aquilo por intermédio do qual todos os "pecados são afastados" (verso 30), e por meio do qual "tu verás todos os seres em teu Ser e também em Mim" (verso 35). Conhecimento significa consciência, que em sua natureza é Consciência Pura; este estado de conhecimento é desprovido de qualquer atividade. É por isso que o Senhor diz que "as chamas do conhecimento transformam todas as ações em cinzas". Quando este estado[128] torna-se permanentemente estabelecido na natureza da mente, o Ser é experimentado como separado da atividade e de seus frutos (verso 19). É assim que a chama do conhecimento, a chama da Consciência Cósmica, transforma "todas as ações em cinzas". Quando este estado de consciência, o estado de conhecimento, atinge sua consumação em Consciência de Deus, a separação do Ser em relação à atividade dissolve-se na unidade do Ser e atividade. Assim, também em seu estado supremo, a chama do conhecimento transforma "todas as ações em cinzas".

Quando o Senhor disse no verso 33 que "toda ação... culmina em conhecimento", Ele explicou que uma vez que o conhecimento foi adquirido, as ações chegam a seu fim – elas realizaram seu propósito final. Nesta situação, o homem elevou-se a um estado de consciência acima do alcance da atividade; toda atividade, mental ou física, é conduzida sob a influência direta das forças da Natureza, que não se importam com a consciência do agente. O agente encontra-se

---

128 Veja verso 36, comentário.

estabelecido em um nível de vida que não tem nada em comum com o campo da ação. Neste estado, a ação que é desempenhada deixa de existir, deixa de engajar a consciência do autor. É isto que o Senhor sugere quando diz que "as chamas do conhecimento transformam todas as ações em cinzas".

"Todas as ações": esta expressão tem tanto um significado qualitativo quanto quantitativo e também inclui o alcance do tempo: passado, presente e futuro. As impressões das ações passadas, que servem de semente para ações futuras, tornam-se como que sementes tostadas, perdendo sua força. É assim que as ações do passado são queimadas nas "chamas do conhecimento". As ações desempenhadas no presente permanecem no nível da mente e dos sentidos; elas não tocam as profundezas da mente fixada ao Ser, e portanto nenhuma impressão profunda é criada para ser guardada como semente para futuras ações. É assim que as ações desempenhadas no presente são queimadas nas "chamas do conhecimento", eliminando completamente a base de futuras ações. Isto põe um fim ao ciclo de causa e efeito no campo da ação; o que por sua vez põe um fim ao ciclo de nascimento e morte, trazendo liberdade eterna à vida.

Verso 38

न हि ज्ञानेन सदृशं पवित्रमिह विद्यते
तत्स्वयं योगसंसिद्धः कालेनात्मनि विन्दति

Na hi gyānena sadṛishaṁ pavitram iha vidyate
tat swayaṁ yogasaṁsiddhaḥ kālenātmani vindati

Na verdade, não existe neste mundo
nada tão purificador como o conhecimento;
aquele que adquiriu perfeição em Yoga,
de si mesmo, com o tempo, descobre isto dentro de si mesmo.

"Nada tão purificador como o conhecimento": o trabalho de um purificador é primeiro o de purificar os diferentes ingredientes ou componentes e, então, tendo livrado os componentes das impurezas, apresentar todo o composto em seu estado puro.

O conhecimento é o purificador da vida. Ele purifica a vida no sentido em que analisa os diferentes aspectos da existência, e distingue e separa os aspectos eternos dos transitórios. Ele age como um filtro para limpar a lama da água lamacenta. A natureza real da vida é Consciência de Bem-Aventurança Absoluta; esta água cristalina da vida foi poluída ao misturar-se com as atividades dos três *Guṇas*. Isto resultou em esconder a eternidade da vida por trás de seus aspectos sempre-mutáveis e transitórios.

O estado puro do Ser é percebido ao conhecer-se os componentes absoluto e relativo da vida. Este conhecer chega à perfeição quando o conhecedor adquire perfeita intimidade com o Ser e torna-se plenamente consciente da atividade básica da vida, a atividade dos três *Guṇas* como separada do Ser. A intimidade perfeita com o Ser é adquirida quando a mente ganha o estado transcendental de consciência. Este é o estado absoluto de conhecimento, que pode ser descrito como o estado de pleno conhecer. Quando o conhecimento torna-se perfeito, ele eleva-se ao estado de pleno conhecer e leva a vida à pureza perfeita. Desta forma o conhecimento remove a ignorância, que é a maior impureza da vida, e retira a vida do ciclo de nascimento, morte e sofrimento.

O aspecto superficial do conhecimento é conhecer e compreender; a natureza real do conhecimento é o estado de pleno conhecer, o estado de Consciência Pura, ou Ser. Considerando o conhecimento desta forma, encontramos que a Consciência Transcendental é a natureza real do conhecimento. Outra fase do conhecimento é quando a Consciência Transcendental coexiste com a atividade do estado de consciência de vigília. Neste estado, quando a Consciência Transcendental torna-se permanentemente estabelecida na própria natureza da mente, as fases absoluta e relativa da vida começam a ser apreciadas simultaneamente: o Ser é experimentado como separado da atividade. Há ainda outro estado de conhecimento, no qual a separação do Ser e da atividade dissolve-se na Unidade da Consciência de Deus, que é o mais purificado estado de vida, livre de qualquer mácula de impureza. Uma tal vida, em absoluta pureza, representa o estado supremo de conhecimento, sobre o qual o Senhor diz: "aquele que adquiriu perfeição em Yoga, de si mesmo, com o tempo, descobre isto dentro de si mesmo".

Pode-se acrescentar que a pureza absoluta só pode ser vivida na vida diária por meio da Meditação Transcendental, que é o meio direto de adquirir-se Consciência Pura e finalmente elevar-se à Consciência de Deus.

Quando o estado de Yoga, o estado de Consciência Transcendental, torna-se permanente ao ponto de manter-se em meio a toda atividade, o indivíduo alcança o estado de Consciência Cósmica. Esta infusão perfeita do Absoluto na relatividade acontece gradualmente, por meio da prática regular de ir ao Transcendente e voltar ao campo da ação na vida diária. Uma alternância equilibrada de meditação e atividade resulta em plena realização. Uma única analogia tornará isto claro: mergulhamos uma roupa branca em uma tinta amarela e a deixamos na tinta por alguns minutos para tingir-se. Então, retiramos e expomos ao sol até a cor começar a desbotar. Repetimos o mesmo processo, novamente colocando a roupa à luz do sol até que a cor desbote. Da mesma forma, meditamos por aproximadamente meia hora e em seguida saímos para agir na vida prática por aproximadamente dez horas, quando começamos a sentir que estamos sem a influência da meditação da manhã. Meditamos novamente, da mesma maneira, e novamente deixamos a influência desvanecer-se saindo para a vida prática; continuamos repetindo o processo de adquirir o estado do Ser universal na transcendência (*Samādhi*) durante a meditação e de sair para readquirir individualidade no campo da existência relativa. Isto permite uma infusão cada vez maior do Ser na natureza da mente, mesmo quando esta está engajada na atividade por meio dos sentidos.

Quando a plena infusão do Ser foi alcançada, então o estado de Consciência Cósmica foi adquirido.

O estado de Consciência Cósmica oferece a base para o desenvolvimento do estado de perfeição em Yoga, em Consciência de Deus. Para o desenvolvimento de Consciência Cósmica em Consciência de Deus, a separação encontrada entre o Ser e a atividade deve ser transformada em uma fusão destas duas identidades separadas, resultando na Unidade eterna da Consciência de Deus.

Esta transformação do estado de separação acontece em virtude da mais refinada de todas as atividades, a atividade de devoção a Deus. O ato da devoção efetua esta transformação e produz o estado de Unidade eterna em Consciência de Deus. Para analisar-se a maneira por meio da qual esta transformação se efetua, é necessário examinar atentamente como, no estado de Consciência Cósmica, o Ser é experimentado como separado da atividade; como o silêncio eterno da Consciência do Ser Transcendental torna-se compatível com a atividade incessante do estado de consciência de vigília. Aqueles que estão praticando a Meditação Transcendental experimentam uma redução do metabolismo durante o movimento para dentro da meditação; quando a mente transcende o pensamento e adquire Consciência Transcendental, eles experimentam que o sistema nervoso chega a um estado de alerta em repouso. Da mesma forma, eles experimentam que o sistema nervoso torna-se ativo quando engaja-se na atividade do pensamento ou ação.

Qualquer estado de consciência é a expressão de um estado correspondente do sistema nervoso. A Consciência Transcendental corresponde a um estado específico do sistema nervoso, que transcende toda atividade e é, portanto, completamente diferente daquele estado do sistema nervoso que corresponde ao estado de consciência de vigília.

Agora, para que a Consciência Transcendental torne-se permanente e coexista com o estado de consciência de vigília, é necessária a coexistência dos dois estados do sistema nervoso, correspondentes a estes dois estados de consciência. Isto é realizado quando a mente adquire alternadamente a Consciência Transcendental e o estado de consciência de vigília, passando de um para o outro. Esta cultura sistemática e gradual do sistema nervoso físico cria uma situação fisiológica, na qual os dois estados de consciência existem juntos, simultaneamente. É bem conhecido que existem muitos níveis autônomos de funcionamento no sistema nervoso, e que também existe um sistema de coordenação entre eles. No estado de Consciência Cósmica, dois diferentes níveis de organização funcionam simultaneamente no sistema nervoso, ao mesmo tempo que mantêm suas identidades separadas. Em virtude desta separação anatômica de funcionamento, torna-se possível para a Consciência Transcendental coexistir com o estado de consciência de vigília e com os estados de consciência de sono e sonho.

Nos estágios iniciais da prática da Meditação Transcendental, estes dois níveis de funcionamento no sistema nervoso são incapazes de ocorrer ao mesmo tempo; a função de um inibe a função do outro. É por isso que, neste estágio, ou experimenta-se a Consciência Transcendental ou o estado de consciência de vigília. A prática da mente em passar de um para outro, supera gradualmente esta inibição fisiológica. E os dois níveis começam a funcionar perfeitamente ao mesmo tempo, sem inibirem-se um ao outro e ainda mantendo suas identidades separadas. A função de cada um é independente da do outro, e é por isso que este estado do sistema nervoso corresponde à Consciência Cósmica, na qual a Consciência do Ser existe como separada da atividade. O silêncio é experimentado com a atividade, e ainda como separado desta.

Para desenvolver-se Consciência Cósmica em Consciência de Deus, o sistema nervoso deve ser cultivado ainda mais, para que estes dois níveis, que funcionam independentemente, venham a funcionar de maneira integrada. Isto dará lugar a um estado de consciência no qual o sentido de separação entre o Ser e a atividade é dissolvido, e esta dualidade, que constitui a Consciência Cósmica, é absorvida na Unidade da Consciência de Deus.

Esta integração de funções no nível fisiológico é alcançada por meio de uma atividade mental de máximo refinamento. Para definir uma atividade desta qualidade devemos analisar todo o alcance da atividade. A atividade dos órgãos da ação é a mais grosseira, a atividade dos sentidos de percepção é mais refinada, a atividade mental de pensar é ainda mais refinada, e a atividade do sentimento e da emoção é a mais refinada de todas. Pode-se classificar ainda diferentes níveis de qualidade na atividade emocional, tais como ira, medo, desespero, felicidade, reverência, serviço e amor.

A atividade da devoção abrange os sentimentos de serviço, reverência e amor, que são as qualidades mais refinadas do sentimento. É por intermédio da atividade da devoção que a Consciência Cósmica desenvolve-se em Consciência de Deus.

Quando o sistema nervoso é constantemente exposto a esta atividade mais refinada de devoção, acontece a integração fisiológica de funções descrita anteriormente. E é o estado permanente desta condição do sistema nervoso que permite a um homem viver em Consciência de Deus em sua vida diária; agindo em meio a todo tipo de circunstâncias, realizando o propósito da vida cósmica, ele carrega dentro de si a totalidade da existência, e move-se na Unidade de Deus.

Com base nisto, é claro que para desenvolver-se Consciência de Deus, que representa o estado supremo de conhecimento, é necessário cultivar-se o sistema nervoso físico. Isto requer uma prática regular e continuada, que obviamente necessita tempo. É por isso que o Senhor diz: "com o tempo, descobre".

"Dentro de si mesmo": com esta expressão o Senhor deseja que seja claramente compreendido que o estado supremo de conhecimento não é adquirido do exterior. Ele é adquirido dentro de si mesmo, quando viveu-se por algum tempo o estado perfeito de Yoga em Consciência de Deus. Aqui, o elemento do tempo mostra que, durante os estágios iniciais de Consciência de Deus, a vida é tão plena de tal experiência irresistível de Unidade na diversidade, que o indivíduo vive profundamente perdido nela. Gradualmente, à medida que o tempo passa, ele começa a apreciar esta Unidade em termos de outras coisas e atividades no mundo. É aí então que o indivíduo realizou Deus, que ele tem o conhecimento de Deus. Assim, torna-se claro porque o Senhor fala da necessidade de tempo para adquirir-se o conhecimento supremo.

Verso 39

श्रद्धावाँल्लभते ज्ञानं तत्परः संयतेन्द्रियः
ज्ञानं लब्ध्वा परां शान्तिमचिरेणाधिगच्छति

Shraddhāvaṁllabhate gyānaṁ tatparaḥ saṁyatendriyaḥ
gyānaṁ labdhwā parāṁ shāntim achireṇādhigachchhati

Adquire conhecimento aquele que é possuidor de fé,
é firme de propósito e dominou os sentidos.
Havendo adquirido conhecimento,
ele rapidamente alcança a paz suprema.

"Conhecimento": consciência da Unidade em meio à diversidade da vida. Quando esta consciência torna-se completa, ela é considerada Consciência de Deus.

Para elevar-se do estado de consciência de vigília à Consciência de Deus, deve-se passar através dos estados de Consciência Transcendental e Consciência Cósmica. Na sequência de desenvolvimento, um estado leva a outro, na seguinte ordem: consciência de vigília, Consciência Transcendental, Consciência Cósmica e Consciência de Deus. Eles são tão diferentes uns dos outros como lentes de cores diferentes, através das quais a mesma vista parece diferente. Quando o mesmo objeto é cognizado em diferentes estados de consciência, seus valores são apreciados de forma diferente. A vida é apreciada diferentemente em cada diferente nível de consciência.

À medida que a mente passa através de todos estes estados, ela deve ser submetida a várias experiências novas. Na ausência de fé, tais experiências podem ser, a qualquer momento, facilmente mal compreendidas. É por isso que o Senhor apresenta a fé como um requisito ao conhecimento.

Há três campos de fé: fé em si mesmo, fé no professor e fé em Deus. A fé em si mesmo é necessária para que o indivíduo não comece a duvidar de sua própria experiência. A fé no professor habilita o indivíduo a aceitar os fundamentos do ensinamento; se na ausência de fé, os princípios básicos do ensinamento são rejeitados, pode-se não retirar qualquer benefício deste, nem verificar sua verdade, uma vez que a verdade do ensinamento só pode ser verificada pela experiência pessoal, que surge da prática dada pelo professor. A fé em Deus protege o coração e a mente do homem e assegura aquele progresso estável que é tão importante na vida de um buscador.

A fé oferece uma estabilidade na vida, não apenas para o buscador da Verdade, mas para qualquer homem. É necessária para qualquer empreendimento na vida; para um grande empreendimento é necessária em maior medida; para a suprema realização em Consciência de Deus é necessária a maior fé possível.

A meditação é um processo que oferece um crescente encanto, em cada passo no caminho para o Transcendente. A experiência deste encanto faz a fé crescer. Mais ainda, a prática regular da meditação traz à vida as grandes bênçãos de harmonia e alegria; isto também ajuda o coração e a mente a crescer em fé e mantém o homem "firme de propósito" no caminho para a iluminação, e assim a estabilidade é adquirida durante o caminho. A atividade dos sentidos também torna-se equilibrada e natural. Assim, quando um homem começa a prática da Meditação Transcendental, ele realiza as condições necessárias para a iluminação.

O primeiro raio do sol nascente é suficiente para dispersar a escuridão da noite, mas ainda requer algum tempo para que o sol se eleve completamente. Por meio da meditação, a mente atinge rapidamente a Consciência Transcendental e é iluminada pelo primeiro raio do Divino; mas a prática regular da meditação é absolutamente essencial para permitir que esta Consciência Divina transcendental brilhe plenamente em todas as circunstâncias, através da vigília, do sonho e do sono sem sonhos.

A meditação leva a mente para a Consciência do Ser transcendental, e uma atividade equilibrada e natural infunde a natureza divina transcendental na mente, onde ela não é perdida mesmo quando a mente está engajada no campo da atividade. Desta maneira, a Consciência do Ser cresce para Consciência Cósmica – de *Ātmānanda* para *Brahmānanda*, de *Savikalpa-Samādhi* para *Nirvikalpa-Samādhi* – e finalmente este estado de Yoga, Consciência Cósmica, alcança sua realização em Consciência de Deus; o primeiro raio de iluminação atinge sua plena glória.

Este verso enfatiza a necessidade de um homem ser "firme de propósito" e, em adição à fé, ter uma atividade equilibrada e natural dos sentidos e da mente. Tudo isto, combinando-se harmoniosamente, ajuda a produzir devoção, aquela qualidade mais elevada em um buscador, pela qual ele alcança o estágio final de sua evolução. Tomados juntos, eles criam uma situação para que se revele a Realidade Suprema em sua natureza todo-abrangente, elevando o status limitado do indivíduo ao status ilimitado da Consciência Cósmica, e finalmente para aquela Unidade da vida em Consciência de Deus que satisfaz eternamente a mente e o coração. Tendo adquirido isto, com o tempo, o homem ganha conhecimento,[129] por meio do qual ele se torna livre de qualquer dúvida ou ilusão.[130] Este é aquele estado de "paz suprema", onde o coração repousa em eterno contentamento e a mente está plena com a Unidade da vida, onde não há traços de dualidade, e portanto a paz é permanente.

VERSO 40

अज्ञश्चाश्रद्दधानश्च संशयात्मा विनश्यति
नायं लोकोऽस्ति न परो न सुखं संशयात्मनः
Agyash chāshraddadhānash cha saṁshayātmā vinashyati
nāyaṁ loko 'sti na paro na sukhaṁ saṁshayātmanaḥ

Mas o homem que não tem conhecimento,
sem fé, e de natureza incrédula, perece.
Para a mente incrédula não há nem este mundo nem outro,
nem qualquer felicidade.

A sequência de expressões é altamente importante ao penetrar no ensinamento. A falta de conhecimento é a base da falta de fé, que por sua vez é a base de uma "natureza incrédula". Portanto, é a falta de conhecimento, ou o estado de ignorância, que está na raiz de todo o fracasso no crescimento material e no desenvolvimento espiritual. A ignorância é a origem de toda a fraqueza e sofrimento na vida. O ensinamento é o de que deve-se eliminar a ignorância e elevar-se ao estado de conhecimento para adquirir-se toda a felicidade e progresso, neste mundo e no futuro.

Em vista do que foi dito sobre o verso anterior, a importância deste verso é óbvia. Deve-se lembrar ainda, que é o ignorante que se torna iluminado, pois a meditação é um processo que revela a Realidade ao ignorante. Uma coisa deve ser acrescentada aqui: nenhum homem pode ser completamente destituído de fé e

---

129 Veja verso 38.
130 Veja verso 35.

completamente cheio de dúvida, e nenhum homem pode ser completamente ignorante da Realidade. Mais ainda, esta prática da Meditação Transcendental pode ser iniciada a partir de qualquer nível de fé que um homem possa ter, porque ela traz fé para o ímpio e dispersa as dúvidas na mente do cético ao oferecer a experiência direta da Realidade.

O verso anterior requereu fé para se adquirir conhecimento. Este verso diz que a falta de fé resulta da ignorância. Esta aparente contradição estabelece o princípio de que a fé e o conhecimento são interdependentes. Esta interdependência vai desde o mais elementar ao mais avançado estágio, cada um retirando inspiração do outro e ao mesmo tempo ajudando o crescimento do outro.

Verso 41

योगसंन्यस्तकर्माणं ज्ञानसंछिन्नसंशयम्
आत्मवन्तं न कर्माणि निबध्नन्ति धनंजय

Yogasaṁnyastakarmāṇaṁ gyānasaṁchhinnasaṁshayam
Ātmavantaṁ na karmāṇi nibadhnanti Dhananjaya

Aquele que renunciou à ação em virtude do Yoga,
ó conquistador de riquezas,
cujas dúvidas são despedaçadas pelo conhecimento,
que é possuído pelo Ser, as ações não o escravizam.

"Aquele que renunciou à ação em virtude do Yoga": "aquele que na ação vê inação"(18); "para o qual todo empreendimento é livre de desejo"(19); "havendo abandonado o apego ao fruto da ação"(20); "sem esperar nada"(21); "satisfeito com tudo que venha espontaneamente"(22); "aquele que é livre do apego, liberado... sua ação é inteiramente dissolvida"(23).

Aqui, Yoga significa *Karma Yoga*. Quando, pela prática de *Karma Yoga* – a prática da Meditação Transcendental[131] suplementada

---

131 Veja II, 45.

pela atividade – o indivíduo começa a viver o Ser junto com a atividade, experimenta-O como separado da atividade, e esta experiência de separação entre o seu próprio Ser e a atividade é chamada renúncia. A renúncia é, assim, adquirida automaticamente por meio da prática do Yoga. Pode-se notar que este estado de renúncia não está limitado ao nível mental de pensar, ou ao nível intelectual de compreender: está no nível do Ser, no nível da vida em si mesma. É uma realidade viva para o homem realizado em Consciência Cósmica.

"Cujas dúvidas são despedaçadas pelo conhecimento": "aquele... é sábio entre os homens... ele está unido"(18); "cuja ação é consumida pela chama do conhecimento"(19); "sempre satisfeito"(20); "seu coração e mente disciplinados"(21); "equilibrado no sucesso e no fracasso"(22); "cuja mente é estabelecida em sabedoria"(23); "assim as chamas do conhecimento transformam todas as ações em cinzas"(37).

Tendo estabelecido que a renúncia é alcançada por meio da prática de *Karma Yoga*, o Senhor esclarece aqui um ponto muito prático no caminho da iluminação. À medida que a prática de *Karma Yoga* avança, o indivíduo começa a sentir seu Ser como separado da atividade. Esta experiência traz consigo um sentimento de confusão. O indivíduo vê a si mesmo ativo, enquanto internamente sente-se como que à parte da atividade. As dúvidas começam a surgir na mente, e o intelecto procura alguma explicação para esta situação. A correta compreensão sobre a Realidade Última é oferecida pelo ensinamento dos quarenta versos anteriores; quando um homem atinge Consciência Cósmica, o conhecimento de que o Ser é independente e separado da atividade confirma que sua experiência é válida. É este conhecimento que remove toda a dúvida sobre a natureza da Realidade. Sem a compreensão apropriada, mesmo a experiência direta da liberdade eterna pode criar confusão e medo. A glória do conhecimento é exaltada aqui.

"Possuído pelo Ser": isto é dito daquele "que renunciou à ação em virtude do Yoga" e "cujas dúvidas são despedaçadas pelo conhecimento". Alguém que experimente a si mesmo como não-envolvido com a atividade, mas não tenha a compreensão clara desta experiência, permanece confundido por ela; neste estado ele não consegue viver o Ser plenamente, é incapaz de possuir o Ser em Sua plena glória e graça. "Possuído pelo Ser" indica estabilidade no Ser a todo o tempo, o estado de Consciência Cósmica. De um tal homem o Senhor diz: "as ações não o escravizam"; uma vez que ele não está mais envolvido com as ações, ele para de identificar-se com sua atividade. Ele identificou-se com o Ser eterno, ele é "possuído pelo Ser".

Várias implicações da expressão "possuído pelo Ser" foram explicadas nos versos anteriores deste capítulo: "ele realizou toda a ação"(18); "os conhecedores da Realidade o chamam de sábio"(19); "não dependendo de nada"(20); "desempenhando a ação apenas com o corpo"(21); "equilibrado no sucesso e no fracasso"(22); "que age visando o *Yagya*"(23).

VERSO 42

तस्मादज्ञानसंभूतं हृत्स्थं ज्ञानासिनात्मन:
छित्त्वैनं संशयं योगमातिष्ठोत्तिष्ठ भारत

Tasmād agyānasaṁbhūtaṁ hṛitsthaṁ gyānāsinātmanaḥ
chhittwainaṁ saṁshayaṁ yogam ātishthottishtha Bhārata

Portanto, havendo despedaçado com a espada
do conhecimento esta tua dúvida,
nascida da ignorância e enraizada no coração,
recorre ao Yoga. Levanta-te, ó Bhārata!

O estado de União é pleno, mesmo em Consciência Transcendental. Mas não é considerado como o estado maduro de União, a não ser que a Consciência Transcendental tenha tornado-se permanente no estado de Consciência Cósmica. Assim, encontramos que a União adquirida no estado de Consciência Transcendental, atinge a maturidade em Consciência Cósmica, que por sua vez encontra realização em Consciência de Deus.

Aqui, "Yoga" novamente significa *Karma Yoga*, que requer que o homem adquira Consciência Transcendental e engaje-se na atividade. Quando *Samādhi*, o estado de Yoga, começa a ser experimentado, nada mais precisa ser feito para a plena iluminação – para Consciência Cósmica, ou *Jīvan-mukti* – exceto a prática regular de *Samādhi*, alternada com a atividade normal na vida prática. Por esta razão, o Senhor exorta Arjuna a "recorrer ao Yoga" para adquirir Consciência Transcendental e a engajar-se na ação. Isto, diz Ele, libertará Arjuna de todas as dúvidas. O Senhor relembra a ele que todo sofrimento é causado pela ignorância do estado de separação entre o Ser e a atividade.

"Espada do conhecimento": assim como a lâmina afiada de uma espada é capaz de cortar qualquer coisa que encontre, também o estado de conhecimento, a percepção do Ser como separado da atividade, corta em pedaços todas as dúvidas sobre a verdadeira natureza da vida e da atividade. Até que este conhecimento revele-se, as dúvidas certamente permanecerão. Todas as dúvidas são devidas à "ignorância" desta Realidade, diz o Senhor.

"Nascida da ignorância e enraizada no coração": a dúvida nascida da ignorância deve pertencer à mente, mas o Senhor diz: "enraizada no coração". O coração ocupa-se com a experiência e a mente com a compreensão. Quando o Senhor fala de dúvida como "enraizada no coração", Ele quer dizer que apesar da dúvida ser na mente, ela tem sua raiz no coração, que é destituído da experiência do Ser e da experiência do Ser como separado da atividade.

Eis o ensinamento: é necessário experimentar o Ser e compreender claramente a separação entre o Ser e a atividade; assim iluminado, o homem deve desempenhar seu dever.

Deve-se enfatizar que o estado de renúncia não é exclusivo de *Karma Yoga* ou de Sāṁkhya. É um estado que desenvolve-se em ambos os caminhos. O homem está seguro de chegar à experiência do estado de renúncia, esteja ele seguindo *Karma Yoga*, a prática da Meditação Transcendental suplementada pela atividade física, ou o caminho de Sāṁkhya, a prática da Meditação Transcendental suplementada pela atividade mental da contemplação.

Aqui está a essência do ensinamento deste capítulo: remova todas as dúvidas sobre a Realidade por meio do conhecimento de Sāṁkhya e engaje-se na prática de *Karma Yoga*.

ॐ तत्सदिति श्रीमद्भगवद्गीतासूपनिषत्सु ब्रह्मविद्यायां योगशास्त्रे
श्रीकृष्णार्जुनसंवादे ज्ञानकर्मसंन्यासयोगो नाम चतुर्थोऽध्याय:
Oṁ tat sad iti Shrīmad Bhagavadgītāsūpanishatsu
Brahmavidyāyāṁ Yogashāstre Shrīkṛishṇārjunasaṁvāde
Gyānakarmasaṁnyāsayogo nāma chaturtho 'dhyāyaḥ

Assim, na Upanishad da gloriosa Bhagavad-Gītā,
na Ciência do Absoluto, na Escritura do Yoga,
no diálogo entre Senhor Kṛishṇa e Arjuna,
termina o quarto capítulo, intitulado:
O Yoga do Conhecimento da Renúncia da Ação.

Capítulo V

Uma Visão do Ensinamento no Capítulo V

Versos 1-3. A liberação é adquirida tanto por meio da ação quanto da renúncia; mas o caminho da ação é superior, apesar de que a renúncia traz facilmente a liberação da escravidão.

Versos 4-10. Os sábios não consideram os dois caminhos como separados. O conhecedor da Verdade os vê como um só; pois a renúncia é difícil de ser alcançada sem a União com o Divino, que também traz liberdade da escravidão da ação.

Versos 11-13. O homem estabelecido na União Divina desempenha ações nos níveis dos sentidos, da mente e do intelecto, para a purificação de sua alma. Permanecendo em bem-aventurança dentro de si mesmo, ele não é envolvido com a ação e seus frutos.

Versos 14-16. Na realidade, a autoria da ação não pertence ao agente. Toda ação é desempenhada pela força da Natureza. Sob o feitiço da ignorância, o agente assume a autoria da ação e torna-se preso a seus frutos. O conhecimento traz a luz da Verdade e dispersa a escuridão da ignorância.

Versos 17-21. Estabelecido naquele conhecimento, completamente purificado, naquele estado de profunda equanimidade, o homem vive liberdade eterna na bem-aventurança perpétua da União Divina.

Versos 22, 23. As alegrias dos sentidos são fontes de dor; o homem iluminado não se deleita nelas. A habilidade de resistir ao excitamento do desejo e da ira é o critério de um homem em União.

Verso 24. Satisfeito no Ser, livre do desejo e da ira, o homem encontra liberdade duradoura em Consciência Cósmica e eleva-se à paz eterna em Consciência de Deus.

Versos 25-29. O princípio da renúncia abrange o mesmo alto grau de perfeição humana que é alcançado pelo caminho da ação.

No segundo capítulo, o Senhor Kṛishṇa iluminou Arjuna com a compreensão de Sāṁkhya e Yoga, para que os aspectos perecível e imperecível da vida ficassem claros para ele. E desta forma, abandonando sua ignorância sobre a natureza da vida e o relacionamento desta com o campo da ação, realizasse sua verdadeira natureza divina em liberdade eterna.

As inspiradoras palavras do Senhor criaram na mente de Arjuna um anseio para segui-las. O terceiro capítulo trouxe à luz a prática de *Karma Yoga*, ação no estado de União com o Divino, ou ação para tornar esta União Divina permanente, elevando assim a dignidade tanto do agente quanto da ação.

Continuando o ensinamento no quarto capítulo, o Senhor Kṛishṇa deu a Arjuna uma compreensão mais profunda do relacionamento do ser do indivíduo com o campo da ação. O Senhor torna claro para ele o estado de separação que existe naturalmente entre o Ser interior e a fase exterior da vida na atividade. Isto deu a ele uma visão sobre a realização da vida e da atividade, e revelou que o Ser interior é completamente independente da ação. Arjuna percebeu então que a atividade não pertence a aquilo que a vida é em essência – Ser em liberdade eterna.

O quarto capítulo foi chamado de "O Yoga do Conhecimento da Renúncia da Ação". O título é significativo. Ele nos conta que, de acordo com este ensinamento, o Yoga, ou União, é adquirido por meio do conhecimento da renúncia, por meio do conhecimento do Ser como completamente desligado da atividade. Ele estabelece que o estado de renúncia é natural, tanto nos níveis da vida individual quanto da vida cósmica: no nível cósmico, Deus permanece não-envolvido com as atividades da criação e evolução; no nível da vida individual, o Ser permanece não-envolvido com a atividade. Um estado natural de renúncia é a verdadeira base de toda a vida, e o conhecimento apropriado disto traz liberdade da escravidão. Este é o ensinamento essencial do quarto capítulo.

Pode parecer que o quarto capítulo estava desafiando a doutrina de *Karma Yoga*, ensinada no terceiro. Mas na verdade não é assim. Se o capítulo tivesse proclamado a iluminação por intermédio da renúncia da ação, então teria sido contrário ao princípio de *Karma Yoga*. Mas ele proclama a iluminação por meio do *conhecimento* da renúncia da ação. Isto torna claro que o princípio da renúncia é apenas para ser compreendido; não é para ser praticado. O estado de renúncia é produzido por intermédio de *Karma Yoga* (IV, 41); não há meio de se *praticar* renúncia. Aqui é exaltado o conhecimento da renúncia, não a prática da renúncia.

Quando afirmamos que a renúncia não é para ser praticada, estamos conscientes do modo recluso de vida. Mas a renúncia do recluso é renúncia de coisas exteriores e é relevante apenas para um modo particular de viver; não é em si mesmo um caminho para Deus. Não é a prática da renúncia, mas o conhecimento dela que ajuda no caminho para Deus.

O conhecimento da renúncia, exposto no quarto capítulo, é necessário para aqueles que estão no caminho de *Karma Yoga*, assim como para aqueles que estão no caminho de Sāṁkhya. O estado de renúncia é experimentado em ambos os caminhos, e a não ser que o intelecto esteja consciente da importância desta experiência, as dúvidas permanecerão e impedirão o progresso adiante.

Tanto *Karma Yoga* quanto Sāṁkhya começam na base comum da Meditação Transcendental. Ela leva diretamente à Consciência do Ser Transcendental, onde mesmo o mais refinado campo do pensamento foi renunciado, e o Ser mantém-Se só, em Seu estado puro de Ser (verso 2). Este é um estado de completa renúncia, mas ele é atingido apenas durante a meditação; não é permanente. Por meio da prática regular e contínua da meditação, alternada com atividade – a atividade mental no caminho de Sāṁkhya e atividade física no caminho de *Karma Yoga* – a Consciência do Ser Transcendental desenvolve-se em Consciência Cósmica, na qual experimenta-se o Ser como separado da atividade e vive-se o estado natural da renúncia na vida diária. O estado de renúncia tornou-se permanente. Este estado de Consciência

Cósmica desenvolve-se ainda mais, até que a separação entre o Ser e a atividade, que já apresentava o estado completo de renúncia, dissolve-se na Unidade suprema da Consciência de Deus. O estado no qual esta separação foi transformada parecerá além do alcance da renúncia, mas é, na verdade, renúncia em sua plena perfeição. Nada mais permanece agora, exceto vida pura. O quarto capítulo apresenta o princípio da renúncia em cada um destes estados: Consciência Transcendental, Consciência Cósmica e Consciência de Deus.

O conhecimento dado naquele capítulo enriqueceu os ensinamentos sobre os caminhos de Sāṁkhya e *Karma Yoga*, dados no segundo e terceiro capítulos. Ele estabeleceu silenciosamente o estado de renúncia como uma base comum, um ponto de partida comum e a meta comum de ambos os caminhos. O quinto capítulo, aproveitando o conhecimento dado no quarto, coloca Sāṁkhya e *Karma Yoga* explicitamente juntos, apresentando-os como igualmente úteis em trazer liberação eterna em meio a toda atividade.

Ele estabelece uma filosofia do Yoga, ou União Divina, por meio da renúncia da ação. Deve-se esperar que isto contradiga a filosofia do Yoga por meio da ação, *Karma Yoga*. Mas o discurso do Senhor é tão maravilhoso que, longe de oferecer qualquer sentido de contradição com *Karma Yoga*, ele consegue colocar juntos, *Karma Yoga* e Sāṁkhya. Gloriosamente, ele coloca ambos no mesmo nível de renúncia e, ao mostrar que os princípios destes dois caminhos são intimamente próximos, usa os dois juntos para desenvolver uma nova filosofia do Yoga: o Yoga da renúncia.

A renúncia, como tal, é simplesmente um estado de perda. Assim, o Yoga da renúncia significa Yoga da perda: União por meio da perda. É por intermédio da glória do discurso do Senhor que a perda torna-se um meio para a perfeição – a renúncia apresenta-se para salvar e trazer realização à vida.

Sem a filosofia da renúncia, a filosofia da ação permanecerá sempre incompleta, porque a renúncia da ação está no extremo oposto do desempenho da ação. Assim como a separação contrasta com a União, da mesma forma a renúncia da ação contrasta com o Yoga da ação. A não ser que estes dois extremos, União e renúncia, sejam levados em conta, a filosofia será incompleta.

A filosofia da renúncia não é meramente complementar à filosofia da ação, nem apenas uma parte essencial desta filosofia. Na verdade, ela pode ser considerada uma completa filosofia da ação em si mesma. A filosofia da renúncia é tão completa que, permanecendo estritamente dentro dos limites da renúncia e sem ao menos ter que considerar o campo da ação, ela é capaz de sustentar a filosofia da ação. Toda a filosofia de *Karma Yoga* pode ser explicada por intermédio desta filosofia da renúncia, porque a base de *Karma Yoga* é a Consciência Transcendental. E como o caminho para a Consciência Transcendental é por meio da retirada da mente do campo da experiência exterior, não importa se consideramos o processo de adquirir Consciência Transcendental em termos de atividade em direção ao Transcendente, ou em termos de atividade para fora do campo de experiência exterior. O primeiro expressaria o princípio em termos de *Karma Yoga*, o segundo em termos de renúncia. Mas não se pode perder a visão do fato de que a renúncia não oferece nenhuma prática. O aspecto prático da filosofia da renúncia é para ser encontrado nas técnicas de Sāṁkhya e *Karma Yoga*. A doutrina da renúncia não oferece uma prática independente, e a renúncia *não* é, portanto, um caminho em si mesma – ela apresenta uma teoria baseada nas práticas de outros caminhos.

O princípio da ação foi apresentado no Capítulo III, e o conhecimento da renúncia no Capítulo IV, agora, o Capítulo V expõe a compatibilidade destes dois. O maravilhoso é que ele o faz do ponto de vista da renúncia, que é abstrato, em vez daquele da ação, que é concreto. Ao combinar os dois extremos da ação e renúncia, ele combina os dois diferentes caminhos de Yoga e Sāṁkhya e, assim, dá expressão a uma filosofia completa da vida integrada. Aqui está um convite para todo homem: venha por qualquer caminho, e a liberação será sua.

É isto que faz da Bhagavad-Gītā a Escritura da União Divina. Com facilidade, ela proclama ambas, o Yoga da ação e o Yoga da renúncia da ação. Esta é a perfeição do discurso dos lábios do Yogīshwara, Kṛishṇa, o Senhor dos *Yogīs* em todos os tempos.

As contradições mais extremas são harmonizadas e unificadas neste capítulo. Ele apresenta o estado de liberdade eterna em

Consciência Divina no nível da ação baseada na renúncia. Mais ainda, ele estabelece a necessidade de adquirir-se Consciência Divina para obter-se uma atividade bem-sucedida na vida diária e, ao mesmo tempo, enfatiza a necessidade da atividade para adquirir-se Consciência Divina. Ao colocar em harmonia os aspectos material e espiritual da vida, ele abre um caminho, tanto para o sucesso quanto para a salvação do homem, seja ele chefe de família ou recluso, em qualquer época. Ele habilita qualquer homem a glorificar seu mundo pela luz do Divino – e também a atingir liberdade divina, de uma maneira muito natural, por intermédio da atividade diária da vida.

Uma sabedoria inexaurível está contida nos vinte e nove versos deste capítulo. Ele permanece como um raio de esperança, não apenas para aqueles que são infelizes e confusos, mas também para os buscadores, e mesmo para aqueles que estão bem adiantados no caminho.

Verso 1

अर्जुन उवाच
संन्यासं कर्मणां कृष्ण पुनर्योगं च शंससि
यच्छ्रेय एतयोरेकं तन्मे ब्रूहि सुनिश्चितम्

Arjuna uvācha
Saṁnyāsaṁ karmaṇāṁ Kṛishṇa punar yogaṁ cha shaṁsasi
yach chhreya etayor ekaṁ tan me brūhi sunishchitam

Arjuna disse:
Vós exaltais, ó Kṛishṇa, a renúncia da ação
e, ao mesmo tempo, o Yoga (da ação).
Dizei-me decisivamente
qual o melhor destes dois.

Aqui está a prova do que o Senhor disse: "Mesmo os sábios são confundidos"[132] com o problema da ação e da inação. Através de todas as suas afirmações até aqui, Arjuna mostrou ser sábio, ter grande

---

132 Veja IV, 16.

previdência e conhecimento do *Dharma*.[133] Ele não agirá até que esteja certo de todas as implicações de sua ação.

Esta é a terceira pergunta,[134] no mesmo espírito, que Arjuna faz sobre o melhor caminho de ação a seguir para seu próprio bem e dos outros. Estas perguntas repetidas surgem de seu desejo sincero de conhecer a Verdade; elas estão de acordo com um caráter livre de mácula e brotam naturalmente do estado daquele que busca a Verdade[135] e que entregou-se a seu mestre.[136]

Se não fosse por estas perguntas de Arjuna, a grande sabedoria deste capítulo, e do próximo, não teria sido revelada, e o discurso do Senhor não teria sido completo. Por esta razão, aqueles que buscam a Verdade serão sempre gratos a Arjuna. Comentaristas que o retrataram como confuso, deixaram escapar a profundidade de sua compreensão. Arjuna faz repetidamente perguntas profundas, pois, sendo um homem prático de grande inteligência, ele não deseja fiar-se em nada. Ele quer que todos os detalhes do plano venham do Senhor, pois ele sabe que qualquer pequeno erro de sua parte prejudicará os destinos de muitas gerações futuras.

O Senhor disse: "insondável é o curso da ação".[137] Quando tal é a natureza da ação, podem haver inumeráveis falhas em qualquer exposição sobre ela, pode haver um número ilimitado de pontos de vista sobre qualquer uma das situações. É por isso que, para resolver para sempre o enigma da ação, o Senhor disse a Arjuna: "eu devo expor para ti aquela ação, cujo conhecimento te libertará do mal".[138] Ele então começou a expor aquela sabedoria eterna[139] que apresenta a solução para todos os problemas de ação e comportamento, para todos os homens, em qualquer época.

O Senhor defende o desempenho da ação a partir daquele nível de vida onde a mente está estabelecida no estado de liberdade. Este

133 Veja I, 23, 31, 36, 39-45.
134 Veja II, 7; III, 2.
135 Veja IV, 34.
136 Veja II, 7.
137 Veja IV, 17.
138 Veja IV, 16.
139 Veja IV, 17-42.

estado pode ser vivido sem dificuldade, mas é difícil descrevê-lo adequadamente em palavras. É por isso que o Senhor pede a Arjuna que "esteja sem os três *Guṇas*.[140] Ele irá, então, realmente experimentar o estado de não-apego que lhe foi descrito pelo ensinamento de Sāṁkhya.[141] Pode-se mostrar ao aspirante o caminho a seguir, mas é difícil dar a ele uma visão definida daquele estado, pois ele está no campo que transcende toda palavra.

Uma vez que a própria natureza da ação em liberdade inclui simultaneamente os estados de ação, inação e renúncia da ação, o Senhor, em Sua exposição, tem que falar algumas vezes em termos de ação e outras em termos de inação – algumas vezes de Yoga da ação e outras de renúncia da ação. Foi a necessidade de esclarecer estas afirmações opostas que deu lugar a esta pergunta de Arjuna. Ela não surgiu de nenhuma impropriedade de sua compreensão.

A razão imediata para a pergunta pode ser encontrada em duas expressões no final do quarto capítulo: "renunciou à ação em virtude do Yoga" (verso 41) e "recorre ao Yoga" (verso 42). A primeira apresenta o Yoga como um meio de renúncia, a segunda enfatiza a prática do Yoga após adquirir-se o conhecimento da renúncia. Em uma afirmação, o Yoga é o meio e a renúncia a meta; na outra, a renúncia é o meio e o Yoga a meta. Ao perceber esta aparente contradição, Arjuna levanta a questão que abre este capítulo. Sua pergunta é responsável pelo fluxo de grande sabedoria do Senhor, e não apenas apresenta a essência do ensinamento do Senhor até aqui, mas dá também um impulso adicional ao tema do Seu discurso.

---

140 Veja II, 45.
141 Veja II, 11-38.

VERSO 2

श्रीभगवानुवाच
संन्यासः कर्मयोगश्च निःश्रेयसकरावुभौ
तयोस्तु कर्मसंन्यासात्कर्मयोगो विशिष्यते

Shrī Bhagavān uvācha
Saṁnyāsaḥ karmayogash cha niḥshreyasakarāvubhau
tayos tu karmasaṁnyāsāt karmayogo vishishyate

O Abençoado Senhor disse:
Tanto a renúncia quanto o Yoga da ação
levam ao bem supremo.
Mas dos dois, o Yoga da ação é superior
à renúncia da ação.

"A renúncia da ação" (*Sanyāsa*) pode ser interpretada de quatro maneiras. De acordo com a primeira e mais comum compreensão, um homem desapega-se de toda a atividade da vida mundana. De acordo com a segunda, ele se dedica à prática da Meditação Transcendental,[142] para renunciar até mesmo ao estado mais refinado do pensamento e, assim, alcançar consciência do Ser. Isto é tudo que diz respeito a *Sanyāsa* – a renúncia de tudo no campo da relatividade e o desapego de todos os aspectos da vida, superficiais e sutis. De acordo com a terceira, ao entreter a atividade após adquirir Consciência Transcendental, ele eleva-se à Consciência Cósmica, na qual experimenta o Ser como completamente separado da atividade. Assim, ele alcança um estado de vida em perfeita renúncia. De acordo com a quarta, ao entreter a atividade de qualidade mais refinada, devoção, ele eleva-se à Consciência de Deus, onde o estado de renúncia, experimentado em Consciência Cósmica como separação entre o Ser e a atividade, é transformado em um elo vivo para unir o Ser e a atividade. Os dois fundem-se na Unidade da Consciência de Deus.[143]

---

142 Veja II, 45.
143 Veja IV, 38.

"O Yoga da ação" foi definido no terceiro capítulo.[144] Quando a mente retirou-se do campo da atividade e alcançou o estado de Consciência do Ser Transcendental, ela novamente retorna para o campo da atividade. À medida que a mente retorna, a Consciência do Ser infundida em sua natureza, permite ao Ser absoluto transcendental tornar-se harmonizado com o campo da atividade. O propósito de *Karma Yoga* é este de trazer o Divino para o mundo. Ele atinge a maturidade no estado de Consciência Cósmica e encontra sua realização em Consciência de Deus.

No estado de Consciência Cósmica, o Ser é percebido como separado da atividade, e isto torna a renúncia uma realidade viva da vida diária, trazendo as bênçãos da liberdade eterna. Assim, verificamos que *Sanyāsa* e *Karma Yoga* seguem paralelos. O Senhor diz: "das duas, o Yoga da ação é superior à renúncia da ação", pois o processo de renúncia é aquele de perder, e o processo de Yoga, ou União, é aquele de ganhar. O ganho é mais aceitável para a mente do que a perda, ainda mais quando, no processo de União, a mente experimenta crescente encanto em cada momento. Portanto, é claro que é mais fácil para a mente engajar-se no processo de ganhar União Divina do que no processo de renúncia do mundo. É isto que torna *Karma Yoga* superior a *Sanyāsa*. Além do mais, o processo de *Karma Yoga* dá lugar automaticamente ao estado de renúncia. Quando a mente prossegue em direção ao Transcendente, o estado de União Divina, ela automaticamente retira-se do mundo, produzindo ao mesmo tempo o estado de renúncia. Considerada deste ponto de vista, *Karma Yoga* parece ser a causa da renúncia. Isto, em si mesmo, é razão suficiente para o Senhor dizer que "o Yoga da ação é superior à renúncia da ação", apesar de que ambas, seguindo paralelas, e simultaneamente, "levam ao bem supremo".

O verso seguinte considera o verdadeiro *Sanyāsī*, o homem que está estabelecido no estado de renúncia.

---

144 Veja III, 3, 7, comentários.

Verso 3

ज्ञेय: स नित्यसंन्यासी यो न द्वेष्टि न कांक्षति
निर्द्वन्द्वो हि महाबाहो सुखं बन्धात्प्रमुच्यते
Gyeyaḥ sa nityasaṁnyāsī yo na dweshti na kāṁkshati
nirdwandwo hi Mahābāho sukhaṁ bandhāt pramuchyate

Considera como sendo sempre um homem de renúncia
aquele que nem odeia nem deseja;
livre dos pares de opostos, ó de braços poderosos,
ele é facilmente libertado da escravidão.

Neste verso, o Senhor revela as qualidades essenciais de "um homem de renúncia", um *Sanyāsī.* Ele é livre do desejo, enquanto ao mesmo tempo não rejeita nada; ele aceita a vida facilmente como ela vem, não criando tensões. Sua vida flui livremente em harmonia com as Leis da Natureza, governada pela Lei Cósmica (Lei Natural).[145]

Tal estado despreocupado de vida em liberdade só é possível quando o homem está satisfeito. E a satisfação só é possível quando a mente está estabelecida em Consciência de Bem-Aventurança, o estado do Absoluto transcendental, pois na vida relativa não há felicidade tão intensa que possa finalmente satisfazer a sede da mente por alegria.

Tendo adquirido permanentemente este estado de Consciência Transcendental, o homem é libertado da escravidão e vive a vida na liberdade eterna da Consciência Cósmica. Neste estado, ele vive o Ser eterno como completamente separado do campo da atividade. Este é o estado de perfeito desapego, ou *Sanyāsa,* descrito pelo Senhor como liberdade "dos pares de opostos". Tal liberdade prevalece em Consciência Transcendental, Consciência Cósmica e Consciência de Deus.

A palavra "facilmente" é de grande importância. Liberdade da escravidão é "facilmente" adquirida ao elevar-se acima "dos pares de opostos", para o estado do Ser, ao elevar-se para aquele estado de *Sanyāsa,* aquele estado de separação que existe naturalmente entre o Ser e a atividade.

---

145 Veja Apêndice.

O estado de liberdade da escravidão pode ser atingido tanto por meio da sabedoria de Sāṁkhya, quanto por meio da prática de Yoga. Isto é mostrado no verso seguinte.

Verso 4

सांख्ययोगौ पृथग्बालाः प्रवदन्ति न पण्डिताः
एकमप्यास्थितः सम्यगुभयोर्विन्दते फलम्

Sāṁkhyayogau pṛithag bālāḥ pravadanti na paṇḍitāḥ
ekam apyāsthitaḥ samyag ubhayor vindate phalam

Os ignorantes, e não os sábios,
falam do caminho do conhecimento (Sāṁkhya) e
do caminho da ação (Yoga) como diferentes.
Aquele que está adequadamente estabelecido
mesmo em um deles, adquire o fruto de ambos.

O ensinamento de Sāṁkhya traz à luz a separação que existe entre os aspectos imperecível e perecível da vida, entre o Ser e a atividade. A prática do Yoga, ao trazer o Ser à experiência direta, também traz à luz a separação que existe entre o Ser e a atividade. É assim que, tanto Sāṁkhya quanto Yoga levam à liberdade da escravidão.

A expressão "apropriadamente estabelecido" é importante para uma verdadeira compreensão do ensinamento deste verso. Para estar "apropriadamente estabelecido" no ensinamento de Sāṁkhya ou Yoga, tanto a compreensão quanto a experiência são de vital importância. Tanto Sāṁkhya quanto Yoga são suficientes, em si mesmos, para trazer liberação. Portanto, não importa se é dada maior importância a um ou outro.

"Os sábios" são aqueles que se elevaram ao estado de liberdade. Eles não veem Sāṁkhya e Yoga como diferentes, não apenas porque ambos levam à mesma meta, mas também porque a principal característica de ambos é a mesma prática da Meditação Transcendental. A única diferença é que, no caminho de *Karma Yoga*, alterna-se a Meditação Transcendental com a atividade no nível dos sentidos, e no caminho de Sāṁkhya, com a atividade mental. Mas, a não ser por esta pequena diferença, Sāṁkhya e Yoga são iguais. É por isso que os sábios não os veem como diferentes.[146]

Este verso e o seguinte apresentam todo o propósito do quinto capítulo, que é o de colocar Yoga e Sāṁkhya na mesma posição no que diz respeito a seus resultados.

Verso 5

यत्सांख्यैः प्राप्यते स्थानं तद्योगैरपि गम्यते
एकं सांख्यं च योगं च यः पश्यति स पश्यति

Yat sāṁkhyaiḥ prāpyate sthānaṁ tad yogair api gamyate
ekaṁ sāṁkhyaṁ cha yogaṁ cha yaḥ pashyati sa pashyati

O estado alcançado pelos homens no caminho do conhecimento
é também atingido por aqueles no caminho da ação.
Aquele que vê Sāṁkhya e Yoga como um só,
vê verdadeiramente.

Este é o verso que promete liberação para ambos os caminhos de vida, aquele do chefe de família e aquele do recluso. Ele estabelece a unidade básica de Sāṁkhya e Yoga. A liberação eterna é a meta comum de ambos, e o vidente da Verdade a vê como tal.

É óbvio que o caminho de Sāṁkhya não se aplica ao chefe de família, e sim o de *Karma Yoga*. Mas aqui o Senhor Kṛishṇa diz que a diferença entre os dois caminhos é eliminada quando a meta é atingida. Somente um intelecto não desenvolvido mantém-se nas diferenças entre eles. O homem sábio escolhe entre um ou outro e atinge a meta. Ele não perde seu tempo e sua energia em um escrutínio de distinções.

O verso mostra que Sāṁkhya e Yoga são destinados a satisfazer diferentes tipos de pessoas. Mas no que diz respeito a suas metas, são iguais.

---

146 Veja verso 5 e VI, 2.

Esta compreensão da matéria encontra posterior justificativa nos versos 24 e 25, que descrevem, respectivamente, a obtenção da liberdade eterna por intermédio de Yoga e Sāṁkhya; e no verso 21, que fala da obtenção de uma felicidade incomensurável por meio de ambos os caminhos.

Além disso, ao estudar os detalhes do caminho do conhecimento e daquele da ação, o indivíduo descobre que até mesmo os caminhos em si são basicamente iguais. O processo único da Meditação Transcendental traz realização a ambos.[147] É por isso que "aquele que vê Sāṁkhya e Yoga como um só, vê verdadeiramente".

Os dois caminhos começam e prosseguem na base comum da Meditação Transcendental e, à medida que avançam, ambos dão lugar à mesma experiência de renúncia em Consciência Cósmica. Mas tendo atingido um marco comum nesta percepção direta da separação entre o Ser e a atividade, eles ainda não alcançaram sua meta final. Para a realização completa, eles devem prosseguir adiante, eles devem fundir-se em uma única meta, na grande Unidade em Consciência de Deus.

O Capítulo V trata principalmente da experiência de renúncia comum a ambos os caminhos, o Capítulo VI dará detalhes de sua prática comum da Meditação Transcendental, e do Capítulo VII ao XII será revelada a natureza de sua meta final – Consciência de Deus – assim como o caminho para ela.

VERSO 6

संन्यासस्तु महाबाहो दु:खमाप्तुमयोगत:
योगयुक्तो मुनिर्ब्रह्म नचिरेणाधिगच्छति

Saṁnyāsas tu Mahābāho duḥkham āptum ayogataḥ
yogayukto munir Brahm nachireṇādhigachchhati

A renúncia é, na verdade, difícil de se
alcançar sem o Yoga, ó de braços poderosos.
O sábio, que está absorto no Yoga,
chega a *Brahman* sem muita demora.

---

147 Veja III, 28, comentário.

Este verso torna bastante claro que o estado de renúncia "é, na verdade, difícil de se alcançar", que a separação entre o Ser e a atividade é difícil de se perceber como realidade, a não ser que a mente esteja firmemente estabelecida no Ser.

Aqui, a palavra Yoga não significa nem *Karma Yoga* nem a prática de adquirir Consciência Transcendental;[148] ela significa o estado de União em si mesmo, Consciência Transcendental.

O estado de *Brahman*, que é a plenitude do relativo e do Absoluto, ambos juntos, é melhor apreciado no nível da União, quando este é permanente, Consciência Transcendental permanente. Este estado de Consciência Cósmica dá a experiência de *Sanyāsa*, a separação entre o Ser e a atividade; a separação do relativo e do Absoluto torna-se aqui uma realidade viva.

O Senhor refere-se a este processo de tornar a União permanente quando diz: "sem muita demora". Isto é porque o estado de União, ou Consciência Transcendental, sendo pleno de bem-aventurança em sua natureza, é sempre convidativo para a mente. A mente chega a ele puxada por sua própria natureza, que é a de querer sempre desfrutar mais. Assim, a obtenção da União torna-se fácil, sem resistência.[149]

Para tornar este estado permanente, necessita-se apenas alternar o processo natural de adquiri-lo com a atividade natural da vida diária. Portanto, é claro que todo o processo é natural; é por isso que ele não toma muito tempo.

Um homem que alcançou Consciência Cósmica está sempre estabelecido no Ser, mesmo quando engajado na atividade. Este estado de consciência é o estado amadurecido de *Sanyāsa*, um estado de completo desapego do Ser com a atividade, mesmo quando a atividade continua no campo relativo da vida. Este desapego completo não é possível, a não ser que a mente esteja estabelecida em eterna satisfação. A prática constante de adquirir Yoga, ou União com Consciência Divina, traz a mente ao estado que oferece satisfação eterna, estabelecendo desta forma um estado natural de *Sanyāsa*, ou renúncia.

148 Veja II, 40, 45.
149 Veja II, 40.

Com o crescimento em direção à Consciência Cósmica, a satisfação cresce, e com o crescimento da satisfação interior, cresce a apreciação da separação entre o Ser e a atividade, até que a mente torna-se enraizada na natureza do Ser. Ela alcançou, então, Consciência Cósmica. Ao mostrar a dificuldade de alcançar a renúncia sem Yoga, o Senhor indica a simplicidade de elevar-se a um estado onde Yoga e *Sanyāsa* tornar-se-ão o hábito diário da vida.

Este verso canta a glória da União. Ela é a base da verdadeira renúncia e dá lugar ao estado de *Brahman* na vida diária do homem.

O próximo verso mostra como, por meio desta União, o homem eleva-se acima da influência escravizante da ação e vive uma vida de liberdade eterna.

VERSO 7

योगयुक्तो विशुद्धात्मा विजितात्मा जितेन्द्रियः
सर्वभूतात्मभूतात्मा कुर्वन्नपि न लिप्यते

Yogayukto vishuddhātmā vijitātmā jitendriyaḥ
sarvabhūtātmabhūtātmā kurvann api na lipyate

Absorto no Yoga, puro de espírito,
aquele que dominou-se plenamente e conquistou os sentidos,
cujo ser tornou-se o Ser de todos os seres,
ele não é envolvido mesmo quando age.

Aqui, como no verso anterior, a palavra Yoga não significa nem *Karma Yoga* nem a prática de transcender; ela é usada no sentido de Unidade da mente com o Ser.

"Absorto no Yoga": aquele que nunca está fora do Ser, esteja em vigília, sonho ou no estado de sono profundo. Tal homem está estabelecido em si mesmo, e nenhuma experiência da relatividade é capaz de ensombrecer seu status de Ser absoluto.

"Puro de espírito": aquele que atingiu o estado do Ser, Consciência Absoluta, que é sempre o mesmo em sua eterna pureza, e que estabeleceu este estado na própria natureza de sua mente. A ação é um véu que esconde esta natureza essencial do Ser. A meditação é um processo de mergulhar através de todos os níveis sutis da atividade; quando o nível mais sutil é transcendido, a mente adquire o estado do Ser puro. Quando a mente, sendo Aquilo, sai para o campo da atividade, então diz-se que o Ser brilha em Sua pureza. Quando, por meio da prática constante, uma completa integração do Ser com a mente é alcançada, o status puro do Ser, adquirido pela mente, não é de nenhuma forma ensombrecido, mesmo que a mente ocupe-se com a atividade no campo relativo. Este é o estado de Consciência Cósmica, onde o Ser separou-Se completamente do campo da atividade. Neste estado, onde o Ser absoluto e o mundo relativo da atividade são vividos simultaneamente, o ser é considerado como tendo sido permanentemente libertado de toda mácula; ele alcançou a pureza absoluta.

"Aquele que dominou-se plenamente". O Ser tem duas conotações: o ser inferior e o Ser superior. O ser inferior é aquele aspecto da personalidade que trata apenas com o aspecto relativo da existência. Ele abrange a mente que pensa, o intelecto que decide e o ego que experimenta. Este ser inferior funciona apenas nos estados relativos de existência – vigília, sonho e sono profundo. Permanecendo sempre dentro do campo da relatividade, ele não tem chance de experimentar a verdadeira liberdade do Ser absoluto. É por isso que ele está na esfera da escravidão. O Ser superior é aquele aspecto da personalidade que nunca muda, Ser absoluto, que é a própria base de todo o campo da relatividade, incluindo o ser inferior.

Um homem que queira dominar-se, tem que dominar primeiro o ser inferior, e então o Ser superior. Dominar o ser inferior significa levar a mente (mente, intelecto e ego) dos campos superficiais da existência para os campos sutis, até que o campo mais sutil da existência relativa é transcendido e o Ser imanifestado, absoluto e transcendental, seja alcançado em Consciência Divina. Isto rouba o ser inferior de sua individualidade, limitada pelo tempo, espaço e causação; e mantém-no livre, no estado de existência universal.

Quando, desta forma, o ser inferior foi dominado pelo Ser superior, e o Ser superior o aceitou completamente, então os dois se tornam um só. E então desenvolve-se um estado, no qual cada um é encontrado intimamente dentro do alcance do outro, em completa coesão de existência. Quando a Consciência Divina do Ser absoluto transcendental é percebida coexistindo com a mente na existência relativa, no campo do tempo, espaço e causação, então o domínio sobre o Ser superior é alcançado. O Absoluto foi, de certo modo, trazido do campo transcendental da existência, para servir e apoiar o campo da relatividade. O imutável é trazido para a vida do sempre-mutável. Os estados relativos de existência – vigília, sonho e sono – são infundidos com o estado absoluto do Ser. A liberdade eterna tornou-se infundida no campo da escravidão. A Unidade da natureza divina é vivida na multiplicidade da criação diversificada. Isto permite ao homem viver uma vida de liberdade eterna em um mundo de existência transitória. Assim, o mestre do Ser, desfrutando todo o campo da relatividade, vive a vida do Ser absoluto em Consciência Divina.

É interessante descobrir como o processo da Meditação Transcendental é bem-sucedido em dominar tanto o ser como o Ser. O movimento para o interior da meditação leva-nos a um estado onde a mente, livre da individualidade, entrega-se ao Ser superior. Este é o domínio sobre o ser inferior. O movimento para o exterior da meditação traz a mente para fora, infundida com o Ser. Como resultado da prática constante, a mente vive, então, o Ser absoluto em todos os campos da vida relativa. Este é o domínio sobre o Ser superior.

Assim, tanto o ser quanto o Ser são dominados por meio dos movimentos para o interior e para o exterior da técnica simples da Meditação Transcendental.

"Conquistou os sentidos": tem domínio sobre eles. Na verdade, os sentidos estão sempre sob o comando da mente. Todos sabem que os olhos só verão, se e quando o homem o desejar. Se ele não deseja ver, ele não o fará, mesmo com os olhos abertos. Portanto, a vitória sobre os sentidos não parece ter um significado claro. O significado por trás desta expressão é que, quando o Ser começa a ser infundido na natureza da mente, esta torna-se como que intoxicada com um sentimento de autossuficiência. Neste estado, quando a mente age por meio dos sentidos, ela comporta-se de uma maneira muito despreocupada, que pode ser considerada como se fosse indiferença.

Em um estado mais avançado de iluminação, este sentido peculiar de indiferença diminui, e o comportamento da mente torna-se mais natural. A atividade na esfera exterior da vida torna-se harmonizada com o estado natural de silêncio interior. A atividade prossegue como resultado da coordenação entre a mente e os órgãos da ação. Ao mesmo tempo, a coordenação entre a mente e os sentidos de percepção permite aos sentidos registrar a experiência. Com a infusão do Ser na mente, os sentidos de percepção, mesmo engajados no processo de experimentar, não registram impressões profundas de experiências. As impressões que recebem, são apenas suficientes para permitir que experimentem, mas não são suficientemente profundas para formar a semente de desejos futuros. Isto acontece mais e mais efetivamente à medida que a mente torna-se mais estabelecida no Ser. Estes são, portanto, os mecanismos interiores de domínio dos sentidos.

Uma verdadeira conquista é aquela na qual o inimigo deixa de ser um inimigo; ele é deixado livre para fazer o que quiser, mas não está em posição de atacar ou fazer qualquer mal. A conquista dos sentidos é realizada de forma tão completa por intermédio do domínio do Ser, que os sentidos são deixados livres para funcionar, e apesar de todas as experiências do campo relativo, a vida é firmemente estabelecida na liberdade eterna da Consciência Divina.

Uma vez que o Ser é experimentado como separado dos sentidos e de suas atividades, no estado de Consciência Cósmica, o homem vê dentro de si, por um lado o estado do Ser ilimitado e por outro o envolvimento no mundo de formas e fenômenos. Ele vê todos os seres vivos apoiados por aquele Ser, que é seu próprio Ser.

Assim, ele naturalmente experimenta seu Ser como "o Ser de todos os seres" e, neste estado, "ele não é envolvido mesmo quando age".

Este não-envolvimento também pode ser compreendido de outro ponto de vista. A luz de uma lâmpada é invisível à luz do sol. A glória da gota não tem efeito na glória do oceano. A alegria de uma ação não deixa nenhuma impressão duradoura na bem-aventurança da Consciência Cósmica. Portanto, uma vez que o homem está estabelecido neste estado, ele naturalmente desfruta tanto da plenitude do Ser, que nunca se sente fora Dele. Para ele a ação não implica na saída para fora do Ser; não há na verdade nenhuma chance dele fazer isso. É por isso que o Senhor diz que "ele não é envolvido mesmo quando age". Ele está firmemente seguro em existência cósmica, que apesar de ser a própria base de toda ação, não tem atividade. Para ele é como se tudo prosseguisse por si mesmo. Este estado é mais detalhado nos próximos dois versos.

Versos 8 e 9

नैव किंचित्करोमीति युक्तो मन्येत तत्त्ववित्
पश्यञ्शृण्वन्स्पृशञ्जिघ्रन्नश्नन्गच्छन्स्वपञ्श्वसन्
Naiva kiṁchit karomīti yukto manyeta tattwavit
pashyan shṛiṇvan spṛishan jighrann ashnan gachchhan swapan shwasan

प्रलपन्विसृजन्गृह्णन्नुन्मिषन्निमिषन्नपि
इन्द्रियाणीन्द्रियार्थेषु वर्तन्त इति धारयन्
Pralapan visṛijan gṛihṇann unmishan minishann api
indriyāṇīndriyārtheshu vartanta iti dhārayan

Aquele que está em União com o Divino e que conhece a Verdade, sustentará "eu não ajo de modo nenhum".
Ao ver, ouvir, tocar, cheirar, comer, andar, dormir, respirar, falar, abandonar, pegar,
e mesmo ao abrir e fechar os olhos,
ele considera simplesmente que os sentidos agem em meio aos objetos dos sentidos.

"Aquele que está em União com o Divino": a natureza divina é completamente separada do campo da atividade. Quando isto é realizado, o Ser é experimentado como independente da atividade. Então, o ensinamento deste verso torna-se uma realidade viva da vida diária.

"Aquele... que conhece a Verdade" é aquele que sabe que a vida tem dois aspectos, relativo e absoluto, e que o campo da vida relativa é governado pelos três *Guṇas*.[150] Ele sabe, por meio da compreensão e da experiência, que o Ser é separado do campo da atividade.

Este conhecimento básico sobre o Ser e sobre a natureza da atividade cria uma situação na mente, onde o homem realizado é automaticamente estabelecido na verdade da expressão: "eu não ajo de modo nenhum". Não é que ele mantenha este pensamento artificialmente, e sim que a própria estrutura de sua mente está baseada neste desapego natural. Ele vive este estado. Para ele o desapego é uma realidade viva na vida diária. Ele age e experimenta fazendo uso de seus sentidos, mas dentro de si mesmo ele está fixado no Ser. Ele vive a plenitude do Ser, enquanto está plenamente engajado no campo dos sentidos. Ele vive duplamente: na estabilidade do Ser imutável que constitui a base interior de sua vida; e na superfície, onde encontra-se a atividade do nível sensorial – os sentidos engajados na experiência de seus objetos.[151] É isto que o Senhor quer dizer quando fala: "os sentidos agem em meio aos objetos dos sentidos".

Estes dois versos desenvolvem a ideia expressada no anterior. Quando, por meio da prática da Meditação Transcendental, a Consciência Cósmica foi adquirida, e o ego individual expandiu-se ao status cósmico, a mente funciona automaticamente a partir de sua plena potencialidade, e os sentidos, tendo atingido seu desenvolvimento máximo, funcionam com sua total capacidade. Os objetos dos sentidos, no entanto, permanecem em seu estado inalterado. É por isso que os sentidos, agindo a partir de seu nível mais elevado, experimentam os objetos de forma mais completa, resultando em uma apreciação ainda maior dos objetos, e assim possibilitando uma experiência de maior felicidade no nível sensorial. Isto cria uma situação na qual os objetos dos sentidos são desfrutados mais completamente do que antes, mas uma vez que o Ser está mais plenamente enraizado na própria natureza da mente, as impressões de experiência sensorial não conseguem capturar a mente. Assim, o homem iluminado

150 Veja III, 28.
151 Veja III, 7.

permanece naturalmente em um estado onde os sentidos continuam a experimentar seus objetos, enquanto ele permanece livre.

Esta é uma afirmação meramente comparativa; isto não implica, de nenhuma forma, que tal homem torne-se incapaz de experimentar. Significa apenas que, antes da iluminação a experiência no mundo ensombrecia seu Ser, e agora seu Ser brilha através de toda experiência. Antes da iluminação, se ele via uma flor, esta dominava a mente de forma tão completa, que apenas a flor permanecia, e o experimentador era perdido na experiência. O sujeito era como que aniquilado pelo objeto.

Considera-se vida material, aquela na qual os objetos predominam, onde se encontra apenas a matéria, e os valores do espírito ou alma estão ensombrecidos. Após a iluminação, a flor ainda é vista, mas sua experiência não obscurece o Ser, pois o Ser foi percebido como separado do campo da atividade, e assim o sujeito e o objeto são ambos separadamente mantidos; ambos, por assim dizer, avivados em suas plenitudes. A flor não consegue ensombrecer o Ser e, ao mesmo tempo, a luz do Ser não diminui o valor da flor. Por meio da luz do Ser, a flor é infinitamente mais apreciada, e isto ocasiona a integração do espírito com a matéria. Esta é a glória da Meditação Transcendental: ela traz a iluminação que integra todos os valores materiais da vida com o Divino.

VERSO 10

ब्रह्मण्याधाय कर्माणि सङ्गं त्यक्त्वा करोति य:
लिप्यते न स पापेन पद्मपत्त्रमिवाम्भसा

Brahmaṇyādhāya karmāṇi sangaṁ tyaktwā karoti yaḥ
lipyate na sa pāpena padmapattram ivāmbhasā

Aquele que age entregando todas as
ações ao Ser universal, abandonando o apego,
é intocado pelo pecado,
assim como uma folha de lótus pela água.

"Ser universal": *Brahman*, a Realidade Suprema, o Absoluto e o relativo juntos, ao mesmo tempo.

O movimento para o interior da meditação leva a mente à Consciência do Ser e infunde o estado de Consciência do Ser na natureza da mente. O movimento para o exterior da meditação traz esta mente para o campo da ação, onde ela age com um certo grau do Ser. Esta prática da meditação e a atividade que se segue – meditação pela manhã e à tarde, e atividade durante o dia – desenvolvem um estado no qual a natureza da mente transforma-se no estado do Ser, enquanto a habilidade de agir em todos os campos da vida prática é plenamente mantida. Apenas quando a mente, assim estabelecida no Ser, age deste estado do Ser universal, é possível agir "entregando todas as ações ao Ser universal"; neste estado, adquiriu-se Consciência Cósmica, que é o nível do Ser universal.

Estas palavras não significam que o homem deva agir mantendo em sua mente o pensamento do Ser universal. Este verso não ensina uma entrega, concebida intelectualmente, ao Ser universal; ou acalentar o pensamento Dele; ou criar um estado de espírito do Divino; ou lembrar de Deus enquanto trabalha. Ele não ensina que quaisquer destas tentativas no nível da mente ou do intelecto possam levar o homem a um estado sem pecado. Quando, por meio da prática da Meditação Transcendental, a mente eleva-se àquele nível de Consciência Divina e a mantém permanentemente, todas as ações são naturalmente entregues ao Ser divino, e todos os apegos são naturalmente abandonados.[152] Quando o ser separou-se completamente da atividade, então uma situação é criada, na qual a autoria da ação é automaticamente transferida ao Ser universal.

"Intocado pelo pecado" significa livre de qualquer erro;[153] uma vida que é completamente inofensiva, de acordo com todas as Leis da Natureza.[154] Este estado é adquirido em Consciência Cósmica, na

152 Veja IV, 20; III, 30.
153 Veja II, 38.
154 Veja Apêndice: Lei Cósmica (Lei Natural).

qual o Ser está completamente separado da atividade. É neste estado que as ações são motivadas pela força da Natureza, responsável por toda a criação e evolução. É por isso que todas elas produzem efeitos de apoio à vida, e nenhum erro é possível.

VERSO 11

कायेन मनसा बुद्ध्या केवलैरिन्द्रियैरपि
योगिनः कर्म कुर्वन्ति सङ्गं त्यक्त्वात्मशुद्धये
Kāyena manasā buddhyā kevalair indriyair api
yoginaḥ karma kurvanti sangaṁ tyaktwātmashuddhaye

Somente por meio do corpo, da mente,
do intelecto e mesmo dos sentidos,
os *Yogīs*, abandonando o apego,
desempenham a ação para a purificação do ser.

Aqui o Senhor torna clara a necessidade da ação para a purificação do ser. A que estado de purificação do ser visa um *Yogī* quando desempenha a ação? Um *Yogī* já não possui um estado puro de consciência por meio da prática de *Samādhi*?[155] A prática de *Samādhi* não é suficiente para purificar a alma? Parece que não, pois aqui o Senhor está expressando claramente a necessidade de desempenhar a ação para obter aquele grau de purificação do ser que não é adquirido somente por intermédio de *Samādhi*.

"*Yogīs*": aqueles que estão unidos com o Divino em Consciência Transcendental, Consciência Cósmica e Consciência de Deus.

Quando um *Yogī* atingiu Consciência Cósmica e realizou o Ser como separado do campo da atividade, ele é capaz de, em virtude desta realização, entreter a atividade[156] mesmo permanecendo ainda na liberdade eterna do Ser. Uma vez que o desempenho da ação neste

155 Veja II, 53.
156 Veja VI, 1.

estado de realização não envolve o Ser, esta permanece naturalmente no nível do "corpo", "mente", "intelecto" e "sentidos".[157]

A palavra "somente" neste contexto é muito importante. Ela estabelece, sem nenhuma dúvida, e com toda a ênfase possível, a separação do Ser em relação ao campo da atividade na vida de um homem realizado. Além disso, ela também significa que neste estado de realização, o corpo, a mente, o intelecto e os sentidos são capazes de agir bem independentemente.[158]

Durante a prática da Meditação Transcendental, à medida que a mente adquire Consciência Transcendental, o metabolismo do corpo é reduzido ao mínimo, e todo o sistema nervoso adquire um estado de alerta em repouso.[159] Esta é a condição física correspondente ao estado do Ser. Neste estado, os níveis mental e físico da vida individual vêm para o nível de vida cósmica do Ser onipresente – a mente individual é mantida pela inteligência cósmica, e a existência física individual é sustentada pela existência cósmica – eles se tornam Seu instrumento e começam a responder à necessidade cósmica.

Quando a Consciência Cósmica foi adquirida, esta situação torna-se permanente. "Corpo", "mente", "intelecto" e "sentidos" permanecem como o instrumento da vontade divina, independente de seu tipo de atividade. Neste estado, a principal força que motiva a atividade deles é a vontade divina, a inteligência cósmica todo-poderosa, responsável pela criação e evolução de todo o cosmos. Assim como tudo na Natureza responde à necessidade do propósito cósmico, da mesma forma o corpo, a mente, o intelecto e os sentidos do homem, trazidos ao nível da inteligência cósmica, respondem à necessidade da vida cósmica. É isto que o Senhor quer dizer quando fala: "Somente por meio do corpo, da mente, do intelecto e mesmo dos sentidos, os *Yogīs*, abandonando o apego, desempenham a ação".

A importância da expressão "abandonando o apego" neste contexto é que, ao estar sob a influência direta da inteligência divina, todo o campo da atividade deixa a esfera do ser individual, que

157 Veja III, 7.

158 Veja III, 7.

159 Veja IV, 38, comentário.

adquire então liberdade da influência escravizante da ação. Uma vez que o homem elevou-se ao nível do Ser divino, "abandonar o apego" torna-se automaticamente uma realidade viva de sua vida diária, sem a necessidade de, em nenhum momento, cultivar o desapego.

"Purificação do ser": a Consciência Pura é o estado puro do Ser; é de natureza transcendental. A mente alcança a Consciência Pura ao transcender até mesmo a experiência mais sutil do campo relativo. Quando este estado é alternado com a atividade, a mente adquire Consciência Pura permanentemente. A Consciência Pura é, então, mantida naturalmente apesar do engajamento na atividade. Neste estado, a dualidade da vida torna-se uma realidade viva – os dois aspectos da vida, Ser e não-Ser, absoluto e relativo, tornam-se separados, e o Ser é vivido como Ser puro, não associado a nada.

Esta experiência de completa separação entre o Ser e a atividade deveria significar a culminação do processo de "purificação do ser". Mas o processo ainda continua, dando lugar finalmente àquele estado de Unidade que não aceita atividade, mesmo como separada do Ser. Aqui a separação responsável por dar lugar ao sentido de dualidade no estado de Consciência Cósmica é transformada à Luz de Deus, permitindo à dualidade do Ser e da atividade fundir-se na homogeneidade da existência divina, na Unidade da Consciência de Deus. Este estado de Unidade eterna da vida é a verdadeira culminação do processo de "purificação do ser".

O processo de purificação do Ser tem, portanto, três estágios. Primeiro, do estado de consciência de vigília para Consciência Transcendental; segundo, de Consciência Transcendental para Consciência Cósmica; terceiro, de Consciência Cósmica para Consciência de Deus. Em todos os três estágios é necessário "desempenhar a ação para a purificação do ser". O desempenho da ação nos níveis sutis da vida permite ao homem transcender o campo da atividade e adquirir Consciência Transcendental. Pela alternância da Consciência Transcendental com a atividade natural e normal da vida diária – a atividade mental da discriminação na vida de um recluso e a atividade física na vida de um chefe de família – a Consciência Transcendental torna-se permanente e ganha o status de Consciência Cósmica.

Novamente, a Consciência Cósmica desenvolve-se em Consciência de Deus em virtude do tipo de atividade mais altamente refinada, a atividade da devoção.

É assim que o processo de purificação é conduzido à sua conclusão final por meio do desempenho da ação.

Este verso traz à luz uma técnica para o desempenho da ação no estado de Consciência Cósmica; pois ele diz: "Somente por intermédio do corpo, da mente, do intelecto e mesmo dos sentidos, os *Yogīs*... desempenham a ação". Já foi mostrado, ao explicar-se a importância da palavra "somente", que a ação neste nível é ação no estado de Consciência Cósmica, e isto ajuda a transformar Consciência Cósmica em Consciência de Deus.

Verso 12

युक्तः कर्मफलं त्यक्त्वा शान्तिमाप्नोति नैष्ठिकीम्
अयुक्तः कामकारेण फले सक्तो निबध्यते

Yuktaḥ karmaphalaṁ tyaktwā shāntim āpnoti naishthikīm
ayuktaḥ kāmakāreṇa phale sakto nibadhyate

Aquele que está unido com o Divino, havendo abandonado
o fruto da ação, atinge a paz duradoura.
Aquele que não está unido com o Divino, que é impulsionado
pelo desejo, estando apegado ao fruto da ação,
é firmemente escravizado.

Adquirir Unidade com o Divino é a chave para adquirir liberdade[160] da escravidão dos frutos da ação, e esta, por sua vez, é a chave para adquirir paz duradoura. A Unidade com o Divino é encontrada em três estados: em Consciência do Ser, que é de natureza transcendental; em Consciência Cósmica, que inclui ambos os estados de consciência, absoluto e relativo, simultaneamente – Consciência Transcendental do Ser junto com a consciência dos estados de vigília, sonho

---

160 Veja IV, 20.

e sono; e em Consciência de Deus, que mantém ambos juntos, como um só, o Ser e o campo da atividade.

"Havendo abandonado o fruto da ação": esta expressão é semelhante à expressão "entregando todas as ações ao Ser universal, abandonando o apego".[161]

No estado de paz duradoura, ambas as fases da vida, interior e exterior, crescem tão fortemente, que ao final tornam-se completamente independentes uma da outra. O Ser interior é experimentado como completamente separado da atividade, enquanto a atividade cresce tão fortemente ao ponto de tornar-se completamente independente do Ser. Ambos, o Ser e a atividade, elevam-se à sua plena estatura.

Este é o estado no qual vive-se no Divino e no mundo simultaneamente; no qual a atividade é desempenhada pelo impulso da Natureza e sem o impulso de desejo no ser; no qual desfruta-se liberdade da escravidão da ação. Este é o ideal de *Sanyāsa* – vida em completo desapego do mundo da ação.

"Que é impulsionado pelo desejo": que não está firmemente estabelecido no Ser, ou Divino. Por perder tal firmeza, ele permanece apegado aos frutos da ação e, por causa disso, "firmemente escravizado" a todo o processo da ação, do início ao fim.[162]

O presente verso não apenas descreve o estado daquele que está unido com o Divino, mas também daquele que não está tão unido. Ele apresenta o mecanismo da escravidão: quando um homem não está unido com o Ser, ou Divino, o apego aos frutos da ação, causado pelo desejo, é responsável por ligar o ser e a atividade. Não se deve perder de vista que esta escravidão não é real; pois o ser em sua natureza essencial, sendo eternamente livre, nunca pode ser preso. Apenas, enquanto o homem não experimentou este status eternamente livre do ser, ele sente-se apegado à atividade e, portanto, permanece na escravidão. O verso seguinte explica como ele pode libertar-se da escravidão do desejo.

---

161 Veja verso 10.
162 Veja IV, 18-20.

Verso 13

सर्वकर्माणि मनसा संन्यस्यास्ते सुखं वशी
नवद्वारे पुरे देही नैव कुर्वन्न कारयन्
Sarvakarmāṇi manasā saṁnyasyāste sukhaṁ vashī
navadwāre pure dehī naiva kurvan na kārayan

Havendo renunciado a todas as ações por meio da mente,
o residente no corpo repousa em felicidade,
na cidade dos nove portões,
nem agindo nem causando a realização da ação.

A mente é o elo entre a ação e o agente, o ser. Enquanto a mente está focalizada em um só lado, subordinada apenas à atividade e sem a influência direta do Ser, não consegue ser uma mediadora bem-sucedida. Ela não consegue salvaguardar a liberdade do ser da influência da ação e, ao mesmo tempo, falha em salvaguardar a ação das limitações da individualidade. Assim a atividade permanece sem o apoio direto da força todo-poderosa da Natureza.[163]

Este verso explica como a mente pode tornar-se um bem-sucedido mediador, trazer força, graça e glória à ação, e liberdade à vida. A mente tem que tornar-se tão familiar com o Ser como é com a atividade e, para que isto aconteça, tem primeiro que sair do campo da atividade e entrar na esfera do Ser. Este verso descreve como, uma vez fora do campo da ação,[164] a mente percebe-se como o Ser, completamente desapegada da atividade, permanecendo sempre no estado absoluto, "em felicidade", uma testemunha silenciosa (*Sākshi-kūtastha*) de todos os acontecimentos, "nem agindo nem causando a realização da ação".[165]

"Em felicidade": a felicidade está além do alcance da atividade, onde o "ser é intocado por contatos externos".[166] Uma vez que alcançou este estado, a mente conhece a verdade sobre o relacionamento

---

163 Veja verso 16.
164 Veja II, 55.
165 Veja verso 14.
166 Veja verso 21.

do agente com suas ações e com os frutos de suas ações. Este relacionamento é revelado no próximo verso.

VERSO 14

न कर्तृत्वं न कर्माणि लोकस्य सृजति प्रभुः
न कर्मफलसंयोगं स्वभावस्तु प्रवर्तते
Na kartṛitwaṁ na karmāṇi lokasya sṛijati prabhuḥ
na karmaphalasaṁyogaṁ swabhāvas tu pravartate

O Senhor não cria a autoria da ação,
nem a ação dos seres;
nem cria Ele o elo entre (o agente), a ação e seus frutos.
A Natureza se encarrega disto.

"Nem a ação dos seres": isto torna claro que os seres criam suas próprias ações.

"Nem cria Ele o elo entre o agente, a ação e seus frutos": o ensinamento é que o próprio agente cria o elo entre ele e sua ação, enquanto o elo entre o fruto da ação e o agente é criado pela Natureza.

"A Natureza se encarrega disto": a natureza do agente cria a ação, e a natureza da ação cria a qualidade do fruto. O fruto de uma ação é ligado com o agente pela natureza do agente e de sua ação.

Este verso estabelece enfaticamente a completa separação do Ser divino interior e do campo exterior da ação. Ele nos ilumina sobre o estado de perfeita renúncia que naturalmente subsiste entre as fases interior e exterior da vida, pois a vida é composta de atividade na superfície exterior juntamente com a estabilidade do Ser que está no interior. Em sua natureza essencial, não existe[167] elo entre eles. Assim como um coco tem dois aspectos diferentes, a dura casca exterior e o leite no interior, um sólido e o outro líquido, sem qualquer elo entre eles, assim a vida também tem dois aspectos, um imutável e eterno, outro sempre-mutável e relativo, sem qualquer elo entre eles.

---

167 Veja IV, 18-20.

O verso anterior explicou como o residente no corpo não é afetado pela ação. Neste verso, o Senhor quer convencer Arjuna da verdade de que a ação e o relacionamento "entre o agente, a ação e seus frutos" pertencem tão somente ao campo relativo da vida, eles pertencem à Natureza; eles não têm nenhuma influência sobre o status absoluto do Ser.[168]

O propósito da criação é a expansão da felicidade. Os três *Guṇas*, nascidos da Natureza, são responsáveis pela criação e sua evolução; eles são responsáveis por todas as várias divisões – o agente, a ação e seus frutos. Somente eles sustentam e são responsáveis pela criação, manutenção e dissolução de tudo no Universo, dos aspectos subjetivos da vida interior e do aspecto objetivo do mundo exterior.

Na realidade, a autoria da ação não pertence ao "eu". É um erro pensar que "eu" faço isto, "eu" experimento isto e "eu" conheço isto. Tudo isto é basicamente falso. O "eu", em sua natureza essencial, é não-criado; ele pertence ao campo do Absoluto, enquanto a ação, seus frutos e o relacionamento entre o agente e sua ação pertencem ao campo relativo, ao campo dos três *Guṇas*.[169] Portanto, toda ação é desempenhada pelos três *Guṇas* nascidos da Natureza. A atribuição da autoria ao "eu" é somente por causa da ignorância sobre a verdadeira natureza do "eu" e da ação.

O tema do ensinamento do Senhor sobre o conhecimento da ação é desenvolvido de maneira marcante. No Capítulo II, verso 48, o ensinamento era o de abandonar o apego, e a glória de tal abandono foi exaltada nos versos 64 e 71. A ideia de abandonar o apego levou ao ensinamento do desapego no Capítulo III, verso 7. No mesmo capítulo, os versos 17 e 18 explicaram que o desapego é alcançado ao realizar-se o Ser. O verso 19 estabeleceu a dignidade da ação neste estado de desapego, adquirido por intermédio da realização do Ser. O verso 25 deu uma nova direção a este tema ao introduzir o elemento da ação natural. O verso 26 exaltou a ação natural de acordo com o nível de evolução do homem. O verso 27 explicou que na realidade todas as ações são desempenhadas pela

---

168 Veja IV, 18-20.

169 Veja III, 27, 28.

Natureza, e que somente o iludido assume a autoria da ação; o homem iluminado sabe que os *Guṇas* interagem entre si, que todo o campo da atividade pertence ao campo dos *Guṇas* e que o Ser permanece não-envolvido nas atividades dos *Guṇas*. O verso 30 introduziu o elemento de Deus, para quem todas as ações dos três *Guṇas* podem ser entregues, como um meio de separar o campo da atividade do campo do Ser. O verso 33 refutou a necessidade do controle para realizar tal entrega da ação à Deus e novamente exaltou a ação de acordo com a natureza do homem, livre de qualquer controle. O verso 39 introduziu a ideia de que a ignorância em relação ao Ser é responsável pela escravidão. O verso 43 levantou a espada do conhecimento para despedaçar esta ignorância.

O desenvolvimento do ensinamento até aqui, leva ao princípio de que a ação é necessária para se sair do campo da escravidão. O quarto capítulo começou a expor a natureza do Senhor como separado da atividade incessante do Universo. Isto introduziu a exposição do conhecimento sobre a renúncia da ação, que é desenvolvida por todo o quarto capítulo e nos versos iniciais deste capítulo, até que o presente verso afirma que não existe absolutamente nenhum relacionamento "entre o agente, a ação e seus frutos". Isto é verdade em ambos os níveis da vida – o nível da vida cósmica e o nível da vida individual. O verso atual esclarece o ponto quando diz que "o Senhor não cria a autoria da ação nem a ação dos seres", significando que Ele não cria nada; Ele permanece completamente à parte da atividade incessante de criar.

Esta é a situação no nível cósmico. A mesma situação é encontrada no nível da vida individual, pois não existe nenhum elo real "entre o agente, a ação e seus frutos". Isto elimina toda a necessidade por qualquer desempenho, por qualquer esforço em direção à realização do Ser. A renúncia é aquele alto estado, onde abandona-se todos os esforços para a realização e vive-se no estado de plenitude. Ela encontra sua consumação no estado de conhecimento,[170] em Consciência de Deus. Esta é a glória da renúncia.

---

170 Veja IV, 38.

O estado mais evoluído da vida em liberdade eterna está prontamente disponível a todos, de uma maneira muito natural. Os sofrimentos e as alegrias da vida vêm ao homem por meio da ignorância disto, diz o próximo verso, e a glória do conhecimento é exaltada no verso que se segue a este.

Verso 15

नादत्ते कस्यचित्पापं न चैव सुकृतं विभुः
अज्ञानेनावृतं ज्ञानं तेन मुह्यन्ति जन्तवः
Nādatte kasyachit pāpaṁ na chaiva sukṛitaṁ vibhuḥ
agyānenāvṛitaṁ gyānaṁ tena muhyanti jantavaḥ

A Inteligência todo-permeante não aceita o pecado
ou mesmo o mérito de ninguém.
A sabedoria é escondida pela ignorância.
Assim as criaturas são iludidas.

"A Inteligência todo-permeante" é o Ser absoluto. Por ser todo-permeante, Ela é de natureza transcendental, e porque Ela é transcendente, Ela permanece fora da influência da ação. Ela é a testemunha silenciosa de toda a vida relativa.

O verso anterior deixou claro que a autoria da ação realmente pertence aos três *Guṇas*. Portanto, nenhuma atuação além daquela dos três *Guṇas* está envolvida em criar resultados bons ou maus.

O estado de iluminação é obscurecido pela ignorância, e "assim as criaturas são iludidas". O conhecimento do Divino como não-envolvido com o campo da ação, e o conhecimento do nosso próprio Ser como Ser divino, trazem liberdade à vida; enquanto que a ignorância desta verdade é responsável pela ilusão de que é o Divino que oferece os frutos de nossas ações. Aqui o Senhor deseja mostrar que o estado não-realizado é a causa da escravidão da ação e do envolvimento no pecado e na virtude.

A Realidade é conhecida de duas maneiras: com referência ao Absoluto[171] e com referência ao relativo.[172] Os *Guṇas* são responsáveis pela ação e por tudo no campo da existência relativa, e o Senhor, "a Inteligência todo-permeante", permanece completamente não-envolvido.[173] É assim que Ela, a Inteligência divina, ou Ele, o Senhor, permanece em liberdade eterna. Aqueles que se elevam a este conhecimento[174] supremo adquirem liberdade eterna, os outros permanecem na escravidão.

Os dois versos seguintes lançam mais luz sobre isto.

Verso 16

ज्ञानेन तु तदज्ञानं येषां नाशितमात्मनः
तेषामादित्यवज्ज्ञानं प्रकाशयति तत्परम्

Gyānena tu tad agyānaṁ yeshāṁ nāshitam Ātmanaḥ
teshām ādityavaj gyānaṁ prakāshayati tat param

Mas naqueles nos quais aquela ignorância
é destruída pela sabedoria,
a sabedoria, como o sol,
ilumina Aquilo que é transcendente.

"Ignorância": sobre a separação dos aspectos interior e exterior da vida, sobre o Ser como não-envolvido com a atividade, sobre a natureza real do "eu" e do mundo, sobre os aspectos permanentes e sempre mutáveis da vida, sobre a natureza da liberdade e da escravidão.

"Aquela ignorância": o uso da palavra "aquela", e não "esta", envolve a ideia de que a ignorância está longe do indivíduo. Em sua natureza ela é estranha ao Ser.

---

171 Veja II, 45.
172 Veja III, 27, 28.
173 Veja verso 14.
174 Veja IV, 38.

Ao apresentar a sabedoria destruindo a ignorância, este verso mostra que a destruição da ignorância e a iluminação do Ser transcendente pela sabedoria vão juntas. O sol remove a escuridão e ao mesmo tempo espalha a luz. Isto indica que quando a ignorância é destruída pela sabedoria, nada mais precisa ser feito para perceber o Transcendente como realidade. Ele é onipresente, escondido apenas pela ignorância, e quando este véu é destruído pelo conhecimento, Ele brilha em Sua própria luz. É por isso que a sabedoria é atribuída à natureza do Absoluto, o Ser transcendente – a sabedoria *é* o Absoluto; como as Upanishads proclamam: "*Pragyānaṁ Brahm*".

Este verso torna claro que a ignorância é destruída ao adquirir-se conhecimento, e não que o conhecimento é adquirido ao destruir-se a ignorância. Portanto, o buscador não tem que tentar sair da ignorância; ao contrário, ele deveria tentar adquirir conhecimento por intermédio da experiência direta.[175]

Seria interessante mencionar aqui, que a vida, considerada uma só pela ignorância, é divida pela análise de Sāṁkhya em dois componentes diferentes, o mutável e o imutável.[176] Estes são cognizados pela experiência direta por meio do Yoga[177] como dois campos diferentes da vida. A compreensão adquirida por intermédio de Sāṁkhya é confirmada pelo Yoga: quando, em Consciência Cósmica, começa-se a viver a vida em um estado onde o Ser permanece não-envolvido com a atividade,[178] então a verdade do ensinamento de Sāṁkhya torna-se significativo na vida prática. Isto habilita o homem a viver consciente de que as duas fases da vida, relativo e absoluto, são separados um do outro, e que mesmo no campo relativo, o pecado e a virtude, que resultam em sofrimento e alegria, ambos surgem do apego do ser à atividade, que por sua vez surge da falta de conhecimento.

175 Veja IV, 38.
176 Veja II, 11-38.
177 Veja II, 45.
178 Veja II, 48.

Verso 17

तद्बुद्धयस्तदात्मानस्तन्निष्ठास्तत्परायणाः
गच्छन्त्यपुनरावृत्तिं ज्ञाननिर्धूतकल्मषाः
Tadbuddhayas tadātmānas tannishthās tatparāyaṇāḥ
gachchhantyapunarāvṛittiṁ gyānanirdhūtakalmashāḥ

Com o intelecto enraizado Naquilo,
com o ser estabelecido Naquilo, absortos Naquilo,
completamente devotados a Aquilo,
limpos de todas as impurezas pela sabedoria,
eles atingem um estado do qual não há retorno.

Este verso une Yoga e Sāṁkhya em sua meta comum de pureza absoluta e liberação eterna. Ele sustenta a verdade dos versos 4 e 5, que proclamam o tema deste capítulo.

As palavras "intelecto" e "ser" são de grande significado, assim como a sequência na qual são usadas. Ela ensina que quando o intelecto está enraizado Naquilo, todo o ser do indivíduo também torna-se "estabelecido Naquilo". Além disso, quando, durante a meditação, o intelecto torna-se "enraizado Naquilo", ao sair do Transcendente ele permanece "absorto Naquilo". Quando o intelecto torna-se "absorto Naquilo", o ser do indivíduo torna-se "completamente devotado a Aquilo".

A palavra "ser" foi escolhida aqui para traduzir a palavra sânscrita "*Ātmān*", que é usada de forma variada para significar o Ser, o intelecto, a mente, a respiração e o corpo. Portanto, a expressão "ser" torna-se "completamente devotado a Aquilo" significa que a mente, a respiração e o corpo tornam-se todos orientados[179] em direção "a Aquilo".

O Senhor mostra que, a não ser que o intelecto e todo o "ser" do indivíduo estejam estabelecidos na Realidade transcendente, eles não estão puros; eles permanecem na esfera da existência temporária, desconectados com o estado de liberdade eterna, de onde "não

179 Veja IV, 38.

há retorno". A menos que a fase absoluta e transcendente da vida seja percebida como realidade, a esfera da fase individual da vida permanece insignificante e seu propósito não é realizado; a escravidão continua e o ciclo do nascimento e morte não encontra fim.

Este verso torna claro que a pureza da vida, que é a base de todo sucesso no mundo e, ao mesmo tempo, a base da liberdade eterna, é adquirida pela sabedoria – consciência do Transcendente. Ele também afirma o princípio de que, a menos que o homem tenha estabelecido este estado absoluto de pureza em sua vida ao elevar-se ao estado de Consciência Cósmica, haverá sempre a possibilidade de cair para um nível mais baixo de vida. Isto significa que enquanto a Consciência Transcendental não se torna permanente, o efeito da meditação da manhã não persiste em sua plena intensidade por todo o dia. À medida que as horas passam, a intensidade do efeito diminui e, com isto, o nível de pureza na vida cai, até que a meditação da noite a restaure.

"Esteja sem os três *Guṇas*", como foi explicado pelo Senhor no verso 45 do segundo capítulo, é a chave para realizar o ensinamento deste verso na vida diária.

A vida encontra sua meta no estado de liberdade eterna do Transcendente, chamado aqui de "Aquilo"; o Conhecimento em Si mesmo.[180] O uso da palavra "Aquilo" torna claro que a meta da vida não permanece na esfera da existência fenomenal; ela permanece além desta. A vida real não é esta que é comumente chamada de vida; além dela está Aquela Realidade da vida. Este é um ensinamento de vida do ponto de vista da renúncia.

As Upanishads declaram: "*Tat Twam Asi* – Vós Sois Aquilo", afirmando que esta fase óbvia de existência fenomenal, que você toma como seu ser, não é sua verdadeira natureza – você de fato é Aquela Realidade transcendente.

"Limpos de todas as impurezas por meio da sabedoria": refere-se aos versos 35 a 38 do Capítulo IV.

"Do qual não há retorno": enquanto o ser não está incrustado na eternidade da vida, enquanto a mente não adquiriu, de forma

180 Veja IV, 38.

permanente, pureza absoluta em Consciência Transcendental, a vida permanece no campo relativo da existência. Nesta situação, o ciclo de nascimento e morte continua por todas as várias camadas da evolução da vida.[181] Quando o indivíduo adquire Consciência Cósmica, a vida vai além da esfera de nascimento e morte. Por ser eterna, ela é imutável; ela não pode participar das mudanças. Deve-se notar claramente que esta situação só pode ser criada durante a vida do homem na Terra. É na condição de ser humano que alguém eleva-se a aquele "estado do qual não há retorno". O caminho para isto está no princípio descrito no verso 45 do Capítulo II.

O verso seguinte também trata do transcender a diversidade da forma na criação e apresenta a unidade da vida em toda a parte. Ele continua o ensinamento da renúncia disto para encontrar Aquilo.

Verso 18

विद्याविनयसंपन्ने ब्राह्मणे गवि हस्तिनि
शुनि चैव श्वपाके च पण्डिताः समदर्शिनः
Vidyāvinayasaṁpanne Brāhmaṇe gavi hastini
shuni chaiva shwapāke cha paṇḍitāḥ samadarshinaḥ

Em um *Brāhmaṇa* dotado de saber e humildade,
em uma vaca, em um elefante, em um cão,
e mesmo naquele que perdeu sua casta,
os iluminados percebem o mesmo.

Este verso oferece um critério de visão no estado de iluminação. Aqueles que conheceram a Realidade da vida "percebem a mesma" unidade por toda a diversidade da experiência.

"*Brāhmaṇa*": um homem nascido em uma família *Brāhmaṇa*, cuja vida é dedicada ao estudo dos Vedas e ao saber espiritual. O uso desta palavra junto com vaca, elefante e cão, indica que o Senhor

---

181 Veja VI, 41.

quer enfatizar que o Ser de um homem evoluído e o dos animais é o mesmo; e que, estabelecido na unidade do Ser e tendo tomado consciência da Unidade do Transcendente que subjaz toda a diversidade, este homem adquire imparcialidade de visão.

"Saber e humildade": a sabedoria traz humildade. Assim como o homem sábio vê as distinções e diferenças na criação apenas como temporárias, com uma única Realidade fundamental na base de todas elas, da mesma forma ele não insiste em que as coisas devam acontecer de uma maneira particular. Ele aceita as coisas tranquilamente porque sabe que todas elas têm o mesmo fim. No sábio, esta qualidade natural do Ser é interpretada como humildade. Na verdade, a humildade é o critério da sabedoria, surgindo de certo modo do crescente sentido da unidade da vida, da Unidade básica de todos os seres.

A humildade é normalmente compreendida como sendo o honesto reconhecimento de nossas próprias limitações pessoais, de nossa ignorância e insignificância; mas a verdadeira humildade está na qualidade do Ser e não em qualquer atitude da mente.

A mente do homem realizado é plenamente infundida com o estado do Ser – a unidade da vida – e, de forma natural, tal mente tem unidade de visão independente daquilo que vê. As aparentes distinções da existência relativa não conseguem criar uma divisão na percepção desta mente.

Isto não significa que tal homem não consiga ver uma vaca ou que seja incapaz de distingui-la de um cão. Certamente ele vê uma vaca como uma vaca e um cão como um cão, mas a forma da vaca e a forma do cão não conseguem cegá-lo quanto à unidade do Ser, que é a mesma em ambos. Embora veja uma vaca e um cão, seu Ser está estabelecido no Ser da vaca e no Ser do cão, que é seu próprio Ser. O Senhor enfatiza que o homem iluminado, ao observar e agir em meio a toda criação diversificada, não perde sua inabalável Unidade de vida, com a qual sua mente está saturada e que permanece indelevelmente infundida em sua visão.

"Um *Brāhmaṇa* dotado de saber e humildade" representa tudo que é dominado pela influência de *Sattwa*. "Uma vaca" representa tudo que é dominado pela influência mista de *Rajas* e *Sattwa*. "Um cão" representa tudo que é dominado por *Rajas* e *Tamas*. "Um elefante" representa tudo que é dominado pela influência de *Tamas*. "Aquele que perdeu sua casta" representa o mais inferior na vida humana, um homem vivendo em completa ignorância, que perdeu o caminho de sua evolução. Isto significa que aquele que conheceu o Ser como separado do campo da existência relativa é inabalável em si mesmo. E intocado pela influência de *Sattwa*, *Rajas* ou *Tamas* e pelas tendências que surgem deles. Ele tem uniformidade de visão em toda parte.

O verso seguinte apresenta a importância básica de tal unidade de visão.

Verso 19

इहैव तैर्जितः सर्गो येषां साम्ये स्थितं मनः
निर्दोषं हि समं ब्रह्म तस्माद् ब्रह्मणि ते स्थिताः
Ihaiva tair jitaḥ sargo yeshāṁ sāmye sthitaṁ manaḥ
nirdoshaṁ hi samaṁ Brahm tasmād Brahmaṇi te sthitāḥ

Mesmo aqui, nesta vida, o Universo é conquistado
por aqueles cuja mente está estabelecida em equanimidade.
Perfeito, na verdade, e igualmente presente em toda parte, é *Brahman*.
Portanto, eles estão estabelecidos em *Brahman*.

Quando a mente, por meio da prática da Meditação Transcendental, eleva-se ao estado de Consciência Cósmica, o Ser absoluto torna-se permanentemente estabelecido na natureza da mente, e esta atinge o estado de *Brahman*, o Ser universal. Então a mente encontra-se em um nível da vida a partir do qual todos os níveis superficiais e sutis da criação podem ser estimulados, controlados e comandados. É como um jardineiro que sabe como trabalhar no nível da seiva e pode influenciar toda a árvore de qualquer maneira que deseje. Alguém que está familiarizado com o nível atômico ou subatômico de um objeto, ao trabalhar neste nível, pode facilmente conseguir uma mudança desejada em qualquer camada da existência do objeto. É isto que o Senhor quer dizer quando fala: "mesmo aqui, nesta vida, o Universo é conquistado por aqueles cuja mente está estabelecida em equanimidade", na serenidade, na calma,[182] que é o nível fundamental da vida.

Este verso revela o status do intelecto estabelecido, descrito aqui como o estado no qual "o Universo é conquistado". Satisfação, poder, sabedoria e a habilidade de apoiar todas as coisas são qualidades óbvias de um conquistador do mundo. Estas qualidades, e muitas outras mais, são encontradas na natureza de um homem que, vivendo no mundo, adquiriu equanimidade de mente. Este estado estável de serenidade de mente, na unidade eterna da Realidade, pertence ao campo da Consciência Pura, ou Ser onipresente, que é o próprio nascedouro da energia da vida, o reservatório de eterna sabedoria, a origem de todo o poder na Natureza e a fonte de todo sucesso no mundo.

Até que a mente se eleve de forma permanente ao estado do Ser e cognize o campo da atividade como separado de si mesma, ela continua a estar envolvida com a atividade. Na verdade, ela é como uma escrava para a atividade, uma escrava para o Universo. Mas quando ela ganha estabilidade no Ser e adquire um estado natural de equanimidade, então ela percebe o Universo como separado de si mesma, respondendo muito automaticamente, como um servo, a todas as necessidades deste. Este estado de separação entre o Ser e a atividade, que é a base da equanimidade da mente, é adquirido por meio de ambos, Yoga[183] e Sāṁkhya.[184]

182 Veja VI, 3.
183 Veja II, 48.
184 Veja II, 38.

Verso 20

न प्रहृष्येत्प्रियं प्राप्य नोद्विजेत्प्राप्य चाप्रियम्
स्थिरबुद्धिरसंमूढो ब्रह्मविद्ब्रह्मणि स्थितः
Na prahṛishyet priyaṁ prāpya nodwijetprāpya chāpriyam
sthirabuddhir asaṁmūdho Brahmavid Brahmaṇi sthitaḥ

Aquele que não se alegra demasiado ao obter aquilo que estima,
nem se aflige muito ao obter o que é desagradável,
cujo intelecto é estável, que é livre da ilusão,
ele é um conhecedor de *Brahman*, estabelecido em *Brahman*.

Este verso descreve a natureza da mente do homem iluminado. Ele simboliza a Realidade plena, o relativo e o Absoluto juntos. Tal homem certamente tem coisas de que gosta e de que não gosta, suas próprias alegrias e dores no campo relativo, mas elas não o tiram de si mesmo. Este significado fica claro com as palavras "demasiado", qualificando "alegra"; e "muito", qualificando "aflige". Isto mostra que um homem realizado, mesmo estabelecido em Consciência Divina, mantém seus pés no chão. Permanecendo no nível humano, ele é divino.

Quando a mente está profundamente enraizada na Consciência de Bem-Aventurança do Ser, ela permanece naturalmente sem afetar-se com o apego ou a aversão presentes[185] nos objetos dos sentidos. Esta é a razão pela qual o homem iluminado nem se "alegra" nem se "aflige". É uma experiência comum, mesmo na vida cotidiana, que quando a mente está enraizada de forma profunda em alguma coisa, ela não consegue registrar experiências profundas de outra natureza. Se a mente se engaja na ideia de pegar um avião no horário, nenhum dos muitos objetos que são vistos e sons que são ouvidos enquanto o indivíduo está dirigindo pelas ruas, desviará a mente do terminal aéreo. Em tais circunstâncias a experiência das outras coisas permanece no nível superficial da percepção dos sentidos e cria apenas uma impressão muito vaga na mente. Se isto pode acontecer

---

185 Veja III, 34.

no estado de consciência de vigília, quanto mais quando outro estado de consciência toma conta da mente.

A mente de um homem iluminado é ativa no mundo manifestado, mas não consegue registrar profundamente a experiência deste mundo. Seu intelecto permanece estável em sua própria luz interior, a luz do Ser. Ele está alerta em si mesmo e também alerta no mundo exterior. Ele vive o Divino no mundo; ele vive o Absoluto e o relativo juntos. Portanto, "ele é um conhecedor de *Brahman*, estabelecido em *Brahman*".

Considere um homem no estado de consciência de vigília, engajado na experiência do mundo exterior, enquanto ao mesmo tempo mantém a experiência do estado de consciência do sonho em sua mente. Para ele as experiências do estado de vigília são certamente mais concretas do que aquelas do estado de sonho, mas os dois tipos de experiência coexistem. Isto torna claro que é possível para um homem estar em um estado de consciência e ainda assim aceitar a experiência de outro estado de consciência ao mesmo tempo. Quando, por intermédio da meditação, o indivíduo adquire Consciência Transcendental, sua autossuficiência é tão dominante que mesmo no estado de consciência de vigília ele mantém dentro de si mesmo a influência do Ser. Além disso, quando a manutenção do Ser na mente ativa torna-se plena e permanente, toda a atividade do estado de vigília é encontrada apenas na superfície da mente. Este é o estado de Consciência Cósmica, no qual a atividade é experimentada como separada do Ser.

Deve-se notar que o Senhor descreve duas condições que devem ser cumpridas para um homem tornar-se realizado. A primeira é que ele deve ser um "conhecedor de *Brahman*", isto é, ele deve ter uma clara compreensão intelectual da Realidade. Esta condição pertence à esfera de Sāṁkhya. A segunda condição é que ele deve estar "estabelecido em *Brahman*", isto é, ele deve ter a experiência direta da natureza divina para que sua vida diária torne-se a expressão desta. Esta condição pertence ao campo do Yoga.

Portanto, este verso também apoia o ensinamento dos versos 4 e 5 deste capítulo e também aquele do último verso do Capítulo IV, pois satisfaz tanto Sāṁkhya quanto Yoga no nível da renúncia.

Ele descreve o estado interior de renúncia de um homem realizado, tenha ele realizado-se por meio do Yoga ou por meio de Sāṁkhya.

Uma vez que percebeu a natureza independente do Ser, tal homem não se ilude sobre sua própria identidade; isto torna o intelecto estável. Esta estabilidade do intelecto é o estado de vida no qual ele "não se alegra demasiado ao obter aquilo que estima, nem se aflige muito ao obter o que é desagradável".

Este verso traz à luz o estado natural de renúncia na vida de um homem realizado, que não exulta com nada exterior. O verso seguinte explica a razão para sua renúncia: ele está fixo na bem-aventurança de seu próprio Ser.

Verso 21

बाह्यस्पर्शेष्वसक्तात्मा विन्दत्यात्मनि यत्सुखम्
स ब्रह्मयोगयुक्तात्मा सुखमक्षयमश्नुते

Bāhyasparsheshwasaktātmā vindatyātmani yat sukham
sa Brahmayogayuktātmā sukham akshayam ashnute

Aquele cujo ser é intocado por contatos externos
conhece aquela felicidade que está no Ser.
Seu ser associado na União com *Brahman*,
ele desfruta felicidade eterna.

"Ser é intocado por contatos externos": para adquirir-se a experiência do Ser interior no estado transcendental de consciência, a experiência dos objetos externos deve ser eliminada. Por meio da experiência constante, o Ser torna-se tão familiar à mente que a própria natureza da mente é transformada na natureza do Ser. Então, a Consciência Transcendental é mantida junto com o estado de consciência de vigília, que continua a apoiar toda a atividade como fazia antes. Em virtude da manutenção permanente da Consciência Transcendental, o Ser é sempre experimentado como Ser. E simultaneamente, em virtude do estado de consciência de vigília, a atividade continua a ser experimentada. É assim que o Ser é experimentado como separado da atividade. Neste estado o ser é perdido para sempre; ele tornou-se o Ser.

Com a perda do ser, o contato do ser com os objetos por intermédio da atuação da mente e dos sentidos, que era responsável por dar lugar à experiência, torna-se inexistente. O que permanece é o Ser em Sua natureza pura de Consciência de Bem-Aventurança, destituído de qualquer contato com os objetos, o qual era mantido pelo ser. É isto que o Senhor quer dizer quando fala: "aquele cujo ser é intocado por contatos externos". Agora que o Ser foi estabelecido para sempre em Sua própria natureza essencial, a Consciência de Bem-Aventurança tornou-se permanente. Quando esta Consciência de Bem-Aventurança entra em contato com objetos, ela produz um estado descrito pela expressão "ser associado na União com *Brahman*". É por isso que *Brahman* é o estado de Consciência Cósmica, que abrange atividade e bem-aventurança.

"Associado na União com *Brahman*": esta expressão, junto com "ser é intocado por contatos externos", apresenta um critério por meio do qual um buscador pode saber quando adquiriu "*Brāhmī-sthiti*",[186] ou o estado de *Brahman* – Consciência Cósmica. Enquanto a mente está experimentando os objetos por meio dos sentidos, o buscador está alerta na percepção de seu ser como separado do campo da experiência e da ação. Este, então, é o estado de Consciência Cósmica, no qual ele está alerta no mundo e em si mesmo.

Muitos comentaristas têm cometido grande injustiça com o ensinamento deste verso. Eles sugerem que este descreve uma técnica para se desfrutar a bem-aventurança do Ser por meio do desenvolvimento de um estado de espírito, o de se permanecer sem ser afetado enquanto se experimenta alegria por intermédio dos objetos dos sentidos. Muitas traduções têm tratado o texto original de um modo que, apesar de consistentes com a gramática do verso, apresentam uma imagem falsa de seu ensinamento e são contrárias ao princípio essencial da ação e da renúncia.

É a permanência da Consciência de Bem-Aventurança adquirida por meio do Yoga da ação, e também o estado de renúncia adquirido

---

186 Veja II, 72.

por meio do Yoga da renúncia baseada na Consciência de Bem-Aventurança, que mantêm o Ser não-afetado durante a experiência de alegria; não é a prática intelectual de tentar deter a mente e mantê-la sem afetar-se durante o processo da experiência que leva alguém à Consciência de Bem-Aventurança e ao estado de renúncia, onde o Ser é experimentado como separado da atividade. É porque o Ser está associado na União com *Brahman* que o homem desfruta felicidade eterna.

A razão pela qual as alegrias dos sentidos não podem criar uma impressão profunda no homem iluminado é que seu ser tornou-se Ser, que é completamente bem-aventurado por natureza. Estando plenamente alerta em inteligência cósmica, sua base natural está na fonte de todas as alegrias de todos os sentidos. Estando permanentemente estabelecido em bem-aventurança absoluta, as alegrias temporárias da existência relativa não conseguem fascinar seu ser. Mesmo quando os objetos sensoriais entram em contato com seus sentidos, as alegrias de tais contatos não são tão poderosas ao ponto de distrair o ser do seu estado natural de Consciência de Bem-Aventurança. É por isso que seu ser permanece não-afetado enquanto seus sentidos estão plenamente em contato com os objetos deles.

As expressões "ser é intocado por contatos externos", "conhece aquela felicidade que está no Ser" e "seu ser associado na União com *Brahman*" colocam Sāṁkhya e Yoga em uma base comum, sustentando assim os versos 4 e 5, que contêm a essência do ensinamento deste capítulo.

VERSO 22

ये हि संस्पर्शजा भोगा दुःखयोनय एव ते
आद्यन्तवन्तः कौन्तेय न तेषु रमते बुधः

Ye hi saṁsparshajā bhogā duḥkhayonaya eva te
ādyantavantaḥ Kaunteya na teshu ramate budhaḥ

Todos os prazeres nascidos do contato
são apenas fontes de sofrimento;
eles têm um início e um fim, ó filho de Kuntī.
O homem iluminado não se regozija neles.

Este verso contrasta com o anterior ao explicar o princípio do estado desapegado do Ser e, ao mesmo tempo, o complementa ao esclarecer o princípio da felicidade e do sofrimento.

"Contato": como no verso anterior, isto significa contato do ser com o campo da atividade ou experiência. Ele descreve o estado no qual o ser não permanece intocado, o estado no qual o ser permanece envolvido com o campo da experiência e alegrias dos sentidos. Tais alegrias são "fontes de sofrimento" pelo fato do ser estar envolvido com elas. Se, no entanto, o Ser permanece intocado, então as alegrias dos sentidos não são fontes de sofrimento, pois naquele estado o Ser está estabelecido em felicidade eterna.

Quando a mente começa a deleitar-se com os objetos dos sentidos, isto mostra que este deleite não está no interior; a mente não está ancorada à bem-aventurança do Ser, ela está absorta na direção do exterior, contrária à bem-aventurança. Se a mente não se volta na direção da bem-aventurança, e se ela não é neutra, então está obviamente voltada em direção ao sofrimento. Portanto, quando a mente está absorvida nas alegrias exteriores, então está absorvida no campo do sofrimento. Qualquer coisa que leve a mente na direção exterior torna-se uma fonte de sofrimento.

Esta verdade sobre os prazeres do mundo é válida quando considerada do nível da Consciência Cósmica e daquele da Consciência de Deus, a Realidade Suprema da vida. Vista do nível comum de consciência do homem, parece absurdo dizer que os "prazeres nascidos do contato são apenas fontes de sofrimento". Contudo, mesmo neste nível de consciência aplica-se o mesmo princípio: eles "são apenas fontes de sofrimento", uma vez que "eles têm um início e um fim".

"O homem iluminado não se regozija neles": estabelecido no estado de felicidade eterna, em *Brāhmī-sthiti*, e experimentando o Ser como separado da atividade, ele se elevou por natureza acima da fase fenomenal da vida, acima das alegrias efêmeras do campo relativo. Portanto, ele não está em um estado no qual possa se regozijar com alegrias temporárias. Quando um varejista torna-se um comerciante atacadista ele não trabalha mais no varejo, que requer mais esforço e produz menos lucro.

A experiência dos objetos dos sentidos no estado de vigília difere daquela no estado de Consciência Cósmica. É parecido com a experiência de objetos através de lentes de cores diferentes, quando o mesmo objeto é experimentado de forma diferente. O homem iluminado simplesmente não está em posição de "se regozijar neles" como o faria antes da realização, por causa da diferença em seu estado de consciência.

"Fontes de sofrimento": a intensidade da felicidade que um homem pode desfrutar depende do nível de sua consciência. Em cada nível de consciência há uma intensidade correspondente de felicidade. Este princípio aplica-se também à inteligência e ao poder.

A diferença entre a consciência do homem iluminado e a do não-iluminado é tão grande quanto aquela entre o Absoluto e o relativo, entre a luz e a escuridão. Por esta razão, as alegrias dos sentidos que deleitam o ignorante são vistas pelo sábio como fontes de sofrimento. Em comparação com a bem-aventurança eterna do Absoluto, na qual os iluminados estão naturalmente estabelecidos, as alegrias efêmeras do mundo "são apenas fontes de sofrimento". Quando o Senhor usa estas palavras, as usa para expressar a verdade e, ao mesmo tempo, golpear fortemente as mentes daqueles que estão absorvidos em tais alegrias e cuja visão é assim cegada.

Se o ser deleita-se na experiência dos objetos, o deleite será perdido rapidamente uma vez que os objetos estão mudando. Esta perda do prazer dará lugar ao sofrimento. É por isso que o Senhor diz: "eles têm um início e um fim... O homem iluminado não se regozija neles". Aquele que perde contato com o Ser interior torna-se absorvido nos prazeres externos.

"Eles têm um início e um fim": esta expressão contrasta com "felicidade eterna" do verso anterior. Quando uma alegria chega ao fim, o ser é sujeitado a um estado sem alegria, o qual, em contraste com a experiência da alegria, é sofrimento. Mas se o Ser adquiriu um estado de felicidade perpétua, então Ele não tem possibilidade de sofrer. A ausência de Consciência de Bem-Aventurança é a fonte de sofrimento.

VERSO 23

शक्नोतीहैव यः सोढुं प्राक्शरीरविमोक्षणात्
कामक्रोधोद्भवं वेगं स युक्तः स सुखी नरः

Shaknotīhaiva yaḥ sodhuṁ prāk sharīravimokshaṇāt
kāmakrodhodbhavaṁ vegaṁ sa yuktaḥ sa sukhī naraḥ

Aquele que, mesmo aqui, antes de liberar-se do corpo,
é capaz de resistir à excitação nascida do desejo e da ira,
está unido com o Divino.
Ele é um homem feliz.

"Mesmo aqui": permanecendo dentro das limitações do campo relativo da vida diária no mundo. A habilidade de "resistir à excitação nascida do desejo e da ira" tem sua base no estado de supremo contentamento que resulta da União com o Divino e do conhecimento do Ser como separado do campo da atividade no estado de Consciência Cósmica, que é o resultado desta União.[187] Neste estado de contentamento duradouro não há possibilidade de qualquer excitação. A excitação só pode surgir em uma mente descontente, que está sempre buscando alguma coisa.

"O desejo e a ira" pertencem à esfera da mente. Para que ocorra qualquer atividade mental deve haver necessariamente uma atividade correspondente na estrutura física do sistema nervoso. A atividade mental do desejo e da ira produz uma "excitação" muito poderosa no sistema nervoso. É esta excitação física que instiga o sistema nervoso para a atividade. No caso de um homem irrealizado, esta excitação é imediatamente expressada como fala e ação; mas no caso do homem iluminado, ela está ancorada ao silêncio eterno, como um barco está ancorado ao fundo do mar. Seu sistema nervoso mantém permanentemente aquele estado de alerta em repouso que corresponde à percepção pura do Ser, e este estado de alerta em repouso previne o impulso do desejo e da ira no sistema nervoso. É desta

187 Este princípio foi apresentado no verso 66 do Capítulo II; os versos 50 e 51 daquele capítulo descreveram as vantagens do intelecto estabelecido.

forma que o sistema nervoso do homem realizado não permite o surgimento da excitação.

A Consciência do Ser atua como um amortecedor no nível mental, enquanto o estado de alerta em repouso do sistema nervoso atua como um amortecedor no nível físico. Este é o estado natural da vida em Consciência Cósmica.

A vida flui por meio do desejo. Enquanto o desejo estiver presente, a possibilidade da ira sempre existirá, e portanto, o impulso produzido pelo desejo e pela ira é uma característica essencial da vida. É por isso que o Senhor não defende a eliminação do desejo, mas apenas diz que é necessário criar-se uma situação na qual "a excitação nascida do desejo e da ira" é contida naturalmente, no sentido de que ela não domina a vida.

Esta situação é criada ao cultivar-se ambos os aspectos da vida, mental e físico, por meio da prática da Meditação Transcendental, que produz simultaneamente o refinamento necessário na mente e no sistema nervoso.[188] No estado de Consciência Cósmica, que é o estado descrito por "unido com o Divino", este refinamento é tal que não permite o surgimento da excitação do desejo e da ira. Mas o Senhor diz: "antes de liberar-se", antes de adquirir Consciência Cósmica. Isto é porque, à medida que a prática de adquirir Consciência Transcendental avança, cresce o conhecimento de que o Ser é divino em Sua natureza e completamente desapegado do campo da atividade. Assim, muito antes do homem ter realmente ganho Consciência Cósmica, a infusão do Ser na natureza da mente torna-se intensa o suficiente para dar a ele a habilidade de resistir "à excitação nascida do desejo e da ira". A necessidade de resistir a esta excitação aparece apenas quando há a chance da excitação surgir. Isto acontece somente antes da Consciência Cósmica ser realmente adquirida.

Mesmo assim, fica claro neste ensinamento que a habilidade de se resistir à excitação deveria ser considerada como o primeiro critério para tornar-se unido com o Divino. Isto porque não há meio direto de medir-se o grau de infusão do Ser na mente e assegurar-se de que a infusão plena e final do Ser ocorreu ou não. O segundo critério

---

188 Veja IV, 38, comentário.

que o Senhor apresenta é: "Ele é um homem feliz"; ele é livre das "fontes de sofrimento", como mostrado no verso anterior.

"Antes de liberar-se do corpo": esta expressão mostra que o presente ensinamento é para um aspirante engajado na prática de adquirir o estado de Unidade com o Divino. Ela significa: antes de adquirir-se liberdade da influência escravizante da ação; antes de adquirir-se o estado de Consciência Cósmica, no qual o Ser é experimentado permanentemente como separado da atividade; antes da identificação do ser com o corpo ser dissolvida; e antes de alcançar-se o estado de renúncia.

Este verso tem sido geralmente mal-interpretado, como se ele significasse que resistir ao desejo fosse um meio para a União com o Divino. E isto tem dado lugar a toda sorte de práticas e exortações ascéticas para abandonar-se o desejo com o propósito de chegar à União. É errado supor que este verso oferece um caminho para a União por meio da tentativa de resistir ao desejo. Ele simplesmente coloca a União com o Divino paralelamente à habilidade de resistir ao desejo. Esta habilidade no campo relativo é a expressão da União no campo absoluto. Dos dois, a União com o Divino é mais fácil de se alcançar.[189] Ela forma a base da habilidade de resistir.

Neste verso, o Senhor declarou que a mente de um *Yogī* permanece inabalável no campo da atividade; no próximo verso, continua a descrever o estado interior de tal mente.

Verso 24

योऽन्तःसुखोऽन्तरारामस्तथान्तर्ज्योतिरेव यः
स योगी ब्रह्मनिर्वाणं ब्रह्मभूतोऽधिगच्छति

Yo 'ntaḥsukho 'ntarārāmas tathāntarjyotir eva yaḥ
sa yogī Brahmanirvāṇaṁ Brahmabhūto 'dhigachchhati

Aquele cuja felicidade está dentro,
cujo contentamento está dentro, cuja luz está toda dentro,
aquele *Yogī*, sendo um só com *Brahman*,
atinge liberdade eterna em Consciência Divina.

---

189 Veja II, 40, 45; VI, 28.

Este verso é a coroação do ensinamento deste capítulo sobre renúncia. Ele apresenta um estado no qual a vida é completamente convergida para seu aspecto interior e declara este estado como sendo liberdade eterna. Além disso, ele traz à luz a sequência de estágios no caminho da realização: à medida que avança a prática da Meditação Transcendental, cresce a felicidade interior; com ela, cresce o contentamento; e ao mesmo tempo a experiência do Ser torna-se mais clara – cresce a luz interior. Com isto, cresce a percepção interior, e com ela, a habilidade de espontaneamente manter-se o Ser durante a atividade. Quando o indivíduo começa naturalmente a manter o estado do Ser em todos os estados de vigília, sonho e sono profundo, então ele atingiu liberdade eterna em Consciência Divina.

"Aquele cuja felicidade está dentro": esta expressão é um desenvolvimento do argumento dos dois versos anteriores. Primeiro, "Todos os prazeres nascidos do contato são apenas fontes de sofrimento... O homem iluminado não se alegra com eles" (verso 22). Ele afirma que o mundo exterior não é o campo da felicidade para o homem realizado. Segundo, "Ele é um homem feliz" (verso 23). Se sua felicidade não pertence ao mundo exterior, e ainda assim ele é feliz, sua felicidade só pode estar dentro dele mesmo. A mente vagueia em busca de felicidade, mas quando, por meio da União com o Divino, [190]ela é transformada em Consciência de Bem-Aventurança, encontra a meta de sua busca dentro dela mesma.

Por causa da Consciência de Bem-Aventurança, mesmo o aspecto relativo da existência do homem é completamente permeado pela bem-aventurança. Assim, ao experimentar o campo relativo da felicidade exterior e a bem-aventurança absoluta interior, toda sua vida é naturalmente ancorada à felicidade interior e, desta forma, também ao "contentamento".

"Cuja luz está toda dentro": que habita na luz do Ser, cujo ser interior é iluminado pela luz do Divino interior. A palavra "toda" é importante: ela significa que ele é totalmente absorvido na luz interior, que toda sua vida é permeada pela luz do Ser interior. Ele está alerta dentro de si mesmo e assim permanece apesar de qualquer

190 Veja verso 21.

atividade no mundo exterior. Ele está estabelecido naquele nível absoluto de existência que está profundamente dentro de tudo, aquele campo de Consciência de Bem-Aventurança ilimitada que é autossuficiente e auto-iluminante.

Isto não significa que ele não é ativo na vida exterior. Significa simplesmente que apesar de sua mente, intelecto, ego, sentidos e corpo estarem funcionando em seus respectivos níveis, e ele ter todo o mundo fenomenal a sua volta, seu Ser permanece completamente intocado. Ele é afetado apenas superficialmente por este campo exterior da vida. Este é aquele estado integrado da existência, no qual todo nível da vida é autossuficiente e todos os diferentes níveis funcionam progressivamente juntos, em harmonia.

"Liberdade eterna em Consciência Divina": isto traduz o sânscrito "*Brahmanirvāṇa*", a liberdade nascida do estado de *Brahman*.

Este verso fala "daquele *Yogī*" que não necessita de nada no mundo exterior para fazê-lo feliz. Nada no mundo exterior o atrai. Ele não necessita de uma luz externa, pois ele está desperto em sua própria luz. Estabelecido na liberdade da Consciência Cósmica, ele é sempre livre. De nenhuma forma a experiência da variedade no mundo o tira de sua liberação; nenhuma luz externa ou conhecimento do mundo relativo pode, de forma alguma, privá-lo de seu estado. Uma vez que a Consciência do Ser é estabelecida na natureza da mente, a mente acalenta-a sob todas as condições.

O Senhor está dizendo que nada no mundo será capaz de ensombrecer a liberdade perpétua de um *Yogī* neste estado resoluto. Enquanto ele age no campo relativo da vida, ainda assim está estabelecido em seu próprio Ser. A Consciência Divina não é contrária à vida no mundo, nem a consciência do mundo relativo é contrária à Consciência Divina de existência absoluta.

O verso seguinte apresenta outras características do estado de iluminação.

VERSO 25

लभन्ते ब्रह्मनिर्वाणमृषयः क्षीणकल्मषाः
छिन्नद्वैधा यतात्मानः सर्वभूतहिते रताः
Labhante Brahmanirvāṇam Ṛishayaḥ kshīṇakalmashāḥ
chhinnadwaidhā yatātmānaḥ sarvabhūtahite ratāḥ

Os videntes, cujos pecados são destruídos,
cujas dúvidas são dispersadas, que são autocontrolados
e deleitam-se em fazer o bem para todas as criaturas,
atingem liberdade eterna em Consciência Divina.

Deve-se notar que quando o Senhor apresenta o estado de liberdade eterna por intermédio do princípio da renúncia, como o fez no verso anterior, Ele não perde um só momento para acrescentar que em tal estado o homem "deleita-se em fazer o bem para todas as criaturas". No estado de renúncia, o homem torna-se devotado a todas as criaturas e capaz de fazer o bem, não apenas para ele mesmo, mas para todos os outros seres. É este ensinamento que coloca a filosofia da renúncia paralelamente ao Yoga da ação.

"Videntes": os conhecedores da Realidade, estabelecidos no conhecimento do Ser como separado da atividade, que veem a vida como o teatro do Divino, enquanto eles mesmos permanecem não-envolvidos.

"Cujos pecados são destruídos": os pecados são destruídos tanto por Yoga[191] quanto por Sāṁkhya.[192]

"Dúvidas são dispersadas" tanto por Yoga[193] quanto por Sāṁkhya.[194]

"Autocontrolados": este estado é adquirido tanto por Yoga[195] quanto por Sāṁkhya.[196]

---

191 Veja II, 65; III, 13, 41.
192 Veja II, 38; IV, 21, 30, 36.
193 Veja II, 72; V, 20.
194 Veja IV, 35, 40, 41.
195 Veja II, 61; III, 7.
196 Veja IV, 18, 20, 21, 23, 28, 41.

"Deleitam-se em fazer o bem para todas as criaturas": este estado é alcançado tanto por Yoga[197] quanto por Sāṁkhya.[198]

Aqui o Senhor descreve certos requisitos para aquele que está para "atingir liberdade eterna em Consciência Divina". É afortunado para os aspirantes que todas estas condições são realizadas, de forma muito natural e automática, por meio do ensinamento de Sāṁkhya, que inclui o método descrito pelo Senhor no verso 45 do segundo capítulo: "esteja sem os três *Guṇas*." A técnica simples para alcançar este estado "sem os três *Guṇas*" é a prática da Meditação Transcendental, pois ela traz a mente, de imediato,[199] do campo da experiência superficial para o estado de Consciência Transcendental.

Quando a mente transcende durante a meditação, alcança o estado de Consciência Pura, livre de toda a diversidade. Uma vez que ela se torna permanentemente estabelecida no Ser, o conhecimento torna-se completo, e todas as suas dúvidas,[200] sejam elas quais forem, desaparecem muito naturalmente. Tendo elevado-se acima do egocentrismo e do egoísmo da individualidade, vivendo em Consciência de Bem-Aventurança e plenamente conectado com a fonte de energia, só resta ao homem mover-se por toda parte, cheio de compaixão, fazendo o bem para todos os seres.

Verso 26

कामक्रोधवियुक्तानां यतीनां यतचेतसाम्
अभितो ब्रह्मनिर्वाणं वर्तते विदितात्मनाम्

Kāmakrodhaviyuktānāṁ yatīnāṁ yatachetasām
abhito Brahmanirvāṇāṁ vartate viditātmanām

Homens disciplinados, livres do desejo e da ira,
que disciplinaram seus pensamentos e realizaram o Ser,
encontram em toda parte
liberdade eterna em Consciência Divina.

---

197 Veja III, 20.
198 Veja III, 25.
199 Veja II, 40.
200 Veja IV, 41.

Deve-se notar que o verso 24 promete liberação eterna por intermédio do Yoga, que o verso 25 a promete por meio de Sāṁkhya, que este verso traduz a mesma promessa de liberação eterna em termos de renúncia. A sequência destes três versos espelha a sequência do tema dos Capítulos III, IV e V. Assim o Senhor traz totalidade à filosofia da renúncia.

Este verso descreve um homem em liberdade eterna. Ele é "disciplinado" porque está estabelecido no conhecimento da Realidade, que dá a ele uma compreensão clara do estado de renúncia ou da separação que existe entre o Ser e a atividade. Ao adquirir este estado, ele é libertado do desejo e da ira e disciplina seus pensamentos. Ele "realizou o Ser", pois está permanentemente estabelecido no estado puro do Ser, ou Consciência do Ser – ele adquiriu Consciência Cósmica. Assim estabelecido em Consciência Divina, ele encontra liberdade eterna em toda parte.

O estado descrito neste verso é superior àquele descrito no verso 23, pois este elevou-se acima da destruição dos pecados e do dispersar das dúvidas, especificados no verso 25.

O verso 23 apresentou um homem feliz, em União com o Divino, como aquele "que é capaz... de resistir à excitação nascida do desejo e da ira". Isto significa que ainda é possível o borbulhar da excitação do desejo e da ira neste homem feliz, unido com o Divino, mas que ele será capaz de resistir a esta excitação. O presente verso mostra que aqueles "que disciplinaram seus pensamentos e realizaram o Ser" são libertados de qualquer possibilidade de surgir neles a excitação dos desejos e da ira. Tais homens realizados vivem liberdade eterna em Consciência Divina.

"Que disciplinaram seus pensamentos": um pensamento disciplinado é aquele que está em harmonia com o processo de evolução do pensador e de tudo a sua volta. Ele está de acordo com todas as Leis da Natureza. Quando, durante a meditação, a mente adquire o estado de Consciência Divina transcendental, ela se torna a base de todas as Leis da Natureza que governam o processo de evolução em todos os níveis da criação. Ao sair para o campo da vida relativa, seus pensamentos recebem naturalmente o apoio de todas as Leis da Natureza. Portanto, "disciplinaram seus pensamentos" significa viver o Ser na vida diária; não significa controlar os pensamentos.

"Em toda parte" significa durante a vida aqui na Terra e no futuro.

Mostra-se a Arjuna que não é necessário morrer ou deixar o corpo para tornar-se liberado. Se o indivíduo conheceu o Ser, e a mente está inseparavelmente estabelecida Nele, se o Ser é apreciado como separado da atividade, então, sejam quais forem os desejos ou a ira que surjam, o Ser permanece completamente não-envolvido e, portanto, livre deles. É assim que, quando a mente está disciplinada em termos do Ser, ela permanece indiferente a toda atividade, mesmo a atividade do desejo e da ira. Em tal estado, o homem é naturalmente liberado durante seu tempo de vida aqui na Terra e subsequentemente após a morte.

Pode-se lembrar que uma vida disciplinada,[201] liberdade do desejo e da ira,[202] disciplina de pensamentos[203] e realização do Ser[204] são alcançados tanto por Yoga[205] quanto por Sāṁkhya.[206] Portanto, no que concerne a estes resultados, pode-se inferir deste verso que Yoga e Sāṁkhya são a mesma coisa. Esta inferência acompanha os versos 4 e 5, que apresentam o propósito deste capítulo.

Este verso, junto com os três versos anteriores, estabelece a possibilidade de vida divina no mundo, seja por meio da prática do Yoga ou da sabedoria de Sāṁkhya. No verso seguinte, o Senhor inicia uma descrição precisa da prática que leva um homem a alcançar este estado de Consciência Cósmica (*Jīvan-mukti*) durante seu tempo de vida. Isto completará o ensinamento do capítulo e oferecerá uma base firme para a sabedoria do Capítulo VI.

201 Veja III, 7, 17.
202 Veja III, 43.
203 Veja III, 43.
204 Veja III, 43.
205 Veja IV, 23, 38.
206 Veja IV, 19.

VERSO 27

स्पर्शान्कृत्वा बहिर्बाह्यांश्चक्षुश्चैवान्तरे भ्रुवो:
प्राणापानौ समौ कृत्वा नासाभ्यन्तरचारिणौ

Sparshān kṛitwā bahir bāhyāṁsh chakshush chaivāntare bhruvoḥ
prāṇāpānau samau kṛitwā nāsābhyantarachāriṇau

Havendo deixado do lado de fora os contatos externos,
com a visão entre as sobrancelhas;
havendo equilibrado as inspirações e expirações
que fluem através das narinas,

O primeiro ponto é que a atenção deve sair do campo exterior da percepção sensorial. "Havendo deixado do lado de fora os contatos externos" significa fechar as portas dos sentidos para qualquer experiência exterior e, ao mesmo tempo, não pensar sobre os objetos de impressão sensorial.

O segundo ponto é que a visão esteja "entre as sobrancelhas". Isto significa que a visão é direcionada para fora a partir da região entre as sobrancelhas – ela é direcionada por detrás das sobrancelhas, e isto é feito com os olhos fechados. É o estado mais relaxado e sem esforço dos músculos oculares. É suavizante para todo o sistema e tem também o efeito simultâneo de deixar do "lado de fora os contatos externos" e equilibrar as "inspirações e expirações". Este ponto tem sido amplamente mal-compreendido, e o verso mal-interpretado, como se defendesse a concentração da visão entre as sobrancelhas. Tal prática pode ter seu valor em outros sistemas que dependem de esforço. Concentrar a visão desta maneira envolve grande tensão mesmo com os olhos fechados; tal prática não tem lugar na Bhagavad-Gītā, que ensina um método simples e sem esforço.

O terceiro ponto é que um estado de equilíbrio deve ser estabelecido entre as inspirações e expirações. Este equilíbrio significa que elas devem fluir suavemente, e devem parar de fluir, em direções alternadas, chegando finalmente a um estado de suspensão.

Há muitas maneiras de realizar estes três objetivos. Em muitas práticas o controle dos sentidos predomina; em outras o controle do pensamento; e em outras o controle da respiração. Mas a prática a que se refere o Senhor neste verso é aquela que trabalha em todos estes aspectos simultaneamente e resulta no estado descrito no verso seguinte.[207]

Verso 28

यतेन्द्रियमनोबुद्धिर्मुनिर्मोक्षपरायणः
विगतेच्छाभयक्रोधो यः सदा मुक्त एव सः

Yatendriyamanobuddhir munir mokshaparāyaṇaḥ
vigatechchhābhayakrodho yaḥ sadā mukta eva saḥ

O sábio, cujos sentidos, mente e intelecto estão controlados,
cuja meta é a liberação,
do qual se foram o desejo, o medo e a ira,
está na verdade livre para sempre.

"O sábio" (*Muni*): veja II, 56, 59.

"Sentidos, mente e intelecto estão controlados" por "haver conhecido aquele que está além do intelecto" (III, 43).

"Cuja meta é a liberação" significa que todos os seus esforços são completamente direcionados em direção à liberação. Ele segue inabalavelmente o caminho seguro trilhado pelos "antigos buscadores de liberação" (IV, 15). Toda a rotina de sua vida é dedicada à prática da meditação e à atividade equilibrada.[208]

Como resultado desta prática constante, ele se torna naturalmente livre do desejo, do medo e da ira. "Do qual se foram o desejo, o medo e a ira" indica que ele não fez nada para expulsá-los – eles próprios o deixaram.[209]

Este verso descreve um estado ainda mais perfeito de realização do que aquele apresentado no verso 26. Naquele, a expressão "livres

---

207 Veja também comentários de VI, 13, 14.
208 Veja comentários de II, 45; IV, 18, 21.
209 Veja comentários do verso 26 e II, 40, 45.

do desejo e da ira" indica que o homem os abandonou; a expressão "do qual se foram o desejo, o medo e a ira", no presente verso, indica que eles o abandonaram.

A razão é que ele alcançou um estado onde o Ser é experimentado como separado da atividade e, assim, encontra-se "na verdade livre para sempre". Este é o estado de perfeita renúncia que é adquirido em Consciência Cósmica. Aqui está a realização da filosofia da renúncia – tudo foi separado do Ser, o qual adquiriu, em liberação, um estado perfeito de desapego.

Aparentemente, isto marca o auge da renúncia. Mas a pergunta surge: Isto é tudo que a filosofia da renúncia pode oferecer? Se é, então a filosofia não é completa, pois uma existência à parte de tudo não poderia ser a realização da vida. Esta pergunta ansiosa é respondida no próximo verso, que provê a base para a desejada realização da vida e mostra que esta realização é o verdadeiro auge da filosofia da renúncia.

Verso 29

भोक्तारं यज्ञतपसां सर्वलोकमहेश्वरम्
सुहृदं सर्वभूतानां ज्ञात्वा मां शान्तिमृच्छति

Bhoktāraṁ yagyatapasāṁ sarvalokamaheshwaram
suhṛidaṁ sarvabhūtānāṁ gyātwā māṁ shāntim ṛichchhati

Havendo conhecido a Mim como o
apreciador de *Yagyas* e austeridades,
como o grande Senhor de todo o mundo,
como o amigo de todos os seres, ele atinge a paz.

Aqui está a verdadeira glória da renúncia. Ela descobre o grande "apreciador": ela desenvolve-se em União com Deus.

"Mim": cujo nascimento e ações são divinos (IV, 9); que sou o refúgio daqueles libertados do apego, medo e ira, a cujo Ser têm vindo aqueles purificados pela austeridade da sabedoria (IV, 10); que favoreço os homens da mesma maneira como eles Me abordam (IV, 11); que sou o autor da ordem quádrupla da criação, mesmo permanecendo o não-agente, imutável (IV, 13); ao qual as ações não envolvem e que não tenho desejo pelo fruto da ação; conhecendo--Me os homens libertam-se da escravidão da ação (IV, 14).

"*Yagyas*": ações que apoiam a vida e a evolução. Eles foram tratados em detalhe no Capítulo IV, versos 24 a 33.

"Austeridades": meios de purificação. O desempenho do *Yagya* também é considerado como sendo austeridade. O verso 10 do Capítulo IV descreve a sabedoria em termos de austeridade, purificado por ela participa-se na consciência do Supremo.

"Havendo conhecido a Mim como o apreciador de *Yagyas* e austeridades": ele vê a Mim aceitando seu *Yagya* e austeridade; havendo separado a si mesmo do campo da atividade, sua atividade foi oferecida à Natureza, que é a mesma do Senhor. É por isso que o Senhor diz: "Havendo conhecido a Mim como o apreciador de *Yagyas* e austeridades".

"Havendo conhecido a Mim... como o grande Senhor de todo o mundo":[210] tendo elevado sua consciência ao nível da Minha consciência; isto é, tendo alcançado Consciência de Deus. O conhecimento de Deus só é possível quando atinge-se o estado de Consciência de Deus. Isto ficou claro no comentário do verso 38 do Capítulo IV.

"Como o amigo de todos os seres": um amigo é uma fonte de alegria. Ele traz felicidade que apoia a vida. O propósito da criação do Senhor é a expansão da felicidade. Os homens desfrutam Seu amor expressado na criação, cada um em seu próprio nível de consciência. É assim que "o grande Senhor de todo o mundo" é também o amigo que apoia a vida, o doador de felicidade para todos os seres. Aquele que O conhece assim e sente-se perto Dele, adquire realização: "ele atinge a paz", diz o Senhor.

Para que a mente de Arjuna não possa escapar das realidades presentes da vida para uma concepção abstrata de um amigo muito distante de todos os seres, para que ele possa ver o grande Senhor de todo o mundo bem à mão, falando com ele, o Senhor Kṛishṇa mostra que Ele mesmo é aquele Senhor. É apenas por causa da completa entrega de Arjuna que Ele Se revela tão completamente.

---

210 Veja III, 22, 30; IV, 6, 13.

Este capítulo, que revela a sabedoria da renúncia da ação, termina com uma exposição da natureza divina do Senhor Kṛishṇa, tão plena, amiga e pacífica. Esta é a glória da sabedoria da renúncia, e a Bhagavad-Gītā é única ao apresentá-la. Ela não deixa o homem em um desapego estéril, árido e sem apoio. Ela traz a renúncia para a realização direta da autoridade suprema, o bem supremo, a felicidade suprema, que são encontrados ao elevar-se ao nível da Divindade, à comunhão direta com Deus. Esta realização humanamente inconcebível na vida do homem é a bênção da renúncia: Aqui está o convite do Senhor para a humanidade: Entre no Reino dos Céus pelo caminho da ação ou pelo caminho da renúncia da ação. Faça sua escolha.

ॐ तत्सदिति श्रीमद्भगवद्गीतासूपनिषत्सु ब्रह्मविद्यायां योगशास्त्रे
श्रीकृष्णार्जुनसंवादे कर्मसंन्यासयोगो नाम पञ्चमोऽध्यायः

Oṁ tat sad iti Shrīmad Bhagavadgītāsūpanishatsu
Brahmavidyāyāṁ Yogashāstre Shrīkṛishṇārjunasaṁvāde
Karmasaṁnyāsayogo nāma panchamo 'dhyāyaḥ

Assim, na Upanishad da gloriosa Bhagavad-Gītā,
na Ciência do Absoluto, na Escritura do Yoga,
no diálogo entre Senhor Kṛishṇa e Arjuna,
termina o quinto capítulo, intitulado:
O Yoga da Ação e da Renúncia da Ação, Karma-Sanyāsa Yoga.

Capítulo VI

Uma Visão do Ensinamento no Capítulo VI

Verso 1. O desempenho da ação correta no estado de desapego espelha a vida interior e exterior de um homem realizado.

Versos 2-10. A diferença de caminho não é significativa desde que a União divina seja adquirida. O que é importante é saber que cada caminho começa do nível da atividade e termina no silêncio eterno do Ser absoluto, que desenvolve-se em Consciência de Deus. Este processo é dividido em três estágios: do estado de vigília para Consciência Transcendental, de Consciência Transcendental para Consciência Cósmica, e de Consciência Cósmica para Consciência de Deus.

Versos 11-28. A prática para elevar-se do estado de consciência de vigília para Consciência Transcendental.

Verso 29. A prática para elevar-se de Consciência Transcendental para Consciência Cósmica.

Versos 30-32. A prática para elevar-se de Consciência Cósmica para Consciência de Deus.

Versos 33,34. Como pode a mente, que vagueia, permanecer firme no caminho?

Versos 35,36. É difícil controlar a mente diretamente, mas por meio da prática e do desapego ela é subjugada.

Versos 37-39. Qual é o destino de um homem que começa fervorosamente no caminho, mas não é capaz de atingir a meta nesta vida?

Versos 40-45. A morte não é barreira para a evolução. Em sua próxima vida o homem continua a evoluir a partir do nível adquirido nesta vida. Se ele não consegue adquirir perfeição em uma vida, ele a ganhará em outra; pois uma vez iniciado este caminho, ninguém deixa de alcançar a meta.

Versos 46,47. O buscador é aconselhado a colocar-se no caminho da Meditação Transcendental, adquirir União da mente com o Ser divino em Consciência Transcendental, conhecer aquele Ser como separado da atividade em Consciência Cósmica, elevar-se a Deus por meio da devoção, e finalmente atingir completa União com Ele.

Este capítulo mantém-se como a pedra angular no arco da Bhagavad-Gītā. Ele explica em detalhe o que pode ser chamado de Yoga Real do Senhor Kṛishṇa, que imediatamente traz iluminação para qualquer homem em qualquer época.

A grandeza do tema destes seis capítulos está, primeiro, na explicação da vida em seus múltiplos aspectos e, depois, na síntese de todos estes aspectos na Unidade da Consciência de Deus.

É um tema divino expondo a Realidade e que assume, cada vez mais, novos significados à medida que a consciência do homem cresce. Ele oferece significado à vida em cada nível de consciência e traz realização em cada passo da evolução do homem, até que a realização eterna é adquirida.

O primeiro capítulo mostrou um grande herói dominado por um estado profundo de suspensão, que o manteve incapaz de agir. Apresentando este caso extremo, ele silenciosamente requereu uma cura única para todos os sofrimentos e dores da vida do homem a qualquer tempo.

O Capítulo II deu uma visão da vida plena ao trazer à luz as fases relativa e absoluta da existência. Ele sugeriu uma prática, por meio da qual todos os problemas da fase relativa da vida pudessem ser resolvidos ao adicionar-se o valor da Consciência Absoluta à consciência do estado relativo.

O Capítulo III expôs a validade da ação para tornar permanente o estado de União, experimentado no estado de Consciência Absoluta, por sua vez adquirido no estado transcendental.

O Capítulo IV trouxe o conhecimento do estado de desapego, ou renúncia, experimentado quando o estado de União torna-se permanente.

O Capítulo V mostrou que este estado de desapego é comum aos caminhos de ambos, Sāṁkhya e *Karma Yoga*.

O Capítulo VI descreve a prática que traz este estado de desapego, realizando assim os ensinamentos sobre a ação e sobre a renúncia, contidos no terceiro e quinto capítulos.

Este sexto capítulo serve como um comentário[211] ao verso 45 do Capítulo II, que contém o ensinamento central da Bhagavad-Gītā: "Esteja sem os três *Guṇas*". Ele desenvolve uma técnica simples de Meditação Transcendental, levando a um estado de consciência que mantém espontaneamente o Ser a todo o tempo e desta forma mantém equanimidade de mente e de comportamento no campo da atividade. Esta técnica oferece a base prática tanto para Sāṁkhya quanto para Yoga e para os diferentes modos de vida associados com estes caminhos, aquele do recluso e aquele do chefe de família. Eles virtualmente deixam de ser dois caminhos diferentes. Mas mesmo que sejam vistos como diferentes, pode-se ainda dizer que eles desenvolvem-se sobre uma base comum e alcançam uma meta comum. Esta é a glória do ensinamento prático do sexto capítulo.

VERSO 1

श्रीभगवानुवाच
अनाश्रितः कर्मफलं कार्यं कर्म करोति यः
स संन्यासी च योगी च न निरग्निर्न चाक्रियः
Shrī Bhagavān uvācha
Anāshritah karmaphalaṁ kāryaṁ karma karoti yaḥ
sa saṁnyāsī cha yogī cha na niragnir na chākriyaḥ

O Abençoado Senhor disse:
Aquele que desempenha a ação que deve ser realizada,
sem depender do fruto da ação,
ele é um *Sanyāsī* e um *Yogī*;
não aquele que está sem fogo e sem atividade.

---

211 Este verso também esclarece o ensinamento contido em II, 48; III, 2, 7, 9, 30, 34, 43; IV, 27, 41, 42; V, 1, 4, 6, 7, 11.

As primeiras duas expressões deste verso, "desempenha a ação que deve ser realizada" e "sem depender do fruto da ação", resumem o ensinamento de todo o discurso até aqui. Ao mesmo tempo, elas indicam que a prática que estará sendo explicada neste capítulo habilitará o homem a viver os ensinamentos contidos nelas. Esta prática habilitará todos os homens a cultivar aquele alto estado de Consciência Divina, que deveria ser normal ao homem e que forma a base da vida de um *Sanyāsī* e de um *Yogī*.

É óbvio, a partir do tema do discurso, que o que traz realização à vida não é um modo específico de vida, seja o de um recluso ou de um chefe de família, mas a experiência da Realidade e o conhecimento sobre Ela. Isto novamente é óbvio a partir das expressões no presente verso, que descrevem o estado de consciência comum a um *Yogī* e a um *Sanyāsī*: "Aquele que desempenha a ação que deve ser realizada, sem depender do fruto da ação".

Este verso é uma continuação da resposta do Senhor Kṛishṇa à pergunta de Arjuna, no primeiro verso do Capítulo V, sobre o relacionamento entre a renúncia da ação e o Yoga da ação.

Nos estágios iniciais de Sua resposta, o Senhor mostrou que ambos os caminhos têm um fim idêntico no estado de liberação, que são iguais com relação às suas metas. Ele, então, deixou claro a supremacia do Yoga da ação (*Karma Yoga*) sobre a renúncia da ação (*Sanyāsa*), e isto revelou o fato de que os dois são caminhos distintos. Neste verso, o Senhor estabelece que, apesar de poder haver certos pontos de diferença entre o caminho de um *Sanyāsī* e o de um *Karma Yogī*, há pelo menos um fator comum que os coloca juntos: o estado desapegado de mente em relação aos frutos da ação durante a atividade. O Senhor afirma ser este o critério tanto para um *Sanyāsī* quanto para um *Yogī*, tanto para o estado de renúncia quanto para o estado de União.

Dizer que o estado de União é equivalente ao estado de renúncia pode soar contraditório, mas a verdade desta afirmação torna-se clara no estado de Consciência Cósmica. Neste estado, a União da mente com o Ser, Consciência do Ser, tornou-se permanente; este é o estado de perfeita União. Neste estado, também o Ser é experimentado como separado da atividade; este é o estado de perfeita renúncia. É assim que a renúncia e a União coexistem no mesmo estado de vida.

O estado da mente que é desapegado dos frutos[212] da ação é um resultado da experiência do Ser como separado da atividade. Esta, por sua vez, resulta da União que vem com a prática de adquirir Consciência de Bem-Aventurança transcendental por meio do método que o Senhor já deu a Arjuna no verso 45 do Capítulo II.

O Senhor diz a Arjuna: "ação que deve ser realizada". Com isto Ele quer evitar que Seu ensinamento sobre a ação à luz do desapego seja mal-interpretado. Caso contrário, um homem mal orientado pode cometer um assassinato ou roubo e afirmar que agiu sem apego aos frutos da ação.

A doutrina de *Karma Yoga* não é baseada na maneira pela qual o homem pensa. Ela é baseada no estado de consciência, o estado do Ser. Seu propósito é o de permitir a infusão do Ser na natureza da mente e torná-Lo permanente lá. Então, Ele torna-se permanente em todo o campo do pensamento, palavra e ação, em todo o campo da vida do homem. Isto é realizado muito naturalmente pela prática da Meditação Transcendental seguida por uma atividade que seja tranquila e sem tensão.

O propósito tanto de *Karma Yoga* quanto de *Sanyāsa* é o de estabelecer o homem no estado de completa integração da vida. O desapego aos frutos da ação, descrito aqui como uma característica tanto de um *Sanyāsī* quanto de um *Yogī*, é um estado particular da mente, não no nível do pensamento, mas no nível[213] do Ser.

Seria um erro criar um estado de espírito de desapego aos frutos da ação durante a atividade. Seria mera hipocrisia tentar manter intelectualmente, no nível do pensamento ou criando um estado de espírito, a ideia ou o sentimento: "eu estou realizando esta ação por amor a Deus, ou por causa do dever, e não tenho nenhum desejo[214] por seus frutos; eu estou, de fato, realizando a ação, mas na verdade não a estou realizando; eu sou *Brahman*, e a ação também é *Brahman*,

212 Veja IV, 19, 20, comentários; V, 12.
213 Veja IV, 19, 20, comentários.
214 Veja IV, 19, 20, comentários.

e o fruto da ação também é *Brahman*, então, mesmo o fruto não é nada além do meu próprio Ser, e eu já sou este Ser. Portanto, qual a necessidade de pensar sobre o fruto da ação?" Este modo de pensar não tem nada a ver com a doutrina do desapego em *Karma Yoga* ou *Sanyāsa*, e qualquer um que tente viver o desapego com base em tal pensamento está apenas iludindo-se. Apesar disso, por muitos séculos, as doutrinas de *Karma Yoga* e *Sanyāsa* têm sido mal compreendidas exatamente desta forma.

Sanyāsa e *Karma Yoga* não são baseados em nenhum modo de pensar nem em criar estados de espírito no nível consciente da mente; são baseados na estabilidade interior da mente no estado de iluminação. O caminho para isto é por meio da Meditação Transcendental. Sem uma meditação correta e sem a obtenção do estado de Consciência Transcendental, e finalmente sem a obtenção de Consciência Cósmica, a ação do indivíduo será sempre um meio de escravidão; nenhum pensamento ajudará a libertar o homem da influência escravizante da ação.

É lamentável que, nos dias de hoje, um homem que está ativo no mundo, mas sem ter adquirido Consciência Transcendental, considere-se um *Karma Yogī* simplesmente porque leva uma vida de atividade, desempenhando certos tipos de ação e pensando sobre elas em termos de Deus ou de algum outro modo especial. Para ser um *Karma Yogī* o indivíduo tem que ser primeiro um *Yogī*. *Karma Yoga* é constituído pelo estado de Consciência Pura transcendental seguindo paralelamente com a atividade. Por meio da prática da Meditação Transcendental, a mente é tão impregnada em Consciência Pura, ou Ser, que não pode ser ensombrecida, não importando quão numerosas as ações do homem, quão intensa sua experiência na vida. O estado do Ser junto com a atividade o torna um *Karma Yogī*.

A experiência do Ser é o primeiro requisito de *Karma Yoga*, assim como de *Sanyāsa*. No que diz respeito ao estado de consciência, *Sanyāsa* e *Karma Yoga* são idênticos.

"Sem fogo": o fogo cozinha o alimento. Por tradição, não se espera que um *Sanyāsī* cozinhe o alimento, para que isto não o escravize às necessidades do corpo. Portanto, estar sem fogo simboliza a vida de um *Sanyāsī.* Além disso, o fogo é aquilo que destrói. O que destrói a eterna calma do oceano? Um vento que levanta ondas. O Ser imanifestado e eterno aparece como ondas de vida individual por intermédio da instrumentalidade do desejo. É por isso que o desejo é considerado como fogo para aquele que escolhe a vida de silêncio.

Neste verso, o Senhor descreve a vida de um *Sanyāsī* não em termos de desapego ou falta de desejo, mas em termos de atividade em liberdade.

VERSO 2

यं संन्यासमिति प्राहुर्योगं तं विद्धि पाण्डव
न ह्यसंन्यस्तसंकल्पो योगी भवति कश्चन

Yaṁ saṁnyāsam iti prāhur yogaṁ taṁ viddhi Pāṇḍava
na hyasaṁnyastasaṁkalpo yogī bhavati kashchana

Aquilo que eles chamam de *Sanyāsa*,
considere-o como sendo Yoga, ó filho de Pāṇdu,
pois ninguém se torna um *Yogī*
se não tiver abandonado o estímulo do desejo.

"Estímulo[215] do desejo" traduz a palavra sânscrita "*Sankalpa*", que transmite a ideia de uma semente que desenvolve-se em desejo.

O Senhor Kṛishṇa apresenta aqui um ponto muito essencial para o estudante de Yoga: *Sankalpa* tem que ser completamente eliminado para que o indivíduo possa tornar-se um *Yogī.*

O Senhor já estabeleceu *Sanyāsa* e *Karma Yoga* em um mesmo nível com relação a seus resultados: "Ambos, a renúncia e o Yoga da ação, levam ao bem supremo" (V, 2); "Aquele que está apropriadamente estabelecido mesmo em um deles, adquire o fruto de ambos" (V, 4). Com isto, assim como no verso anterior, Ele coloca os dois caminhos na mesma base e assim o faz com grande

---

215 Veja IV, 19, comentário.

ênfase: "Aquilo que eles chamam de *Sanyāsa*, considere-o como sendo Yoga". O Senhor comprova isto ao trazer à luz a qualidade básica que torna um homem um *Sanyāsī* ou um *Karma Yogī*. Ele diz: "ninguém se torna um *Yogī* se não tiver abandonado o estímulo do desejo". Um *Yogī* é aquele cuja mente está unida com o Divino, e neste estado de Consciência Transcendental o estímulo do desejo é completamente eliminado.

Surge a pergunta: Se é necessário abandonar *Sankalpa* antes que um homem torne-se um *Yogī*, e se isto também é a característica de um *Sanyāsī*, como é possível, na prática, tornar-se um *Sanyāsī* ou um *Yogī*? Principalmente pelo fato de que a vida é cheia de *Sankalpa* e desejos, seja ela vivida em família ou em isolamento. A resposta é que um homem tem que criar um estado de mente no qual não há *Sankalpa*; e visto que a exposição do Senhor é para o homem do mundo, deve ser possível para todos criar tal estado de mente.

O princípio da técnica para tornar a mente livre de *Sankalpa* foi dado a Arjuna pelo Senhor no verso 45 do Capítulo II e será exposto mais em detalhe neste capítulo. Durante a meditação, a mente segue através de estados de experiência que tornam-se progressivamente mais refinados, até que o mais refinado é transcendido. Desta maneira, a mente é levada ao estado de Consciência Transcendental e fica completamente fora da esfera de *Sankalpa*. Este é o estado de Yoga. É também o estado de *Sanyāsa*, onde a mente renunciou a tudo e é deixada sozinha consigo mesma. Assim, a técnica da Meditação Transcendental, que ajuda a mente a transcender *Sankalpa*, é a técnica para tornar-se um *Yogī* ou um *Sanyāsī*.

À medida que a prática avança, a Consciência Transcendental torna-se permanente no estado de Consciência Cósmica, e neste estado o indivíduo abandonou permanentemente o estímulo do desejo.

O verso seguinte considera a atividade de um aspirante e a serenidade de um *Yogī* realizado com relação ao estado de mente sem *Sankalpa*.

Verso 3

आरुरुक्षोर्मुनेर्योगं कर्म कारणमुच्यते
योगारूढस्य तस्यैव शमः कारणमुच्यते

Ārurukshor muner yogaṁ karma kāraṇam uchyate
yogārudhasya tasyaiva shamaḥ kāraṇam uchyate

A ação é considerada como o meio
para o homem de reflexão que deseja ascender ao Yoga;
para o homem que ascendeu ao Yoga, e apenas para ele,
a calma é considerada o meio.

"Meio": curso, caminho, maneira.

"Homem de reflexão": isto traduz o sânscrito "*Muni*". Um *Muni* é aquele cujo caminho para a realização é por intermédio do pensamento. Sua prática é no campo da mente, ao contrário do campo da atividade corporal. Para tornar isto claro, deve-se explicar que para a mente registrar qualquer experiência é necessário uma atividade correspondente no sistema nervoso. Como consequência deste relacionamento da mente com o sistema nervoso, qualquer experiência pode ser estimulada tanto por um quanto pelo outro. O *Hatha Yoga* é uma abordagem à realização que treina o sistema nervoso físico e, desta forma, condiciona a mente a adquirir o estado de Consciência Transcendental e, finalmente, Consciência Cósmica. Por outro lado, a prática da meditação, mencionada nestes versos, é uma abordagem à realização que treina a mente e, desta forma, condiciona o sistema nervoso a dar lugar ao estado de Consciência Transcendental e, finalmente, à Consciência Cósmica. Esta abordagem mental é o caminho do *Muni*.

Ao usar a palavra *Muni*, o Senhor quer tornar claro que a ação não é um meio apenas para o homem de ação, mas também para o homem cujo meio de abordagem é por intermédio do conhecimento.

"Que deseja ascender ao Yoga" significa que ele ainda não atingiu o estado de mente sem *Sankalpa*, descrito no verso anterior.

"A ação é considerada como o meio": a ação é o meio de cultivar o estado de mente sem *Sankalpa*. Isto parece ser um paradoxo similar a aquele do verso 18 do Capítulo IV. Naquele verso, o Senhor disse: "que na ação vê inação". Aqui Ele parece dizer: Crie calma por meio da ação. Há um significado profundo na expressão do Senhor: "A ação é considerada como o meio". Ela revela todo o segredo do caminho do Yoga, o meio de criar o estado de mente sem *Sankalpa.*

Esta expressão pode ser considerada em diferentes níveis. Primeiro, ela significa que o Senhor quer que o aspirante desempenhe a ação correta, de acordo com seu *Dharma.* Desta forma ele se purifica e, com o aumento de pureza, mantém estabilidade de mente. Esta consideração pertence à superfície da vida e deve ser apreciada pela inspiração que proporciona um modo correto de viver.

A consideração que se segue revela um significado mais profundo das palavras do Senhor. Ele quer que o aspirante envolva-se em formas mais sutis de atividade; quer que ele leve a mente dos níveis mais superficiais da atividade, no nível sensorial comum da ação e experiência, aos níveis mais refinados do pensar e, finalmente, transcendendo o nível mais refinado do pensar, chegue à Consciência Transcendental, o estado da mente sem *Sankalpa*, o estado onde o homem "ascendeu ao Yoga".

Assim, é por meio da atividade que a Consciência Transcendental é adquirida. Além disso, a mente, subindo por assim dizer pela escada da atividade, do estado relativo de consciência de vigília ao silêncio do campo transcendental de consciência absoluta, e novamente deste para a atividade do estado de vigília, estabelece harmonia eterna entre o silêncio do Absoluto e a atividade do relativo. Isto é Consciência Cósmica,[216] na qual a Consciência Transcendental, o estado onde se "ascendeu ao Yoga", torna-se permanente. Portanto, esta expressão do Senhor também tem seu significado no nível da Consciência Cósmica. A Consciência Cósmica, por sua vez, forma a base para o estado supremo de Yoga em Consciência de Deus, onde a Unidade eterna da vida prevalece à luz de Deus. Aquele que atingiu este estado "ascendeu ao Yoga" no sentido mais elevado da expressão.

216 Veja III, 20.

Tendo definido a atividade como o meio de ascender ao Yoga, o Senhor vira-se para a importância desta "calma" que serve como um meio quando já se "ascendeu ao Yoga".

"O homem que ascendeu ao Yoga": um homem cuja mente elevou-se do estado de consciência de vigília ao estado transcendental de consciência, no qual sua mente está em plena União com o Divino. Este estado de Yoga em Consciência Transcendental torna-se permanente em Consciência Cósmica por meio do aumento de calma, ou da infusão do Ser na natureza da mente. É por isso que o Senhor diz que a calma é o meio quando a ascensão ao Yoga em Consciência Cósmica foi alcançada. Novamente, a calma é o meio de ascender do Yoga em Consciência Cósmica para o Yoga em Consciência de Deus. No estado de Consciência Cósmica, a calma dá a experiência do Ser como separado da atividade. Em Consciência de Deus, esta calma é transformada em Luz de Deus, na qual a experiência da dualidade do Ser e atividade é dissolvida.

Este silêncio eterno da Consciência de Deus é o estágio avançado do silêncio experimentado no estado de Consciência Cósmica. Ele é o silêncio vívido daquela Unidade da vida que forma a base da atividade cósmica e, ao mesmo tempo, separa completamente Deus da atividade cósmica. O silêncio que é experimentado em Consciência Cósmica, e que separa o Ser da atividade, está em uma escala infinitamente menor, pois está no nível da existência individual. O primeiro forma a base da atividade de toda a criação, o outro a base da atividade individual. A diferença essencial entre os dois está nisto: em Consciência Cósmica, o silêncio e a atividade coexistem no mesmo nível; enquanto que o nível de Consciência de Deus é completamente livre da dualidade, é todo o silêncio vívido de vida eterna, e a Unidade permeia toda a atividade, assim como a água permeia cada onda. A Consciência de Deus é percepção pura na unidade do Ser. Quando a percepção do Ser em Consciência Cósmica desenvolve-se na percepção de Deus em Consciência de Deus, ela desenvolve-se no nível do silêncio; todo o processo é o da transformação do silêncio. A qualidade do silêncio muda a cada passo do desenvolvimento. Esta é a razão pela qual o Senhor diz: "para o homem que ascendeu ao Yoga, e apenas para ele, a calma é considerada o meio".

Portanto, há três estados de silêncio: em Consciência Transcendental, em Consciência Cósmica e em Consciência de Deus. Em Consciência Transcendental, o silêncio é destituído de qualquer traço de atividade. Em Consciência Cósmica, o silêncio da Consciência do Ser coexiste com a atividade. Em Consciência de Deus, a coexistência de atividade e silêncio é transformada na unidade da percepção de Deus. Este silêncio da Consciência de Deus é o estado de silêncio mais altamente desenvolvido. É a vida inteira no nível todo-poderoso da existência. É o silêncio onipresente, onipotente e onisciente da Divindade. É um estado completamente diferente de silêncio, que não tem nada em comum com o silêncio da Consciência Cósmica ou Consciência Transcendental.

Qualquer empreendimento feito por um *Yogī* realizado, estabelecido em Consciência Cósmica ou Consciência de Deus, é proporcionado pelo poder do silêncio, o silêncio eterno do Ser absoluto, que é a fonte de todas as inúmeras Leis da Natureza criando e mantendo a vida no cosmos. Sendo a vida individual de um *Yogī* uma só com Aquilo, ele percebe que aquele silêncio onipresente executa tudo para ele.

Ao usar a frase "apenas para ele", o Senhor torna claro que tudo acontecerá sem que seja feito[217] – o silêncio trabalhará como um meio para aquele que "ascendeu ao Yoga", mas apenas para ele, para nenhum outro. Quando um homem adquire Consciência Transcendental, seu sistema nervoso adquire o estado de alerta em repouso, que corresponde a, e é capaz de refletir, a vida eterna no nível daquele silêncio do Onipresente. É por isso que neste estado a Inteligência Divina faz tudo por ele. Quando a Consciência Transcendental torna-se permanente e adquire o estado de Consciência Cósmica, o sistema nervoso permanece para sempre um instrumento do Divino: a Consciência do Ser é estabelecida permanentemente por toda a vida. Este estado abençoado existe em um sentido mais profundo em Consciência de Deus.

No próximo verso, o Senhor explica ainda mais a expressão: "A ação é considerada como o meio". Ele mostra como o estado de

217 Veja IV, 38.

não-ação é adquirido por intermédio do meio[218] da ação. Então, no verso que se segue, Ele explica a expressão: "a calma é considerada o meio", mostrando que a elevação do ser pelo Ser é realizada pela "calma".

VERSO 4

यदा हि नेन्द्रियार्थेषु न कर्मस्वनुषज्जते
सर्वसंकल्पसंन्यासी योगारूढस्तदोच्यते

Yadā hi nendriyārtheshu na karmaswanushajjate
sarvasaṁkalpasaṁnyāsī yogārūdhas tadochyate

Apenas quando o homem não se apega aos
objetos dos sentidos ou às ações,
apenas quando ele abandonou todos os estímulos do desejo,
ele é considerado como tendo ascendido ao Yoga.

Aqui o Senhor descreve a Arjuna o estado da mente estabelecida em Yoga, o estado de União Divina. Quando, durante a meditação, a mente retira-se do campo da percepção sensorial, torna-se desconectada[219] do mundo exterior. Ela se volta para o interior, para fora do campo dos "objetos dos sentidos", para fora da esfera das "ações". Como a mente avança na direção interior, então ela afasta-se mais do campo das experiências grosseiras. Ela continua por campos cada vez mais sutis do pensar, até que finalmente transcende até mesmo o estado mais sutil do pensamento e atinge o estado transcendental do Ser. Aí, ela não "se apega aos objetos dos sentidos ou às ações" de nenhuma forma.

O estado do Ser é aquele da Consciência Pura, completamente fora do campo da atividade; não há mundo dos sentidos ou dos objetos, nenhum traço de atividade mental. Não há a tríade do pensador, processo de pensar e pensamento; agente, processo de agir e ação; experimentador, processo de experimentar e objeto de experiência. O estado de Unidade transcendental da vida, ou Consciência Pura,

---

218 Veja III, 4.
219 Veja III, 4, comentário.

o estado de Yoga, é completamente livre de todo traço de dualidade. Neste estado de Consciência Transcendental o homem é "considerado como tendo ascendido ao Yoga".

Aqui, o Ser permanece por Si mesmo, Auto-iluminante, Autossuficiente, na plenitude de Ser. Aqui o indivíduo "abandonou todos os estímulos[220] do desejo", pois onde não há dualidade não pode haver nem mesmo a semente do desejo. Mas o estado de Yoga em Consciência Transcendental não é permanente. Quando a mente sai da meditação, ela vai uma vez mais apegar-se aos objetos dos sentidos e às ações, mesmo que não tão firmemente quanto antes, e o estímulo do desejo irá novamente desempenhar o seu papel. As condições que este verso estabelece para aquele que "ascendeu ao Yoga" somente serão permanentemente realizadas quando o homem alcançar o estado de Consciência Cósmica, onde ele estará sempre satisfeito e firmemente estabelecido no Ser. Naturalmente, estas condições também são satisfeitas em Consciência de Deus, que é a realização da Consciência Cósmica. Portanto, assim como o verso anterior já demonstrou, a expressão "é considerado como tendo ascendido ao Yoga" aplica-se não apenas à Consciência Transcendental, mas também à Consciência Cósmica e à Consciência de Deus.

Verso 5

उद्धरेदात्मनात्मानं नात्मानमवसादयेत्
आत्मैव ह्यात्मनो बन्धुरात्मैव रिपुरात्मनः

Uddhared Ātmanātmānaṁ nātmānam avasādayet
Ātmaiva hyātmano bandhur Ātmaiva ripur Ātmanaḥ

Possa um homem elevar seu ser pelo seu Ser,
que ele não enfraqueça seu Ser;
somente ele, na verdade, é seu próprio amigo,
somente ele seu próprio inimigo.

---

220 Veja IV, 19; VI, 2.

Aqui está um ensinamento único para apresentar o princípio básico do desenvolvimento em qualquer esfera da vida: espiritual, mental ou material. Todo indivíduo é responsável por seu próprio desenvolvimento em qualquer campo.

No verso anterior, mostrou-se a Arjuna o significado da realização; agora o Senhor ordena a ele que atinja aquele estado.

"Elevar seu ser": a palavra usada no original em sânscrito é "*uddharet*". Ela significa exaltar, enaltecer, elevar, glorificar, libertar da escravidão. Ao usar esta palavra, o Senhor inspira Arjuna a elevar-se do nível da percepção sensorial e do campo do pensamento e atividade para o estado de realização do Ser. Ele não apenas inspira Arjuna a cultivar o estado de Consciência do Ser Transcendental, mas o instrui na maneira direta de fazê-lo: "elevar seu ser pelo seu Ser". Nenhuma ajuda externa é necessária. O homem tem em si mesmo tudo que é necessário para elevar-se a qualquer nível de perfeição. Nada no mundo é necessário para elevar o ser; nenhum método deve ser adotado, nenhum caminho procurado. O ser só é elevado pelo Ser.

Pode então surgir a pergunta: como pode o homem "enfraquecer seu Ser", quando declarou-se estar ele além do alcance de qualquer coisa exterior a ele mesmo? Os versos 13 a 30 do Capítulo II não afirmaram estar o residente no corpo além da influência do tempo e espaço?

Para que isto seja compreendido deve-se lembrar do verso anterior. Quando a mente alcança Consciência Transcendental, ela está no estado de perfeita pureza; ela atinge o status cósmico. No presente verso, o Senhor encoraja Arjuna a elevar-se àquele estado e, ao mesmo tempo, deseja que ele não caia mais deste estado uma vez que o tenha alcançado. Pois quando a mente sai do estado transcendental para experimentar uma vez mais os objetos dos sentidos no mundo, ela readquire seu status individual limitado e cai daquele mais alto nível de existência universal. Para adverti-lo sobre isto, o Senhor diz: "que ele não enfraqueça seu Ser", querendo significar que, uma vez tendo alcançado o estado de consciência do Ser, ele deve continuar para elevar-se ao estado de Consciência Cósmica, como explicado nos comentários dos versos 3 e 4.

A expressão "apenas ele, na verdade, é seu próprio amigo" indica que a mente só é útil a si mesma quando está em seu estado puro de Consciência Transcendental. Quando ela sai deste estado do Ser, ela age como seu próprio inimigo ao privar-se de seu status cósmico; mas quando ela continua a prática e eleva-se à Consciência Cósmica, então age como seu próprio amigo ao manter este status cósmico.

Este ensinamento ilumina toda a área da busca pela Verdade. Nada no mundo exterior é relevante para esta busca. Pois o Senhor diz que não há nenhum amigo do ser, exceto o Ser. Nenhuma cultura particular ou modo de vida é especialmente conducente à realização do Ser; nenhum senso de desapego ou apego é conducente ou contrário à realização do Ser. A renúncia do mundo, ou modo recluso de vida, não é especialmente útil para a revelação do Ser, pois Ele revela-Se por Si mesmo, para Si mesmo. Por meio da meditação cria-se uma situação na qual o Ser é exposto, revelado em Sua natureza pura e essencial, sem que nada O ensombreça.

A meditação não revela o Ser – o Ser, deve-se repetir, revela-Se por Si mesmo, para Si mesmo. O vento não faz nada ao sol; ele apenas dissipa as nuvens e o sol é percebido brilhando em sua própria luz. O sol do Ser é autorrefulgente. A meditação apenas tira a mente das nuvens da relatividade. O estado absoluto do Ser sempre brilha em Sua própria glória.

O ensinamento do Senhor neste verso aplica-se a todos os níveis de evolução. Isto é óbvio com base nos dois versos precedentes e nos dois que se seguem. É interessante notar neste ponto que o desenvolvimento completo do ser se dá através de três estágios: do estado de consciência de vigília para Consciência Transcendental, de Consciência Transcendental para Consciência Cósmica e de Consciência Cósmica para Consciência de Deus. O ensinamento deste verso é igualmente aplicável a todos estes estágios do desenvolvimento do indivíduo. No primeiro estágio, o ser evolui por meio da atividade da Meditação Transcendental e experimenta o Ser. No segundo estágio, de Consciência Transcendental para Consciência Cósmica, o estado do Ser é suplementado pela atividade do ser para manter o Ser em Sua verdadeira natureza, mesmo em meio à atividade. No terceiro e último estágio, de Consciência Cósmica para Consciência de Deus, o Ser deve continuar completamente por Si mesmo e no nível do silêncio, destituído de qualquer atividade. É por isso que o Senhor disse no terceiro verso: "a calma é considerada o meio". E no presente verso ele diz: "Possa um homem elevar seu ser pelo seu Ser".

Verso 6

बन्धुरात्मात्मनस्तस्य येनात्मैवात्मना जितः
अनात्मनस्तु शत्रुत्वे वर्तेतात्मैव शत्रुवत्

Bandhur Ātmātmanas tasya yenātmaivātmanā jitaḥ
anātmanas tu shatrutwe vartetātmaiva shatruvat

Aquele que conquistou seu ser somente pelo seu Ser,
é ele mesmo seu próprio amigo;
mas o Ser daquele que não conquistou seu ser,
viverá com hostilidade como um inimigo.

A aquisição do estado de realização do Ser, ou Consciência Transcendental, pela mente (o ser em seu aspecto relativo), é descrita aqui como uma conquista: o ser inferior conquistou o Ser superior. Por meio desta conquista, a mente individual adquiriu o status de mente cósmica, ou Consciência Pura. Esta inteligência cósmica torna-se então a base de toda a vida prática; ela apoia e dá força a todos os campos da relatividade.

Durante a meditação, a mente atinge o estado do Ser transcendental e, saindo do Transcendente para o campo da vida relativa, permanece saturada com o Ser. Com a prática constante da Meditação Transcendental, chega-se a um ponto onde a saturação da mente com o Ser torna-se permanente e continua sem interrupção através de todas as experiências no mundo relativo. Como resultado, o Ser é experimentado como separado da atividade e a influência escravizante da ação é neutralizada. A mente consciente do homem, atuando no mundo, age então em liberdade, apoiada e protegida pelo Ser. É assim que o Ser, tendo sido conquistado pelo ser, age como amigo do ser.

O ser inferior e o Ser superior pertencem àquela Realidade indivisível, que inclui ambos os aspectos da vida, transcendental e relativo. Como irmãos, unidos pela afinidade natural de sangue, apoiam-se um ao outro em todas as circunstâncias. Este é um aspecto de seu relacionamento. Mas há outro: quando uma diferença surge entre irmãos, eles podem tornar-se inimigos mortais. Isto acontece quando o ser não conquistou o Ser.

Se um homem não começou a meditar e não experimentou conscientemente o Ser, se sua mente não atingiu a esfera do Ser transcendental, então ela não terá alcançado o status de inteligência cósmica, nem temporária nem permanentemente. Isto significa que seu ser inferior não está familiarizado com o Ser superior, e não há coordenação entre os dois. Um não aceitou o outro. Eles permanecem contrários um ao outro em sua natureza essencial, pois um é relativo e o outro transcendental. No campo da relatividade eles existem como inimigos. O ser inferior está sempre agindo por intermédio dos sentidos, encorajando-os e desfrutando a variedade da experiência objetiva, impedindo assim que o Ser superior seja efetivo no campo relativo da existência e deixando-O permanecer como que confinado no campo do Transcendente. Em contrapartida, o Ser superior também comporta-se como um inimigo do ser inferior. Ele não salva o ser inferior das garras da vida sempre mutável da existência relativa e permite que este permaneça dentro do ciclo de nascimento e morte. O Ser superior não oferece energia, sabedoria, criatividade e felicidade ilimitadas, que são as únicas coisas que podem dar paz e abundância ao ser inferior.

Conquista do ser pelo Ser e conquista do Ser pelo ser refere-se à mesma coisa. Isto pode ser compreendido de dois modos, contanto que a conquista denote a União dos dois ou a fusão de um no outro. A fusão do ser no Ser ocorre no estado de Consciência Transcendental e torna-se permanente em Consciência Cósmica. O ser sente-se um só com o Ser. Este é o estado onde o ser e o Ser apoiam-se um ao outro tão intimamente que eles não existem independentemente um do outro.

O próximo verso elabora as condições interiores e exteriores do homem realizado, daquele que "conquistou".

Verso 7

जितात्मन: प्रशान्तस्य परमात्मा समाहित:
शीतोष्णसुखदु:खेषु तथा मानापमानयो:

Jitātmanaḥ prashāntasya paramātmā samāhitaḥ
shītoshṇasukhaduḥkheshu tathā mānāpamānayoḥ

Para aquele que conquistou seu ser,
que está profundamente em paz,
o Ser transcendente é inabalável no calor e no frio,
no prazer e na dor, na honra e na desonra.

No verso 4 deste capítulo, o Senhor fez uma distinção entre a esfera da atividade mundana e aquela do Ser. Nos versos 5 e 6, Ele mostrou o caminho para estabelecer a coordenação entre os dois. Neste verso, Ele descreve a condição da mente neste estado; como o indivíduo sente-se interiormente quando é estabelecida a coordenação entre a vida exterior e o Ser interior. O Senhor diz que ele sente-se eternamente em paz, estando imerso na glória do Supremo. Neste estado, toda a vida, com todos os seus pares de opostos, está permeada com a glória do Ser transcendente. Este estado de paz eterna em Consciência de Bem-Aventurança não pode ser abalado por qualquer coisa que seja.

Este verso enfatiza a natureza resoluta do intelecto estabelecido.[221] No verso seguinte, a ideia é desenvolvida e é elaborada em uma descrição do *Yogī* que está unido.

---

221 Veja II, 56.

VERSO 8

ज्ञानविज्ञानतृप्तात्मा कूटस्थो विजितेन्द्रियः
युक्त इत्युच्यते योगी समलोष्टाश्मकाञ्चनः
Gyānavigyānatṛiptātmā kūtastho vijitendriyaḥ
yukta ityuchyate yogī samaloshtāshmakānchanaḥ

É considerado unido o *Yogī* que está satisfeito
em conhecimento e experiência,
inabalável, senhor dos sentidos,
que é equilibrado ao experimentar a terra, a pedra ou o ouro.

O Senhor revela os dois aspectos da realização, os dois aspectos de tornar-se um *Yogī*. O primeiro é aquele de adquirir uma concepção intelectual clara da Verdade por meio de uma compreensão apropriada da Realidade, alcançada pelo ouvir, pensar, contemplar e discriminar intelectualmente entre Seus vários aspectos. No entanto, isto só satisfaz a mente. O outro aspecto é aquele de conhecer a Realidade pela experiência direta, que satisfaz o coração. Isto é adquirido por meio da Meditação Transcendental.

O Senhor diz que quando a mente está satisfeita por uma concepção intelectual completamente clara da Realidade e o coração está satisfeito pela experiência direta de Sua natureza bem-aventurada e eterna, então o homem adquire contentamento eterno. Só então ele se torna firme em seu próprio estado de vida. Tal natureza "inabalável" sempre comporta-se no campo dos sentidos como um "senhor dos sentidos", e nunca como escravo destes. Ele "é considerado unido" e é um *Yogī* cuja vida é marcada por um estado mental equilibrado através de toda experiência no campo da diversidade.

Esta ideia de equilíbrio na vida ocorrerá muitas vezes durante a exposição. A repetição deste princípio a curtos intervalos indica não apenas sua importância intrínseca, mas sua relevância para a situação de Arjuna. Ao mesmo tempo, ela o recorda de que seja qual for o método mental que adote para tornar-se estabelecido na Realidade – seja o caminho da ação ou da renúncia – uma vez que este torna-se estabelecido, a infusão do Ser na natureza da mente é a mesma e traz com ela a mesma visão equilibrada. Apesar de parecerem diferentes no modo de vida ou no tipo de atividade, aqueles que são realizados têm isto em comum: sempre possuem uma visão e compreensão equilibradas.

Tendo falado sobre o estado mental interior do homem realizado e de sua natureza durante a experiência do mundo exterior, o Senhor, no verso seguinte, descreve seu comportamento para com os outros na sociedade.

VERSO 9

सुहृन्मित्रार्युदासीनमध्यस्थद्वेष्यबन्धुषु
साधुष्वपि च पापेषु समबुद्धिर्विशिष्यते

Suhṛinmitrāryudāsīnamadhyasthadweshyabandhushu
sādhushwapi cha pāpeshu samabuddhir vishishyate

Distinguido é aquele cujo intelecto é equilibrado
entre simpatizantes, amigos e inimigos,
entre os indiferentes e os imparciais,
entre pessoas odiosas e entre gentis,
entre os santos assim como entre os pecadores.

"Intelecto equilibrado": por causa de seu estado interior de eterno contentamento, a mente de um *Yogī* permanece em silêncio. Com base neste silêncio, seu intelecto é equilibrado. Isto não significa que ele se comporte da mesma maneira com todos. Um *Yogī* não cria confusão nos vários campos do relacionamento ao deixar de reconhecer as devidas diferenças. Sua compreensão, baseada na unidade da vida, não vacila em meio a toda variedade de relacionamentos. Ele permanece com "intelecto equilibrado".

No verso anterior, foi considerado um *Yogī* o homem que tem visão equilibrada enquanto experimenta os objetos. A visão equilibrada descrita naquele verso pertence a um *Yogī*, tenha ele alcançado este estado por meio do caminho de Sāṁkhya ou de *Karma Yoga*. O presente verso estabelece o padrão para um *Yogī* que é "distinguido".

Até agora, o Senhor devotou este capítulo a descrever tudo que a prática da meditação pode realizar para o homem; nos versos seguintes Ele explica os detalhes da prática.

VERSO 10

योगी युञ्जीत सततमात्मानं रहसि स्थितः
एकाकी यतचित्तात्मा निराशीरपरिग्रहः
Yogī yunjīta satatam Ātmānaṁ rahasi sthitaḥ
ekākī yatachittātmā nirāshīr aparigrahaḥ

O *Yogī* deve sempre recolher-se
permanecendo em isolamento, sozinho,
sua mente e corpo subjugados,
sem nada esperar, sem posses.

"Recolher-se" significa meditar. A maneira pela qual o *Yogī* recolhe-se é mencionada no verso 27 do Capítulo V e é detalhada nos próximos cinco versos deste capítulo.

"*Yogī*" não significa aqui um *Yogī* realizado. Um *Yogī* realizado não tem mais nenhuma necessidade de continuar a prática para atingir o estado mais elevado, pois ele já o alcançou. Uma vez que a necessidade da prática está sendo explicada, "*Yogī*" neste contexto significa um aspirante ao Yoga. Ao mesmo tempo, a palavra "*Yogī*" indica aquele que atingiu o estado de União. Portanto, a palavra é melhor compreendida aqui como referindo-se a um homem que experimentou o estado de consciência do Ser, ou *Samādhi*, mas ainda não atingiu Consciência Cósmica – *Nitya-samādhi* ou *Jīvan-mukti*. Este *Yogī* deve concentrar-se na prática para que esta Consciência do Ser possa tornar-se contínua e estabelecida na natureza da mente, a um tal grau, que mesmo quando a mente está fora, no campo da experiência relativa, ela nunca está fora do estado do Ser. Este é o estado de Consciência Cósmica, o estado de um *Yogī* realizado. Para chegar à Consciência Cósmica, o *Yogī* deve meditar em silêncio e então sair para a atividade.[222] Neste verso, o Senhor deseja enfatizar que quando um *Yogī* medita, deveria sempre fazê-lo sob as seguintes condições:

1. permanecer em isolamento,
2. sozinho,
3. sua mente e corpo subjugados,
4. sem nada esperar,
5. sem posses.

"Isolamento" é essencial porque o processo da Meditação Transcendental, que é um meio direto para a mente chegar à Consciência de Bem-Aventurança transcendental, é um processo delicado. Deve-se permitir que ela siga seu caminho sem impedimentos. Se o local de meditação não é isolado, há mais possibilidades de perturbação. Durante a meditação a mente engaja-se nos níveis mais profundos do processo de pensamento; se ela é perturbada e repentinamente forçada a sair para os níveis superficiais da percepção sensorial experimentará um grande contraste entre os campos sutil e superficial de percepção. Este contraste repentino prejudicará a serenidade da mente e irritará o sistema nervoso.

"Sozinho": se o homem não medita sozinho, então o sentimento de ter alguém à sua volta, ou olhando para ele, impedirá a suavidade do processo de transcender. Qualquer uma destas influências, freando a marcha da mente em direção à Consciência de Bem-Aventurança, trará uma tensão indevida à mente e produzirá um estresse correspondente no sistema nervoso.

"Mente e corpo subjugados": a palavra "subjugados" é de especial interesse. A mente é "subjugada" pela experiência de felicidade.[223] Durante a meditação, à medida que a mente experimenta estados cada vez mais sutis do pensamento, ela experimenta um encanto crescente a cada passo. Esta crescente felicidade mantém a mente firme no processo da meditação. Quando a mente é subjugada desta

---

222 Veja V, 11.
223 Veja III, 43; V, 21; VI, 21.

maneira, o sistema nervoso permanece firme, seguindo o padrão da mente. É assim que "sua mente e corpo" são "subjugados" de uma maneira muito natural.

Seria errado concluir aqui que o *Yogī* deve fazer esforços constantes e extenuantes de controle para ter "sua mente e corpo subjugados".

"Sem nada esperar": quando o Senhor diz que o aspirante deveria "sempre recolher-se permanecendo em isolamento", Ele quer ao mesmo tempo preveni-lo contra qualquer tendência a criar expectativas. Este processo de recolher-se não deveria conter nenhum elemento de expectativa sobre qualquer passo futuro no processo ou, na verdade, de qualquer experiência particular. Ele deveria ser livre de qualquer expectativa de sucesso em chegar à meta. Esta expressão revela o significado do verso 47 do Capítulo II como aplicado à meditação: "Tu tens controle somente sobre a ação, nunca sobre seus frutos".

A advertência contra "esperar" é muito importante. Durante a meditação, quando a mente está engajada em experimentar estados mais sutis do processo de pensamento a caminho de transcender, ela se estabelece no caminho de crescente encanto. Qualquer tendência a ter expectativas ou a esperar serve apenas para tirar a mente de seu caminho. A mente, por natureza, não aprecia este desvio do caminho de crescente felicidade e começa a tensionar-se. Portanto, "esperar" apenas levará a mente a tornar-se miserável, com o resultado de que o corpo também se tensionará. É por isso que o princípio de "sem nada esperar"[224] durante a meditação é revelado aqui.

"Sem posses":[225] a meditação é um processo que leva a mente da consciência das posses à consciência do Ser. Em termos de posses, é um processo de tornar-se sem posses: o Ser é deixado por Si mesmo. A mente perde a consciência do ambiente e do corpo, deixando o *Yogī*, de forma muito natural, sem qualquer consciência de posses. O Senhor fala de estar "sem posses" para indicar que nada ajuda a meditação, pois ela prossegue com base na tendência natural da

---

224 Veja IV, 21.
225 Veja II, 45.

mente de ir a um campo de maior felicidade, e que ao mesmo tempo o processo deixa o indivíduo em um estado onde tudo é abandonado.

Esta expressão também indica que o indivíduo deveria sentar em meditação preparado para perder tudo. Quando a consciência dos objetos externos começa a perder-se, ele não deveria começar a lamentar sua perda. O *Yogī*, quando inicia sua meditação, não deveria tentar agarrar-se a nada. Com uma mente livre, ele deveria ir ao Ser e *ser* – alerta em si mesmo e perdido para o mundo. Como resultado, ele será possuidor do Ser em meio às posses do mundo. A frase "sem nada esperar" expressa o estado do Ser.

Quando o Senhor diz: "sem nada esperar, sem posses", é para mostrar a Arjuna o que realmente acontece à mente durante a meditação. Quando o indivíduo senta-se em meditação, seria incorreto *tentar* não ter quaisquer expectativas ou desejos, não almejar por posses; pois ao tentar, a mente se engajaria no pensamento das posses e outros objetos de desejo para esquecê-los. Tentar esquecer envolve lembrar-se daquilo que se quer esquecer. Isto não deveria ser feito, pois o processo da meditação não avança com base no esquecimento do mundo objetivo das posses, material e grosseiro, mas com base na apreciação de campos mais refinados de experiência. A tentativa de esquecer é baseada na aversão e condenação, enquanto que a experiência de campos mais refinados do pensamento durante a meditação é baseada naquela aceitação espontânea que é a tendência natural da mente na direção de maior felicidade, no caminho da realização de Deus.

Este verso revela a essência da meditação – a prática que facilmente leva a mente à Consciência Transcendental e desta, por meio da infusão espontânea do Ser na atividade, à Consciência Cósmica. Ele não deve ser mal interpretado, como se ensinasse um modo de conduta para a vida como um todo. Este verso não defende uma retirada monástica da vida para um *Yogī*. Ele não deveria ser compreendido como se ensinasse que um *Yogī* deve sempre permanecer fora da sociedade, por si mesmo, sem aspirar a nada ou sem possuir nada.

Se não é feita a distinção entre o tempo da meditação em si e o tempo fora da meditação, então este verso e os que se seguem podem facilmente ser mal-compreendidos.

Os versos seguintes oferecem mais detalhes da prática.

Verso 11

शुचौ देशे प्रतिष्ठाप्य स्थिरमासनमात्मनः
नात्युच्छ्रितं नातिनीचं चैलाजिनकुशोत्तरम्
Shuchau deshe pratishthāpya sthiram āsanam Ātmanaḥ
nātyuchchhritaṁ nātinīchaṁ chailājinakushottaram

Em um lugar limpo,
havendo colocado seu assento firmemente,
nem muito alto nem muito baixo,
havendo colocado erva sagrada,
pele de cervo e pano, um sobre o outro.

"Um lugar limpo" significa que o lugar seja naturalmente limpo ou que tenha sido limpo de poeira e insetos; que seja, se possível, em um ambiente agradável, ou pelo menos não seja feio ou desagradável. Tanto o lugar quanto o assento deveriam ser conducentes à meditação. O meditante deveria sentir-se confortável e satisfeito.

Verso 12

तत्रैकाग्रं मनः कृत्वा यतचित्तेन्द्रियक्रियः
उपविश्यासने युञ्ज्याद्योगमात्मविशुद्धये
Tatraikāgraṁ manaḥ kṛitwā yatachittendriyakriyaḥ
upavishyāsane yunjyād yogam ātmavishuddhaye

Sentado neste assento, havendo focalizado a mente,
com a atividade dos sentidos e o pensamento subjugados,
ele deve praticar Yoga
para a purificação do ser.

O primeiro ponto que o Senhor deseja tornar claro é que a meditação deveria ser realizada na posição sentada, e não deitado ou em pé. Deitar torna a mente embotada; ficar em pé produz um medo de cair quando a mente é profundamente arrastada para dentro. É necessário um estado mental normal para começar a meditação. A mente não deveria estar nem embotada nem muito ativa. Quando ela está embotada, tendendo ao sono, ela perde a capacidade de experimentar. Quando está muito ativa, permanece no campo da experiência grosseira e como que recusa-se a entrar no campo da experiência sutil, assim como alguém muito ativo na superfície da água não afunda. Meditar é deixar a mente afundar no Ser. O processo de afundar não se inicia se a mente está muito ativa, como ela deve estar quando o corpo está em pé. Portanto, o Senhor diz a Arjuna que ele deveria sentar-se para iniciar a meditação.

"Havendo focalizado a mente": a focalização é mais eficientemente alcançada ao permitir-se que a mente seja puxada para estados mais e mais sutis do processo do pensamento.

"Com a atividade dos sentidos e o pensamento subjugados": toda experiência surge da associação da mente com os objetos de experiência por meio dos sentidos. Durante a meditação, a mente começa a associar-se com as esferas mais sutis dos sentidos. Desta forma, continua experimentando aspectos mais e mais sutis do objeto de experiência até que finalmente, associando-se com o nível mais sutil dos sentidos, ela percebe o nível mais sutil do objeto. Então, transcendendo-o, torna-se estabelecida no estado do Ser. As atividades da mente e dos sentidos são assim gradualmente subjugadas.

No estado de consciência absoluta, a mente está livre de todos os modos da ordem relativa e, assim, adquire seu estado mais purificado. Este é o estado de Yoga. O Senhor diz: "praticar Yoga para a purificação do ser". Com isto Ele quer dizer que a prática de adquirir este estado é um meio de ganhar purificação do corpo, da mente e do espírito.

Quando a mente experimenta estados sutis do objeto de meditação, ela se torna muito aguda e refinada. Ao mesmo tempo, a respiração alcança um refinamento correspondente, e este respirar suave e refinado tende a trazer o sistema nervoso de volta ao seu método de funcionamento normal; qualquer funcionamento anormal é restaurado à normalidade. Quando a mente adquire Consciência Transcendental, ela atinge seu estado mais purificado. Ao mesmo tempo, todo o sistema nervoso adquire um estado de alerta em repouso. Neste estado, o corpo se torna um instrumento vivo sintonizado com a natureza divina.[226] Este é o estado mais purificado do corpo.

Quanto à purificação do espírito, ou ser, o estado puro do espírito é o Ser, que é Consciência Pura, universal e ilimitada. Por meio da prática da meditação, quando a mente atinge esta consciência, o espírito individual, limitado pelo tempo, espaço e causação, encontra sua natureza cósmica ilimitada. Com a prática, este estado se torna permanente e o Ser é experimentado como completamente separado da atividade. Este é o estado mais purificado do ser, ou do espírito.

É assim que a prática do Yoga, isto é, a Meditação Transcendental, resulta na purificação do ser.

É interessante notar que no verso 11 do Capítulo V, o efeito de purificação do ser foi atribuído à ação desempenhada por um *Yogī*. Este ensinamento torna-se significativo por intermédio da prática do Yoga.

Verso 13

समं कायशिरोग्रीवं धारयन्नचलं स्थिरः
संप्रेक्ष्य नासिकाग्रं स्वं दिशश्चानवलोकयन्

Samaṁ kāyashirogrīvaṁ dhārayann achalaṁ sthiraḥ
saṁprekshya nāsikāgraṁ swaṁ dishash chānavalokayan

Firme, mantendo o corpo, a cabeça
e o pescoço eretos e imóveis,
havendo direcionado sua atenção à frente de seu nariz,
sem olhar em nenhuma direção;

Descreve-se aqui a arte de ser firme. Quando o pescoço e a cabeça estão eretos, alinhados com a espinha, o caminho da respiração está limpo, a inalação e a exalação são suaves e sem bloqueios. Isto elimina a possibilidade de qualquer movimento não natural do corpo.

Tendo mostrado o método de aquietar o corpo, o Senhor explica como aquietar os sentidos. A visão é o mais ativo dos sentidos, e se ela é acalmada os outros sentidos a seguirão muito naturalmente. O

---

226 Veja IV, 38.

sentido da visão, como todos os sentidos, funciona por intermédio da mente. A atividade da mente envolve a respiração. Portanto, para coordenar a mente, os sentidos e a respiração, a atenção é levada "à frente de seu nariz", o ponto onde a respiração e a linha normal de visão se encontram. O efeito disso é estabelecer coordenação entre as atividades da mente, dos sentidos e da respiração e remover quaisquer anormalidades destas funções. Isto acalma a mente e a torna focalizada; aquieta os sentidos e refina a respiração.

"Havendo direcionado sua atenção" significa direcionando-a e soltando-a, sem continuar a olhar fixamente.

"Sem olhar em nenhuma direção" significa primeiro, sem olhar para aqui ou para ali; segundo, sem fixar o olhar agudamente mesmo na direção da frente do nariz; e terceiro, fechando os olhos.

O ensinamento dado aqui é geralmente mal-compreendido em termos de concentração na ponta do nariz. Shankara diz que caso se quisesse dizer aqui para fixar a atenção na ponta do nariz, a mente seria deixada com o nariz, mas sem Deus.

A postura descrita aqui é livre de qualquer tensão no corpo, mente, sentidos ou respiração.

Este verso prepara a plataforma de onde a mente mergulha no Ser. Ele oferece uma técnica por meio da qual o indivíduo tira a atenção da multiplicidade do mundo exterior para um estado calmo e quieto, mesmo permanecendo ainda no campo da experiência exterior. A partir daqui o processo da meditação leva a mente para dentro.

Verso 14

प्रशान्तात्मा विगतभीर्ब्रह्मचारिव्रते स्थित:
मन: संयम्य मच्चित्तो युक्त आसीत मत्पर:

Prashāntātmā vigatabhīr brahmachārivrate sthitaḥ
manaḥ saṁyamya machchitto yukta āsīta matparaḥ

Com seu ser profundamente em paz, livre do medo,
estabelecido no voto de castidade,
com a mente subjugada e o pensamento entregue a Mim,
ele deve sentar-se unido percebendo-Me como o Transcendente.

"Com seu ser profundamente em paz" significa que a mente está estabelecida no caminho de crescente encantamento, trazendo maior contentamento a cada passo e preenchendo o ser do indivíduo com silêncio e paz cada vez mais profundos. Este é um estado onde não há nenhum elemento perturbador. Não é o estado de sono profundo porque neste o sentido do ser é perdido. É um estado onde a paz é profunda e o sentido do ser não é perdido. É um estado de Consciência Pura. A mente elevou-se do campo da experiência sensorial para o estado do Ser, o estado de profunda paz.

"Livre do medo": no caminho de crescente felicidade, durante a meditação, não há chance para o medo. As Upanishads declaram que o medo vem com o sentido de dualidade. Livre do medo significa livre do campo da dualidade. O verso anterior mostrou a mente recolhida do campo da diversidade; neste verso ela adquire liberdade do sentido de dualidade. Durante o movimento para dentro da meditação, a mente começa a perder o sentido de dualidade, começa a mover-se para fora do campo do medo. Uma vez iniciado, este processo põe um fim à dualidade e dá lugar à Consciência Transcendental, na qual não há possibilidade de medo.

"Estabelecido no voto de castidade": isto não significa que a prática prescrita aqui seja apenas para aqueles que fizeram um voto de castidade. No presente contexto, o Senhor não está tratando de nenhum aspecto grosseiro do modo de vida do aspirante, se ele fez ou não qualquer voto de castidade. Cada expressão neste verso dá uma profunda visão do estado da mente durante o movimento para dentro da meditação, e é neste sentido que as palavras "estabelecido no voto de castidade" deveriam ser entendidas.

Todas as energias de um homem que fez um voto de castidade são sempre direcionadas para cima, toda a corrente do corpo, mente e sentidos sendo canalizada em direção aos níveis mais elevados de evolução, sem que haja qualquer chance para que esta energia flua para baixo. Da mesma forma, quando a mente do meditante mergulha profundamente, isto também tem o efeito de direcionar para cima a energia vital nas diferentes esferas do seu corpo, sentidos e mente, em direção ao nível mais elevado de evolução, não permitindo, ao mesmo tempo, nenhuma chance de um fluxo descendente de qualquer energia corporal, sensorial ou mental. Cada aspecto de sua individualidade converge em consciência universal no campo transcendental do Ser. Uma vez que a Meditação Transcendental traz consigo uma contínua elevação da mente em direção à Consciência do Ser eterno, ela pode ser comparada ao voto de castidade, por meio do qual toda a corrente da vida de um celibatário eleva-se sempre em direção a esta consciência suprema.

Portanto, não é o ato de fazer um voto que é enfatizado aqui, mas sim o fluxo ascendente, firme e garantido, da energia do indivíduo no caminho da busca divina. Isto acontece durante o processo da Meditação Transcendental e também na vida de um celibatário – ele se torna *ūrdhwaretas*, o que significa que sua energia flui somente na direção ascendente.[227]

"Com a mente subjugada": tendo colocado a mente sob a influência do Ser eterno. Isto acontece em Consciência Transcendental e, portanto, também em Consciência Cósmica e Consciência de Deus. Este é o ponto central do presente verso; todas as suas outras expressões se seguem a partir desta.

A expressão "com a mente subjugada" não significa que a mente deve ser controlada contra sua inclinação natural e forçada a ir na direção do Transcendente. Disciplinar a mente tentando controlá-la não é o meio para estabelecer a mente no Ser. Este verso oferece um método simples para a realização da Verdade e não a torna de nenhuma forma complicada ou difícil. Aqui, "mente subjugada" significa tanto o estado natural de calma da mente em Consciência Transcendental quanto sua tendência natural de fluir livremente no canal único que leva à bem-aventurança transcendental, pois, durante a meditação, ela experimenta maior encanto em cada passo para dentro. A mente é subjugada muito naturalmente, atraída para o Transcendente pelo crescente encanto, e não forçada pela vontade, pressão da disciplina ou controle.

---

227 O rubor que aparece na face durante a meditação vem do fluxo de energia ascendente.

"Pensamento entregue a Mim" significa pensamento submetido a Mim, que sou o Senhor supremo de toda a criação.[228] "Pensamento entregue a Mim"[229] não significa pensar em "Mim". Significa entregar a própria autoria dos pensamentos. Isto por sua vez não significa que o indivíduo pare de pensar, significa entreter pensamentos no estado de não-apego, onde o Ser permanece desapegado do processo de pensar, permanece em Sua liberdade eterna, enquanto toda a atividade é naturalmente entregue a Deus, que é a base de toda a vida do cosmos.

No presente contexto, no entanto, "pensamento entregue a Mim" é melhor considerado como se referindo ao tempo da meditação. As palavras do Senhor indicam que quando os pensamentos aparecem não se deve lutar contra eles, não se deve tentar direcionar a mente contra eles ou tentar fugir deles; deve-se lidar com eles inocentemente. Deixe seguir de acordo com a vontade de Deus. Prossiga com a sua meditação de uma maneira relaxada e despreocupada com os pensamentos, como se já os tivera entregue a Deus.

Durante a meditação, o indivíduo não deve fingir estar entregando os pensamentos a Deus, deve tratá-los como se já os tivera entregue a Ele e não mais pertencessem a si; o indivíduo permanece completamente indiferente a eles.

"Ele deve sentar-se unido": ele deve estar em Consciência Transcendental, ou sua mente deve estar firmemente estabelecida em Consciência Cósmica ou Consciência de Deus. A expressão "sentar-se unido" não tem nenhuma relação com atividade ou inatividade. Significa apenas que nos estados de Consciência Transcendental e Consciência Cósmica, a infusão do Ser na natureza da mente é tão completa que esta fica totalmente fixa e absorvida Nele; e que no estado de Consciência de Deus, a mente é completamente controlada pela Unidade da vida. Nos estados de Consciência Cósmica e Consciência de Deus esta União permanece a mesma, esteja a mente ativa ou inativa.

"Percebendo-Me como o Transcendente": esta expressão torna claro todo o significado do presente verso, pois ela traz à luz o estado de entrega. A entrega deve ser no nível da Consciência Pura, no

---

228 Veja V, 29.
229 Veja também IV, 19, 20.

nível da vida em si, no nível do Ser – não no nível do pensar, sentir ou compreender.

Verso 15

युञ्जन्नेवं सदात्मानं योगी नियतमानसः
शान्तिं निर्वाणपरमां मत्संस्थामधिगच्छति

Yunjann evaṁ sadātmānaṁ yogī niyatamānasaḥ
shāntiṁ nirvāṇaparamāṁ matsaṁsthām adhigachchhati

Recolhendo-se sempre assim,
o *Yogī* de mente disciplinada atinge a paz,
a suprema liberação que reside em Mim.

"Recolhendo-se sempre assim": esta expressão refere-se à prática explicada nos quatro versos anteriores. Quando o *Yogī* senta para meditar, ele continua a recolher sua mente, isto é, ele a leva de volta ao estado "subjugado" descrito no verso anterior.

O uso pelo Senhor da palavra "recolhendo-se", em vez de "recolhendo a mente", é significativo. "Recolhendo-se" significa recolhendo todos os aspectos do seu ser: corpo, respiração, sentidos e mente. Isto acontece quando a mente entra na esfera da experiência mais sutil no caminho para adquirir Consciência Pura. Todos os sentidos começam a convergir e reúnem-se no oceano silencioso do Ser, a atividade do mecanismo interior do corpo começa a cair naquele silêncio, e a respiração recolhe-se naquele nível silencioso da respiração cósmica. Todos os diferentes constituintes do indivíduo começam a reunir-se naquele nível do Ser puro. Isto acontece automática e simultaneamente para a mente, os sentidos, a respiração e o corpo.[230] A expressão "recolhendo-se" indica assim o processo da Meditação Transcendental, que resulta diretamente no estado a que se referiu o Senhor ao instruir: "Esteja sem os três *Guṇas*".

---

230 Veja IV, 38.

"Sempre" significa que a[231] única preocupação do *Yogī* durante a meditação é a de permanecer recolhido ou engajado no processo de recolher-se. Ou ele permanece recolhido no estado do Ser puro mencionado no verso anterior ou, se em qualquer momento toda a estrutura do recolhimento se perde, ele deve recolher-se novamente. Ele deve estar sempre engajado desta maneira. O significado da palavra "sempre" está restrito ao período de tempo da meditação. Ele não se estende a todas as vinte e quatro horas do dia do *Yogī*.

"O *Yogī* de mente disciplinada": esta expressão colocada imediatamente após "recolhendo-se" dá uma visão profunda da técnica de "recolher-se". Como o *Yogī* recolhe-se quando perde o estado de recolhimento durante a meditação? Por meio da "mente disciplinada", por meio de uma mente que é ordenada, suave e harmoniosa em seu funcionamento, de tal forma que suas ações sejam fáceis e tranquilas. A mente fica tranquila e naturalmente disciplinada entre o "recolher-se" e o recolhimento e novamente entre o estado de recolhimento e o "recolher-se". Isto quer dizer que, quando a mente sai do caminho da meditação, o *Yogī* a traz de volta tranquilamente, sem qualquer movimento brusco, sem causar tensão. Durante a meditação, a prática de manter todas as situações de maneira delicada desenvolve disciplina na mente, que, então, para de vaguear sem razão e desnecessariamente no campo exterior da atividade.

"Atinge a paz": durante a meditação, quando a mente é recolhida, ela entra na experiência de estados mais sutis do pensamento. Experimentando crescente encanto a cada passo, a mente torna-se mais e mais satisfeita, e isto traz paz a ela.

"A suprema liberação": tendo usado a palavra "paz", o Senhor quer tornar clara a natureza desta paz para diferenciá-la daquela que o homem pode adquirir durante o sono – quando o fardo do pensamento foi suspenso por um instante – ou por meio da satisfação nos vários campos da vida. Portanto, Ele acrescenta que esta paz é a suprema liberação. Aquele que começa a meditação da maneira correta, sob a orientação de uma pessoa qualificada,[232] certamente de-

231 Veja II, 45.

232 Veja Apêndice: Meditação Transcendental.

senvolve em si mesmo o estado de paz duradoura e liberação eterna enquanto leva uma vida ativa no mundo.

"Que reside em Mim": a suprema liberação não está em nenhum poder soberano, ou poder da Natureza, mas em Mim, o grande Senhor de toda a criação. Em virtude do Meu Ser, este poderoso Universo, de grandes e contrastantes elementos, existe eterna e espontaneamente, enquanto Eu permaneço não-envolvido. Esta é "a suprema liberação que reside em Mim", diz o Senhor, e este estado não-envolvido da mente é desenvolvido pela "mente disciplinada", à medida que esta cresce em "paz"[233] e atinge Consciência de Deus.

Pode-se notar que este verso declara o resultado da prática como sendo paz e liberação, enquanto o verso 28 declara ser infinita alegria. Nenhuma referência é feita aqui a esta alegria, pois, como o verso 28 mostrará, a alegria é a consequência de uma vida "livre de mácula", e esta é produzida por intermédio da prática descrita no presente verso.

Verso 16

नात्यश्नतस्तु योगोऽस्ति न चैकान्तमनश्नतः
न चातिस्वप्नशीलस्य जाग्रतो नैव चार्जुन

Nātyashnatas tu yogo 'sti na chaikāntam anashnataḥ
na chātiswapnashīlasya jāgrato naiva chārjuna

Yoga, na verdade, não é para aquele que come demasiado
nem para aquele que nada come, ó Arjuna;
não é para aquele que é muito dado a dormir
nem mesmo para aquele que se mantém desperto.

"Come": esta palavra indica alimentar os sentidos com seus objetos. Os sentidos não devem ser alimentados com os objetos de sua satisfação de forma tão excessiva a ponto de superalimentá-los, nem devem ser completamente privados da experiência deles.[234]

---

233 Veja verso 3, que diz que a "calma" é o meio.

234 Veja II, 64, 67.

"Dormir" significa um estado onde os sentidos da experiência não estão ativos, enquanto "desperto" denota o estado oposto. Afirma-se aqui que se um homem é "muito dado a dormir" ou muito dado a se manter desperto, então, ele achará difícil elevar-se acima dos estados de vigília e sono; e elevar-se acima deles é absolutamente essencial para o Yoga.[235]

É um axioma comum o fato de que qualquer coisa em excesso é ruim. Mesmo a comida, que é a fonte de energia, cria embotamento e ineficiência quando se come muito ou pouco dela. Aqui, o Senhor previne sobre o excesso nas duas direções. Em ambos os casos a mente torna-se embotada e deixa de alcançar estados refinados de experiência durante a meditação. Permanecendo no campo da experiência grosseira, ela tende à passividade. Isto é um desperdício da preciosa existência humana, que se destina à expansão da felicidade e à realização de um estado integrado de vida, o estado de suprema liberação a que se referiu o verso anterior.

O presente verso defende uma rotina normal e confortável na vida diária para o sucesso na prática do Yoga.

Verso 17

युक्ताहारविहारस्य युक्तचेष्टस्य कर्मसु
युक्तस्वप्नावबोधस्य योगो भवति दुःखहा

Yuktāhāravihārasya yuktacheshtasya karmasu
yuktaswapnāvabodhasya yogo bhavati duḥkhahā

Para aquele que é moderado na alimentação
e na recreação, moderado em esforço nas ações,
moderado no sono e na vigília,
para ele é o Yoga que destrói a dor.

Aqui está o amplo princípio a ser seguido por aquele que deseja viver uma vida de paz e felicidade interior integradas com uma atividade

235 Veja II, 69, comentário.

bem-sucedida no mundo exterior. O corpo deveria receber o repouso necessário, e o indivíduo deveria engajar-se na atividade, mas não a ponto de entrar em um estado de exaustão. A recreação deveria ser na proporção correta, para que não seja muita nem pouca. O Senhor quer dizer que a vida deveria fluir de uma maneira regular, com uma medida apropriada de atividade e com cada coisa recebendo seu valor certo. Deve-se evitar excesso em todas as coisas e ser regular na meditação, pois isto resultará no estado de paz interior e liberdade da escravidão descrito no verso 15.

"Yoga", União, não é apenas um estado onde a mente está fixada em Consciência Divina. É ao mesmo tempo um estado de vida individual onde cada aspecto do ser está em perfeita harmonia com a vida divina e com a vida na Natureza. Este estado só pode tornar-se permanente quando o sistema nervoso físico é suficientemente cultivado para mantê-lo. Como afirmou-se no comentário do verso 15, a mente está em sintonia com a mente cósmica, ou inteligência de Deus, enquanto o funcionamento do corpo coloca-se em sintonia com o funcionamento da Natureza cósmica. Os sentidos elevam-se ao auge de suas capacidades para experimentar e desfrutar objetos no nível do jogo divino. Mas para o corpo, os órgãos e os sentidos funcionarem em sua forma mais natural, de pleno acordo com as Leis da Natureza, é absolutamente essencial que a rotina de vida seja moderada, que tudo conectado com alimento e atividade permaneça dentro dos limites da moderação, que o equilíbrio seja mantido.

"Moderado no sono e na vigília": em seu sentido mais elevado, esta expressão indica que o indivíduo envolve-se[236] apenas moderadamente nos estados de sono e vigília. Isto significa que o estado de vigília, o estado de conhecer e experimentar o mundo objetivo, é mantido principalmente pelos sentidos, enquanto a mente é mantida principalmente no Ser. E no estado de sono, o corpo e os sentidos são completamente retirados da atividade, mas a mente não é dominada pelo sono: apesar de desligada de toda a atividade, ela está desperta em sua consciência. Assim o homem é "moderado no sono e na vigília", no sentido de não estar completamente absorvido neles.

236 Veja II, 69.

"Moderado na alimentação": para ser moderado na alimentação é necessário manter todo o sistema funcionando normalmente. Com a meditação regular, pela manhã e ao anoitecer, o funcionamento dos mecanismos interiores é mantido em condição normal,[237] e o indivíduo torna-se, por natureza, "moderado na alimentação e na recreação".

"Recreação" significa re-criação do funcionamento normal de todo o sistema, para que possa ser capaz de operar em sua capacidade máxima. Quando certos mecanismos do corpo foram expostos a tipos específicos de atividade, eles se tornam cansados, e o homem perde eficiência naquela atividade. Quando ele se engaja em outro tipo de atividade, outros mecanismos tornam-se ativos e aqueles cansados descansam, readquirindo desta forma sua eficiência. A isto chama-se recreação. Aquelas formas de recreação que são baseadas em uma mudança de atividade no campo exterior da vida, não re--criam todo o sistema de uma só vez e, portanto, não renovam a eficiência a seu nível máximo. A Meditação Transcendental re-cria, pois produz um estado de alerta em repouso para o sistema inteiro e o rejuvenesce, realizando assim o propósito da recreação.

"Moderado em esforço nas ações" significa que o indivíduo não deve exaurir-se ao trabalhar. Isto implica primeiro, que ele deveria ser forte o suficiente para não cansar-se – em outras palavras, ele deveria ser enérgico, alerta e livre de preguiça; e segundo, que a atividade deveria ser de acordo com seu próprio *Dharma*,[238] coerente com as Leis da Natureza,[239] caso contrário a Natureza oferece seu protesto silencioso contra o esforço, e o indivíduo é compelido a fazer um grande e excessivo "esforço nas ações". A prática regular da Meditação Transcendental realiza estas duas necessidades, pois oferece maior energia e produz harmonia na Natureza.

É incorreto supor que ser "moderado em esforço nas ações" é um requisito para o Yoga. Esta qualidade cresce à medida que a prática avança. Não é algo que pode ser atingido sem transformar-se a própria natureza do homem e de seu ambiente. À medida que a

237 Veja verso 14, comentário.

238 Veja I, 1, comentário.

239 Veja Apêndice: Lei Cósmica (Lei Natural).

prática da meditação avança, ela transforma, sem esforço, tanto a natureza interior do homem quanto a influência de seu ambiente. Isto automaticamente o torna "moderado em esforço nas ações".

Cada condição colocada neste verso dá ênfase à moderação, que é produzida da forma mais eficaz por meio da prática regular da Meditação Transcendental. Portanto, a Meditação Transcendental pode ser vista como a forma mais eficaz de recreação.

"Yoga que destrói a dor": foi dito anteriormente que o estado transcendental de consciência é o estado de Yoga. Este é indubitavelmente um estado de bem-aventurança. Mas como a bem-aventurança, que está no estado transcendental, ajuda a acabar com a dor e o sofrimento no campo relativo da vida? Ao pegar-se a bem-aventurança transcendental e trazê-la de volta ao campo da existência relativa, a bem-aventurança começa a dominar a esfera na qual dores e sofrimento prevalecem. A expressão "Yoga que destrói a dor" torna claro que os diferentes pontos que este verso levanta em relação à conduta formam uma parte essencial da prática estabelecida para transformar Consciência Pura Transcendental em Consciência Cósmica.[240]

Somente o modo geral de conduta, explicado neste verso, permitirá que a bem-aventurança experimentada na meditação possa ser infundida na fase relativa da existência. Seu único propósito é o de prevenir o aspirante a não dar demasiada importância a qualquer aspecto da vida relativa. Basta apenas que ele leve as coisas em sua devida proporção, e cada aspecto de sua vida permanecerá sem tensão. É este nível harmonioso de existência que oferece a base na qual o Ser divino pode ser vivido no mundo. Isto é explicado mais em detalhe pela palavra "unido" no verso seguinte.

240 Veja verso 25.

VERSO 18

यदा विनियतं चित्तमात्मन्येवावतिष्ठते
निःस्पृहः सर्वकामेभ्यो युक्त इत्युच्यते तदा

Yadā viniyataṁ chittam Ātmanyevāvatishthate
niḥspṛihaḥ sarvakāmebhyo yukta ityuchyate tadā

Quando sua mente, completamente aquietada,
está estabelecida somente no Ser,
quando ele está livre do ardente desejo por qualquer prazer,
então diz-se que ele está unido.

Esta é uma descrição do estado mental alcançado pela prática descrita nos versos anteriores.

"Sua mente completamente aquietada": isto se refere à Consciência Transcendental, onde a mente tornou-se um ilimitado e silencioso oceano de Consciência Pura, sem uma única onda de pensamento. Também pode ser dito que se refere à Consciência Cósmica, onde a calma do oceano não é perturbada apesar das ondas de pensamento e experiência.

Pode-se argumentar que a própria natureza da mente é a de tornar-se completamente assentada em qualquer objeto de experiência. Pois não foi isto mencionado no verso 67 do Capítulo II, que o intelecto do homem é carregado pelos sentidos "como um barco... pelo vento na água"? Sendo este o caso, puxada pela força dos sentidos, não se torna a mente completamente assentada ao contato dos sentidos com seus objetos e desfruta a felicidade deles derivada?[241]

Para não dar margem a tais argumentos e evitar incompreensão, o Senhor diz: "estabelecida somente no Ser". Esta expressão tem seu significado em dois níveis: no nível da Consciência Transcendental e no nível da Consciência Cósmica. No nível transcendental não há nada, somente o Ser. A natureza do Ser é Consciência Pura, inteligência cósmica, existência cósmica, vida cósmica, Ser eterno, Bem-Aventurança Absoluta. Ele é transcendente, sempre o mesmo,

---

241 Veja II, 14.

imperecível. Ele é "menor que o menor de todos", ele é o silêncio. A palavra "Ser" expressa a inexpressável e transcendental Verdade da vida. A mente, vindo a este campo, perde sua individualidade e adquire sua verdadeira natureza como Ser puro.

No nível da Consciência Cósmica, a expressão "estabelecida somente no Ser" significa que em meio a todo comportamento, na atividade ou no silêncio dos estados de vigília, sonho ou sono, o homem experimenta o Ser como completamente separado do campo da atividade, e assim permanece estabelecido somente no Ser. As variadas experiências da vida não conseguem ensombrecer este estado de existência cósmica e completa realização que a mente adquiriu.

Tendo explicado o caráter estável e equilibrado da mente no estado de satisfação eterna, o Senhor vira-Se para o valor prático deste estado de mente; pois um princípio ou estado de mente que não tenha uso prático na vida diária é de pouca importância neste mundo. O Senhor disse a Arjuna que o Yoga que Ele está apresentando aqui foi dado aos primeiros governantes do mundo,[242] colocando-o desta forma em um nível muito prático. Além disso, por toda a exposição, ao final de todas as passagens de natureza altamente espiritual e abstrata, o Senhor diz algo para vinculá-las à vida prática. Aqui Ele diz: "livre do ardente desejo por qualquer prazer".

"Livre do ardente desejo por qualquer prazer" significa realizado. O desejo ardente por prazer surge da falta de contentamento, que pode existir pelo fato dos objetos dos sentidos não estarem disponíveis, ou pela inabilidade dos sentidos em experimentar a alegria que está disponível.[243] Mas uma vez que o homem está estabelecido no estado descrito neste verso, ele está eternamente satisfeito, e este estado de duradouro contentamento não deixa lugar a qualquer desejo ardente por prazeres.[244]

Este estado de liberdade "do ardente desejo por qualquer prazer" é no âmbito daquela realização completa da vida onde o ser individual é um só com o Ser cósmico. É no nível da "liberdade eterna em

242 Veja IV, 1, 2.
243 Veja II, 59.
244 Veja III, 17, 18; VI, 2.

Consciência Divina";[245] no nível de "manter tua consciência no Ser";[246] no nível da União e do conhecimento.[247] Ele realiza as aspirações expressas pelo verso 55 do Capítulo II e pelo verso 38 do Capítulo IV, e satisfaz o nível de realização dado no verso 8 do Capítulo V.

Este estado é no nível onde os caminhos de Sāṁkhya e *Karma Yoga* encontram-se para alcançar realização em uma meta comum, como trazido à luz pelo verso 5 do Capítulo V.

"Unido": no verso 8, esta palavra foi usada para indicar equilíbrio de visão; aqui, como no verso 14, ela recebe um significado mais amplo. Ela é usada em termos de todo o ser, abrangendo todo o campo da mente, seu silêncio e seus desejos e atividades, todo o campo da vida que está entre os dois extremos, escravidão e liberdade eterna, entre o homem individual e o Divino cósmico. Ela denota vida em Consciência Cósmica, que inclui o relativo e o Absoluto.

Verso 19

यथा दीपो निवातस्थो नेङ्गते सोपमा स्मृता
योगिनो यतचित्तस्य युञ्जतो योगमात्मनः

Yathā dīpo nivātastho nengate sopamā smṛitā
yogino yatachittasya yunjato yogam Ātmanaḥ

Uma chama que não oscila
em lugar sem vento – a isto
é comparado o *Yogī* de pensamento dominado
praticando União com o Ser.

Este verso pode ser comparado com o verso 69 do Capítulo II, que diz que na noite de todos os seres o homem autocontrolado está alerta. Mas a alegoria no presente verso é mais profunda, pois enquanto a expressão no segundo capítulo está no contexto dos sentidos e no

---

245 Veja V, 24-26; II, 55-72.
246 Veja III, 30.
247 Veja IV, 10, 18-24, 35, 41; V, 7, 19-21, 23; VI, 4, 8.

controle destes,[248] a chama no lugar sem vento representa "pensamento", firme em si mesmo, livre da influência dos sentidos.

Isto ilustra a razão da diferença entre as exposições dos homens iluminados em diferentes épocas. Quando estes homens aparecem para explicar a Verdade, suas formas de expressão e profundidade de pensamento dependem do momento e das circunstâncias à sua volta. Suas exposições dependem da pureza da consciência daqueles que as ouvem. Neste estágio, a consciência de Arjuna tornou-se pura o suficiente para compreender com exatidão o estado do "*Yogī* de pensamento dominado praticando União com o Ser".

Deve-se notar que qualquer experiência objetiva ocorre em função da associação da mente com o objeto por meio dos sentidos. Por exemplo, se o indivíduo está meditando em um pensamento, a experiência dos estados superficiais e sutis daquele pensamento é originada da associação da mente com o sentido da fala.

Durante a meditação, o objeto de experiência continua a ser percebido em seus estados cada vez menores, mas quando o estado mais sutil da experiência foi transcendido, então a mente está livre da influência de ambos, do objeto e do sentido por meio do qual ela estava experimentando. Enquanto a mente está influenciada pelos sentidos e por seus objetos, ela é como uma chama oscilante ao vento, mas uma vez fora da influência deles ela torna-se estável, como "uma chama que não oscila em um lugar sem vento".

Enquanto a mente está associada com o objeto, ela é a mente experimentadora; mas quando o objeto de experiência diminui a ponto de desaparecer, a mente deixa de ser mente experimentadora. A mente consciente torna-se consciência. Mas durante este processo de transformação, ela adquire primeiro o estado puro de sua própria individualidade.

É interessante notar que o verso não fala da mente, mas do "pensamento" sendo firme. A palavra sânscrita usada é "*Chitta*", que significa aquele aspecto da mente que é uma quieta e silenciosa coleção de impressões, ou sementes de desejos. *Chitta* é como água sem ondas. Ela é chamada de *Manas*, ou mente, quando surgem ondas.

---

248 Veja II, 68.

Quando a mente adquire este estado de *Chitta*, ou "pensamento", então ela permanece firme, como "uma chama que não oscila em um lugar sem vento". Ela mantém sua individualidade no vazio – a plenitude abstrata à sua volta – pois não há nada para ela experimentar. Ela permanece imperturbável, alerta em si mesma.

Imagine uma onda silenciosa em um oceano silencioso, pronta para expandir-se e mergulhar no silêncio das profundezas. O estado da individualidade pura da mente, a individualidade pura do "eu", expressado por este verso, mergulha diretamente na Consciência do Ser Transcendental; isto é expressado pelo Senhor como "União com o Ser": a mente é unida com o Ser divino.

Este estado de União Divina, ou Yoga, é definido em seus diferentes aspectos nos quatro versos seguintes, após os quais seis versos são devotados à transformação da Consciência Transcendental em Consciência Cósmica. Então, três versos trazem à luz a essência do caminho da Consciência Cósmica para a Consciência de Deus, na qual o *Yogī* atinge o auge da realização.

Verso 20

यत्रोपरमते चित्तं निरुद्धं योगसेवया
यत्र चैवात्मनात्मानं पश्यन्नात्मनि तुष्यति

Yatroparamate chittaṁ niruddhaṁ yogasevayā
yatra chaivātmanātmānaṁ pashyann Ātmani tushyati

Aquele (estado) no qual o pensamento,
aquietado pela prática do Yoga, recolhe-se,
no qual, vendo o Ser somente por meio do Ser,
ele encontra contentamento no Ser;

Este verso descreve um passo à frente na prática. Os versos anteriores levaram a mente ao estado onde o pensamento – o intelecto resoluto – permanece por si mesmo, estável e imóvel. O presente verso diz que quando, com a prática continuada, este intelecto estável adquire uma experiência clara de sua individualidade, ele começa a recolher-se. O processo de recolher-se começa com a expansão da individualidade. E quando isto acontece, o intelecto, perdendo sua individualidade, começa a adquirir universalidade, começa a adquirir o status ilimitado do Ser. Ao mergulhar dentro do Ser, ele O cogniza como seu próprio Ser e adquire Consciência de Bem-Aventurança – o *Yogī* "encontra contentamento no Ser".

O Ser, como foi dito no comentário sobre o verso 18, é de natureza transcendental; até que a mente transcenda toda a experiência, ela não conhece o Ser. No processo de transcender toda a experiência, a mente retira-se da experiência de multiplicidade e adquire a experiência de Unidade em sua própria natureza individual. Então, transcendendo seu status individual, ela expande-se no Ser cósmico. Este estado do Ser, o estado de Consciência Transcendental, é aludido pelas palavras: "vendo o Ser somente por meio do Ser".

A palavra "somente" é significativa, pois enfatiza que o Ser transcendental forma Ele mesmo o conteúdo de Seu Ser, e que nada que seja de existência relativa pode cognizá-Lo. Sua pureza, eterna e suprema, é tal que mesmo o aspecto mais refinado da vida individual, o intelecto resoluto, é exterior a Ele e tem sua entrada Nele negada. O intelecto tem que entregar sua existência para encontrar seu lugar no Ser eterno do Ser.

Esta é a glória da natureza do Ser. Tendo retornado ao lar, o viajante encontra paz. A intensidade da felicidade está além do superlativo. A bem-aventurança deste estado elimina a possibilidade de qualquer sofrimento, grande ou pequeno. No brilho da luz do sol nenhuma escuridão pode penetrar; nenhum sofrimento pode entrar na Consciência de Bem-Aventurança, nem pode a Consciência de Bem-Aventurança conhecer qualquer ganho maior que ela mesma. Este estado de autossuficiência deixa o indivíduo estabilizado em si mesmo, realizado em eterno contentamento.

O presente verso forma o início de uma longa sentença que termina no verso 23. Em mais nenhuma parte na Bhagavad-Gītā encontramos uma frase de natureza tão extensa. Isto é porque estes quatro versos apresentam Yoga, o estado de União Divina, em sua completa glória. Este verso traz à luz o estado de União Divina em Consciência Transcendental. O verso seguinte o apresenta em Consciência Cósmica; o terceiro, em termos do supremo logro que é Consciência de Deus; e o quarto, em termos da eliminação do sofrimento.

VERSO 21

सुखमात्यन्तिकं यत्तद्बुद्धिग्राह्यमतीन्द्रियम्
वेत्ति यत्र न चैवायं स्थितश्चलति तत्त्वतः
Sukham ātyantikaṁ yat tad buddhigrāhyam atīndriyam
vetti yatra na chaivāyaṁ sthitash chalati tattwataḥ

Conhecendo aquilo que é alegria infinita
e que, permanecendo além dos sentidos,
é adquirido pelo intelecto, que estabelecido Naquilo,
ele realmente não mais vagueia;

Para saber porque os sentidos não podem experimentar "alegria infinita", é necessário compreender a origem dos sentidos e de seus objetos. A criação começa com *Prakṛiti*, ou Natureza, que expressa-se nos três *Guṇas*: *Sattwa*, *Rajas* e *Tamas*. À medida que o processo da criação continua, os três *Guṇas* manifestam-se como *Mahat Tattwa*, o princípio do intelecto. Este manifesta-se então como *Ahaṁ Tattwa*, o princípio da mente, que por sua vez manifesta-se como os cinco *Tanmātras*, dos quais surgem os cinco sentidos. Então, à medida que o processo de manifestação continua, os cinco *Tanmātras* manifestam-se nos cinco elementos, que se combinam para constituir a criação objetiva inteira.

O alcance da experiência sensorial é limitado ao campo da criação resultante destes cinco elementos. Os sentidos apenas permitem ao indivíduo experimentar as alegrias do mundo objetivo. A bem-aventurança da vida eterna permanece muito além dos sentidos, e imediatamente além do intelecto. Ela pode ser apreciada pelo intelecto, mas não pode ser apreciada pelos sentidos.

O Senhor diz que a alegria infinita é de natureza transcendental; ela é conhecida apenas quando o aspecto mais sutil da relatividade, o intelecto, entrega-se ao Ser transcendental, como foi explicado no verso anterior. Uma vez que ela é conhecida, o indivíduo é de tal forma cativado por ela que nunca mais fica completamente fora de sua influência.

"Adquirido pelo intelecto": apesar da alegria infinita surgir com a entrega do intelecto, mesmo assim diz-se que ele é "adquirido pelo intelecto". Quando o príncipe herdeiro torna-se rei, o príncipe herdeiro deixa de existir, mas mesmo então pode-se dizer que o príncipe herdeiro "adquiriu" majestade. É neste sentido que o estado do Ser transcendental é "adquirido pelo intelecto".

"Não vagueia": no estado de Consciência Transcendental não há possibilidade de atividade, mas a prática continuada de transcender o campo da relatividade cultiva a mente de tal forma que ela permanece estabelecida em bem-aventurança, não vagueando mesmo no campo da atividade.

Este verso traz a característica essencial do Yoga em Consciência Cósmica: "alegria infinita", "permanecendo além dos sentidos", "adquirido pelo intelecto", "estabelecido Naquilo, ele realmente não mais vagueia".

Detalhes deste estado são apresentados nos versos 24 a 29.

Verso 22

यं लब्ध्वा चापरं लाभं मन्यते नाधिकं ततः
यस्मिन्स्थितो न दुःखेन गुरुणापि विचाल्यते

Yaṁ labdhwā chāparaṁ lābhaṁ manyate nādhikaṁ tataḥ
yasmin sthito na duḥkhena guruṇāpi vichālyate

Havendo adquirido aquilo que ele
considera como não tendo ganho maior,
estabelecido no qual ele não é perturbado
mesmo por grande dor;

Esta é a glória do supremo estado de Yoga; o supremo estado da União Divina em Consciência de Deus, a abençoada unidade da vida, na qual "ele considera como não tendo ganho maior". Este é o estado no qual a separação do Ser e da atividade, como experimentada em Consciência Cósmica, encontra sua consumação na Unidade da vida, na Luz de Deus, que não conhece dualidade. A vida torna-se tão em casa com este estado que "ele não é perturbado" por todas as dores e sofrimentos que continuam no aspecto relativo da vida.

A glória desta exposição do Senhor é encontrada nas palavras, "estabelecido no qual ele não é perturbado mesmo por grande dor". Mesmo quando o Senhor apresenta aqui o estado supremo da vida, "havendo adquirido aquilo que ele considera como não tendo ganho maior", Ele o mantém dentro do alcance do coração humano, que é exposto à dor. Na verdade, Ele estende a própria definição deste extremamente abençoado estado de União Divina, ou Yoga, no nível do sofrimento humano. Isto é para indicar como mesmo aquelas fases da vida em extremo contraste com a Divindade são intimamente abrangidas por este estado abençoado de União Divina. O verso seguinte desenvolve este ponto.

Os detalhes do estado de Consciência de Deus são tratados nos versos 30 a 32.

Verso 23

तं विद्याद्दु:खसंयोगवियोगं योगसंज्ञितम्
स निश्चयेन योक्तव्यो योगोऽनिर्विण्णचेतसा

Taṁ vidyād duḥkhasaṁyogaviyogaṁ yogasaṁgyitam
sa nishchayena yoktavyo yogo 'nirviṇṇachetasā

Que esta desunião da união com a dor
seja conhecida pelo nome de Yoga (União).
Este Yoga deve ser praticado com firme decisão
e com o coração determinado.

Este verso apresenta o ensinamento espiritual do Senhor em termos de União em "desunião". Ele mostra que o Yoga é universal; ele é encontrado mesmo no campo da "desunião". O Senhor diz que mesmo a desunião da mente com a dor é União, e que esta União (Yoga) deve ser praticada com determinação e firmeza de mente. Ele quer que todos a pratiquem: aqueles que podem praticá-la em nome da União, devem fazê-la assim; aqueles que não podem, devem fazê-la em nome da desunião. A palavra "União" é para aqueles que podem conceber a bem-aventurança absoluta e desejam possuí-la mesmo ao ponto de se tornarem ela mesma. A palavra "desunião" é para aqueles que não podem conceber esta bem-aventurança, ou acham que não são capazes de aspirar a ela. Mas estes últimos estão certamente familiarizados com a dor em suas vidas, e gostariam de sair do seu alcance. Que eles então comecem esta prática para por um fim à dor, pois não há necessidade de se sofrer na vida quando existe este centro de felicidade dentro de si mesmo.

Nos cinco versos que se seguem é explicado como se deve continuar a praticar este Yoga que coloca um fim a todo sofrimento do indivíduo.

Os versos 20 a 23 foram dedicados à definição de Yoga. O propósito de definir o Yoga em quatro versos é o de mostrar que o Yoga é suficiente para realizar todos os quatro objetivos da vida prescritos pelas escrituras hindus. Estas declararam o propósito da vida como sendo a realização de 1. *Dharma*, 2. *Artha*, 3. *Kāma*, e 4. *Moksha*.

1. *Dharma* é o dever natural do indivíduo, que inclui toda a virtude moral, conduta correta, liberdade, justiça e respeito à lei – todos os princípios que mantêm e apoiam a vida. Todos eles são completamente satisfeitos quando o homem realizou-se. Pois no conhecimento e experiência do Ser, o homem alcança um nível de vida que é a base de toda moralidade, virtude e conduta correta, e a partir do qual ele é capaz de realizar as Leis[249] da Natureza e fazer justiça a toda a criação. O verso 20, ao descrever a Unidade da mente e do Ser, apresenta todas as aspirações do *Dharma* realizadas.

2. *Artha* é realizado no verso 21. *Artha* significa riqueza, negócio, vantagem, utilidade, recompensa e ganho. Com a experiência da bem-aventurança eterna, todas estas aspirações são completamente

249 Veja Apêndice: Lei Cósmica (Lei Natural).

satisfeitas, pois reunir mais e mais meios de felicidade é o único propósito de *Artha* em todos os seus aspectos.

3. *Kāma* é desejo. O desejo naturalmente objetiva a felicidade e a remoção do sofrimento. Todas as aspirações neste nível são satisfeitas quando o homem percebe como realidade a bem-aventurança eterna do Ser. Quando o indivíduo não mais busca ou deseja maior felicidade, então ele realizou-se do ponto de vista de *Kāma*. Ao descrever esta realização, o verso 22 apresenta o máximo de realização de *Kāma*. Ele dá segurança mesmo contra uma grande dor e oferece suprema felicidade.

4. *Moksha* é liberação. O verso 23 declara a liberação de toda dor e sofrimento por meio do Yoga, ou União com o Supremo, como descrito no verso 20.

Estes versos, de 20 a 23, formam os quatro pilares do edifício do Yoga. Eles estão aí para relembrar os homens de todas as gerações de que não é necessário sofrer na vida, que o objetivo da vida é fácil de ser atingido e que todas as aspirações são fáceis de serem realizadas. O caminho é por meio da marcha da mente para o interior, ao localizar silenciosamente o Ser universal escondido, de cuja luz eterna, um único raio é suficiente para dispersar toda a escuridão da ignorância e trazer as bênçãos de Deus todo-poderoso.

Estes versos, ao dar a definição de Yoga, oferecem uma estrada real para a realização em todos os níveis[250] da vida humana. Afortunados são aqueles que utilizam esta estrada real, que praticam a Meditação Transcendental.

Deve-se deixar bem claro neste ponto que o propósito do Yoga não termina ao perceber-se o Ser no estado transcendental (verso 20). Ele não está completo, apesar de este ser a meta final do movimento para o interior da meditação, e apesar de dar um significado pleno ao Yoga ao trazer completa União com a Consciência Divina.

---

250 Consultar *Ciência do Ser e Arte de Viver*, de Sua Santidade Maharishi Mahesh Yogi (Rio de Janeiro: Gryphus Editora, 2017). (Livro original publicado em 1963.)

O propósito completo do Yoga ainda não foi realizado. O propósito do Yoga só é realizado quando a Consciência Divina, adquirida no estado transcendental, continua a manter-se por todo o tempo, de maneira natural, independente dos diferentes estados de vigília, sonho e sono, e independente do engajamento da mente na atividade ou no silêncio. Yoga, ou União Divina, alcançado no estado de Consciência do Ser, ou *Ātmānanda*, deve desenvolver-se em Consciência Cósmica, ou *Brahmānanda*, que também é um estado de Yoga. Este finalmente dará lugar à Consciência de Deus, o estágio mais elevado do Yoga, onde não há traço de dor ou sofrimento.

Verso 24

संकल्पप्रभवान्कामांस्त्यक्त्वा सर्वानशेषत:
मनसैवेन्द्रियग्रामं विनियम्य समन्तत:
Saṁkalpaprabhavān kāmāṁs tyaktwā sarvān asheshataḥ
manasaivendriyagrāmaṁ viniyamya samantataḥ

Abandonando sem reservas todos os desejos
dos quais nasce o estímulo (à ação),
controlando a aldeia dos sentidos
por todos os lados apenas pela mente;

Tendo até agora definido três estados de Yoga, o Senhor, neste e nos próximos quatro versos, descreve como o estado de Yoga em Consciência Transcendental é transformado no estado de Yoga em Consciência Cósmica.

Esta é a maravilha da expressão do Senhor, que em cada um destes cinco versos em sequência Ele é capaz de desenvolver não apenas o tema de adquirir Consciência Transcendental, mas lado a lado com este, um segundo tema: o do desenvolvimento de Consciência Cósmica após já ter sido adquirida a Consciência Transcendental. A apresentação paralela destes dois temas é um ensinamento em si mesmo. Ela mostra primeiro que o caminho para Consciência Cósmica inclui o caminho para Consciência Transcendental, e segundo que a Consciência Cósmica desenvolve-se simultaneamente com o crescimento da Consciência Transcendental na mente.

"O estímulo (à ação)": o estímulo que um desejo produz no sistema nervoso, colocando em ação os sentidos de percepção e os órgãos da ação. Este estímulo é oposto ao processo de adquirir aquele estado de alerta em repouso do sistema nervoso que corresponde à Consciência Transcendental. É por isso que, enquanto o Senhor explica todo o processo de tornar a Consciência Transcendental permanente, Ele enfatiza a necessidade de evitar a interferência do processo contrário. No entanto, deve-se ter em mente que, apesar do Senhor dar esta advertência, Ele não está defendendo a prática de controlar o desejo. Ele coloca como um princípio que os desejos não são úteis[251] no caminho, pois eles estimulam o sistema nervoso para atividades externas e isto é contrário a sua atividade interna, que dá a experiência de estados sutis do pensamento à medida que a mente prossegue em direção ao estado de Consciência Transcendental.

Quando o Senhor diz: "Abandonando sem reservas todos os desejos dos quais nasce o estímulo (à ação), controlando a aldeia dos sentidos por todos os lados apenas pela mente". Ele quer dizer envolver a mente no processo da Meditação Transcendental e deixar que ela entre na experiência de campos mais sutis do pensar.

Tendo familiarizado-se com a Consciência de Bem-Aventurança no campo do Transcendente, e livre para prosseguir sem distração, a mente é puxada naquela direção, muito natural e automaticamente. O Senhor diz: "apenas pela mente", o que significa que o indivíduo não usa nenhuma austeridade ou controle forçado para fechar os portões dos sentidos. Os sentidos aquietar-se-ão automaticamente para seguir a mente à medida que esta prossegue para o Transcendente. No quieto movimento da mente para dentro durante a meditação, os desejos são automaticamente abandonados. Aqui o Senhor está apenas dizendo que deve-se permitir à mente seguir seu caminho familiar para o Transcendente da maneira mais natural e normal.

"A aldeia dos sentidos": o lugar onde os sentidos residem. Esta é a estrutura do sistema nervoso. O sistema nervoso inteiro é

---

251 Versos 24-28.

a aldeia, cada um dos sentidos é um aldeão e a mente é o senhor da terra. Assim, quando o Senhor diz: "controlando a aldeia dos sentidos por todos os lados apenas pela mente", o princípio que Ele quer apresentar é o seguinte: controle o senhor da terra para influenciar os aldeões, para, assim, reorientar a aldeia para que sua atividade, a atividade do sistema nervoso, prossiga de acordo com as Leis da Natureza, enquanto a Consciência do Ser mantém seu estado natural no Ser eterno. Isto coloca toda a vida em seu estado mais natural: o Ser absoluto e o campo relativo da atividade permanecem separados e, ainda assim, integrados na vida do indivíduo no estado de Consciência Cósmica.

A prática é inteiramente mental, mas influencia diretamente todo o sistema nervoso, por meio do qual os sentidos funcionam. Deve-se notar que quando o Senhor começa o ensinamento sobre como adquirir Consciência Cósmica, Ele fala do sistema nervoso, o aspecto físico da vida, e enfatiza a necessidade de sua reorientação. Mas o sistema nervoso humano é de tal extrema complexidade e refinamento que não é possível reorientá-lo por meio de uma abordagem física. Esta dificuldade é resolvida pela ênfase que o Senhor coloca nas palavras "apenas pela mente". Assim Ele adverte o aspirante quanto a qualquer tentativa de controlar os sentidos diretamente, ou influenciar o sistema nervoso por qualquer meio físico. A reorientação do sistema nervoso é essencial para tornar permanente o estado de Consciência Transcendental,[252] mas isto deve ser realizado por um processo mental. Se o aspirante tenta controlar os sentidos no próprio nível deles, ou se ele tenta controlá-los por meio de um processo mental que vá contra a tendência natural deles, o resultado será tensão. A prática ensinada neste verso é absolutamente livre de qualquer possibilidade de tensão.

"Controlando a aldeia dos sentidos por todos os lados": esta expressão indica a técnica de controlar todos os sentidos a um só tempo, sem oferecer a eles individualmente qualquer resistência em seu próprio nível, e sem atacar a tendência natural destes de levar a mente a seus objetos. Este aspecto do ensinamento é de supremo

252 Veja III, 37.

valor. Quando os sentidos são voltados para dentro durante o movimento para dentro da meditação, e para fora durante o movimento para fora da meditação, eles são então reorientados da maneira mais natural, de tal forma que a própria atividade deles é espontaneamente de acordo com as Leis da Natureza.

Este processo de reorientação será tenso se os sentidos forem restringidos. Somente se uma situação for criada, na qual os sentidos tenham uma livre atividade para dentro e para fora, motivada por sua própria natureza em desfrutar, será possível para o homem perceber que a maior intensidade de felicidade está na direção para o interior. E com este conhecimento, é construído o hábito de permanecer sob a influência da bem-aventurança do Ser, para dar lugar à Consciência Cósmica.

Verso 25

शनैः शनैरुपरमेद्बुद्ध्या धृतिगृहीतया
आत्मसंस्थं मनः कृत्वा न किंचिदपि चिन्तयेत्

Shanaiḥ shanair uparamed buddhyā dhṛitigṛihītayā
Ātmasaṁsthaṁ manaḥ kṛitwā na kiṁchid api chintayet

Que ele se recolha gradualmente
por meio do intelecto possuidor de paciência;
havendo estabelecido a mente no Ser,
que ele não pense mais.

Este verso esclarece as palavras "recolhe" (verso 20) e "abandonando" (verso 24). Ele enfatiza que o processo de recolher-se deve ser gradual e acrescenta "possuidor de paciência" para tornar bem claro que nada deveria ser feito para acelerar ou modificar este processo. Uma vez começado, dever-se-ia permitir que prosseguisse por si mesmo.

Os pontos sobre paciência e gradualidade são muito importantes. Se o homem torna-se impaciente e tenta empurrar a mente para o Transcendente, então surgem muitas desvantagens. A intensidade do pensamento é muito grande naquele nível sutil do pensar, onde a mente está deixando escapar o pensamento e está prestes a perder a experiência do campo relativo. Se o processo não é perturbado e é deixado prosseguir por si mesmo, de uma maneira muito inocente, então a mente entra suavemente no Ser. Se, por outro lado, aplica-se pressão ou esforço de qualquer natureza para frear a mente ou controlar o processo, esta será retirada do curso no qual está naturalmente estabelecida, se desequilibrará na agitação e surgirá um sentimento de desconforto. É por isso que deve-se permitir que o processo ocorra quieto e pacientemente, sem qualquer ansiedade ou pressa.

O indivíduo não deve esforçar-se para transcender. Esforço de qualquer natureza apenas retarda o processo de transcender. A mente prossegue de forma natural em direção ao Ser, pois ela é atraída naquela direção pela felicidade sempre crescente. Portanto, o Senhor diz que deveria ser permitida à mente seguir naquela direção de maneira natural e inocente.

"Intelecto possuidor de paciência" tem um significado interior fora daquele óbvio de defender a paciência por parte do intelecto. É o de que o intelecto não deve funcionar durante o processo. O que está acontecendo não deve ser observado e analisado ou escrutinizado pelo intelecto. Não é necessário nenhum escrutínio crítico do processo. O intelecto precisa apenas ser receptivo e apreciativo, e de nenhuma forma discriminativo ou auto-protetor. Ele tem apenas que aceitar a experiência como ela vem.

"Que ele se recolha gradualmente": de tal forma que a mente, à medida que sonda os níveis mais profundos do processo do pensamento, possa simultaneamente tornar-se refinada para experimentar estados ainda mais sutis e possa prosseguir de maneira inocente. Se um homem que está na claridade entra repentinamente numa caverna escura seus olhos podem não ser capazes de ver o que está dentro da caverna; mas se ele entra vagarosamente, seus olhos se acostumam com a intensidade cada vez menor de luz, e então ele é capaz de ver. A mente, quando se recolhe profundamente em si mesma, vai dos níveis de experiência mais superficiais aos mais sutis. Portanto é essencial que a mente não mergulhe repentinamente mas vá de forma gradual e paciente.

Novamente, quando a individualidade do intelecto começa a adquirir o estado do Ser, é absolutamente necessário que o processo seja lento. Somente assim a bem-aventurança estará ao alcance da experiência.

"Que ele não pense mais": o Senhor diz que quando a mente está estabelecida no Ser não se deve tentar pensar, pois o estado transcendental de consciência está além da habilidade da mente em pensar. Qualquer tentativa de pensar neste estado não será bem-sucedida. Este é o estado onde desfruta-se apenas estar lá. Não é um nível onde o pensamento possa se estabelecer. O Senhor informa ao aspirante sobre sua natureza para que ele não espere que alguns bons pensamentos venham neste estado.

O Senhor diz: "não pense mais". Este estado de não pensar é uma consequência natural da mente estar estabelecida no Ser; e ele é válido apenas durante a meditação. Isto não significa que a pessoa não deva pensar em nada quando está fora da meditação, pois um hábito de não pensar tornará sua vida apática e inútil.

A mente, ao sair do Ser, ao sair do estado de transcendência durante a meditação, pousa em um pensamento. O verso seguinte explica o que deve então ser feito.

"Que ele se recolha gradualmente por meio do intelecto possuidor de paciência": esta expressão também apresenta um ensinamento que é muito importante no caminho para Consciência Cósmica, quando a Consciência Transcendental já foi adquirida. Quando a mente adquire familiaridade com o estado do Ser por meio da prática da Meditação Transcendental, começa-se a sentir como que não-envolvido quando engajado na atividade. Esta experiência de desapego cresce em intensidade com a prática. É isto que o Senhor quer dizer por "se recolha gradualmente" no contexto de adquirir Consciência Cósmica. Ele acrescenta que, durante este processo, o intelecto deve ser "possuidor de paciência" para que ele não interprete a experiência apressada e erradamente. Deve-se notar que quando este sentido de desapego é apreciado pelo intelecto, a atividade torna-se mais eficaz e frutífera no mundo exterior. Na ausência de uma interpretação apropriada desta expressão de desapego pode-se ficar confuso, e esta grande bênção da vida deve tornar-se uma responsabilidade.

"Havendo estabelecido a mente no Ser, que ele não pense mais": quando a mente adquiriu de forma permanente a Consciência do Ser Transcendental, então não é mais necessário que ela embarque em qualquer atividade mental, necessidade esta sugerida no verso anterior. Quando a mente é estabelecida no Ser de forma permanente, o propósito do ensinamento do verso anterior é alcançado: adquiriu-se Consciência Cósmica.

A expressão: "que ele não pense mais", revela as características essenciais da Consciência Cósmica. Primeiro, este estado de vida não é mantido na base do pensar ou sentir: ele é vivido naturalmente ao nível do Ser. Segundo, neste estado, o Ser separou-Se tão completamente do campo da atividade, que mesmo quando a mente entretém pensamentos, o Ser permanece totalmente livre[253] do processo de pensar. Este é aquele estado de vida a que se referiu no verso 3: "para o homem que ascendeu ao Yoga, e apenas para ele, a calma é considerada o meio".

O verso anterior descreveu o valor da atividade mental durante o movimento para dentro da meditação. O verso seguinte mostra como direcionar a atividade mental quando a mente sai do estado transcendental de consciência.

Verso 26

यतो यतो निश्चरति मनश्चञ्चलमस्थिरम्
ततस्ततो नियम्यैतदात्मन्येव वशं नयेत्

Yato yato nishcharati manash chanchalam asthiram
tatas tato niyamyaitad Ātmanyeva vashaṁ nayet

Seja o que for que faça a mente volúvel e instável
se afastar, tendo se retirado daquilo,
possa ele trazê-la sob a influência do Ser somente.

"Retirado": a palavra no texto é "*Niyamya*", que significa tendo regulado ou disciplinado. Aqui ela significa tendo retornado ao Ser.

---

253 Veja IV, 38.

Esta é a arte da meditação bem-sucedida. É natural que, quando a mente deu um mergulho para dentro do Ser e novamente retornou ao campo relativo, ela deva ser trazida de volta ao veículo da meditação para começar um segundo mergulho. No entanto, nos estágios iniciais da meditação, com o movimento para fora, em geral ocorre que a mente pega algum pensamento. Assim o Senhor diz que a mente deve ser trazida de volta de um pensamento exterior para o veículo da meditação, para que ela volte novamente ao canal estabelecido e, experimentando de modo natural os estados mais refinados do veículo, retorne ao Transcendente.

O Senhor diz: Volte a mente em direção ao Ser. Isto de nenhuma forma sugere dificuldade. Desafortunadamente para o estudante da Bhagavad-Gītā, comentaristas têm afirmado que a mente necessita ser controlada e disciplinada, o que sugere que todo o processo é cansativo e difícil. No entanto, não há nenhuma ideia de controle ou disciplina da mente no ensinamento do Senhor. É verdade que Ele usou dois adjetivos para qualificar "mente": "volúvel" e "instável". Mas temos que lembrar que o Senhor está aqui descrevendo o processo de levar a mente ao Ser, enquanto esses adjetivos aplicam-se à mente quando esta está sujeita ao movimento para fora da meditação. É certo para a mente entrar em um estado vacilante quando esta sai do campo de Unidade transcendental, como ondas começando a surgir na superfície quieta do oceano. Assim, quando às vezes percebe-se que a mente está em um pensamento externo durante a meditação, isto deve ser visto como o movimento para fora da meditação, se o processo da meditação é o correto. Não se deve tomar isto como uma evidência de que a mente é por natureza "volúvel" e "instável", apesar de que comentaristas têm suposto ser assim.

Se o indivíduo percebe que a mente está fugindo para os pensamentos mesmo sem ter alcançado o Ser transcendental, mas estando apenas no caminho para Ele durante o movimento para dentro da meditação, isto também não deve ser atribuído à fraqueza inata da mente. Pode ser pelo fato da mente estar sob tensão, ou pela falta de orientação apropriada. Pode ser resultado de ineficiência tanto de parte do professor quanto do estudante, mas geralmente o problema é de parte do professor.

O Senhor ensina então que, se a mente é distraída por alguma coisa externa, deve-se silenciosamente trazê-la de volta ao canal que leva ao Ser. É da natureza da mente ir a um campo de maior felicidade. Quando, durante a meditação, a mente começa a experimentar os estados mais refinados do objeto de atenção, começa a experimentar crescente encantamento em cada passo. Não há então nenhuma chance dela ir a qualquer parte exceto na direção que leva ao Transcendente.

Isto está em conformidade com a Meditação Transcendental, que é a matéria principal destes versos.

A importância deste verso em relação à Consciência Cósmica está em sua ênfase sobre a necessidade de alternar os movimentos da mente para dentro e para fora. Isto permite a infusão do Ser na natureza da mente para que toda sua atividade possa ser apoiada e enriquecida pelo valor divino, e que finalmente toda a vida possa tornar-se divina em Consciência Cósmica.

O verso seguinte traz à luz a natureza da Consciência Cósmica em termos de suprema felicidade, e resume as características essenciais do caminho.

Verso 27

प्रशान्तमनसं ह्येनं योगिनं सुखमुत्तमम्
उपैति शान्तरजसं ब्रह्मभूतमकल्मषम्

Prashāntamanasaṁ hyenaṁ yoginaṁ sukham uttamam
upaiti shāntarajasaṁ Brahmabhūtam akalmasham

Pois a felicidade suprema vem ao *Yogī*
cuja mente está em profunda paz,
no qual o estímulo para a atividade está aquietado,
que não tem mácula e tornou-se um só com *Brahman*.

O Senhor fez uma afirmação similar sobre felicidade suprema no verso 21; mas desde o verso 24 Ele está focalizado em descrever o método pelo qual a felicidade suprema é atingida. Durante a meditação, ao experimentar os aspectos mais refinados do objeto de meditação, a mente finalmente transcende mesmo a experiência mais sutil, e então não há atividade. É isto que o Senhor quer dizer quando afirma que o "estímulo para a atividade" (*Rajas*) "está aquietado". Este é o campo do Transcendente, o estado de Consciência Pura, imaculado, sem pecado. Aqui deixa de existir a mente individual; ela adquire o status de inteligência divina. Tendo ido além dos limites do querer e do desejar da mente individual, ela está plenamente estabelecida em profunda paz, e atinge a felicidade suprema.

A faculdade de experimentar extingue-se quando a mente perde sua individualidade. O estado do Ser não conhece o conhecer; é um estado que transcende todo conhecer ou experimentar. Mas se é assim, como se pode dizer que a mente experimenta felicidade suprema? Primeiro, deve-se notar que o Senhor usa a palavra "*upaiti*", que significa "vem ao"; a palavra "experimenta" não é usada. No entanto, mesmo que a palavra "experimenta" fosse utilizada, poderia ser considerada válida. Na verdade, a mente tem a habilidade de experimentar quando está a ponto de transcender, no ponto de junção entre a relatividade e o Absoluto. É neste ponto que a mente experimenta a natureza da Consciência Absoluta de Bem-Aventurança. Isto foi revelado nas Upanishads, onde afirma-se especificamente que a Realidade é experimentada apenas pela mente. A experiência da Realidade pela mente é sempre no ponto de junção: quando ela está a ponto de transcender ao fim do movimento para dentro da meditação, e quando está retornando da transcendência no início do movimento para fora da meditação.

"Em profunda paz": veja versos 7, 14 e 15 deste capítulo e versos 70 e 71 do Capítulo II. O Senhor quer dizer paz que não é ensombrecida nem mesmo pela atividade – a paz eterna que é adquirida quando o indivíduo "na ação vê inação" (IV, 18); "a paz suprema" (IV, 39); "paz duradoura" (V, 12).

A natureza do "estímulo para a atividade" (*Rajas*) foi explicada no comentário sobre o verso 45 do Capítulo II.

"Que não tem mácula": que está estabelecido na pureza absoluta do Ser, completamente separado do campo da atividade. Sendo suas ações completamente de acordo com as Leis da Natureza,[254] elas são livres de mácula.

"Tornou-se um só com *Brahman*": adquiriu Consciência Cósmica.

É interessante ver como este verso descreve tanto o estado de Consciência Cósmica quanto o caminho por meio do qual ele é alcançado. Ele torna claro que a felicidade suprema é adquirida em Consciência Cósmica, e que há três requisitos para adquiri-la: a mente deve estar "em profunda paz", o "estímulo para a atividade" deve ser "aquietado" e o indivíduo deve estar "sem mácula".

Os ensinamentos dos três versos anteriores, que definiram em detalhe a natureza do caminho para a Consciência Cósmica, são representados neste verso por frases individuais. "Mente está em profunda paz" refere-se ao verso 24; "no qual o estímulo para a atividade está aquietado" refere-se ao verso 25; "que não tem mácula" refere-se ao verso 26.

A flor da sabedoria divina deste verso alcança seu pleno desabrochar nos cinco versos seguintes.

Verso 28

युञ्जन्नेवं सदात्मानं योगी विगतकल्मषः
सुखेन ब्रह्मसंस्पर्शमत्यन्तं सुखमश्नुते

Yunjann evaṁ sadātmānaṁ yogī vigatakalmashaḥ
sukhena Brahmasaṁsparsham atyantaṁ sukham ashnute

Recolhendo-se sempre assim,
o *Yogī*, libertado de mácula,
atinge facilmente contato com *Brahman*,
que é alegria infinita.

Aqui o Senhor revela muito claramente que a realização da Consciência Cósmica não é nada difícil. É facilmente alcançada.

---

254 Veja V, 7-9.

"Recolhendo-se sempre assim" expressa os pontos revelados nos quatro versos anteriores.

"Sempre" não significa aqui continuidade de tempo. Significa regularidade, como parte da rotina diária. Está diretamente conectado com "assim", que indica que sempre que o *Yogī* recolhe-se, ele deve fazê-lo desta maneira específica.

"Libertado de mácula": para qualquer experiência deve haver um estado correspondente do sistema nervoso.[255] O estado mais natural do sistema nervoso humano é aquele que pode manter "contato com *Brahman*", a Realidade onipresente. Deve ser necessariamente um estado de extremo refinamento e flexibilidade, e isto é possível apenas quando o sistema nervoso está completamente puro. Tal pureza requer que o funcionamento do sistema nervoso não seja de nenhuma forma contraditório às Leis da Natureza. A influência que ele produz deve apoiar toda a vida, realizando o propósito cósmico.

É interessante notar que a primeira metade do verso 15 tem o mesmo texto, com a única diferença de que o *Yogī* é "de mente disciplinada", enquanto aqui ele é "libertado de mácula". Esta importante diferença traz correspondentemente diferentes resultados: na versão anterior a consequência é "paz" e "liberação"; na atual é "alegria infinita".

Fica claro a partir desta comparação que se o sistema nervoso não está livre de mácula, mesmo que dê a experiência de paz e liberdade, não dará lugar à alegria infinita.

A prática repetida de "recolher-se" e atingir Consciência Transcendental continua a refinar o sistema nervoso até que este torne-se tão puro que é capaz de dar lugar a um estado de consciência descrito como "contato com *Brahman*".

"Atinge facilmente": pois a prática é fácil e o modo de vida descrito também é fácil e confortável. A prática é fácil pois representa o movimento da mente em uma direção que é seguida automaticamente, isto é, em direção à bem-aventurança. Este ensinamento de um caminho que é fácil, relembra e complementa o ensinamento do verso 40 do Capítulo II, onde o Senhor afirmou ser este método livre de qualquer resistência.

---

255 Veja V, 25.

Tornou-se claro que a prática da Meditação Transcendental, ao levar a mente à Consciência Transcendental, também traz pureza a todos os aspectos da vida e a estabelece em sintonia com a Natureza. Uma única prática realiza tudo isto.[256] A prática em si está de acordo com a própria natureza da mente, e é isto que torna fácil o "contato com *Brahman*".

"Contato com *Brahman*": afirmou-se no comentário do verso 20 que no estado transcendental de consciência a mente torna-se Ser. Quando o Ser é retido de maneira natural mesmo quando a mente está fora no campo relativo, então o "contato com *Brahman*" é realizado. Este contato significa harmonia entre os estados absoluto e relativo de consciência. Com a prática descrita nos versos anteriores, e com um modo tranquilo de vida, o Senhor diz que este estado altamente desenvolvido de consciência é atingido "facilmente". O resultado é "alegria infinita".

Deve-se notar que é o "contato" que é alegria infinita, e não *Brahman* em Si mesmo. *Brahman*, que é uma massa todo-permeante de bem-aventurança, não exibe qualquer qualidade de bem-aventurança. É como uma massa de energia – matéria – que não exibe qualquer qualidade de energia. Este verso enfatiza a glória do "contato"; ele não apresenta a natureza de *Brahman*.

Brahman é aquilo que não pode ser expresso em palavras, apesar das Upanishads usarem palavras para educar-nos sobre Sua natureza. No campo da palavra, *Brahman* está entre duas afirmações contrárias. Ele é absoluto e relativo ao mesmo. É o eterno imperecível ao mesmo tempo que é sempre-mutável. É considerado ambos, isto e Aquilo. É chamado de *Sat-Chit-Ānanda*, mas inclui o que não é *Sat*, o que não é *Chit*, e o que não é *Ānanda*.[257] Ele está além da palavra e do pensamento, apesar de todo o alcance da palavra e do pensamento estar dentro Dele. "Dentro Dele" e "fora Dele" são apenas expressões, e como quaisquer outras expressões sobre *Brahman*, elas não fazem justiça nem a *Brahman*, nem ao orador, nem ao ouvinte. *Brahman* é vivido pelo homem com facilidade, mas não se pode falar

256 Veja IV, 38.
257 Veja Apêndice: Meditação Transcendental.

Dele, uma vez que palavras são inadequadas para abranger Aquilo que é ao mesmo tempo plenitude ilimitada do Ser transcendental e plenitude da vida ativa. O verso 29 do Capítulo II fala Dele como "surpreendente", pois não é nada que possa ser concebido intelectualmente; não é nada que possa ser apreciado pela emoção.

Este verso e sua expressão "facilmente" acrescenta aos versos anteriores novo significado sobre *Brahman*: "Este é o estado de *Brahman*, ó Pārtha. Tendo alcançado este estado, um homem não é iludido. Estabelecido Naquilo, mesmo no último momento, ele alcança a liberdade eterna em Consciência Divina";[258] "seu ser associado na União com *Brahman*, ele desfruta felicidade eterna";[259] "sendo um só com *Brahman*, atinge liberdade eterna".[260]

Brahman é o sentido de nossa vida, e a verdade sobre Ele é que pode ser vivido "facilmente".

A glória deste verso é também a glória da Bhagavad-Gītā. A glória eterna da meta da busca humana é que o homem "atinge facilmente contato com *Brahman*, que é alegria infinita".

Verso 29

सर्वभूतस्थमात्मानं सर्वभूतानि चात्मनि
ईक्षते योगयुक्तात्मा सर्वत्र समदर्शनः

Sarvabhūtastham Ātmanaṁ sarvabhūtāni chātmani
īkshate yogayuktātmā sarvatra samadarshanaḥ

Aquele cujo ser está estabelecido em Yoga,
cuja visão é a mesma em tudo,
vê o Ser em todos os seres,
e todos os seres no Ser.

---

258 Sat, eterna; Chit, consciência; Ānanda, bem-aventurança.
259 II, 72.
260 V, 21.

Este verso apresenta o estado de *Brahman* e, ao mesmo tempo, dá um significado prático ao "contato" do qual fala o verso anterior.

A natureza de *Brahman* é expressa em duas frases colocadas juntas: "Ser em todos os seres" e "todos os seres no Ser"[261] – o Absoluto e o relativo, um dentro do outro. Isto parece tornar *Brahman* incompreensível. Mesmo tomados separadamente, o relativo e o Absoluto, a diversidade da criação e a Unidade que a permeia, são cada um muito mais do que a mente pode compreender; muito mais ainda quando estão integrados em *Brahman*! A glória da exposição do Senhor é que ela nos habilita a compreender o incompreensível tão claramente, além de nos mostrar como vivê-lo "facilmente".

A qualidade da experiência depende do estado de consciência do indivíduo. Se a mente está alegre, tudo parece ser alegre; se a mente está triste e infeliz, a perspectiva do homem é sombria. Quando o estado do Ser torna-se infundido na natureza da mente durante a meditação, então esta infusão torna a mente divina. E quando esta infusão torna-se permanente, a mente começa a viver a Unidade através de todo o campo da diversidade. Todo o campo da diversidade é então apreciado à luz da Unidade divina interior. Quando a mente torna-se plena com o Ser divino, a visão é naturalmente plena e equilibrada. Ela é estável e não é distorcida pela diversidade da vida no mundo. Esta é a visão de um homem que adquiriu "contato" com *Brahman*.

Não se deve perder de vista que o equilíbrio de visão é o resultado do "contato com *Brahman*". Não deve ser considerado como um caminho para a realização de *Brahman*. Se um homem não realizado tenta cultivar equilíbrio de visão na vida, ele apenas criará confusão para si mesmo e para os outros. Tais tentativas resultam em estados de espírito e comportamentos estranhos. E a responsabilidade disto está naqueles comentaristas que deduziram deste verso, em nome da compreensão da Realidade e do vivê-La, o valor de criar-se uma aparência.

A glória deste verso está além da descrição. Da forma mais lúcida, ele expressa o inexprimível *Brahman* e, ao mesmo tempo, O abre ao nível da visão humana. É isto que tornou a Bhagavad-Gītā a "nata" das Upanishads.

---

261 V, 24.

Os três versos seguintes levam esta abençoada visão a seu máximo em Consciência de Deus.

Verso 30

यो मां पश्यति सर्वत्र सर्वं च मयि पश्यति
तस्याहं न प्रणश्यामि स च मे न प्रणश्यति

Yo māṁ pashyati sarvatra sarvaṁ cha mayi pashyati
tasyāhaṁ na praṇashyāmi sa cha me na praṇashyati

Aquele que Me vê em toda parte,
e vê tudo em Mim,
Eu não estou perdido para ele,
nem ele para Mim.

Quando o homem adquiriu a unidade de visão descrita no verso anterior, quando a plenitude do Ser extravasa por intermédio da mente nos campos da percepção, quando a Unidade espiritual prevalece mesmo no nível dos sentidos, quando a unidade[262] de Deus toma conta da vida, então é alcançado aquele estado, onde a percepção de qualquer coisa, seja o que for, é a percepção do Ser que manifestou-Se. Então sua consciência encontra um relacionamento direto com o Senhor, com o Ser que manifestou-Se, que torna-Se uma realidade viva para ele naquele nível supremamente divino de consciência. Então ele e seu Senhor não se perdem um para o outro.

Este relacionamento direto do homem com Deus é estabelecido primeiro no nível do Ser, e então começa a existir no nível do sentimento; daí entra no campo do pensar, e então encontra seu caminho no nível sensorial da experiência. Assim, Deus toma conta de todos os níveis da vida do homem. O homem vive no santuário de Deus. Sua vida é em amor, em bem-aventurança, em sabedoria, em Consciência de Deus. Ele vive na esfera da existência universal. Ele se move na Terra e vive no reino de Deus, no território divino do Ser, muito acima da visão humana e muito além do pensamento humano.

---

262 Veja também IV, 35.

O modo de cultivar este estado abençoado é transcender o pensamento. Continuar a pensar sobre ele tem seu valor – preenche a mente com um pensamento agradável – mas falha em criar o estado desejado. Transcender o pensamento é infinitamente mais valioso que pensar.

Portanto, deixe a mente transcender o pensamento e entrar na esfera da pureza absoluta que é a morada de Deus. Pensar sobre isto é perder tempo na superfície da vida. O pensamento mantém a mente fora desta esfera abençoada. O pensamento de um pão nem dá o sabor do pão nem enche o estômago. Se você quer um pão, vá à cozinha e pegue-o em vez de ficar sentado do lado de fora pensando sobre ele. Nós permanecemos pensando em Deus, ou tentando senti-Lo, apenas enquanto não temos conhecimento Dele, enquanto não sabemos como atravessar o campo fenomenal da experiência e entrar na esfera da bem-aventurança transcendental, o reino puro do Todo-Poderoso.

Os registros trazidos a nós pela história sobre a comunhão direta de santos e sábios com Deus revelam suas vidas abençoadas, mas o segredo do sucesso de tais vidas está no fato deles terem transcendido os campos do pensamento, emoção e experiência. O segredo da realização de Deus está em transcender o pensamento de Deus. O pensamento que permanece pensamento obscurece a Consciência de Deus. As emoções, da mesma forma, escondem a bem-aventurança abençoada. O pensamento de Deus encontra realização em sua própria extinção. E a emoção também deve cessar para permitir ao coração estar pleno no amor ilimitado de Deus.

O estado de consciência que conhece a glória do grande Senhor de todos os seres é divino. Ele é desenvolvido por meio de prática constante e regular de meditação e da experiência do Ser transcendental, que traz finalmente Consciência Cósmica, o estado no qual o coração e a mente estão plenamente amadurecidos. Este desenvolvimento pleno das capacidades do coração e da mente capacitam o homem a compreender e viver o Ser divino. O relacionamento que existe entre o Absoluto imanifestado e o Ser manifestado revela-se a si mesmo. O Deus pessoal começa a ser experimentado no nível sensorial. Ele torna-se a Realidade viva da vida diária. Cada objeto na criação reflete a Luz de Deus em termos do próprio Ser do homem.

Os filósofos a consideram uma experiência mística, mas ela não é mais misteriosa do que o trabalho de um relógio para uma criança. Em um nível de consciência ela é normal, em outro ela é misteriosa, e em outro ainda ela é impossível. A intensidade da realização de Deus em seus aspectos pessoais e impessoais depende do nível do Ser, ou da pureza de consciência (verso 28). Não é possível conceber a Consciência de Deus por meio de nenhum estado de consciência que não seja a própria Consciência de Deus; mas é possível para todos, em qualquer nível de consciência humana, elevar-se à realização da Consciência de Deus por intermédio da prática da Meditação Transcendental, que é um meio simples e direto de desenvolver Consciência Pura.

A irresistível doçura da promessa do Senhor neste verso expressa a glória da vida. Tem sido, é e continuará sendo a fonte de inspiração e a luz guia para muitos ardentes buscadores da Verdade, para muitos ardentes devotos de Deus. Ele é dado a tais homens para desfrutarem o amor do Todo-Poderoso e a proteção que Ele oferece. Esta é a grande fortuna deles; eles compartilham suas vidas com Deus. A unidade que eles vivem de momento a momento é a União da unidade do Absoluto, a unidade da vida eterna na multiplicidade da criação – a grande unidade simbolizada no Divino que manifestou-Se, o Deus pessoal todo-poderoso.

A promessa do Senhor neste verso é reafirmada nos versos seguintes com verdades ainda mais profundas e glória ainda maior.

Verso 31

सर्वभूतस्थितं यो मां भजत्येकत्वमास्थित:
सर्वथा वर्तमानोऽपि स योगी मयि वर्तते

Sarvabhūtasthitaṁ yo māṁ bhajatyekatwam āsthitaḥ
sarvathā vartamāno 'pi sa yogī mayi vartate

Estabelecido em Unidade,
aquele que adora a Mim residindo em todos os seres,
não importa de que modo viva,
aquele *Yogī* vive em Mim.

Viver através das várias fases da vida do homem na Terra permanecendo na adoração a Deus é a característica de um nível específico de consciência. Para tornar claro que sua base não é o pensamento em Deus, o Senhor diz: "não importa de que modo viva". Esta é aquela plenitude de vida em Deus que não conhece variação, apesar da mente ou sentidos poderem estar engajados, sejam quais forem os diferentes tipos de atividade. Quando um homem olha as coisas através de lentes verdes, não importa o que veja, o verde está lá. Para um devoto, não importa o que ele está fazendo, Deus está lá em sua consciência; Ele está lá em sua visão e em seu ser.

A palavra "adora" é de grande importância. Ela expressa devoção, dedicação, dependência e entrega. Do nível ordinário de consciência isto é muito difícil de ser compreendido, e para explicar a natureza da Consciência de Deus é ainda mais difícil. Mas alguma ideia pode ser adquirida ao tornar clara a diferença entre níveis de consciência.

Uma criança se alegra com brinquedos; sua consciência cresce e livros tomam o lugar dos brinquedos; à medida que ele se desenvolve mais, sua carreira no mundo começa a interessá-lo. À medida que sua consciência cresce, ele eleva-se a diferentes níveis de interesse e compreensão. Da mesma forma, quando a consciência do homem cresceu até o status cósmico, o nível supremo da criação torna-se seu campo normal de interesse. Deus, o Ser manifestado no nível supremo da criação, começa a puxá-lo para Si; ele começa a elevar-se à Consciência de Deus. Permanecendo no mundo de seus semelhantes, ele começa a viver no mundo de Deus. E quando ele está permanentemente estabelecido neste estado abençoado, ele é incluído nesta carinhosa expressão do Senhor: "não importa de que modo viva, aquele *Yogī* vive em Mim".

Para tornar clara a natureza da adoração, o Senhor acrescenta às palavras "adora a Mim" a frase "residindo em todos os seres". O sentido de adoração prende o devoto a seu Deus; isto expressa um relacionamento pessoal. O que é impessoal e universal do ponto de vista da consciência humana comum torna-se íntima e pessoal neste estado de consciência; pois isto é no nível da harmonia entre o Absoluto imanifestado e o Ser manifestado, o Senhor de toda a criação. Aqui, seria errado compreender das palavras do Senhor que o *Yogī* tenta ver o Deus pessoal em todas as coisas. Isto seria não somente impraticável, mas resultaria em tensão, para dizer o mínimo. O Ser divino é adorado através do mais natural modo de viver, com base na Consciência de Deus. Tentar ver seu Deus aqui, ali e em toda parte, é um ato de imaginação que está muito longe da verdade deste verso, e ainda mais longe da natureza prática da vida.

Quando a consciência individual desenvolveu-se em Consciência Cósmica, então este estado de plenitude em Consciência Divina desenvolve-se em Consciência de Deus. É neste estado firme de Consciência de Deus que o Senhor é adorado "residindo em todos os seres". Cada pensamento é então uma flor aos pés de Deus, cada palavra uma prece, e cada ação uma oferenda a Ele. As escrituras cantam a glória de Deus na glória de um tal devoto, do qual o Senhor diz "vive em Mim".

Tendo mostrado que o homem realizado atinge Seu nível de existência, o Senhor, no verso seguinte, estabelece o equilíbrio de visão de um tal homem na vida.

Verso 32

आत्मौपम्येन सर्वत्र समं पश्यति योऽर्जुन
सुखं वा यदि वा दुःखं स योगी परमो मतः

Ātmaupamyena sarvatra samaṁ pashyati yo 'rjuna
sukhaṁ vā yadi vā duḥkhaṁ sa yogī paramo mataḥ

Aquele que vê tudo com uma
visão equilibrada pela comparação com o Ser,
seja isto prazer ou dor,
ele é considerado o *Yogī* mais elevado, ó Arjuna.

Este verso revela o valor prático da Consciência de Deus, e estende a dignidade desta iluminação a tudo ao redor do homem realizado.

O verso 29 expressou o estado de realização em termos do Ser impessoal; o verso 30 expressou-o em termos do Ser pessoal. O verso 31 trouxe o Deus pessoal ao contato íntimo com o homem realizado, e conservou vivo o elo de devoção para manter este estado abençoado de União com Ele. O presente verso dissolve o elo da devoção, pois este não pode mais existir quando a intimidade torna-se completa. Enquanto a devoção serviu como um elo para manter a União, permaneceu em algum grau no nível da formalidade. A formalidade da devoção é um prazer que toma o coração do devoto e todo seu ser, que dá sentido a sua vida e a glorifica em todos os níveis; mas a alegria desta devoção é a alegria da União à distância. À medida que a União cresce mais completamente, o elo de adoração, de adoração e devoção, encontra realização em sua própria extinção, deixando o adorador e o adorado juntos em perfeita união, na união da Unidade absoluta. Então, ele e seu Deus são um só nele mesmo. Então, ele mesmo tornou-se Ele mesmo; sua visão é em termos Dele mesmo, seu prazer e dor são em termos Dele mesmo.

"Pela comparação com o Ser": em termos de seu próprio Ser.[263] No estado descrito no verso anterior, a Unidade do devoto com Deus alcançou tal plenitude que sua vida é a vida de Deus. Em toda parte e em tudo ele vive Deus. Ele vê tudo em termos de Deus. Este estado sublime de União com Deus torna-se ainda mais glorioso no presente verso, onde o Senhor diz: "com uma visão equilibrada pela comparação com o Ser". Aqui, a diferença entre o devoto e Deus, que era avivada no estado descrito pelo verso anterior, não é mais encontrada. Sua União com Deus, que era de tal ordem que ainda permitia a adoração a Ele, tornou-se uma União de intensidade ainda maior. Agora seu Deus é um só com ele mesmo; a suprema Unidade divina prevalece nele. Em sua individualidade, a glória eterna do Divino reflete brilhantemente, em tal plenitude que Ele existe não apenas no nível do seu Ser, mas é infundido em seu sentimento, seu pensar, sua visão e todo seu campo de experiência. Sua visão, que antes era colorida por sua devoção ao Senhor, está agora cristalina, em termos de seu próprio Ser, permeada por seu próprio Ser eterno; naquele Ser reside a glória de Deus, sustentando-O e mantendo a liberdade eterna que Seu adorado devoto adquiriu Nele.

---

263 Veja IV, 35.

Nesta liberação perfeita, ele leva uma vida de plenitude e abundância. Sua visão é tal que muito naturalmente percebe todas as coisas de forma similar na forma de seu próprio Ser, pois ele mesmo e a visão que tem são a expressão do Ser.

O Senhor usa as palavras "prazer ou dor" para mostrar que os pares de opostos – e na verdade toda a diversidade da criação que sua individualidade lhe oferece – não conseguem apresentar suas diferenças à visão do *Yogī*. Sua visão da vida é na totalidade. Os pares de opostos, tais como prazer e dor, que apresentam grandes contrastes nos níveis inferiores da evolução, falham em dividir a totalidade de sua visão. Para tornar tal visão mais compreensível no nível comum de consciência, esta poderia ser comparada à visão equilibrada do pai em relação a uma variedade de brinquedos, que apresentará grandes diferenças na visão de seu filho de consciência ainda não desenvolvida.

Este verso apresenta o auge da realização, que é perceber como realidade a unidade suprema da vida em termos de seu próprio Ser. Nenhuma diversidade na vida é capaz de depreciar este estado de Unidade suprema. Aquele que O alcançou é o mantenedor de tudo e de todos, pois ele é vida eterna. Ele transpõe o abismo entre o relativo e o Absoluto. O eterno Absoluto está nele no nível do mundo fenomenal perecível. Ele vive para dar significado ao peã[264] das Upanishads: "*Pūrṇam adaḥ pūrṇam idaṁ*" – Aquele Absoluto é pleno, este relativo é pleno. Aquele que vive esta Realidade suprema em sua vida diária "é considerado o maior dos *Yogīs*", diz o Senhor. O Yoga neste estado alcançou sua perfeição; não há nível de União mais alto que este que ele adquiriu. Ele permanece estabelecido no nível supremo de consciência.

Pode ser de interesse para aqueles que gostam de estender-se na metafísica da União com Deus, que dois estados de União foram claramente apresentados no presente contexto. O descrito neste verso é apenas um estado mais avançado de União daquele descrito no verso anterior. A união na qual o devoto ainda sustenta-se na supremacia de seu Deus passa naturalmente a uma União mais íntima com Ele. O princípio da União não é afetado. Esta não é uma matéria que

264 Veja IV, 35.

possa ser decidida pela especulação metafísica ou pela compreensão teológica. A não ser que a consciência do indivíduo seja realmente elevada àquele nível da Consciência de Deus, nenhuma descrição ou compreensão da diferença entre os dois estados de União chegará perto da verdade, pois como já foi dito, a verdade sobre um estado mais avançado de consciência não pode ser corretamente avaliado a partir de um nível inferior.

Afortunados são aqueles que vivem na União com Deus. Eles são os guias do homem na Terra, promovendo a evolução de toda a criação. Eles estão acima das limitações de religião ou raça. Se eles se relacionam com Deus ou experimentam Deus como um só com seu próprio Ser é um ponto a ser definido entre eles e Deus. Eles vivem como devotos de Deus ou tornam-se unidos, tornam-se um só com o adorado deles – é uma questão entre eles. Que isto seja decidido naquele nível de União. Um ponto de vista não precisa excluir o outro. É um pecado contra Deus levantar diferenças sobre o princípio da União. Que os seguidores de ambas as escolas de pensamento aspirem a alcançar suas respectivas metas, e então descubram naquela consciência que o outro ponto de vista também está correto em seu próprio nível.

Verso 33

अर्जुन उवाच
योऽयं योगस्त्वया प्रोक्तः साम्येन मधुसूदन
एतस्याहं न पश्यामि चञ्चलत्वात्स्थितिं स्थिराम्

Arjuna uvācha
Yo 'yaṁ yogas twayā proktaḥ sāmyena Madhusūdana
etasyāhaṁ na pashyāmi chanchalatwāt sthitiṁ sthirām

Arjuna disse:
Este Yoga descrito por Vós como
caracterizado pelo equilíbrio, ó Madhusūdana,
eu não vejo sua capacidade de permanecer firme,
por causa da oscilação.

Arjuna compreendeu o ensinamento do Senhor com relação ao cultivo da Consciência de Deus. Agora ele levanta um ponto que surge da afirmação do Senhor no verso 26 sobre "a mente volúvel e instável". A questão é que se na verdade a mente é "volúvel e instável", como o próprio Senhor disse, então como é possível manter "uma visão equilibrada"[265] na unidade da Consciência de Deus?

A pergunta de Arjuna não apresenta qualquer dúvida sobre a possibilidade do desenvolvimento de Consciência de Deus, mesmo com uma mente oscilante. O que ele põe em dúvida é a capacidade deste estado permanecer firme quando a mente está oscilando.

Esta tem sido a história de muitos videntes e devotos de Deus. Tendo sentido vislumbres ocasionais de radiância divina, eles tornam-se infelizes por esta não estar lá todo o tempo. Mas eles a perdem quando sua atenção vagueia apenas porque eles a cultivaram no nível da atenção. É errado pensar que a permanência firme da Consciência de Deus é baseada na atenção. Se ela não permanece, isto é apenas em razão da falta do Ser. Pois a base da Consciência de Deus é aquela unidade de vida que se desenvolve na sólida fundação da Consciência Cósmica. O Senhor explicará isto ao responder à pergunta de Arjuna. O próximo verso completa a pergunta.

Verso 34

चञ्चलं हि मनः कृष्ण प्रमाथि बलवद्दृढम्
तस्याहं निग्रहं मन्ये वायोरिव सुदुष्करम्

Chanchalaṁ hi manaḥ Kṛishṇa pramāthi balavad dṛidham
tasyāhaṁ nigrahaṁ manye vāyor iva sudushkaram

Pois oscilante é a mente, ó Kṛishṇa,
turbulenta, poderosa e obstinada;
Eu a considero tão difícil
de controlar quanto o vento.

---

265 Veja verso 32.

No Capítulo II,[266] a natureza dos sentidos já foi aceita pelo Senhor como "oscilante", "turbulenta", "poderosa e obstinada". Está na natureza das coisas que a mente nunca é firme no nível dos sentidos. Arjuna relembra o Senhor sobre este fato.

Não há razão para pensar que Arjuna perdeu o ensinamento essencial do Senhor de que é fácil[267] cultivar Consciência de Deus, independente das vagueações da mente no campo dos sentidos e da influência de arrasto dos sentidos sobre a mente. Ele está apenas com medo de perdê-la quando a mente é puxada pelos sentidos. Assim, ele quer conhecer algum método que possa colocar a mente sob controle e permitir que ele cultive e desfrute o equilíbrio da mente em Consciência de Deus. Sua pergunta é na verdade sobre o controle da mente no nível dos sentidos, e é em relação a este nível que o Senhor dá a resposta.

A pergunta de Arjuna nestes dois versos tem sido amplamente mal-interpretada como se significasse que a Consciência de Deus é difícil de ser alcançada por causa da natureza oscilante da mente. Isto resultou tanto em restringir o entusiasmo por cultivar Consciência de Deus quanto em levar buscadores a praticar extenuantes métodos para controlar a mente e fixar a atenção. Este estado lamentável de coisas no campo sublime da realização de Deus surgiu apenas porque um princípio essencial foi perdido: o de que a Consciência de Deus tem sua base no nível do Ser em Consciência Cósmica, e não em qualquer pensar, compreender, ou fixação e continuidade da atenção.[268]

Deve-se notar que quando o Senhor, ao responder à pergunta de Arjuna, enfatiza a necessidade da prática, esta prática tem o propósito de desenvolver Consciência Transcendental em Consciência Cósmica, e esta em Consciência de Deus, e de nenhuma forma o de adquirir a habilidade de manter a atenção.

266 Veja II, 60, 67.
267 Veja II, 40.
268 Veja II, 45; III, 43.

VERSO 35

श्रीभगवानुवाच
असंशयं महाबाहो मनो दुर्निग्रहं चलम्
अभ्यासेन तु कौन्तेय वैराग्येण च गृह्यते

Shrī Bhagavān uvācha
Asaṁshayaṁ Mahābāho mano durnigrahaṁ chalam
abhyāsena tu Kaunteya vairāgyeṇa cha gṛihyate

O Abençoado Senhor disse:
Sem dúvida, ó de braços poderosos,
a mente é difícil de controlar, ela é oscilante,
mas pela prática e desapego
ela é apanhada, ó filho de Kuntī.

O Senhor aceita a dificuldade de controlar a mente no nível de seu vaguear, pois a natureza da vida é tal que a mente deve atender a uma variedade de coisas. Se a mente é canalizada apenas em uma direção, outras fases da vida sofrerão. Ela vagueia por necessidade, e é isto que dificulta a mente a permanecer firme em qualquer lugar específico. Não é natural tentar mantê-la firme. A firmeza não pertence ao campo relativo da vida. É por isso que o Senhor aceita que "a mente é difícil de controlar".

No entanto, não se deve perder de vista que mesmo quando a mente está oscilando ou vagueando "ela é apanhada" pela experiência de felicidade. Este fato sobre a natureza da mente permite ao Senhor mostrar a Arjuna um meio de manter a mente "apanhada" onde quer que esteja, mostrar a ele algo que dará à mente firmeza até mesmo quando esta continua a oscilar.

Ao dizer que a mente "é apanhada" por meio da prática e do desapego, o Senhor não quer dar a entender que a mente deixará seu vaguear e permanecerá sempre fixa e firme, pois isto não seria prático na vida diária. Ele diz apenas que a prática e o desapego oferecerão um campo estável do Ser onipresente, em virtude do qual a mente estará permanentemente mantida na bem-aventurança de sua própria natureza essencial.

"Prática e desapego" significa prática regular da Meditação Transcendental e uma fácil e confortável rotina diária de vida após a meditação. A prática não é recomendada para adquirir-se a habilidade de manter a mente fixa e firme. É para cultivar-se o Ser. O estado de desapego ajuda o Ser a infundir-se na natureza da mente.

"Desapego" significa um modo de vida simples, fácil e tranquilo, com um senso apropriado de valores, sem dar importância indevida a nada; pois o apego restringe a vida, ao dar excessiva atenção a certo aspecto particular. Desapego não significa abstenção das responsabilidades da vida, pelo contrário, ele dá o apropriado valor a todos os aspectos da vida prática, ao mesmo tempo que mantém o Ser como separado da atividade. Isto acontece quando a Consciência Transcendental torna-se Consciência Cósmica. Menciona-se aqui o estado de desapego e não a prática para adquirir este estado.

A "prática" coloca a mente em contato com o Ser transcendental, enquanto que a tranquila vida de "desapego" ajuda o Ser a ser vivido no campo da atividade, dando finalmente à Consciência de Deus aquela firme resistência que era a principal preocupação de Arjuna no verso 33 e que é a meta de todo o Yoga.

A Consciência Cósmica é o estado completo de desapego. A prática deve continuar neste estado de desapego para se adquirir e manter Consciência de Deus. A prática neste estágio significa devoção.

Verso 36

असंयतात्मना योगो दुष्प्राप इति मे मतिः
वश्यात्मना तु यतता शक्योऽवाप्तुमुपायतः
Asaṁyatātmanā yogo dushprāpa iti me matiḥ
vashyātmanā tu yatatā shakyo 'vāptum upāyataḥ

Para um homem indisciplinado,
Yoga é difícil de ser atingido, assim Eu considero;
mas ele pode ser adquirido por meios apropriados
pelo homem de empenho, que é disciplinado.

"Yoga" neste verso refere-se ao estado de Yoga em Consciência de Deus, pois a pergunta de Arjuna, aqui respondida pelo Senhor, relaciona-se a este estado.

"Um homem indisciplinado" neste contexto é aquele que não disciplinou-se de acordo com o ensinamento dos versos 24 e 25; aquele que não adquiriu Consciência Cósmica.

Aqui o Senhor nomeia três requisitos para o sucesso no Yoga: "meios apropriados",[269] "empenho"[270] e uma vida "disciplinada".[271]

"Por meios apropriados" refere-se à "prática e desapego" no verso anterior.

A expressão "homem de empenho" indica que o estado de Yoga em Consciência de Deus não é para pessoas lerdas e preguiçosas: é para homens de responsabilidade e de natureza dinâmica. Portanto, o Senhor desfaz o medo de Arjuna de perder a Consciência de Deus quando a mente está envolvida nos diferentes campos da vida (verso 33).

"Que é disciplinado": isto significa um homem que tem um senso apropriado de valores, que não confunde a atividade da vida relativa com o Ser absoluto. Significa o homem que alcançou Consciência Cósmica.

Não se deve pensar que é necessário esforçar-se para manter a vida disciplinada. Há duas maneiras de disciplinar um cão. Uma é difícil, a outra fácil. Corra atrás do cão, tente agarrá-lo e, então, amarre-o à porta – este é um meio de controlar o cão. Não corra atrás dele, não tente agarrá-lo, não tente amarrá-lo à porta; ao contrário, deixe o cão bem livre, para ir a qualquer parte que queira, ponha apenas alguma comida do lado de fora da porta, apenas aquilo que o cão gosta de comer. O cão sempre será encontrado do lado de fora da porta, sempre que você quiser. Este é um meio simples de adquirir controle sobre o cão sem controlá-lo. Queremos disciplinar a mente, e o meio mais fácil é não tentar criar qualquer restrição para ela. Ela é atraída por campos de maior felicidade; então, conduza-a a algum campo de maior felicidade na vida, e ela ficará lá pelo seu

---

269 Veja verso 3.
270 Veja verso 1; III, 8, 9.
271 Veja V, 26.

próprio desejo de desfrutar aquela felicidade. A prática da Meditação Transcendental, ao trazer satisfação por meio da experiência do Ser, estabelece naturalmente Consciência Cósmica e, assim, oferece um padrão disciplinado à vida. Esta é a maneira simples de se adquirir um estado disciplinado de mente.

Neste verso, o Senhor não defende qualquer meio particular, seja simples ou difícil; Ele apenas revela o princípio do sucesso no Yoga: a necessidade de disciplina na vida. O princípio que o Senhor estabelece é indiscutível: "para um homem indisciplinado, Yoga é difícil de ser atingido". A mente é indisciplinada quando não está satisfeita e, ao mesmo tempo, tem todo o campo dos sentidos aberto para explorar. Ela se torna disciplinada quando adquire satisfação por meio da experiência permanente da bem-aventurança absoluta transcendental[272] em Consciência Cósmica. A palavra "disciplinada" indica que mesmo que a mente associe-se com os sentidos para desfrutar seus objetos, ela não perde a equanimidade tornada permanente por meio da experiência do Ser como separado da atividade.

Verso 37

अर्जुन उवाच
अयतिः श्रद्धयोपेतो योगाच्चलितमानसः
अप्राप्य योगसंसिद्धिं कां गतिं कृष्ण गच्छति

Arjuna uvācha
Ayatiḥ shraddhayopeto yogāch chalitamānasaḥ
aprāpya yogasaṁsiddhiṁ kāṁ gatiṁ Kṛishṇa gachchhati

Arjuna disse:
Que meta ele atinge, ó Kṛishṇa,
ele que não atingiu perfeição no Yoga,
sendo dotado de fé, mas faltando esforço,
cuja mente se desviou do Yoga?

---

272 Veja II, 59.

As raízes desta pergunta estão no ensinamento do Senhor nos versos 24 a 28, que proclamam a realização de Consciência Cósmica por meio da prática, por meio de "esforço".

O estímulo imediato para a questão, no entanto, é dado pelas palavras do verso anterior: "ela pode ser adquirida por meios apropriados pelo homem de empenho, que é disciplinado." O estabelecimento destas três condições para adquirir-se uma estabilidade altamente divina de mente[273] fez parecer a Arjuna como se ele tivesse um longo caminho a percorrer. O Senhor disse a ele anteriormente que "neste Yoga nenhum esforço se perde e não existe obstáculo. Até mesmo um pouco deste *Dharma* liberta de grande medo".[274] Portanto, quando Ele apresenta agora três condições para ele, Arjuna deseja ter certeza se haverá ou não vantagem em começar neste caminho, tendo em mente que a pessoa pode não ser capaz de alcançar a meta nesta vida.

Há ainda outra implicação neste verso. Quando Arjuna ouve sobre os três requisitos para se alcançar o estado de Yoga em Consciência de Deus, ele quer saber se há algum atalho. Ele quer saber até que ponto a fé pode ajudar um homem neste caminho, pois ele provavelmente pensa que pode ser mais fácil alcançar a realização de Deus apenas por meio da fé. Uma tal pergunta de Arjuna, um homem muito prático, não chega a ser surpresa. Ela não surge de qualquer desejo de sua parte em evitar o esforço: surge da própria qualidade prática de sua compreensão. Sábios são aqueles que compreendem a natureza de um caminho do início ao fim antes de nele entrar, e ainda mais sábios são aqueles que tomam um atalho para realizar a meta. A pergunta de Arjuna reflete sua seriedade e o grande alerta com o qual está seguindo a exposição do Senhor.

Arjuna pergunta: "Que meta ele atinge?" Qual é seu destino, para onde ele vai? Sua preocupação com este problema surge de seu conhecimento do Universo. Suas afirmações no início da exposição sobre *Dharma*, sobre seus ancestrais, sobre inferno e céu, e sobre a estrutura da sociedade revelaram seu conhecimento preciso sobre a vida e o mundo. Um homem de tal saber ficará naturalmente ansioso por compreender a meta de um aspirante no caminho do Yoga. E ele

273 Veja verso 32.
274 Veja II, 40.

tinha ainda mais razão para perguntar, pois o Senhor está falando para ele sobre realizações naquelas regiões abstratas da consciência, que parecem ter sido há muito removidas da vida prática do dia a dia no mundo – ou da urgência de um campo de batalha.

No verso seguinte ele torna sua pergunta mais clara.

Verso 38

कच्चिन्नोभयविभ्रष्टश्छिन्नाभ्रमिव नश्यति
अप्रतिष्ठो महाबाहो विमूढो ब्रह्मणः पथि
Kachchin nobhayavibhrashtash chhinnābhram iva nashyati
apratishtho Mahābāho vimūdho Brahmaṇaḥ pathi

Confuso no caminho para *Brahman*,
ó de braços poderosos, sem uma base segura,
e tendo caído de ambos,
ele não perece como uma nuvem despedaçada?

"Confuso no caminho para *Brahman*" significa tendo abandonado a prática regular da Meditação Transcendental que desenvolve Consciência Cósmica. A pergunta é sobre um homem que começa a prática,[275] mas que por várias razões não é capaz de continuá-la. A palavra "confuso" indica que a razão para o abandono da prática está no aspirante. Não há nada do lado de Deus ou no caminho para Ele que encoraje ou estimule o aspirante a parar sua prática. Se ele assim o faz, só pode ser o resultado de seu próprio engano. Este, por sua vez, pode ser por causa da falta de conhecimento sobre a meta ou pela dúvida quanto à sua capacidade de alcançá-la; ou pode ser por falta de uma avaliação apropriada de seu valor. Tudo isto pode ser por falta de orientação apropriada. Seja qual for a causa, se um homem para a prática só pode ser por estar confuso. O uso por Arjuna da palavra "confuso" revela a profundidade de sua compreensão sobre o ensinamento do Senhor. Apesar de estar fazendo uma pergunta

---

275 Veja II, 45.

sobre o homem que se desviou da prática, ele quer mostrar que ele já considera este homem como confuso.

"Sem uma base segura": Arjuna está ciente dos diferentes níveis de consciência e dos diferentes estados de vida que a eles correspondem. Ele também está ciente de que quando a consciência de um homem evolui de um nível para outro, a vida do nível anterior torna-se inútil para ele. Sua pergunta é sobre alguém que, como resultado de certa quantidade de prática, elevou-se acima do nível de consciência humana comum mas que ainda não atingiu Consciência Cósmica, que assegura liberação e é a base da Consciência de Deus. Este homem perdeu a sustentação no nível humano mas ainda não tem a base no nível divino. Ele não está aqui nem lá. É isto que Arjuna expressa com as palavras "tendo caído de ambos", e logo a seguir apresenta uma imagem terrível de destruição com as palavras "perece como uma nuvem despedaçada".

Arjuna quer compreender o destino do homem confuso que abandonou a prática. A pergunta soa simples, mas é, de fato, extremamente complexa, pois podem haver inúmeros níveis de consciência entre aquele do ignorante e aquele do homem realizado, plenamente liberado. Como Arjuna reconhece no verso seguinte, a resposta precisa só pode vir Dele que conhece todo o alcance da vida e todas as possibilidades que existem entre a ignorância e o estado de consciência realizado.

VERSO 39

एतन्मे संशयं कृष्ण छेत्तुमर्हस्यशेषतः
त्वदन्यः संशयस्यास्य छेत्ता न ह्युपपद्यते

Etan me saṁshayaṁ Kṛishṇa chhettum arhasyasheshataḥ
twadanyaḥ saṁshayasyāsya chhettā na hyupapadyate

Vós sois capaz de dispersar completamente
esta minha dúvida, ó Kṛishṇa.
Na verdade, não há ninguém, exceto Vós,
que possa dispersar esta dúvida.

Tendo ouvido o Senhor, Arjuna está agora convencido da profundidade incomensurável de Sua sabedoria. As palavras "não há ninguém, exceto Vós" indicam que Arjuna, apesar de levantar a questão, sente que este não é o momento certo para isto, pois o campo de batalha não é lugar para discussões metafísicas. Mas ele justifica sua pergunta ao colocar que se ele não perguntar agora talvez não tenha outra chance, já que ninguém mais pode respondê-la. Parece que a exposição nos versos 28 a 32 convenceram Arjuna da sabedoria ilimitada que está aos pés do Senhor Kṛishṇa.

Quando o discípulo expressa apreciação pela sabedoria do mestre, então a sabedoria flui do mestre numa atmosfera mais delicada de carinho e amor. Isto é claro desde a primeira palavra da resposta do Senhor Kṛishṇa no verso seguinte e da grande torrente de conhecimento que Ele faz jorrar em resposta a esta pergunta de Arjuna.

Verso 40

श्रीभगवानुवाच
पार्थ नैवेह नामुत्र विनाशस्तस्य विद्यते
न हि कल्याणकृत्कश्चिद्दुर्गतिं तात गच्छति

Shrī Bhagavān uvācha
Pārtha naiveha nāmutra vināshas tasya vidyate
na hi kalyāṇakṛit kashchid durgatiṁ tāta gachchhati

O Abençoado Senhor disse:
Ó Pārtha, não há destruição para ele
neste mundo ou daqui em diante;
pois ninguém que aja com retidão, Meu filho,
seguirá o caminho do infortúnio.

Se alguém começou a lavar uma roupa, e por alguma razão só pode enxaguá-la uma única vez, ele pelo menos foi bem-sucedido em remover alguma coisa da sujeira, apesar da roupa não estar completamente limpa. Certamente ele não a tornou ainda mais suja. Um homem começa a prática da meditação e, mesmo que medite apenas umas poucas vezes e transcenda somente uma ou duas vezes, a pureza que a mente tenha adquirido pertence a ele.

Verso 41

प्राप्य पुण्यकृतां लोकानुषित्वा शाश्वतीः समाः
शुचीनां श्रीमतां गेहे योगभ्रष्टोऽभिजायते

Prāpya puṇyakṛitāṁ lokān ushitwā shāshwatīḥ samāḥ
shuchīnāṁ shrīmatāṁ gehe yogabhrashto 'bhijāyate

Havendo atingido os mundos dos virtuosos
e lá residido por incontáveis anos,
aquele que se desviou do Yoga
nasce na casa dos puros e ilustres.

"Aquele que se desviou do Yoga" significa tanto aquele que não pode completar a prática da meditação durante seu tempo de vida e, portanto, não pode atingir Consciência Cósmica, o que assegura liberação, quanto aquele que perdeu interesse e abandonou a prática do Yoga após algum tempo.

A pureza que se adquire da meditação vem na proporção da prática. Maior pureza leva a um nível de consciência melhor e mais feliz aqui, o que continua daqui em diante.

Durante a meditação a mente alcança o estado de Consciência Transcendental e torna-se livre de qualquer sombra de relatividade. Ela atinge seu status real de existência cósmica, intocada por qualquer sombra de ignorância. Este é o estado purificado da mente, que é completamente livre da influência do pecado. Tendo alcançado-o, a mente adquire o status do Ser universal de forma tão perfeita que, ao retornar ao campo da relatividade, ela traz satisfação a toda a esfera do pensamento, palavra e ação. De forma muito natural, isto torna correto o comportamento do homem em todos os aspectos da vida, e como resultado ele atinge os mundos dos virtuosos, que considera-se abranger diferentes planos de existência acima do humano.

Quando morrem pessoas corretas que não foram capazes de adquirir Consciência Cósmica, elas entram em um ou outro destes planos, pois a vida humana é considerada o portão para todos eles. Lá a vida é mais longa e muito mais feliz, pois estes planos correspondem a níveis mais elevados de consciência. O nível mais elevado de consciência é o Ser absoluto, que tem vida eterna. No outro fim da escala, onde a pureza é mínima, a vida é infinitamente curta. O nível de pureza determina a duração da vida em cada plano e também o grau de felicidade.

A Taittirīya Upanishad descreve os variados graus de felicidade desfrutados pelos diferentes seres na criação. Todos os diferentes planos de vida são adquiridos de acordo com o princípio da ação e seus resultados. O grau de corretidão neste mundo é o critério para determinar quais destes planos elevados de vida será alcançado.

Portanto, os mundos dos virtuosos são os mundos de maior felicidade, onde os seres desfrutam muito mais harmonia e liberdade do que o homem desfruta na Terra. Mas eles não se engajam mais na prática do Yoga. Para isto eles devem retornar à Terra. Ao retornar aqui eles nascem "na casa dos puros e ilustres", que oferece uma atmosfera apropriada para o Yoga. Eles retomam sua prática e alcançam a liberação final.

Verso 42

अथवा योगिनामेव कुले भवति धीमताम्
एतद्धि दुर्लभतरं लोके जन्म यदीदृशम्

Athavā yoginām eva kule bhavati dhīmatām
etad dhi durlabhataraṁ loke janma yad īdṛisham

Ou ele nasce em uma verdadeira
família de *Yogīs* dotada de sabedoria,
apesar de que um tal nascimento como este
na Terra é mais difícil de se alcançar.

O Senhor deseja incutir em Arjuna a ideia de que "nascer na casa dos puros e ilustres" é mais fácil do que em uma "família de *Yogīs* dotada de sabedoria". Há duas razões para isto: não apenas são escassas tais famílias de *Yogīs* no mundo, mas deve-se também atingir um alto nível de pureza antes que se possa nascer na atmosfera sagrada de uma família de *Yogīs*. Por ter nascido nesta atmosfera, adquire-se a chance de rapidamente realizar Consciência de Deus.

VERSO 43

तत्र तं बुद्धिसंयोगं लभते पौर्वदेहिकम्
यतते च ततो भूयः संसिद्धौ कुरुनन्दन

Tatra taṁ buddhisaṁyogaṁ labhate paurvadehikam
yatate cha tato bhūyaḥ saṁsiddhau Kurunandana

Lá ele readquire aquele nível de União
atingido pelo intelecto em seu corpo anterior,
e, por causa disto, ó alegria dos Kurus,
ele se empenha ainda mais pela perfeição.

"Lá": na atmosfera da "família de *Yogīs* dotada de sabedoria" (verso 42), ou "na casa dos puros e ilustres" (verso 41).

"Ele readquire": ele inicia sua vida "daquele nível de União atingido pelo intelecto em seu corpo anterior". Isto pode ser compreendido por um exemplo. Suponha que uma roupa necessite ser mergulhada cem vezes na tintura até estar completamente tingida, e que após isto ser feito dez vezes a fábrica feche. A roupa será então levada a outra fábrica. A segunda fábrica só pode iniciar a partir do décimo primeiro mergulho. Assim, apesar da roupa não poder ser completamente tingida em um processo contínuo em uma única fábrica, o grau de tingimento atingido na primeira fábrica determina o ponto de partida na segunda. Quando um homem começa a meditar, o Ser começa a crescer na natureza de sua mente. Se, após um certo grau de infusões, ele para a prática nesta vida, ou se seu corpo perece, quando quer que retome sua prática ele o fará naquele nível de pureza de consciência que obteve por meio de sua prática anterior. O grau de pureza adquirido nesta vida não é perdido por causa da morte do corpo.

Verso 44

पूर्वाभ्यासेन तेनैव ह्रियते ह्यवशोऽपि सः
जिज्ञासुरपि योगस्य शब्दब्रह्मातिवर्तते

Pūrvābhyāsena tenaiva hriyate hyavasho 'pi saḥ
jigyāsur api yogasya shabdabrahmātivartate

Por causa da própria prática anterior
ele é irresistivelmente conduzido.
Mesmo o aspirante no Yoga
passa além do Veda.

"Por causa da própria prática anterior": pela prática da meditação na vida passada. A palavra "própria" indica que a força daquela prática anterior é em si mesma suficiente para estabelecer um homem neste caminho do Yoga. A Natureza torna-se favorável a ele, e as circunstâncias moldam-se em favor de sua retomada da prática.

"Irresistivelmente conduzido" significa que, faça ele um esforço consciente para iniciar a prática ou seja conduzido inconscientemente pelo efeito acumulado da prática desempenhada em sua vida anterior, ele retoma a meditação.

O Senhor quer dizer que nenhuma tentação oferecida por qualquer outro aspecto da vida é capaz de impedi-lo de retomar seu caminho. Ele não é retido por nada, nem mesmo pela promessa de várias vantagens por meio dos ritos e rituais Védicos.[276] Ele coloca-se decididamente no caminho do Yoga e, focalizando-se nele, atinge rapidamente a meta.

"Passa além do Veda": transcende o campo da relatividade e alcança Consciência Transcendental. O Senhor afirma que mesmo "o aspirante", o iniciante no Yoga, transcende o campo da vida relativa, pois, como foi revelado no verso 40 do Capítulo II, não há nenhuma dificuldade para a mente alcançar a Consciência Transcendental Absoluta. Aqui está uma grande esperança para o estudante do Yoga, seja ele educado ou não.

---

276 Veja II, 42, 43.

VERSO 45

प्रयत्नाद्यतमानस्तु योगी संशुद्धकिल्बिषः
अनेकजन्मसंसिद्धस्ततो याति परां गतिम्

Prayatnād yatamānas tu yogī saṁshuddhakilbishaḥ
anekajanmasaṁsiddhas tato yāti parāṁ gatim

Mas o *Yogī* que se empenha com zelo,
purificado de todo pecado,
e tornado perfeito através de muitos nascimentos,
em consequência disto ele atinge a meta transcendente.

Este verso tem sido a causa de grandes erros de compreensão e desencorajamento, pois muitas pessoas inferiram que o Senhor enuncia aqui o princípio de que a realização requer muitas vidas. Isto vem de uma falha em compreender o verdadeiro significado da palavra "nascimento". Nascimento significa tomar um novo corpo. Se nós analisarmos o que acontece quando a mente individual adquire status cósmico em Consciência Transcendental, encontramos que o indivíduo deixa de existir – ele se torna Existência Pura. Ao retornar do Transcendente, a vida individual é readquirida. Nascimento significa este readquirir da existência individual. A falha em compreender a linguagem da Escritura do Yoga é a causa da falta da experiência do estado de Yoga e da falta do conhecimento dos detalhes relativos à prática do Yoga. Nesta situação, fatalmente acontecem erros de interpretação.

Já se mencionaram três estados de Yoga:[277] Yoga em Consciência Transcendental, em Consciência Cósmica e em Consciência de Deus. A expressão "tornado perfeito" mostra que o presente verso refere-se à Consciência de Deus. O Senhor diz: "tornado perfeito através de muitos nascimentos". Com isto Ele quer dizer tornado perfeito por meio da prática continuada de repetidamente adquirir Consciência Transcendental e, assim, sendo re-nascido para o mundo muitas, muitas vezes até que a Consciência Cósmica seja adquirida. Este estado de Consciência Cósmica, que o Senhor diz ser

---

277 Veja verso 3, comentário.

atingido "facilmente",[278] forma a sólida fundação sobre a qual cresce a Consciência de Deus.

Sobre este crescimento de Consciência de Deus a partir do estado de Consciência Cósmica, o Senhor diz: "com o tempo descobre isto dentro de si mesmo".[279] Deve-se notar que a expressão do Senhor "com o tempo" não contém nenhuma sugestão de muitos períodos de vida. Assim, não há absolutamente nenhuma razão para supor-se que a expressão "muitos nascimentos" signifique muitos períodos de vida. O ensinamento é que pela prática da Meditação Transcendental adquire-se rapidamente Consciência Transcendental, e por meio da prática constante de adquirir-se Consciência Transcendental, eleva-se à Consciência Cósmica "sem muita demora",[280] e então à Consciência de Deus.

Podemos interpretar "muitos nascimentos" no sentido superficial da expressão como muitas vidas, mas é claro que este significado aplicar-se-á apenas para aqueles que "não são plenamente realizados no Yoga" nesta vida, por "faltar esforço" e porque suas "mentes estão desviadas do Yoga".[281] Mesmo eles, diz o Senhor, alcançam a meta transcendente ao purificarem-se gradualmente por meio da prática em muitas vidas.[282] Esta é a glória do Yoga, que uma vez que é iniciada ela terá seu efeito. Se ela não trouxer realização completa nesta vida, por falta de prática, então ela terá sua influência em vidas futuras, trazendo o homem de volta à sua prática e finalmente à liberação.

"Meta transcendente": a meta da Consciência Transcendental. Quando a Consciência Transcendental torna-se permanente em Consciência Cósmica, a meta que permanece à frente é a Consciência de Deus.

278 Veja verso 28.
279 Veja IV, 38.
280 Veja V, 6.
281 Veja verso 37.
282 Veja versos 43, 44.

VERSO 46

तपस्विभ्योऽधिको योगी ज्ञानिभ्योऽपि मतोऽधिकः
कर्मिभ्यश्चाधिको योगी तस्माद्योगी भवार्जुन
Tapaswibhyo 'dhiko yogī gyānibhyo 'pi mato 'dhikaḥ
karmibhyash chādhiko yogī tasmād yogī bhavārjuna

Um *Yogī* é superior a um austero;
ele é considerado superior até mesmo
aos homens de conhecimento.
Um *Yogī* é superior aos homens de ação.
Portanto, seja um *Yogī*, ó Arjuna.

Neste verso o Senhor rejeita o valor de todo agir, de toda tensão e de todo esforço com o propósito de iluminação. O homem de austeridade tensiona o corpo e a mente. A prática do Yoga refina o sistema nervoso de maneira suave e, removendo toda tensão, leva à Consciência Transcendental. Portanto, a austeridade é inferior ao Yoga a partir de qualquer ponto de vista.

O homem de conhecimento neste contexto é aquele que tem conhecimento teórico sobre os três *Guṇas*, o Ser e Deus, mas não os experimentou diretamente. Certamente ele é inferior ao *Yogī*, que conhece a natureza deles por meio da experiência direta.

O caminho da atividade é tomado por aquele que se empenha pela purificação do corpo, mente e alma pelo desempenho ritualístico da ação correta, pela caridade e pelo exercício de um senso apropriado de dever, por qualquer tipo de ação que vise refinar sua mente e alcançar a iluminação. Este caminho também é inferior ao Yoga, que ilumina a mente de uma maneira fácil e direta.

Certamente é correto que todas estas práticas têm um efeito purificador, ajudando assim a mente a crescer em *Sattwa*. Tornando-se mais pura desta forma, a mente alcançará finalmente o status do Ser. A teoria de todos estes caminhos está correta, mas eles são inferiores ao Yoga. Eles não apenas levam muito tempo, mas estão confinados no campo do qual o Senhor disse: "a ação é ... o meio";[283] enquanto o *Yogī* está estabelecido no campo do qual o Senhor disse: "a calma é ... o meio".[284] Este é um estado de vida muito mais avançado.

A superioridade de um *Yogī* não está apenas na sua percepção rápida e fácil do Supremo, mas também na sua percepção da mais plena glória do Supremo, a glória do Ser manifestado na existência absoluta de Deus. Esta é a glória da Consciência de Deus na vida do homem, uma glória além da excelência alcançada por intermédio da austeridade, ou do conhecimento, ou da ação.

Verso 47

योगिनामपि सर्वेषां मद्गतेनान्तरात्मना
श्रद्धावान्भजते यो मां स मे युक्ततमो मतः

Yogināṁ api sarveshāṁ madgatenāntarātmanā
shraddhāvān bhajate yo māṁ sa me yuktatamo mataḥ

E de todos os *Yogīs*,
Eu considero como mais plenamente unido
aquele que Me adora com fé,
seu Ser mais profundo absorvido em Mim.

Aqui está uma exposição do mais elevado estado de evolução. O Senhor diz: "de todos os *Yogīs*". Com isto Ele quer dizer que há vários tipos de *Yogī*: o *Hatha Yogī*, o *Gyān Yogī*, o *Karma Yogī*, e assim por diante. Todos eles têm quatro níveis de realização: o primeiro é alcançar Consciência do Ser (versos 10-18); o segundo, alcançar Consciência Cósmica (versos 24-29); o terceiro, alcançar Consciência de Deus (versos 30-32); e o quarto, alcançar a percepção de toda a criação em Consciência de Deus (verso 32). Quando o Senhor diz: "de todos os *Yogīs*... seu Ser mais profundo absorvido em Mim", Ele está se referindo ao homem que estabeleceu dentro de si mesmo um

---

283 Veja verso 3.
284 Veja verso 3.

elo natural e permanente de União com o Senhor de todos os seres e com toda a criação. Isto acontece no nível onde a devoção atinge sua realização.

O que caracteriza a Consciência Cósmica é a infusão do estado do Ser na natureza da mente, em tal plenitude e tão permanentemente, que nenhuma experiência da relatividade pode ensombrecê-la. Aquele que alcançou este estado está sempre satisfeito dentro de si mesmo. Mas apesar desta satisfação ser concreta e real, ela é completamente abstrata em sua natureza essencial, pois ela é afinal de contas um sinal da infusão do Ser transcendental na natureza da mente. Esta infusão não leva o Scr a ser experimentado no nível dos sentidos. Os olhos não podem ver o Ser, a língua não pode prová-Lo, os ouvidos não podem ouvi-Lo, nem as mãos tocá-Lo. É o processo de devoção na fé que realiza isto.

A devoção é sempre no nível pessoal. Então, quando o Senhor diz: "de todos os *Yogīs*" aquele "que Me adora com fé", Ele quer dizer aquele que, estabelecido em Consciência Cósmica, apega-se à expressão manifesta da existência cósmica, à existência cósmica tornada individual em Deus, com o propósito da devoção e adoração. Então, os olhos desfrutam o Ser eterno abstrato tornado manifesto – todos os sentidos desfrutam-No como seu objeto de experiência. Este é o caminho da devoção que glorifica mesmo aquele que adquiriu Consciência Cósmica e permite que ele desfrute o Transcendente, o Supremo, no nível dos sentidos. A história religiosa registra indivíduos – homens como Shukadeva, Rei Janaka, e outros – que, estabelecidos na Realidade, devotaram-se ao Senhor e desfrutaram-No por todos os meios de experiência, pelos sentidos, pela mente, pelo intelecto e pela alma. Tais seres afortunados, diz o Senhor, são "mais plenamente unidos".

Este é o verso que põe um fim a qualquer má compreensão sobre o estado mais elevado de União. O Senhor mostra que Nele repousa "absorvido" o "Ser mais profundo" do mais elevado *Yogī*. Esta é uma explicação do Seu lado, mas a expressão que Ele dá a este estado do lado do devoto é diferente: o devoto O adora "com fé". Esta é a glória da União com o Senhor. O Senhor abraça o devoto e o torna um só com Ele mesmo, e o devoto agarra o Senhor em adoração. Este é o estado de unidade onde cada um mantém o outro.

Esta é a dualidade e a Unidade na Grande União.

ॐ तत्सदिति श्रीमद्भगवद्गीतासूपनिषत्सु ब्रह्मविद्यायां योगशास्त्रे
श्रीकृष्णार्जुनसंवादे आत्मसंयमयोगो नाम षष्ठोऽध्यायः

Oṁ tat sad iti Shrīmad Bhagavadgītāsūpanishatsu
Brahmavidyāyāṁ Yogashāstre Shrīkṛishṇārjunasaṁvāde
Ātmasaṁyamayogo nāma shashtho 'dhyāyaḥ

Assim, na Upanishad da gloriosa Bhagavad-Gītā,
na Ciência do Absoluto, na Escritura do Yoga,
no diálogo entre Senhor Kṛishṇa e Arjuna,
termina o sexto capítulo, intitulado:
O Yoga da Meditação, Dhyān Yoga.

JAI GURU DEV

Apêndice

A Sagrada Tradição

O verso que se segue registra os nomes queridos dos grandes Mestres da Sagrada Tradição da Sabedoria Védica:

Nārāyaṇaṁ Padmabhavaṁ Vasishthaṁ
Shaktiṁ cha tatputra Parāsharaṁ cha
Vyāsaṁ Shukaṁ Gaudapādaṁ mahāntaṁ
Govinda Yogīndram athāsya shishyam

Shrī Shankarāchāryam athāsya Padma-
Pādaṁ cha Hastāmalakaṁ cha shishyam
Taṁ Trotakaṁ Vārtikakāram anyān
Asmad Gurūn santatam ānato 'smi

Shruti-Smṛiti-Purāṇānām
Ālayaṁ Karunālayam
Namāmi Bhagavat-pādaṁ
Shankaraṁ loka-shankaram

Shankaraṁ Shankarāchāryaṁ
Keshavaṁ Bādarāyaṇam
Sūtra-Bhāshya-kṛitau vande
Bhagavantau punaḥ punaḥ

Yad-dwāre nikhilā nilimpa-parishad
Siddhiṁ vidhatte 'nisham
Shrīmat-Shrī-lasitaṁ Jagadguru-padaṁ
Natwātmatṛiptiṁ gatāḥ

Lokāgyān payod-pātan-dhuraṁ
Shrī Shankaraṁ Sharmadam
Brahmānanda Saraswatīṁ Guruvaraṁ
Dhyāyāmi jyotirmayam

Meditação Transcendental: O Princípio Básico

Quando uma onda do oceano faz contato com os níveis mais profundos da água, torna-se mais poderosa. Da mesma forma, quando a mente consciente expande-se para abranger níveis mais profundos do pensar, a onda-pensamento torna-se mais poderosa.

A capacidade expandida da mente consciente aumenta o poder da mente e resulta em maior energia e inteligência. O homem, que geralmente usa apenas uma pequena parte de toda a mente que possui, começa a usar seu pleno potencial mental.

A técnica pode ser definida como voltar a atenção para dentro, em direção aos níveis mais sutis de um pensamento, até que a mente transcende a experiência do estado mais sutil do pensamento e chega à fonte do pensamento. Isto expande a mente consciente e, ao mesmo tempo, coloca-a em contato com a Inteligência Criativa que dá lugar a todo pensamento.

Um impulso de pensamento parte do centro criativo silencioso dentro de nós, como uma bolha nasce do fundo do mar. À medida que sobe, torna-se maior; chegando no nível consciente da mente, torna-se grande o suficiente para ser percebida como um pensamento, e daí desenvolve-se em fala e ação.

Voltar a atenção para dentro leva a mente da experiência de um pensamento no nível consciente (B) para os estados mais refinados do pensamento, até que a mente chega à fonte do pensamento (A). Esta marcha da mente resulta na expansão da mente consciente (de W1 para W2).

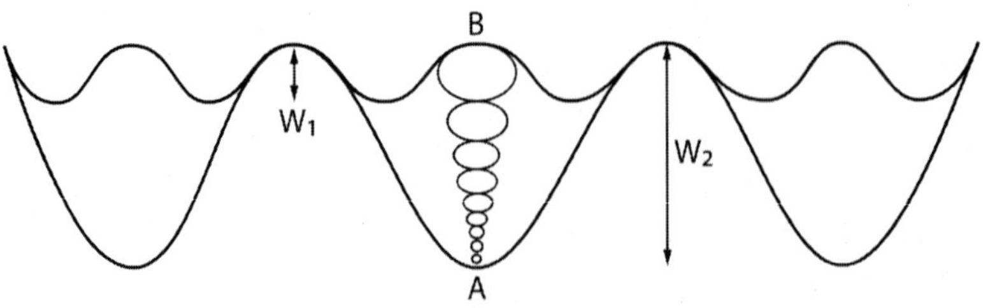

A técnica é descrita como Meditação Transcendental.

Sua prática é simples. Não há requisitos para começar a prática, a não ser receber pessoalmente instruções de um professor qualificado.

Deve-se notar que a Meditação Transcendental não é contemplação nem concentração. Tanto o processo de contemplação quanto o de concentração mantêm a mente no nível consciente pensante, enquanto que a Meditação Transcendental leva a mente sistematicamente à fonte do pensamento, o campo puro da Inteligência Criativa.

Lei Cósmica (Lei Natural), A Lei Básica da Criação

A criação sempre-mutável da infinita variedade parece ser baseada em algum plano estável de existência. O ritmo da Natureza parece adequar-se a um padrão definido. O número infinito das galáxias na vasta estrutura do espaço cósmico parece mover-se de acordo com um plano definido. A criação, evolução e dissolução de todas as coisas parece seguir um procedimento definido. As coisas mudam, mas a mudança incessante parece ter uma base imutável.

O hidrogênio e o oxigênio são gases. Eles se combinam para formar a água, H2O. As qualidades do gás mudam para as qualidades da água, mas o hidrogênio e o oxigênio permanecem H e O. Novamente, quando a água congela e é transformada em gelo, as qualidades da água mudam para as qualidades do gelo, mas o hidrogênio e o oxigênio, os constituintes essenciais, permanecem os mesmos. Isto significa que, enquanto há certas leis responsáveis por mudar as qualidades de gás para água, e de água para gelo, há alguma força, alguma lei, que mantém a integridade do hidrogênio e do oxigênio.

A lei que não permite que o hidrogênio e o oxigênio transformem-se em qualquer outra coisa é a própria base imutável das leis responsáveis por transformar o gás em líquido e o líquido em sólido. A Lei Cósmica, ou Lei Natural, é aquela lei que mantém a integridade dos constituintes essenciais da criação – Ser absoluto. O Ser permanece Ser em virtude da lei cósmica, que promove o surgimento de diferentes leis responsáveis por diferentes camadas da criação. Apesar destas variadas Leis da Natureza serem diretamente responsáveis pela manutenção e evolução do Universo, a base de todas elas é a eterna Lei Cósmica no plano do Ser.

Quando, durante a Meditação Transcendental, a mente transcende o estado mais sutil do pensamento e alcança o estado de consciência do Ser, ou Ser puro, ela atinge o nível da Lei Cósmica – Lei Natural. Ao sair deste estado, a posição da mente é como a do homem entrando no escritório do Presidente e saindo após ter recebido sua aprovação; todos os subordinados começam a ser simpáticos com ele e a dar a ele todo seu apoio, direcionando suas atividades para um fim bem-sucedido.

Quando a mente volta do campo do Ser, o plano da Lei Cósmica, para o campo relativo da atividade, que está sob a influência de inúmeras Leis da Natureza, ela automaticamente desfruta do apoio da Lei Cósmica. E isto torna possível a satisfação de qualquer aspiração e a realização suprema da vida.

É assim que a vida de um homem que elevou-se à Consciência Cósmica está eternamente estabelecida no nível da Lei Cósmica, no nível da Lei Natural, e recebe o apoio espontâneo de todas as Leis da Natureza.

Os Seis Sistemas da Filosofia Indiana

O conhecimento só é verdadeiro quando é aceitável à luz dos Seis Sistemas da Filosofia Indiana. A verdade de cada afirmação na Bhagavad-Gītā pode ser testada e provada desta forma. O segundo[285] verso do Capitulo I é analisado abaixo para ilustrar esta perfeição de exposição de Vyāsa. Os sistemas são apresentados em sua sequência clássica.

O primeiro sistema, Nyāya, analisa a correção do procedimento de adquirir conhecimento. Tendo alcançado corretamente o objeto de investigação por meio de Nyāya, volta-se para o segundo sistema,

285 O primeiro verso apresenta uma pergunta. A verdade de uma pergunta não necessita ser verificada como a verdade de uma afirmação que apresenta a resposta. É por isso que o primeiro verso não foi analisado aqui. A resposta começa a partir do segundo verso e sua validade está aberta à verificação à luz dos seis sistemas de filosofia indiana.

Vaisheshik, que estabelece os critérios para analisar as qualidades especiais que diferenciam o objeto de outros objetos. Quando Vaisheshik identificou o objeto de investigação além de qualquer dúvida, o terceiro sistema, Sāṁkhya, enumera os diferentes componentes do objeto. Yoga, o quarto sistema, oferece então um meio para a cognição direta do objeto. O conhecimento dos modos de atividade do objeto e de seus componentes é oferecido pelo quinto sistema, Karma Mīmāṁsā. Tendo estes cinco sistemas analisado os diferentes aspectos do objeto de investigação do ponto de vista da existência relativa, o sexto sistema, Vedānt, mostra que a Realidade última do objeto, que permeia todas as suas diferentes fases, é absoluta por natureza. Assim, está claro que os seis sistemas tomados juntos tornam o conhecimento completo ao considerar cada possível aspecto do objeto.

Deve-se notar que cada sistema é tão completo em si mesmo que cada um parece ser suficiente para dar o conhecimento completo para a liberação. Assim, muitos eruditos têm sido ofuscados por um sistema particular, e tornam-se cegos ao valor dos demais. Parece, portanto, que a própria perfeição de cada sistema tem roubado a filosofia indiana de sua totalidade, tornado-a fraca. Para ser completo, o conhecimento requer o apoio de todos os seis sistemas.

A análise que se segue ilustra como as várias palavras do segundo verso do Capitulo I dão expressão a cada um dos seis sistemas em detalhe.

Deve-se recordar que o verso aparece como se segue:

Então Duryodhana, o príncipe,
vendo o exército dos Pāṇḍavas
colocado em posição de combate,
dirigiu-se a seu mestre e falou estas palavras:

Nyāya

Nyāya, a ciência do raciocínio exposta por Gautama, apresenta dezesseis pontos para testar o procedimento de adquirir conhecimento:

1. As formas de conhecimento válido (*Pramāṇa*)
Há quatro formas de conhecimento válido:

i. *Percepção (Pratyaksha)*. A lição sobre percepção[286] é dada pela palavra "vendo".
ii. *Inferência (Anumāna)*. "Vendo... posição de combate": vendo o exército em posição de combate, Duryodhana inferiu que era o momento de lutar, e isto o fez procurar seu mestre.
iii. *Comparação (Upamāna)*. Este é um meio de adquirir conhecimento de algo ao compará-lo com outro objeto bem conhecido. Aqui a palavra "príncipe" é usada referindo-se a Duryodhana.
iv. *Testemunho verbal (Shabda)*. "Estas palavras": as palavras de um príncipe são autênticas.

2. O objeto de conhecimento válido (*Prameya*)
O objeto de conhecimento é aquele sobre o qual faz-se a inquirição, ou aquele ao qual se dirige, neste caso o "mestre".
Um ponto que deve-se notar aqui é que quando Vyāsa ensina a lição de *Prameya*, ele apresenta como objeto de conhecimento o mestre, que é a fonte de todo conhecimento.

3. Dúvida (*Saṁshaya*)
O "dirigir-se" a um "mestre" acontece com o objetivo de remover dúvidas e adquirir clareza.

4. Propósito (*Prayojana*)
As palavras "colocado em posição de combate" demonstram o propósito do exército.

5. Exemplo (*Dṛishtānta*)
"Duryodhana" oferece a lição sobre *Dṛishtānta*. No verso anterior, Dhṛitarāshtra perguntou sobre as ações de seus filhos. Sendo

286 A Meditação Transcendental, que forma o ensinamento central da Bhagavad-Gītā, é um meio de percepção direta, um meio direto de adquirir conhecimento.

Duryodhana o mais velho, suas ações são tomadas para exemplificar aquelas de todos os cem filhos de Dhṛitarāshtra.

6. PRINCÍPIO ESTABELECIDO (*Siddhānta*)
É um princípio estabelecido o de que o discípulo sempre dirige-se ao mestre. Duryodhana "dirigiu-se a seu mestre".

7. PARTES DE UM ARGUMENTO LÓGICO (*Avayava*)
"Vendo... dirigiu-se... falou."

8. O PROCESSO DE ARGUMENTAÇÃO (*Tarka*)
Duryodhana "dirigiu-se a seu mestre" para adquirir uma decisão autorizada que não deixaria nenhuma possibilidade de erro ou suposição. A lição sobre argumentação dada aqui é altamente prática.

9. A ARTE DE TIRAR CONCLUSÕES (*Nirṇaya*)
Vendo o exército, Duryodhana julgou a situação e agiu imediatamente de acordo com a conclusão que tirou: ele "dirigiu-se a seu mestre".

10. DISCUSSÃO (*Vāda*)
A discussão consiste na interação de dois lados opostos com o propósito de chegar a uma conclusão decisiva. A lição sobre discussão ensinada neste verso é de uma natureza perfeita. Um homem, vendo os dois lados, "dirigiu-se" ao "mestre", o conhecedor da Realidade, para encontrar uma solução. Ao ensinar a lição sobre discussão, sobre a interação de dois lados opostos, este verso ensina ao mesmo tempo a lição sobre a harmonia.

11. POLÊMICA (*Jalpa*)
A polêmica é o argumento com o propósito de vitória, ao contrário da discussão que objetiva chegar à verdade. No presente verso, a lição sobre polêmica é dada por "falou estas palavras". O campo de batalha é o lugar para a ação, mas ao invés de agir Duryodhana engaja-se na fala. Além disso, o exército oponente está silencioso, e contra este silêncio Duryodhana "falou estas palavras". Portanto,

neste verso, a ação opõe-se à fala e a fala desafia o silêncio. Aqui está uma lição sobre polêmica em sua forma mais extrema.

12. Sofisma (*Vitaṇḍā*)
Este verso coloca "o exército" de um lado e as "palavras" do outro, e desta forma diminui a dignidade do exército. Este é o propósito do sofisma - diminuir a dignidade do outro lado. A beleza deste verso é que ele ensina a lição sobre sofisma sem utilizar a linguagem do sofisma.

13. Falácias (*Hetwābhāsa*)
As falácias são de cinco tipos:

i. *A inconclusiva (Savyabhichāra)* – argumentação da qual pode-se tirar mais de uma conclusão. Este verso nos deixa na incerteza sobre o que falou Duryodhana, apesar de usar a palavra "estas", que indica explicitação.
ii. *A contraditória (Viruddha)* – onde a argumentação contradiz a proposição a ser estabelecida. Com a visão do "exército dos Pāṇdavas... em posição de combate", a coisa razoável a ser estabelecida por Duryodhana era a de que a luta deveria começar. Mas em vez de começar a lutar, Duryodhana "dirigiu-se a seu mestre".
iii. *A equivalente à pergunta (Prakaraṇasama)* – onde a argumentação é tal que provoca a própria pergunta à qual deve responder. A lição sobre esta falácia é encontrada em "estas palavras". A palavra "estas" é definitiva em seu caráter, mas aqui seu uso é tal que provoca uma pergunta sobre a explicitação das "palavras".
iv. *A não-provada (Sādhyasama)* – onde o argumento apresentado para estabelecer uma conclusão não é diferente daquele que deve ser comprovado e também necessita de comprovação. A razão pela qual Duryodhana dirigiu-se a seu mestre necessita de comprovação ou justificação, pois no momento da batalha Duryodhana poderia ter um motivo para dirigir-se ao comandante em chefe, mas não para dirigir-se a seu mestre.
v. *A atrasada (Kālātīta)* – onde o argumento é apresentado quando o momento para ele já passou. O mestre é consultado para que

possa fazer seu julgamento sobre a correção de uma ação. O razoável seria Duryodhana dirigir-se a seu mestre antes de ir para o campo de batalha.

14. Equívoco (*Chhala*)
O equívoco é de três tipos:

i. *Verbal (Vākchhala)* – considerar que uma palavra tem um significado diferente daquele que o orador pensou. A sequência de palavras no texto original é tal que a palavra "príncipe" (*Rājā*) também pode significar "palavras". Isto significaria então que Duryodhana falou palavras principescas, que ele falou como um rei – parecendo que ele não era um rei mas falou como um rei. Este uso de "príncipe" com referência a "palavras" dá o ensinamento sobre equívoco verbal.
ii. *Generalizador (Sāmānyachhala)* – desafiar a possibilidade de uma afirmação por causa da impossibilidade de toda a situação. As palavras de Duryodhana nunca foram tão responsáveis quanto aquelas de um príncipe, portanto o uso da palavra "príncipe" poderia ser tomado ironicamente. Significaria então que Duryodhana está sendo ridicularizado aqui. Este é o ensinamento sobre o segundo tipo de equívoco.
iii. *Figurativo (Upachārachhala)* – interpretar mal uma palavra que é usada figurativamente, tomando seu significado literal. Como Duryodhana não era um verdadeiro soberano, o uso da palavra "príncipe" (*Rājā*) com referência a ele pode ser considerado como figurativo. Quando se toma literalmente, isto oferece uma lição sobre este tipo de equívoco.

15. Argumento fútil (*Jāti*)
Isto significa argumento baseado meramente em características similares e dissimilares. Há similaridade de natureza entre "Duryodhana" e "príncipe". Há dissimilaridade de natureza entre os "Pāṇdavas" e o "exército... em posição de batalha" deles, pois os Pāṇdavas são pacíficos por natureza.

16. Discordância sobre princípios básicos (*Nigrahasthāna)*
Esta surge de idéias erradas ou da completa falta de compreensão. Alguém se dirige a um mestre quando necessita algum esclarecimento, e um esclarecimento é necessário para eliminar um erro ou má compreensão. A lição com respeito a discordância sobre princípios básicos é exemplificada pelo "mestre", no qual todas as discordâncias são dissolvidas.

Esta é a perfeição do ensinamento de Nyāya de Gautama na Bhagavad-Gītā: mesmo a lição sobre desarmonia é ensinada a partir do centro de toda harmonia, para que o estudante de Nyāya não seja deixado no campo estéril da razão.

Vaisheshik

Vaisheshik, o sistema exposto por Kaṇāda, analisa as qualidades especiais (*Vishesha*) que distinguem um objeto de outros objetos. No presente verso, a palavra "príncipe" revela uma qualidade especial que distingue Duryodhana de outros homens. "Seu" especificando "mestre", e "estas" especificando "palavras" servem a um propósito similar. Aqui temos uma lição geral sobre a filosofia Vaisheshik.

De acordo com Vaisheshik, há nove substâncias que formam a base de toda a criação. As qualidades especiais destas substâncias são responsáveis pelas variadas qualidades da multitude de objetos na criação. As nove substâncias básicas são: terra (*Pṛithivī*), água (*Āpas*), fogo (*Tejas*), ar (*Vāyu*), espaço (*Ākāsha*), tempo (*Kāla*), direção no espaço (*Dik*), alma (*Ātmā*), mente (*Manas*).

As quatro primeiras substâncias básicas são distinguidas uma da outra pelas qualidades especiais de seus *Paramāṇus*, ou átomos. Há quatro destas qualidades especiais: odor (*Gandha*), paladar (*Rasa*), forma (*Rūpa*) e tato (*Sparsha*). A terra possui todas as quatro qualidades; a água possui odor, forma e tato; o fogo possui forma e tato; e o ar possui somente tato.

1. Terra (*Pṛithivī*)
A lição sobre o elemento terra é dada pela palavra "Duryodhana". Assim como o odor é inseparável da terra, assim uma fragrância principesca é inseparável de Duryodhana, o príncipe, ou mestre da terra.

2. Água (*Āpas*)
O sabor é a qualidade básica do elemento água. O sentido do paladar está na língua, que também é o órgão da fala. Portanto, considera-se que a palavra "falou" apresenta a lição sobre o elemento água.

3. Fogo (*Tejas*)
"Vendo" expõe a lição sobre o elemento fogo, pois o sentido da visão relaciona-se com o elemento fogo.

4. Ar (*Vāyu*)
"Dirigiu-se" apresenta a lição sobre o elemento ar, pois o tato é a qualidade inseparável do elemento ar. O processo de dirigir-se culmina no tocar.

5. Espaço (*Ākāsha*)
A quinta substância essencial, espaço, é caracterizada pelo som. Portanto, a lição sobre espaço é dada por "palavras".

6. Tempo (*Kāla*)
O tempo é indicado por conceitos tais como sequência, simultaneidade, velocidade e lentidão. "Vendo... dirigiu-se... falou" apresenta a lição sobre todos estes conceitos.

7. Direção no espaço (*Dik*)
A direção no espaço é indicada pelas expressões tais como aqui, lá, longe, perto, acima, abaixo. A lição sobre a direção no espaço é dada por "exército... em posição de combate" e "dirigiu-se".

8. Alma (*Ātmā*)
De acordo com o Vaisheshik Sūtra, a existência da oitava substância básica, a alma, é indicada pela respiração ascendente (*Prāṇa*), pela respiração descendente (*Apāna*), pelo fechar das pálpebras (*Nimesha*), o abrir das pálpebras (*Unmesha*), a vida (*Jīvana*), a atividade mental (*Manogati*), as mudanças interiores no campo dos sentidos (*Indriyāntara-vikāra*), o prazer (*Sukha*), a dor (*Duḥkha*), o desejo (*Ichchhā*), e o esforço (*Prayatna*).

A lição sobre a alma é apresentada por:

i. As respirações ascendentes e descendentes reúnem-se para produzir a fala: "falou estas palavras".
ii. O fechar e o abrir das pálpebras relacionam-se com a visão: "vendo".
iii. A vida é indicada em Duryodhana pelas palavras "vendo... dirigiu-se... falou".
iv. A atividade mental está inerente na sequência de "vendo... dirigiu-se... falou".
v. O prazer está inerente em "dirigiu-se a seu mestre".
vi. A dor está inerente em "vendo o exército dos Pāṇdavas... em posição de combate". A lição sobre dor é apresentada sem utilizar-se de qualquer referência óbvia à dor.
vii. O desejo de Duryodhana é indicado pela palavra "estas". Ao apresentar a lição sobre o desejo, Vyāsa utiliza uma expressão que indica o princípio do desejo sem especificar qualquer desejo particular, a fim de que a mente não seja retirada do ponto central sob consideração. Aqui está um exemplo da grande precisão de linguagem de Vyāsa em seu ensinamento sobre os diferentes sistemas da filosofia indiana.
viii. A lição sobre esforço é apresentada pela palavra "dirigiu-se". O processo de dirigir-se ou abordar alguém envolve esforço para qualquer homem, quanto mais para um príncipe, que exerce o poder de convocar qualquer um a qualquer momento.

É claro que para verificar as qualidades especiais da alma, é necessário "dirigir-se" à alma. No verso sob consideração, "dirigiu-se" é o resultado de alguma atividade mental que se segue à atividade sensorial de "ver". Da mesma forma, para abordar-se a alma, é necessário ir-se da experiência do campo de atividade sensorial para aquele da atividade mental até que, transcendendo a atividade mental mais sutil, acerca-se do campo do Ser puro, que é Consciência Pura, a base de toda a atividade. A mente só pode conhecer intimamente os campos mais sutis da existência relativa por meio deste processo conhecido como Meditação Transcendental. E Kaṇāda considera estes campos sutis como constituindo as qualidades especiais da alma, e isto realiza o propósito do ensinamento de Vaisheshik.

9. MENTE (*Manas*)
A nona substância básica, mente, é a faculdade responsável por dar conhecimento à alma por meio do contato desta com os sentidos e seus objetos. A lição sobre a mente é apresentada pelo pensamento que está entre "vendo" e "dirigiu-se", e "dirigiu-se" e "falou".

SĀṀKHYA
Sāṁkhya significa o que diz respeito a número. Este sistema de filosofia exposto por Kapila, estabelece que o conhecimento de um objeto não será completo sem o conhecimento de seus componentes. Em sua análise da vida e da criação, Sāṁkhya estabelece a existência de 25 categorias na base de toda a criação e do processo de evolução cósmica. O ensinamento relacionado a estas categorias pode ser verificado pela experiência direta por meio da prática da Meditação Transcendental, na qual a mente viaja através de todos os níveis superficiais e sutis da criação até o estado de Consciência Transcendental pura.

1.*PURUSHA*
Purusha, ou Espírito Cósmico, é a Realidade transcendental que vem à experiência direta durante a Meditação Transcendental, no ponto onde até mesmo o nível mais sutil da criação é transcendido e só permanece a Consciência Transcendental pura. *Purusha* forma a base do aspecto subjetivo da vida. Ele é a testemunha eterna e silenciosa de tudo que foi, é e será.

No verso sob consideração, o ensinamento sobre *Purusha* é encontrado na palavra "Pāṇdavas". A expressão "exército dos Pāṇdavas" indica que apesar do exército pertencer aos Pāṇdavas, os Pāṇdavas não fazem necessariamente parte do exército; eles podem permanecer, como que não-envolvidos. Apesar de toda a Natureza funcionar sob Sua vontade, *Purusha* permanece uma testemunha silenciosa de toda a atividade da Natureza.

2. *PRAKṚITI*

Prakṛiti, ou Natureza, é a substância primordial da qual toda a criação surge. Seus constituintes são os três *Guṇas*,[287] *Sattwa*, *Rajas* e *Tamas*. Eles são responsáveis por toda mudança e formam a base da evolução.

Enquanto neste verso os "Pāṇdavas" representam *Purusha*, "o exército" representa *Prakṛiti*. Além disso, a frase "exército... colocado em posição de combate" representa *Prakṛiti* exposta em seus diferentes constituintes, pronta para ser ativa. Sem mencionar especificamente os três *Guṇas*, Vyāsa abrange plenamente a natureza de *Prakṛiti*. Enquanto os três *Guṇas* estão em equilíbrio, eles não se apresentam como três, não demonstram qualquer atividade e não há nenhum processo de criação e evolução; quando começam a ser ativos, eles aparecem em uma completa multiplicidade de permutações e combinações.

3. *MAHAT*

Mahat é aquele primeiro estado de evolução onde a substância primordial anteriormente indiferenciada, *Prakṛiti*, começa a mover-se em direção à manifestação, começa a tomar uma direção especifica. É a vontade cósmica em operação, satisfazendo a necessidade por manifestação que foi criada pelo distúrbio do equilíbrio perfeito dos três *Guṇas*.

A lição sobre *Mahat* é apresentada pela palavra "dirigiu-se", que representa o primeiro impulso na situação apresentada pelo verso – um movimento em uma direção especifica.

4.*AHAṀKĀRA*

Ahaṁkāra é o princípio responsável pela individualização de *Mahat*. O ensinamento de *Ahaṁkāra* deve ser encontrado na palavra "seu", que apresenta um exemplo do princípio de individualização, a individualização do termo geral "mestre".

287 Veja II, 45, comentário.

5. *MANAS*

Manas é a mente cósmica, que oferece o objeto para o princípio da individualização, *Ahaṁkāra*. No estado de *Manas*, a ânsia de *Prakṛti* pela manifestação define-se claramente.

A lição sobre *Manas* é apresentada pela frase "estas palavras", que dá uma forma definida à situação criada pelo primeiro impulso, *Mahat*, indicada pela palavra "dirigiu-se".

6-15. *OS INDRIYAS*

Os próximos dez princípios são chamados *Indriyas*, ou sentidos: cinco sentidos de percepção (*Gyānendriya*) e cinco órgãos da ação (*Karmendriya*). Eles conectam a mente com o mundo manifestado dos objetos.

A lição sobre os sentidos de percepção é dada pela palavra "vendo", tomando o sentido da visão como representativo dos cinco sentidos de percepção.

A lição sobre os órgãos da ação é apresentada pela palavra "falou", o órgão da fala sendo tomado como representativo dos cinco órgãos da ação.

16-20. *OS TANMĀTRAS*

Os *Tanmātras* constituem as cinco realidades básicas, ou essências, dos objetos dos cinco sentidos de percepção. Eles se expressam nos cinco elementos que vão compor os objetos dos sentidos e que oferecem a base material de todo o Universo objetivo. Assim, a essência do som (*Shabda tanmātra*) expressa-se no espaço, a essência do tato (*Sparsha tanmātra*) no ar, a essência da forma (*Rūpa tanmātra*) no fogo, a essência do paladar (*Rasa tanmātra*) na água e a essência do olfato (*Gandha tanmātra*) na terra.

A lição sobre os *Tanmātras* é apresentada pela palavra sânscrita *Tu*, omitida na tradução, e que significa "somente após" ver. Da mesma forma, os *Tanmātras* marcam a linha divisória entre a criação subjetiva e a objetiva. No processo de evolução, à medida que a influência de *Tamas*[288] aumenta, a criação subjetiva chega a um fim

288 Veja II, 45, comentário.

e a criação objetiva se inicia. Os *Tanmātras*, formando a base dos cinco elementos, permanecem no campo mais superficial do aspecto subjetivo da criação.

21-25. *Os mahābhūtas*

Os cinco *Mahābhūtas*, ou elementos dos quais a criação material é constituída, são o espaço (*Ākāsha*), o ar (*Vāyu*), o fogo (*Tejas*), a água (*Āpas*) e a terra (*Pṛithivī*).

A lição sobre os *Mahābhūtas* já ficou clara quando tratamos de Vaisheshik.

Deve-se notar que todo o ensinamento de Sāṁkhya de Kapila pode ser verificado pela experiência direta por meio da Meditação Transcendental, pois para atingir o estado de Consciência Transcendental a mente tem que atravessar todos os níveis superficiais e sutis da criação.

Yoga

O propósito do Yoga é o de adquirir conhecimento pela percepção direta. O Yoga é uma ciência prática da vida que abre à experiência direta não apenas o campo do Ser absoluto, mas também todos os diferentes níveis da criação relativa.

A primeira de todas as palavras do verso no texto original, "*dṛishtvā*" (literalmente "tendo visto"), apresenta uma lição tanto sobre o propósito do Yoga quanto sobre o caminho para sua realização.[289]

Em sua exposição do Yoga, e com o objetivo de tratá-la de forma abrangente e completa, Patanjali divide a vida em oito esferas:

1. O campo inteiro da criação que está fora do individuo mas que é constantemente influenciado por seus pensamentos e ações. O estado de Yoga, ou harmonia perfeita, encontra-se estabelecido neste campo quando a vida do homem é naturalmente apoiada pelas cinco qualidades de observância (*Yama*):

---

289 A frase "um pouco deste *Dharma*" no verso 40 do Capítulo II, dá expressão ao princípio da percepção direta.

i. Honestidade (*Satya*).
ii. Não-violência (*Ahiṁsā*).
iii. Desprendimento (*Asteya*).
iv. Celibato[290] (*Brahmacharya*).
v. Não aceitação das posses dos outros (*Aparigraha*).

Estas qualidades são representadas pelos "Pāṇdavas", os cinco filhos virtuosos de Pāṇdu.

2. A estrutura física do corpo e do sistema nervoso do indivíduo. O estado de Yoga encontra-se estabelecido no campo do corpo e do sistema nervoso quando a vida do homem é naturalmente apoiada pelas cinco regras de vida (*Niyama*):

i. Purificação (*Shaucha*).
ii. Contentamento (*Santosha*).
iii. Austeridade (*Tapas*).
iv. Estudo (*Swādhyāya*).
v. Devoção a Deus (*Īshwara-praṇidhān*).

Estas cinco qualidades também são representadas pelos "Pāṇdavas".

3. Os diferentes membros do corpo, a esfera da postura (*Āsana*). O estado de Yoga é encontrado estabelecido na esfera dos membros do corpo quando há um funcionamento perfeito de todos os membros em boa coordenação entre si. Neste estado, o corpo é capaz de permanecer em uma postura firme por qualquer período de tempo.

A lição sobre *Āsana* é apresentada por "colocado", pois no estado de Yoga, o estado de Consciência Transcendental, todos os membros do corpo estão em perfeita concordância entre si, plenamente alertas, mas ainda não colocados em ação.

290 Um estado do indivíduo no qual a força da vida está sempre direcionada para cima.

4. A esfera da respiração individual, a esfera dos exercícios respiratórios (*Prāṇāyāma*). No estado de Yoga, a atividade da respiração caminha automaticamente para o repouso.

A lição sobre *Prāṇāyāma* é dada por "o exército dos Pāṇdavas colocado em posição de combate". Os "Pāṇdavas", ou cinco filhos de Pāṇdu, representam as cinco respirações – *Prāṇa*, *Apāna*, *Vyāna*, *Udāna* e *Samāna* – funcionando em diferentes partes do corpo. "O exército dos Pāṇdavas colocado em posição de combate" representa a firmeza de todas as cinco respirações no estado de Yoga.

5. A esfera da vida que está entre os sentidos e seus objetos. O estado de Yoga nesta esfera é marcado pela completa autossuficiência por parte dos sentidos, ao ponto destes não mais serem projetados para o exterior em direção a seus objetos. Aqui, Yoga significa recolhimento do campo dos objetos dos sentidos.

A lição sobre a retirada dos sentidos de seus objetos (*Pratyāhāra*) é dada pela palavra "vendo" (literalmente "tendo visto"), que mostra que a visão de Duryodhana, ao cair sobre o exército dos Pāṇdavas, foi assim recolhida.

6. A esfera da vida que está entre os sentidos e a mente. O estado de Yoga nesta esfera é marcado pela retirada da mente do âmbito dos sentidos. A lição sobre a firmeza da mente (*Dhāraṇā*) é dada pela expressão "colocado", que indica que a mente está firme, que não está mais associada com os sentidos.

7. A esfera da vida que está entre a mente e o Ser. O estado de Yoga nesta esfera é marcado pelo refinamento dos impulsos mentais até que o estado mais refinado da atividade mental é transcendido e a mente adquire o estado de Consciência Pura, existência absoluta, ou Ser eterno.

A lição sobre este processo de meditação (*Dhyān*) é dada pelas palavras "dirigiu-se a seu mestre", onde o mestre representa o estado do Ser.

Uma análise cuidadosa da exposição de Patanjali sobre o Yoga revela que o verdadeiro processo de alcançar o estado de Yoga não pertence apenas a *Dhyān*, ou meditação, que parece ser o único a resultar diretamente em *Samādhi*, ou Consciência Transcendental, mas também a todas as outras esferas de seu Yoga de oito membros. Cada membro apresenta o princípio que está na base das práticas que desenvolvem o estado de Yoga na esfera da vida relacionada com aquele membro.

Por centenas de anos estes diferentes membros do Yoga foram erroneamente considerados como diferentes passos no desenvolvimento do estado de Yoga, quando na verdade cada membro é destinado a criar o estado de Yoga na esfera de vida à qual se relaciona. Com a prática contínua de todos estes membros, ou meios, simultaneamente, o estado de Yoga amadurece simultaneamente em todas as oito esferas da vida, até finalmente tornar-se permanente.

Parece necessário mencionar aqui que mesmo *Samādhi*, que já é o estado de Yoga no sentido da Consciência Transcendental, serve como um meio para o estado supremo de Yoga, Consciência Cósmica. No estado de Consciência Cósmica, a Consciência Transcendental tornou-se permanentemente estabelecida na natureza da mente, ou, para falar em termos indianos, *Kshaṇika* (momentâneo) *Samādhi* torna-se *Nitya* (perpétuo) *Samādhi*. É neste sentido que Maharishi Patanjali colocou *Samādhi* junto com os outros sete membros, ou meios, do Yoga.

Para conectar o princípio de *Dhyān* com a prática, pode-se mencionar que a prática mais valiosa na esfera de *Dhyān* é o sistema simples da Meditação Transcendental. A Meditação Transcendental pertence à esfera de *Dhyān*, mas ao mesmo tempo transcende esta esfera e dá lugar ao estado de Consciência Transcendental, *Samādhi*. Após este estado ser adquirido, a atenção retorna à esfera de *Dhyān*, que é uma esfera de atividade. Esta alternância regular da atenção de uma esfera para a outra permite à Consciência Transcendental manter-se mesmo durante a atividade, primeiro em um nível muito sutil e mais tarde na atividade superficial da vida diária, para que possa finalmente tornar-se permanente. Desta maneira o sistema simples conhecido como Meditação Transcendental, que é um tipo específico de prática, forma a ferramenta de trabalho mais eficaz destas duas esferas de vida, *Dhyān* e *Samādhi*.

8. A esfera do Ser absoluto, o estado de Consciência Transcendental (*Samādhi*).

A lição sobre *Samādhi* é dada pela palavra "Pāṇdavas". Neste verso, o uso da palavra "Pāṇdavas" indica que os Pāṇdavas possuem o exército e, como mestres dele, estão separados dele. Da mesma forma, no estado de *Samādhi* o ser é experimentado como o Transcendente, não-envolvido com nada.

Karma Mīmāṁsā

Mīmāṁsā significa investigação, consideração minuciosa. A Karma Mīmāṁsā preocupa-se com o estudo minucioso da ação, pois a ação forma a base da existência e da evolução do indivíduo. Logo, o primeiro *Sūtra* da Karma Mīmāṁsā de Jaimini inicia uma investigação sobre o *Dharma*, a força invencível da Natureza que mantém a criação inteira. A principal busca da Karma Mīmāṁsā é por aquela ação que será espontaneamente de acordo com o *Dharma*. A influência de toda ação é tão abrangente[291] ao ponto de estar além da compreensão humana. Portanto, o critério pelo qual a correção de uma ação deveria ser julgada não pode ser outro que não o testemunho verbal (*Shabda*) dos Vedas.

Jaimini estabelece a natureza eterna de *Shabda* pelo argumento lógico e remove todas as dúvidas relacionadas a ela. A lição sobre isto é apresentada pela expressão "dirigiu-se a seu mestre", pois o mestre é abordado para remover-se todas as dúvidas.

Tendo estabelecido a eternidade de *Shabda*, era necessário que Jaimini estabelecesse que os Vedas são revelações divinas do momento da criação. A lição sobre isto é encontrada na palavra "então" – no momento da criação.

Jaimini também comprova que as palavras do Veda, apesar de impulsos do Divino, não são notas ou ritmos sem significado. Eles têm um significado e, portanto, um propósito específico, assim como qualquer som falado (palavra) em qualquer língua. Cada palavra e cada frase do verso sob consideração oferece uma lição sobre este ponto.

---

291 Veja IV, 17, comentário.

Uma vez que ele considerou o Veda como sendo a autoridade principal sobre *Dharma*, era necessário que Jaimini delineasse um método definido de investigação do texto Védico. Ele o fez analisando o conteúdo dos Vedas da seguinte forma:

1. *Vidhi* (PRECEITOS OU INJUNÇÕES)
A lição sobre *Vidhi* é dada pela sequência "vendo... dirigiu-se... falou".

2. *Mantra* (PALAVRAS-CHAVES)
Os *Mantras* são palavras-chaves que ajudam a pessoa a lembrar os diferentes passos dos *Yagyas*.[292]

O "mestre" (*Āchārya*) é o guardião do conhecimento dos *Mantras* e esta lá para responder todas as objeções levantadas contra estes. Os *Mantras* existem para ajudar o desempenho do *Yagya*: há um *Mantra* diferente em cada passo. Durante o processo do *Yagya* o mestre fala o *Mantra*, e de acordo com aquilo os outros desempenham as ações. Duryodhana "dirigiu-se a seu mestre" para receber deste a palavra correta (*Mantra*) de ação.

3. *Nāmadheya* (NOMES PRÓPRIOS)
A lição sobre *Nāmadheya* é apresentada por "Duryodhana" e "Pāṇdavas".

4. *Nishedha* (PROIBIÇÕES)
Nishedha é o contrário de *Vidhi*.

A lição sobre *Nishedha* é dada por "dirigiu-se a seu mestre" e "falou estas palavras". O procedimento de acordo com o preceito (*Vidhi*) é que após dirigir-se ao mestre deve-se imediatamente prostrar-se. Ao invés de prostrar-se, Duryodhana começou a falar.

5. *Arthavāda* (PASSAGENS EXPLANATÓRIAS)
"O príncipe" dá a lição sobre *Arthavāda*.

Os Mīmāṁsākas, de acordo com os gramáticos do sânscrito, dividem os substantivos Védicos em três tipos:

---

292 Veja III, 9, comentário.

i. *Rūdhi*, uma palavra simples, não-composta, com uma acepção consagrada, e que aprendemos de um professor ou outra autoridade.
   A lição sobre *Rūdhi* é dada por "palavras".
ii. *Yaugika*, uma palavra composta, proveniente de duas ou mais palavras, cada uma das quais tem seu significado independente e contribui para o significado do todo.
   A lição sobre *Yaugika* é dada por "exército dos Pāṇdavas" (*Pāṇdava-Anika*).
iii. *Yogarūdhi*, uma palavra que, apesar de composta, tem seu próprio significado consagrado.
   A lição sobre *Yogarūdhi* é apresentada pela palavra "Duryodhana" (*Dur-yodhana*).

Jaimini afirma que os substantivos não são autossuficientes, mas requerem um verbo para transmitir o propósito da fala. Os verbos introduzem o elemento de ação, que é classificado por Jaimini de acordo com o fato de seu efeito ser visível ou invisível. As ações com maioria de efeitos invisíveis (*Apūrva*) são chamadas principais (*Pradhāna*), e aquelas com maioria de efeitos visíveis são chamadas secundárias (*Gauṇa*).

A lição sobre as ações que são *Pradhāna* é dada pela palavra "falou", pois os efeitos da fala de Duryodhana não são visíveis neste verso. A lição sobre as ações que são *Gauṇa* é dada pela palavra "vendo", pois o efeito de ver é imediatamente aparente em "dirigiu-se a seu mestre e falou estas palavras".

Com o propósito de permitir um exame minucioso dos textos Védicos de acordo com os princípios de interpretação estabelecidos acima, os Vedas são considerados em duas seções: 1. As *Saṁhitās*, aquelas partes que tratam dos *Mantras*; 2. Os *Brāhmaṇas*, aquelas partes que tratam dos desempenhos ritualísticos e as passagens explanatórias.

1. *As saṁhitās*

Elas são divididas em três seções:

i. *Ṛk* – versos reunidos em um grupo e marcados por seus arranjos métricos. A lição sobre *Ṛk* é dada pela qualidade métrica do presente verso.
ii. *Sāma* – versos cantados na conclusão do *Yagya*. A lição sobre *Sāma* é dada pela palavra "então". Esta palavra coloca a situação apresentada no verso ao final de algum outro acontecimento.
iii. *Yajus* – *Mantras* em prosa. Eles são de dois tipos:
a. aqueles que são falados em voz alta (*Nigada*). A lição sobre este tipo de *Mantra* é dada por todas as palavras deste verso, uma vez que são faladas em voz alta.
b. aqueles que são pronunciados silenciosamente (*Upaṁshu*). "Estas palavras" refere-se a palavras que não são pronunciadas neste verso. Isto dá uma lição sobre *Mantras* que são pronunciados silenciosamente.

2. *Os brāhmaṇas*

Shabara, em seu comentário sobre o Mīmāṁsā Sūtra, menciona dez maneiras de analisar os Brāhmaṇas:

i. *Hetu – motivo*. A lição sobre *Hetu* é dada pela palavra "vendo". Foi "vendo" que levou Duryodhana a dirigir-se a seu mestre e falar.
ii. *Nirvachana – explicação ou expressão*. A lição sobre *Nirvachana* é dada por "colocado em posição de combate", uma expressão que explica o que é visto.
iii. *Nindā – depreciação*. A lição sobre depreciação é ensinada pelo fato de que a palavra "Pāṇdavas" não é qualificada, enquanto que Duryodhana é chamado de príncipe.
iv. *Prashaṁsā – elogio*. A lição sobre elogio é apresentada pela frase "colocado em posição de combate", que expressa a dignidade do exército.
v. *Saṁshaya – dúvida*. "Dirigiu-se a seu mestre" dá a lição sobre dúvida, pois o mestre é sempre abordado para remover dúvidas.
vi. *Vidhi – preceito*. Como explicado anteriormente, a lição sobre *Vidhi* é dada por "vendo... dirigiu-se... falou".

vii. *Parakriyā – a ação de um indivíduo.* Todo o verso relaciona-se com a ação de Duryodhana: “vendo... dirigiu-se... falou”.

viii. *Purākalpa – eventos passados.* A lição sobre *Purākalpa* é dada por “exército colocado em posição de combate”.

ix. *Vyavadhāraṇa Kalpana – significado de acordo com o contexto.* A palavra “então” ensina esta lição.

x. *Upamāna – comparação.* Ela ajuda a adquirir conhecimento de uma coisa pela comparação com outro objeto bem conhecido. A lição sobre *Upamāna* é dada pela palavra “príncipe”, usada com referência a Duryodhana.

É importante notar que a prática da Meditação Transcendental realiza espontaneamente a busca de Karma Mīmāṁsā pela ação de acordo com o *Dharma*. A Meditação Transcendental leva a mente ao estado do Ser. O Ser é eterno; Ele forma a base da criação e, portanto, mantém todo o Universo. Quando a mente adquire o estado do Ser, adquire simultaneamente o nível do *Dharma*. Portanto, a ação realizada por uma mente estabelecida no Ser é automaticamente de acordo com o *Dharma*. A Meditação Transcendental realiza assim o ensinamento de Karma Mīmāṁsā.

Vedānt

Vedānt significa “fim do Veda”, “conhecimento final do Veda”. O sistema de Vedānt também é conhecido como Uttara Mīmāṁsā, significando que é uma investigação sobre o último capítulo do Veda, as Upanishads. Enquanto a Karma Mīmāṁsā de Jaimini, ou Pūrva (anterior) Mīmāṁsā como é às vezes chamada, abrange esta parte do Veda que se relaciona com a ação, a Uttara (posterior) Mīmāṁsā de Vyāsa,[293] ou Vedānt, abrange a parte do Veda que se relaciona com o conhecimento. O principal propósito de Vedānt é o de educar o homem na verdade de que o conhecimento completo da vida não é nada além da vida em si mesma quando esta é vivida naturalmente no nível do Ser.

293 Vyāsa, que registrou o discurso do Senhor Kṛishṇa para Arjuna na Bhagavad-Gītā, também expôs o sistema de Vedānt.

De um ponto de vista cósmico, ao introduzir o princípio de *Māyā*, Vedānt explica o relacionamento da Realidade absoluta e imanifestada (*Brahman*) com o aspecto relativo e manifestado da vida. A palavra *Māyā* significa literalmente aquilo que não é, aquilo que não existe. Isto traz à luz o caráter de *Māyā*: não é nada substancial. Sua presença é inferida a partir dos efeitos que produz. A influência de *Māyā* pode ser compreendida pelo exemplo da seiva aparecendo como uma árvore. Cada fibra da árvore não é nada além da seiva. A seiva, enquanto permanece seiva, aparece como árvore. Da mesma forma, por meio da influência de *Māyā*, *Brahman*, permanecendo *Brahman*, aparece como o mundo manifestado.

No nível do indivíduo, Vedānt explica o relacionamento do Ser absoluto (*Ātmā*) com o aspecto relativo da vida individual pelo princípio de *Avidyā*. *Avidyā*, ou ignorância, não é nada além de *Māyā* em uma forma mais grosseira. Se *Māyā* pode ser comparada à água limpa, a água lamacenta é *Avidyā*.

Sob a influência de *Māyā*, *Brahman* aparece como Īshwara, o Deus pessoal, que existe no nível celestial da vida no campo mais sutil da criação. De forma similar, sob a influência de *Avidyā*, *Ātmā* aparece como *Jīva*, ou alma individual.

A lição sobre *Brahman* é dada pela palavra "mestre". O mestre, possuindo toda a sabedoria da vida, está estabelecido em *Brāhmī-sthiti*, o estado de *Brahman*, ou Consciência Cósmica.

A lição sobre *Māyā* é dada neste verso pela palavra *Rājā* que significa "príncipe" ou "rei". Duryodhana não era um rei legítimo.

A lição sobre Īshwara também é dada pela palavra *Rājā*, ou rei. O rei exerce a mais alta autoridade no nível humano.

A lição sobre *Ātmā* é dada pela palavra "Pāṇdavas". A frase "exército dos Pāṇdavas" expressa que os Pāṇdavas não são necessariamente parte do exército, apesar de serem os mestres deste. Da mesma forma, *Ātmā* é separado do mundo de atividade e não-envolvido com ele.

A lição sobre *Avidyā* é dada por "vendo... dirigiu-se... falou". *Avidyā*, ou ignorância, está na base de toda a atividade da vida individual.

A lição sobre *Jīva* é ensinada por "Duryodhana", do qual diz-se que viu, dirigiu-se e falou. É *Jīva* que participa na atividade.

A exposição do conhecimento da vida em Vedānt é tão perfeita que o nível comum da inteligência humana não é capaz de compreendê-la. Portanto, como um requisito prévio para adquirir-se o conhecimento de Vedānt, o nível de consciência deve ser elevado. Para tornar-se capaz de entender Vedānt, a vida do indivíduo deve ser vivida no nível das quatro qualidades:

1. *Viveka* (DISCRIMINAÇÃO)
A lição sobre *Viveka* é dada por "vendo o exército" e "dirigiu-se a seu mestre". Foi por meio do poder da discriminação que Duryodhana, ao ver o exército, decidiu dirigir-se ao mestre e apresentar a ele a situação antes de lançar-se finalmente na batalha.

2. *Vairāgya* (DESAPEGO)
A lição sobre desapego é encontrada na palavra "Pāṇdavas". Os Pāṇdavas estavam no campo de batalha, apesar da expressão "exército dos Pāṇdavas" apresentá-los como separados do exército, como que não envolvidos com este. Isto mostra claramente que o ensinamento de *Vairāgya*, de acordo com este verso, não envolve o abandono das atividades e responsabilidades da vida. É suficiente manter-se não-envolvido com as próprias posses. O abandono das posses não é critério para desapego.

3. *Shatsampatti* (OS SEIS TESOUROS)

i. *Shama – controle da mente*. A lição sobre *Shama* é dada por "vendo o exército" e "dirigiu-se a seu mestre". Se Duryodhana não possuísse esta qualidade de *Shama*, ele não poderia ter a presença de espírito de abordar e consultar seu mestre.
ii. *Dama – controle dos sentidos*. A lição sobre *Dama* é dada pela expressão "exército... colocado em posição de combate". O exército dos sentidos é colocado, capaz de funcionar mas ainda não-ativo. Isto indica que o alerta dos sentidos não tira o crédito do princípio de controle dos sentidos.
iii. *Uparati – abstinência*. "Dirigiu-se a seu mestre" dá uma lição sobre abstinência. Sugere que o caminho para o estado de iluminação é verdadeira abstinência – abstinência da ignorância e da

limitação. Esta palavra tem sido comumente confundida como se significasse abstinência da atividade.
O aspecto prático da abstinência é a Meditação Transcendental, pois esta prática é um meio direto para a Consciência Transcendental, o estado de iluminação. Após adquirir Consciência Transcendental pelo movimento para dentro durante a meditação, a mente retorna para engajar-se na atividade. Este processo de repetidamente adquirir Consciência Transcendental e, então, engajar-se na atividade, resulta em tornar permanente o estado de iluminação. Portanto, é claro que o ensinamento sobre *Uparati*, ou abstinência, não envolve de nenhuma forma cair na inatividade ou abandonar a atividade por completo.

iv. *Titikshā – resistência.* A lição sobre resistência é dada por "exército... colocado em posição de combate". O exército, cuja função é a de lutar, resiste à não-atividade. A essência da resistência é aceitar todas as coisas como elas vêm.

v. *Shraddhā – fé.* A lição sobre fé é dada por "dirigiu-se a seu mestre".

vi. *Samādhāna – equilíbrio mental.* O estado impassível do "mestre" apresenta neste verso uma lição sobre o equilíbrio mental.

4. *Mumukshutwa* (DESEJO POR LIBERAÇÃO)
A lição sobre *Mumukshutwa* é ensinada por "dirigiu-se a seu mestre".

Esta análise do segundo verso do Capitulo I serve como uma ilustração, mostrando que cada verso da Bhagavad-Gītā é válido e sua verdade verificável à luz dos Seis Sistemas de Filosofia Indiana. Ao mesmo tempo mostrou-se que os objetivos de cada sistema são realizados por meio da prática da Meditação Transcendental.

JAI GURU DEV

Shankarāchārya Nagar,
Rishikesh, U.P., Índia

Mahāshivarātri
18 de fevereiro de 1966

INFORMAÇÕES DE CONTATOS PARA PROGRAMAS GLOBAIS DE MAHARISHI®

Para informações sobre os programas de Maharishi e detalhes sobre Palestras Introdutórias da Meditação Transcendental® e Cursos em outros países, veja abaixo os websites:

BRASIL
ASSOCIAÇÃO INTERNACIONAL DE MEDITAÇÃO (SIM) – www.meditacaotranscendental.com.br
INSTITUTO DAVID LYNCH – www.institutodavidlynch.org
ARQUITETURA MAHARISHI VASTU – www.pt.maharishivastu.net

PORTUGAL – www.meditacaotranscendental.pt

ANGOLA, CABO VERDE, MOÇAMBIQUE, SÃO TOMÉ E PRÍNCIPE, GUINÉ- BISSAU, TIMOR LESTE e GUINÉ EQUATORIAL – www.meditacaotranscendental.blogspot.com

AMÉRICA LATINA e CARIBE – www.meditacion.org

INSTITUTO MAHARISHI DE ARQUITECTURA VÉDICA E PLANIFICACIÓN URBANA
(América Latina e Caribe) – www.arquitecturavedicamaharishi.com

UNIVERSIDAD MAHARISHI PARA AMÉRICA LATINA Y EL CARIBE (UMLAC) – www.umlac.org
ÁFRICA DO SUL – www.za.tm.org
ALBÂNIA – www.al.tm.org
ALEMANHA – www.de.tm.org
ALGÉRIA – www.mt-algerie.org
ANDORRA – www.meditacionmt.es
ANGOLA – www.tm-africa.org
ANGUILLA – www.uk.tm.org

ANTÍGUA E BARBUDA – www. ag.tm.org
ANTILHAS HOLANDESAS (ANTILHAS NEERLANDESAS) – www.nl.tm.org
ARGENTINA – www.ar.meditacion.org
ARMÊNIA – www.armenia.tm.org
ARUBA – www.meditacion.org/web/ meditacaotranscendental.aruba
AUSTRÁLIA – www.tm.org.au
ÁUSTRIA – www.meditation.at
AZERBAIJÃO – www.tm.org.az
BANGLADESH – www.uk.tm.org
BARBADOS – www.uk.tm.org
BÉLGICA – www. transcendentemeditatie.be
BELIZE – www.uk.tm.org
BENIN – www.mt-afrique.tm.org/web/benin
BERMUDA – www.uk.tm.org
BUTÃO – www.tm.org
BOLÍVIA – www.meditacion.org/web/bolivia
BÓSNIA E HERZEGOVINA – www.uk.tm.org
BOTSWANA – www.tm-africa.org
BRASIL – www.meditacaotranscendental.com.br
BULGÁRIA – www.tm-bg.org
BURKINA FASO – www.mt-afrique.tm.org/ web/burkina-faso
BURUNDI – www.meditation- transcendantale.fr
CABO VERDE – www.meditacaotranscendental.blogspot.com
CAMARÕES – www.mt-afrique.tm.org/web/ cameroun
CAMBODIA – www.kh.tm.org
CANADÁ – www.ca.tm.org
CAZAQUISTÃO – www.tm-meditation.kz
CHILE – www.cl.meditacion.org
CHINA – www.cn.tm.org/en
CHIPRE – www.intl.tm.org/web/cyprus
COLÔMBIA – www.co.meditacion.org
COREIA DO SUL – www.intl.tm.org/web/republic-of-korea
COSTA RICA – www.meditacion.org/web/costa-rica
COSTA DO MARFIM – www.mt-afrique.tm.org/web/cote-d'ivoire
CROÁCIA – www.tm-savez.hr
CUBA – www.meditacion.org
CURAÇAO – www.curacao.tm.org DINAMARCA – www.dk.tm.org
DOMINICA – www.dm.tm.org
EQUADOR – www.meditacion.org/web/ ecuador
EGITO – www.cg.tm.org
EL SALVADOR – www.meditacion.org/web/el- salvador

EMIRADOS ÁRABES UNIDOS – www.tm.ae
ESLOVÁQUIA – www.cz.tm.org
ESLOVÊNIA – www.atma.si
ESPANHA – www.meditacionmt.es
ESTADOS UNIDOS DA AMERICA – www.tm.org
ESTÔNIA – www.tmkeskus.cc
ETIÓPIA – www.tm-africa.org
FIJI – www.fiji.tm.org
FILIPINAS – www.tm.org
FINLÂNDIA – www.meditaatio.org
FRANÇA – www.meditation-transcendantale.fr
GABÃO – www.meditation-transcendantale.fr
GÂMBIA – www.tm-africa.org
GANA tmeditationghana.org
GUADALUPE – www.meditation- transcendantale.fr
GEÓRGIA – www.meditation.ge
GRANADA – www.tm.org
GRÉCIA – www. yperbatikosdialogismos.tm.org
GROENLÂNDIA – www.dk.tm.org
GUATEMALA – www.meditacion.org/web/ guatemala
GUIANA FRANCESA – www.meditation- transcendantale.fr
GUINÉA mt-afrique.tm.org/web/guinee
GUINÉA-BISSAU – www.tm-africa.org
GUIANA – www.meditacion.org/web/guyana
HAITI – www.tm.org
HOLANDA (ver PAÍSES BAIXOS)
HONDURAS – www.meditacion.org
HONG KONG – www.hk.tm.org
HUNGRIA – www.hu.tm.org
ILHAS MARIANAS DO NORTE – www.tm.org
ILHAS MAURÍCIO – www.intl.tm.org/web mauritius
ILHAS SALOMÃO – www.tm.org.au
ILHAS VIRGENS (EUA) – www.tm.org
ÍNDIA – www.in.tm.org
INDONÉSIA – www.tmindonesia.org
IRLANDA – www.tm-ireland.org
ISLÂNDIA – www.ihugun.is
ISRAEL – www.meditation.org.il
ITÁLIA – www.meditazionetrascendentale.it
JAMAICA – www.uk.tm.org
JAPÃO – www.tm-mcisou.jp

KIRIBATI – www.tm.org.au
KOSOVO – www.al.tm.org
LESOTO – www.za.tm.org
LETÔNIA – www.tmlatvija.wordpress.com
LÍBANO – www.maharishitm.net/tm
LIBÉRIA – www.tm.org
LITUÂNIA – www.elori.lt
LUXEMBURGO – www.meditation- transcendantale.fr
MACAU – www.hk.tm.org
MACEDÔNIA – www.mk.tm.org
MALÁSIA – www.malaysia.tm.org
MALI – www.mt-afrique.tm.org/web/mali
MALTA – www.uk.tm.org
MARTINICA – www.meditation- transcendantale.fr
MAURITÂNIA – www.mt-afrique.tm.org/web/ mauritanie
MÉXICO – www.mx.meditacion.org
MOLDÁVIA – www.md.tm.org
MÔNACO – www.monaco.tm.org
MONGÓLIA – www.uk.tm.org
MONTENEGRO – www.me.tm.org
MARROCOS – www.tm-africa.org
MOÇAMBIQUE – www.tm-africa.org
MIANMAR – www.mm.tm.org
NAMÍBIA – www.tm-africa.or
NEPAL – www.nepal.tm.org
NOVA CALEDÔNIA – www.meditation- transcendantale.fr
NOVA ZELÂNDIA – www.tm.org.nz
NICARÁGUA – www.meditacion.org/web/nicaragua
NÍGER – www.mt-afrique.tm.org/web/niger
NIGÉRIA – www.nigeria.tm.org
NORUEGA – www.no.tm.org
PAÍSES BAIXOS (HOLANDA) – www.nl.tm.org
PANAMÁ – www.meditacion.org
PAQUISTÃO – www.tm.org
PARAGUAI – www.meditacion.org/web/ paraguay
PERU – www.meditacion.org/web/peru
POLÔNIA – www.tm.net.pl
PORTO RICO – www.meditacion.org/web/ puerto-rico
PORTUGAL – www.meditacaotranscendental.pt
QUÊNIA – www.ke.tm.org
QUIRGUISTÃO – www.kg.tm.org

REINO UNIDO – www.uk.tm. org
REPÚBLICA DOMINICANA – www.meditacion.org/web/republica-dominicana
REPÚBLICA TCHECA (ver TCHÉQUIA)
REUNIÃO – www.tm-africa.org
ROMÊNIA – www.ro.tm.org
RUANDA – www.tm-africa.org
RÚSSIA – www.maharishi-tm.ru
SANTA LÚCIA – www.lc.tm.org
SÃO VICENTE E GRANADINAS – www.uk.tm.org
SÃO CRISTÓVÃO E NEVES – www.uk.tm.org
SÃO MARINO – www.meditazionetrascendentale.org
SÃO TOMÉ E PRÍNCIPE – www.meditacaotranscendental.blogspot. com
SENEGAL – www.mt-afrique.tm.org/web/ senegal
SÉRVIA – www.stm.rs
SERRA LEOA – www.tm-africa.org
SEYCHELLES – www.tm-africa.org
SINGAPURA – www.sg.tm.org
SRI LANKA – www.lk.tm.org
SUAZILÂNDIA – www.za.tm.org
SUÉCIA – www.transcendental-meditation.se
SUÍÇA – www.schweiz.tm.org; suisse.tm.org; switzerland.tm.org
SURINAME – www.meditacion.org/web/ suriname
TAILÂNDIA – www.rajapark.ac.th
TAIWAN – www.tw.tm.org
TANZÂNIA – www.intl.tm.org/web/tanzania
TCHÉQUIA (REPÚBLICA TCHECA) – www.cz.tm.org
TOGO – www.mt-afrique.tm.org/web/togo
TRINIDAD E TOBAGO – www.trinbago.tm.org
TUNÍSIA – www.tm-africa.org
TURQUIA – www.tr.tm.org
TUVALU – www.tm.org.au
UGANDA – www.uganda.tm.org
UCRÂNIA – www.tm.org.ua
URUGUAI – www.meditacion.org/web/ uruguay
VANUATU – www.tm.org.nz
VENEZUELA – www.meditacion.org/web/ venezuela
VIETNÃ – www.vietnam.tm.org
ZÂMBIA – www.zambia.tm.org
ZIMBÁBUE – www.zimbabwe.tm.org

Programa de Meditação Transcendental para Mulheres
ALEMANHA – www.tmfuerfrauenundfamilien.de
AUSTRÁLIA – www.meditationforwomen.org.au
ÁUSTRIA – www.gmdo.at
CANADÁ – www.tm-women.org
ESLOVÊNIA – www.gwo.si
GRÉCIA tm-gmdo.gr
HUNGRIA – www.gwo.hu
ISRAEL – www.tmwomen.org.il
MÉXICO – www.organizacionglobaldemujeres.org.mx/ wp
NOVA ZELÂNDIA – www.tmforwomen.co.nz
ESTADOS UNIDOS DA AMÉRICA – www.tm-women.org | www.tmwomenprofessionals.org | www.tmforwomenshearthealth.org

Arquitetura e Planejamento Urbano
Maharishi Sthapatya Veda
Arquitetura de Acordo com a Lei Natural

INTERNATIONAL INSTITUTE OF MAHARISHI STHAPATYA VEDA – www.pt.maharishivastu.net

INSTITUTE OF VEDIC CITY PLANNING – www.vediccityplanning.com

Austrália – www.vastuarchitecture.com.au
Brasil (América Latina e Caribe) – www.arquitecturavedicamaharishi.com
Canadá – www.vastu.ca
França – www.vastu.fr
Itália – www.vastumaharishi.it
Rússia – www.maharishi-vastu.ru
Suíça – www.rajabuilders.ch/fr

Saúde
Produtos de Saúde Maharishi AyurVeda
Austrália, Maharishi AyurVeda Products – www.mapi.com.au
Estados Unidos da América, Maharishi AyurVeda Products International, USA – www.mapi.com
Europa, Maharishi AyurVeda Products Europe
B.V. (MAP) – www.ayurveda.eu
Índia – www.maharishiayurvedaindia.com
Nova Zelândia, Maharishi AyurVeda Products – www.getbalance.co.nz

Países Baixos, Maharishi Technology Corporation B.V. – www.ayurveda-produkte.de
Reino Unido – www.maharishi.co.uk
Suíça – www.veda.ch; – www.ayurveda- products.ch

Programas de Saúde Maharishi AyurVeda
Maharishi College of Perfect Health, USA – www.miu.edu/premed
Institute of Natural Medicine and Prevention – www.miu.edu/inmp
Maharishi Vedic Vibration Technology – www.vedicvibration.com

Centros de Saúde Maharishi AyurVeda
Maharishi AyurVeda Health Spa: The Raj, Fairfield, Iowa, USA – www.theraj.com
Maharishi AyurVeda Health Centre, Skelmersdale, Lancashire, UK – www.maharishiayurveda.co.uk
Maharishi AyurVeda Health Centre, Bad Ems, Germany – www.ayurveda-germany.com
Maharishi AyurVeda Health Centre, Seelisberg, Switzerland – www.ayurveda-seelisberg.ch

Educação
International Foundation of Consciousness- Based Education – www.consciousnessbasededucation.org
Maharishi International University, Fairfield, Iowa, USA – www.miu.edu
Maharishi School of the Age of Enlightenment, Fairfield, Iowa, USA – www.maharishischooliowa.org
Maharishi University of Enlightenment, USA – www.maharishiuniversityofenlightenment.com
Maharishi School, UK – www.maharishischool.com; – www.consciousnessbasededucation.org.uk
Maharishi School, Australia – www.maharishischool.vic.edu.au
Maharishi Invincibility Institute, South Africa – www.cbesa.org
Stress-Free Schools Program for Latin America – www.escuelasinestres.org

Publicações
Maharishi International University Press, USA – www.miupress.org

Outros Programas
Global Country of World Peace – www.globalcountry.org
Maharishi Vedic Organic Agriculture Institute – www.mvoai.org
Maharishi Gandharva Veda — The Eternal Music of Nature – www.maharishi-gandharva.com
Maharishi Purusha Program – www.purusha.org

Mother Divine Program – www.motherdivine.org
Maharishi Vedic Pandits – www.vedicpandits.org
David Lynch Foundation – www.davidlynchfoundation.org

https://www.facebook.com/GryphusEditora/

twitter.com/gryphuseditora

www.bloggryphus.blogspot.com

www.gryphus.com.br

Este livro foi diagramado utilizando a fonte Times New Roman
e impresso pela Gráfica Eskenazi, em papel off-set 75 g/m²
e a capa em papel cartão supremo 250 g/m².